Felix Morrow

Revolution und Konterrevolution in Spanien

Felix Morrow

Revolution und Konterrevolution in Spanien

Mehring Verlag

Bibliografische Information der Deutschen Nationalbibliothek
Die Deutsche Bibliothek verzeichnet diese Publikation in der Deutschen Nationalbibliografie; detaillierte bibliografische Daten sind im Internet über http://dnb.dnb.de abrufbar.

Titelbild von Robert Capa: Barcelona, August 1936.
»Republikanische Milizionärinnen
bewachen eine Straßenbarrikade.«

2. überarbeitete Auflage Dezember 2020

www.mehring-verlag.de

Satz, Gestaltung und Erstellung der ePublikationen:
Klartext Medienwerkstatt GmbH, Essen (www.k-mw.de)

Druck und Bindung:
CPI books GmbH, Leck

ISBN 978-3-88634-093-4 Print
auch erhältlich als
ISBN 978-3-88634-793-3 eBook
ISBN 978-3-88634-893-0 ePDF

Inhalt

Vorwort

Der Spanische Bürgerkrieg, der 1936 mit der faschistischen Erhebung General Francos begann und 1939 mit der Kapitulation Barcelonas endete, zählt zu den wichtigsten strategischen Erfahrungen der internationalen Arbeiterklasse. Der Sieg Francos, dessen Diktatur erst mit seinem Tod im Jahr 1975 endete, war alles andere als unvermeidlich. Die spanische Arbeiterklasse bewies im Kampf gegen Franco enorme Opferbereitschaft und außerordentlichen Heldenmut. Sie wurde von tausenden internationalen Freiwilligen unterstützt, die nach Spanien reisten, weil sie dem Aufstieg des Faschismus nach der Machtübernahme Mussolinis in Italien und Hitlers in Deutschland Einhalt gebieten und den sich anbahnenden Zweiten Weltkrieg verhindern wollten. Franco siegte nicht aufgrund der Schwäche seiner Gegner in der Arbeiterklasse, sondern aufgrund des Versagens und des Verrats ihrer Führer.

Stalinisten, Sozialdemokraten, Anarcho-Syndikalisten und Zentristen – sie alle wurden getestet und versagten. Jede dieser politischen Tendenzen spielte eine wichtige Rolle dabei, die revolutionäre Offensive der Arbeiterklasse zu lähmen und den Triumph der faschistischen Reaktion zu ermöglichen. Das Werkzeug, dessen sie sich dabei bedienten, nannte sich »Volksfront«. Im Namen der »Einheit gegen Franco« verbündeten sich einflussreiche Arbeiterparteien mit ohnmächtigen bürgerlichen »Republikanern«, die einen proletarischen Aufstand weit mehr fürchteten als Francos Diktatur. Um die bürgerlichen Verbündeten nicht »abzuschrecken«, unterdrückten sie alle Bemühungen von Arbeitern, revolutionäre Initiativen zu ergreifen und für sozialistische Ziele zu kämpfen. Volksfront bedeutete Koalition mit der liberalen Bourgeoisie auf Kosten der Bauern- und Arbeitermassen – oder besser, wie Leo Trotzki bemerkte, Koalition mit dem »Schatten der Bourgeoisie«; denn die Bourgeoisie selbst war längst geschlossen ins Lager Francos übergewechselt.

Die führende Rolle in der Volksfront spielten die Sozialisten und die Stalinisten. Die Sozialisten, eine sozialdemokratische Partei, stellten während des gesamten Bürgerkriegs den Regierungschef und verteidigten konsequent das kapitalistische Fundament der Republik. Die Stalinisten erledigten die Drecksarbeit.

Stalin festigte in dieser Zeit seine Diktatur in der Sowjetunion mittels eines politischen Völkermords. Fast alle noch lebenden Führer der Oktoberrevolution 1917 wurden in den Moskauer Prozessen zum Tode verurteilt und hingerichtet. Hunderttausende Anhänger der Linken Opposition, revolutionäre Arbeiter, Offiziere der Roten Armee und herausragende Intellektuelle erlitten in Stalins Kerkern und Lagern dasselbe Schicksal. Stalin sicherte so die Herrschaft der privilegierten Bürokratenkaste, die die Macht in der Sowjetunion an sich gerissen hatte. Diese betrachtete jede revolutionäre Regung der internationalen Arbeiterklasse als Bedrohung ihrer eigenen Machtposition. Ihre Außenpolitik stützte sie auf Bündnisse mit »demokratischen« imperialistischen Mächten und nicht auf die Perspektive der sozialistischen Weltrevolution.

Das bestimmte auch die Politik der spanischen Kommunistischen Partei, die in der Arbeiterklasse nur schwach verankert war. Ihr Einfluss beruhte auf den gewaltigen Mitteln des stalinistischen Apparats, auf dessen Waffenlieferungen das republikanische Lager angewiesen war. Agenten der stalinistischen Geheimpolizei GPU setzten hinter den Fronten des Bürgerkriegs die mörderischen stalinistischen Säuberungen fort. Militante Arbeiter, linke Gegner der Volksfront und vor allem Trotzkisten wurden gefangen, gefoltert und ermordet. Unter den zahlreichen Opfern befanden sich – um nur drei Namen zu nennen – der Führer der POUM Andrés Nin, Trotzkis Sekretär Erwin Wolf und der österreichische Trotzkist Kurt Landau. Stalin fürchtete nicht nur die Rückwirkung einer siegreichen spanischen Revolution auf die sowjetische Arbeiterklasse, er musste den verbündeten britischen und französischen Imperialisten auch beweisen, dass von Moskau keine revolutionäre Gefahr ausging. Dazu gingen die Stalinisten rücksichtslos gegen jeden vor, der die Volksfront und die bürgerliche Herrschaft infrage stellte.

Die Sozialisten und Stalinisten hätten der spanischen Revolution nicht das Grab schaufeln können, wären sie im entscheidenden Moment nicht von den Anarcho-Syndikalisten und der zentristischen POUM unterstützt worden. Spanien ist das einzige Land, in dem die Anarchisten jemals über Masseneinfluss in der Arbeiterklasse verfügten. Sie konnten ihre Doktrin in der Praxis austesten – und erlitten kläglichen Schiffbruch. Sie unterstützten die Volksfront, traten im entscheidenden Moment der Regierung bei und halfen mit, die revolutionäre Offensive der Arbeiterklasse zu erdrosseln.

Ebenso verhielt sich die zentristische Arbeiterpartei der marxistischen Einheit (POUM). Sie stand weit links von Sozialisten und Stalinisten und gewann die Unterstützung der militantesten Arbeiterschichten. Trotzdem bildete sie den linken Flügel der Volksfront, die sie von Anfang an unterstützte. Auf dem Höhepunkt der revolutionären Krise trat sie in Barcelona in die Regierung ein. »Trotz ihrer Absichten war die POUM letzten Endes das Haupthindernis auf dem Wege zur Schaffung einer revolutionären Partei«, folgerte Leo Trotzki. Er fasste die Lehren aus der Rolle der POUM in den Worten zusammen:

> Das Problem der Revolution heißt es bis zu Ende, bis in die letzten konkreten Schlussfolgerungen hinein durchdenken. Es heißt die Politik auf die Grundgesetze der Revolution, d. h. auf die Bewegung der einander bekämpfenden Klassen einstellen, und nicht auf die Vorurteile und Ängste der oberflächlichen kleinbürgerlichen Gruppen, die sich »Volks«- und wer weiß was noch für welche Front betiteln. Die Linie des geringsten Widerstandes ist in der Revolution die Linie des größten Zusammenbruchs. Die Furcht vor »Isolierung« von der Bourgeoisie bedeutet Isolierung von den Massen. Anpassung an die konservativen Vorurteile der Arbeiteraristokratie bedeutet Verrat an den Arbeitern und an der Revolution. Übermäßige »Vorsicht« ist unheilvollste Unvorsichtigkeit. Das sind die Hauptlehren aus dem Zusammenbruch der ehrlichsten politischen Organisation in Spanien, will sagen der zentristischen POUM.[1]

1 Leo Trotzki, »Die Spanische Lehre – eine letzte Warnung«, in diesem Band, S. 36–37

Leo Trotzki und die internationale Bewegung für die Vierte Internationale, die er anführte, kämpften als Einzige gegen den Verrat an der spanischen Arbeiterklasse, der unter dem trügerischen Banner der Volksfront begangen wurde, und zeigten in jedem Moment der Entwicklung den Weg vorwärts. Und es waren Trotzki und die 1938 gegründete Vierte Internationale, die für die ganze internationale Arbeiterklasse die bitteren Lehren aus der Niederlage in Spanien zogen.

Trotzki selbst saß im norwegischen Exil, als der Spanische Bürgerkrieg 1936 ausbrach. Die sozialdemokratische Regierung hatte ihn unter Hausarrest gestellt und weitgehend von der Außenwelt isoliert. Erst ab Januar 1937, als er im neuen Exil in Mexiko ankam, konnte er wieder einigermaßen ungehindert arbeiten. Trotz dieser widrigen Umstände verfasste er zwischen 1930 und 1940 knapp hundert Erklärungen und Artikel, die sich mit den spanischen Ereignissen auseinandersetzen, ihre Hintergründe analysieren, die Lehren daraus ziehen und eine Perspektive für die Arbeiterklasse entwickeln. Wir haben einen dieser Aufsätze, »Die Spanische Lehre – eine letzte Warnung«, aus dem auch das oben angeführte Zitat stammt, an den Anfang dieses Bands gestellt. Trotzki veröffentlichte ihn im Dezember 1937. Er fasst in knapper, aber präziser Weise die Klassendynamik der Ereignisse, die Rolle der verschiedenen politischen Lager und die Lehren daraus zusammen.

Felix Morrow, der Autor dieses Buches, war zurzeit des Spanischen Bürgerkriegs führendes Mitglied der Socialist Workers Party, der trotzkistischen Partei in den USA, und Redaktionsmitglied ihrer Wochenzeitung »Socialist Appeal«. Morrow brach später mit der trotzkistischen Bewegung und dem Marxismus, aber sein Buch stellt bis heute eine der besten Darstellungen der Ereignisse und der Lehren aus dem Spanischen Bürgerkrieg dar. Er schrieb es unter dem direkten Einfluss von Leo Trotzki.

»Der Bürgerkrieg in Spanien – Hin zum Sozialismus oder Faschismus« entstand 1936, wurde nur zwei Monate nach Francos Putsch fertiggestellt und im selben Jahr als Broschüre veröffentlicht. Es stellt die politische Geschichte der spanischen Republik von ihrer Geburt im Jahre 1931 bis zum faschistischen Putsch im Juli 1936 dar.

»Revolution und Konterrevolution in Spanien« wurde im November 1937 – also noch während des Bürgerkriegs – abgeschlossen und zeichnet dessen Entwicklung bis zur Entrechtung und Unterdrückung der linken Parteien im Mai in Barcelona nach. Nach der Zerschlagung der Linken durch die Volksfront von Stalinisten, Sozialisten und bürgerlichen Parteien gewann Franco im Bürgerkrieg schnell die Oberhand. Als Morrow im Mai 1938 einen Nachtrag zu seinem Buch verfasste, konnte es über den Ausgang des Bürgerkriegs, der am 29. März 1939 mit dem Sieg Francos endete, kaum noch Zweifel geben.

Die Lehren aus dem Spanischen Bürgerkrieg sind heute wieder von brennender Aktualität. Auf der ganzen Welt reagiert die Bourgeoisie auf die Zuspitzung der kapitalistischen Krise und die Linksentwicklung breiter Schichten der Arbeiterklasse mit der Hinwendung zu autoritären und faschistischen Herrschaftsformen. Im mächtigsten imperialistischen Land der Welt, den USA, baut die herrschende Klasse unter Führung von Donald Trump eine faschistische Bewegung auf. In Deutschland sitzt mit der AfD wieder eine rechtsextreme Partei mit einem starken faschistischen Flügel im Bundestag.

Wie in den 1930er Jahren ist die Behauptung, dass es in der herrschenden Klasse einen »demokratischen« Flügel gebe, ein »bewusster Schwindel« (Trotzki). In Frankreich lobt der nominell liberale Präsident Emmanuel Macron den Nazi-Kollaborateur Philippe Pétain, hetzt gegen Muslime und unterdrückt mit brutaler Polizeigewalt den wachsenden sozialen Widerstand. Auch in Deutschland haben die etablierten bürgerlichen Parteien die AfD nicht nur ins politische System integriert, sondern das Programm der Faschisten weitgehend übernommen. Und in den USA steht auch die Demokratische Partei um Joe Biden für soziale Angriffe, Militarismus und Krieg.

Von einer »Volksfront« in der klassischen Form kann heute keine Rede mehr sein. Anders als in den 1930er Jahren verfügen die sozialdemokratischen und stalinistischen Parteien über keine Massenbasis in der Arbeiterklasse. Sie sind rechte bürgerliche Organisationen, die die Interessen der Finanzoligarchie mit allen Mitteln durchsetzen. Geblieben ist aber der Klassenmechanismus, auf dem die Volksfront beruht. Je mehr die bürgerliche Demokratie verfault, je offener die gesamte herrschende Klasse auf Autoritarismus und Diktatur setzt, desto vehementer fordern pseudolinke Organisationen, die Arbeiterklasse müsse im »Kampf gegen rechts« die angeblich demokratischen Vertreter der Bourgeoisie unterstützen. Wie in den 1930er Jahren ignoriert diese »Politik des kleineren Übels« die Klassengrundlage des Faschismus und führt geradezu in die Katastrophe. Trotzki schrieb in »Die Spanische Lehre – eine letzte Warnung«:

> Dass der Faschismus nicht feudale, sondern bürgerliche Reaktion ist, dass die bürgerliche Reaktion erfolgreich nur mit den Kräften und Methoden der proletarischen Revolution zu bekämpfen ist, dafür hat der Menschewismus, selbst ein Zweig des bürgerlichen Denkens, kein Verständnis und kann es auch nicht haben.
>
> Der bolschewistische Standpunkt, dem nur die junge Sektion der Vierten Internationale vollendeten Ausdruck verlieh, ging von der Theorie der permanenten Revolution aus, nämlich: Selbst rein demokratische Aufgaben wie die Liquidierung des halbfeudalen Grundbesitzes sind ohne Machteroberung durch das Proletariat nicht zu lösen, dies aber stellt seinerseits die sozialistische Revolution auf die Tagesordnung.[2]

Auch heute gibt es nur eine Möglichkeit, die Gefahr von Faschismus und Krieg zu bannen: die unabhängige Mobilisierung der Arbeiterklasse auf der Grundlage eines sozialistischen Programms. Notwendig ist der Sturz des Kapitalismus und die Bildung von Arbeiterregierungen, die den Reichtum radikal umverteilen, die großen Unternehmen und Banken unter die demokratische Kontrolle der arbeitenden Bevölkerung stellen und eine Planwirtschaft einführen, die den gesellschaftlichen Bedürfnissen und nicht dem privaten Profit dient.

Die spanische Erfahrung beinhaltet eine weitere zentrale Lehre. Die Krise des Kapitalismus radikalisiert die Arbeiterklasse und schafft objektiv die Bedingungen für die sozialistische Revo-

2 Leo Trotzki, »Die Spanische Lehre – eine letzte Warnung«, in diesem Band, S. 15–16.

lution. Aber für ihren Sieg ist eine revolutionäre Partei erforderlich, die sich auf ein klares politisches Programm und eine korrekte Strategie und Taktik stützt. Der Leser sollte das vorliegende Buch als Ansporn verstehen, sich der trotzkistischen Weltbewegung anzuschließen und das Internationale Komitee der Vierten Internationale als neue revolutionäre Führung der Arbeiterklasse aufzubauen.

Peter Schwarz
Berlin, 9. November 2020

Leo Trotzki

Die Spanische Lehre – eine letzte Warnung

Menschewismus und Bolschewismus in Spanien

Die militärischen Operationen in Abessinien, Spanien und im Fernen Osten werden heute von allen Generalstäben, die sich auf den kommenden großen Krieg vorbereiten, sorgfältig studiert. Die Kämpfe des spanischen Proletariats, Wetterleuchten der künftigen internationalen Revolution, müssen nicht minder aufmerksam von den revolutionären Stäben studiert werden: Nur unter dieser Bedingung werden die kommenden Ereignisse uns nicht überrumpeln.

Drei Konzeptionen bekämpften sich mit ungleichen Kräften im sogenannten republikanischen Lager: die menschewistische, die bolschewistische und die anarchistische. Was die bürgerlich-republikanischen Parteien betrifft, so besaßen sie weder eigene Ideen noch eigene politische Bedeutung und hielten sich nur im Nacken der Reformisten und Anarchisten. Man kann weiterhin ohne Übertreibung sagen, die Führer des spanischen Anarcho-Syndikalismus haben alles getan, um ihre Doktrin zu desavouieren und praktisch ihre Bedeutung auf Null zu reduzieren. Faktisch standen sich im sogenannten republikanischen Lager zwei Doktrinen gegenüber: die menschewistische und die bolschewistische.

Nach Auffassung der Sozialisten und Stalinisten, d. h. der Menschewiki ersten und zweiten Aufgebots, sollte die spanische Revolution nur ihre »demokratischen« Aufgaben lösen, und dazu sei eine Einheitsfront mit der »demokratischen« Bourgeoisie erforderlich. Jeder Versuch des Proletariats, über den Rahmen der bürgerlichen Demokratie hinauszugehen, ist von diesem Gesichtspunkt aus gesehen nicht nur verfrüht, sondern auch verhängnisvoll. Außerdem stehe nicht die Revolution, sondern der Kampf gegen den Rebellen Franco auf der Tagesordnung.

Der Faschismus ist die »Reaktion«. Gegen die »Reaktion« gälte es, alle Kräfte des »Fortschritts« zu einen. Dass der Faschismus nicht feudale, sondern bürgerliche Reaktion ist, dass die bürgerliche Reaktion erfolgreich nur mit den Kräften und Methoden der proletarischen Revolution zu bekämpfen ist, dafür hat der Menschewismus, selbst ein Zweig des bürgerlichen Denkens, kein Verständnis und kann es auch nicht haben.

Der bolschewistische Standpunkt, dem nur die junge Sektion der Vierten Internationale vollendeten Ausdruck verlieh, ging von der Theorie der permanenten Revolution aus, nämlich: Selbst rein demokratische Aufgaben wie die Liquidierung des halbfeudalen Grundbesitzes sind ohne Machteroberung durch das Proletariat nicht zu lösen, dies aber stellt seinerseits die sozialistische Revolution auf die Tagesordnung. Übrigens setzten sich die spanischen Arbeiter selbst vom ersten Tage der Revolution an praktisch nicht nur demokratische, sondern auch rein sozialistische Ziele. Die Forderung, nicht über die Grenzen der bürgerlichen Demokratie hinauszugehen, bedeutet in Wirklichkeit nicht eine Verteidigung der demokratischen Revolution, sondern Verzicht auf sie. Nur durch Umwälzung der Bodenverhältnisse könnte man die Bauern, die Hauptmasse der Bevölkerung, zu einem mächtigen Bollwerk gegen den Faschismus machen. Doch die Grundbesitzer sind durch unlösliche Bande mit der Finanz-, Handels-, Industriebourgeoisie und der von ihr abhängigen bürgerlichen Intelligenz verknüpft. Die Partei des Proletariats stand somit vor der notwendigen Wahl: mit den Bauernmassen oder mit der liberalen Bourgeoisie? In eine allgemeine Koalition sowohl die Bauern wie die liberale Bourgeoisie aufnehmen, konnte nur mit einem einzigen Ziel geschehen: der Bourgeoisie helfen, die Bauern zu betrügen und sie so von den Arbeitern zu isolieren. Die Agrarrevolution war nur gegen die Bourgeoisie durchzuführen, folglich nur durch Maßnahmen einer Diktatur des Proletariats. Irgendein mittleres, ein Zwischenregime gibt es nicht.

Was vom Standpunkt der Theorie in Stalins Spanienpolitik am meisten überrascht, ist das vollständige Vergessen des ABC des Leninismus. Mit der Verspätung von einigen Jahrzehnten – und was für Jahrzehnte! – hat die Komintern die Doktrin des Menschewismus wieder ganz in ihre Rechte eingesetzt. Mehr: Sie bekam es fertig, dieser Doktrin den »konsequentesten« und damit absurdesten Ausdruck zu verleihen. Im zaristischen Russland an der Schwelle des Jahres 1905 verfügte die Formel der rein demokratischen Revolution jedenfalls über ungleich mehr Argumente als 1937 in Spanien. Kein Wunder, wenn im heutigen Spanien die »liberale Arbeiterpolitik« des Menschewismus sich in die reaktionäre Anti-Arbeiterpolitik des Stalinismus verwandelte. Zugleich damit verwandelte sich die Doktrin der Menschewiki, diese Karikatur auf den Marxismus, in ihre eigene Karikatur.

Die »Theorie« der Volksfront

Es wäre indessen naiv zu meinen, der Kominternpolitik in Spanien läge ein theoretischer »Fehler« zugrunde. Der Stalinismus lässt sich nicht von der Theorie des Marxismus oder überhaupt von irgendeiner Theorie leiten, sondern von den empirischen Interessen der Sowjetbürokratie. Unter sich machen sich die Moskauer Zyniker über die dimitrowsche Volksfront-»Philosophie« lustig. Doch zur Täuschung der Massen stehen ihnen zahlreiche Kader von Predigern dieser geheiligten Formel zur Verfügung. Aufrichtige und Schelme, Einfaltspinsel und Scharlatane. Louis Fischer mit seiner Unwissenheit und Selbstzufriedenheit, mit seiner provinziellen Klugrednerei und seiner organischen Taubheit für die Revolution ist der abstoßendste Vertreter dieser wenig anziehenden Sippschaft. »Bündnis der fortschrittlichen Kräfte!«, »Triumph der Volksfrontidee!«, »Anschlag der Trotzkisten auf die Einheit der antifaschistischen Reihen!« ... Wer sollte glauben, dass das Kommunistische Manifest vor 90 Jahren geschrieben wurde?

Die Volksfronttheoretiker gehen im Wesentlichen über die Anfangsgründe der Arithmetik, nämlich die Addition, nicht hinaus: Die Summe von »Kommunisten«, Sozialisten, Anarchisten und Liberalen ist größer als jeder Teil für sich. Das ist ihre ganze Weisheit. Allein, die Arithmetik reicht in diesem Fall nicht aus. Es bedarf mindestens der Mechanik: Das Gesetz des Parallelogramms der Kräfte ist auch in der Politik gültig. Die Resultante pflegt bekanntlich umso kürzer zu sein, je stärker die zusammenwirkenden Kräfte auseinanderstreben. Ziehen die politischen Verbündeten nach entgegengesetzten Richtungen, so kann die Resultante gleich Null sein. Ein Block verschiedener politischer Gruppen der Arbeiterklasse pflegt zur Lösung gemeinsamer praktischer Aufgaben ganz unerlässlich zu sein. Bei gewissen historischen Bedingungen ist ein solcher Block imstande, die unterdrückten kleinbürgerlichen Massen, deren Interessen denen des Proletariats verwandt sind, mitzureißen. Die Gesamtkraft eines derartigen Blocks kann viel größer sein als die Kraft jedes seiner Bestandteile. Hingegen ein politisches Bündnis des Proletariats mit der Bourgeoisie, deren Interessen in der heutigen Epoche in den Grundfragen um 180 Grad auseinanderklaffen, ist in der Regel nur imstande, die revolutionäre Kraft des Proletariats zu paralysieren.

Der Bürgerkrieg, in dem die Kraft des nackten Zwangs wenig wirksam ist, fordert von seinen Teilnehmern höchste Selbstaufopferung. Die Arbeiter und Bauern vermögen nur dann den Sieg zu erringen, wenn sie um ihre eigene Befreiung kämpfen. In diesen Umständen das Proletariat der Führung der Bourgeoisie unterstellen heißt, ihm von vornherein eine Niederlage im Bürgerkrieg zu garantieren.

Diese einfachen Wahrheiten sind am wenigsten Frucht der rein theoretischen Analyse. Im Gegenteil, sie stellen eine unumstößliche Schlussfolgerung aus der gesamten historischen Erfahrung dar, mindestens seit 1848. Die jüngere Geschichte der bürgerlichen Gesellschaft ist voll von allen möglichen »Volksfronten«, d. h. verschiedenartigsten politischen Kombinationen zum Betrug an den Werktätigen. Die spanische Erfahrung ist nur ein neues tragisches Glied in dieser Kette von Verbrechen und Verrat.

Bündnis mit dem Schatten der Bourgeoisie

Politisch am erstaunlichsten ist die Tatsache, dass es in der spanischen Volksfront im Grunde nicht einmal ein Parallelogramm der Kräfte gab. An der Stelle der Bourgeoisie stand ihr Schatten. Vermittels der Stalinisten, Sozialisten und Anarchisten unterwarf die spanische Bourgeoisie sich das Proletariat, ohne sich auch nur die Mühe zu geben, an der Volksfront teilzunehmen: Die überwiegende Mehrheit der Ausbeuter aller politischen Schattierungen ging offen in Francos Lager über. Auch ohne die Theorie der permanenten Revolution begriff die spanische Bourgeoisie von Anfang an, dass die revolutionäre Bewegung der Massen, welches auch ihr Ausgangspunkt sei, sich gegen das Privateigentum an Grund und Boden und an den Produktionsmitteln richtete, und dass es ganz ausgeschlossen war, dieser Bewegung mit Maßnahmen der Demokratie Herr zu werden. Im republikanischen Lager blieben daher nur winzige Teile der besitzenden Klassen, die Herren Azaña, Companys und ähnliche politische Anwälte der Bourgeoisie, nicht aber die Bourgeoisie selbst. Die besitzenden Klassen setzten gänzlich auf die Militärdiktatur und verstanden es, gleichzeitig diese ihre *gestrigen* politischen Vertreter auszunutzen, um die sozialistische Bewegung der Massen auf dem »republikanischen« Gebiet zu paralysieren, zu zersetzen und dann auch abzuwürgen.

Die linken Republikaner, die nicht im geringsten Maße mehr die spanische Bourgeoisie vertraten, vertraten noch weniger die Arbeiter und Bauern. Sie vertraten nichts als sich selbst. Jedoch dank ihren Verbündeten, den Sozialisten, Stalinisten und Anarchisten, spielten diese politischen Gespenster in der Revolution eine entscheidende Rolle. Auf welche Weise? Sehr einfach: als Verkörperung des Prinzips der »demokratischen« Revolution, d. h. der Unantastbarkeit des Privateigentums.

Die Stalinisten in der Volksfront

Die Ursachen des Entstehens der spanischen Volksfront und ihrer inneren Mechanik sind ganz klar. Die Aufgabe der verabschiedeten Führer des linken Flügels der Bourgeoisie war, die Revolution der Massen zum Stillstand zu bringen und so das verlorene Vertrauen der Ausbeuter zurückzugewinnen: »Wozu braucht Ihr Franco, wo wir Republikaner doch dasselbe tun können?« Die Interessen Azañas und Companys' fielen in diesem zentralen Punkt völlig mit denen Stalins zusammen, der sich das Vertrauen der französischen und britischen Bourgeoisie erobern musste, indem er ihr mit Taten seine Fähigkeit bewies, die »Ordnung« gegen die »Anarchie« zu verteidigen. Azaña und Companys brauchte Stalin als Deckung gegenüber den Arbeitern: Er selbst, Stalin, ist natürlich für den Sozialismus, aber man darf doch nicht die republikanische Bourgeoisie abstoßen! Für Azaña und Companys war Stalin notwendig als ein erfahrener Henker mit der Autorität eines Revolutionärs: Ohne ihn hätte dies verschwindende Häuflein niemals vermocht noch gewagt, die Arbeiter anzugreifen.

Die traditionellen Reformisten der Zweiten Internationale, die der Gang des Klassenkampfes längst aus dem Gleis geworfen hatte, schöpften dank Moskaus Unterstützung neue Zuversicht. Übrigens wurde diese Unterstützung nicht allen Reformisten, sondern nur den reaktionärsten zuteil. Caballero vertrat das Gesicht der sozialistischen Partei, das der Arbeiteraristokratie zugewandt war. Negríns und Prietos Blick war stets auf die Bourgeoisie gerichtet. Negrín besiegte Caballero mit Moskaus Hilfe. Die linken Sozialisten und die Anarchisten, Gefangene der Volksfront, bemühten sich zwar, von der Demokratie zu retten, was zu retten war. Da sie es aber nicht wagten, die Massen gegen die Gendarmen der Volksfront zu mobilisieren, liefen ihre Bemühungen letzten Endes auf klägliches Jammern hinaus. Die Stalinisten standen auf diese Weise mit dem rechtesten, offen bürgerlichen Flügel der sozialistischen Partei im Bunde. Ihre Repression richteten sie gegen die POUM, die Anarchisten und die linken Sozialisten, d. h. gegen die zentristischen Gruppierungen, die, wenn auch nur entfernt, den Druck der revolutionären Massen widerspiegelten.

Diese an sich schon hochbedeutende politische Tatsache lässt uns gleichzeitig auch die Entartung der Komintern in den letzten Jahren ermessen. Wir definierten seinerzeit den Stalinismus als *bürokratischen Zentrismus* und die Ereignisse gaben eine Reihe von Beweisen für die Richtigkeit dieser Definition. Doch jetzt ist sie sichtlich veraltet. Die Interessen der bonapartistischen Bürokratie vertragen sich nicht mehr mit zentristischer Halbheit. Indem die Stalin-Clique Versöhnung mit der Bourgeoisie anstrebt, vermag sie nur noch mit den konservativsten Gruppierungen der internationalen Arbeiteraristokratie einen Bund einzugehen. Damit ist endgültig der konterrevolutionäre Charakter des Stalinismus auf der internationalen Arena erwiesen.

Die konterrevolutionären Vorzüge des Stalinismus

Wir nähern uns hier stark der Lösung des Rätsels, wie und warum die an Zahl und Niveau der Führung so unbedeutende »Kommunistische« Partei Spaniens imstande war, in ihren Händen trotz Vorhandenseins der ungleich mächtigeren Organisationen der Sozialisten und Anarchisten alle Machthebel zu vereinigen. Die landläufige Erklärung, die da lautet, die Stalinisten hätten die Macht im Tausch gegen die Sowjetwaffen erhalten, ist zu oberflächlich. Als Preis für die Waffen erhielt Moskau spanisches Gold. Nach den Gesetzen des kapitalistischen Markts genügt das. Wie aber brachte Stalin es fertig, als Zugabe auch noch die Macht zu bekommen? Darauf wird gewöhnlich geantwortet: Indem die Sowjetregierung mit ihren Kriegslieferungen ihre Autorität in den Augen der Massen hob, machte sie entschiedene Maßnahmen gegen die Revolutionäre zur Bedingung ihrer »Mitarbeit« und räumte so die gefährlichen Gegner aus dem Wege. All das ist ganz unbestreitbar, aber das ist nur eine, und dabei die unwichtigere Seite der Sache. Trotz der durch die Sowjetlieferungen geschaffenen »Autorität« blieb die spanische Kommunistische Partei eine kleine Minderheit, und bei den Arbeitern stieß sie auf steigenden Hass. Andererseits genügte es nicht, dass Moskau Bedingungen stellte, nötig war, dass Valencia sie annahm. Das ist das Wesen der Sache. Nicht nur Zamora, Companys und Negrín, sondern auch Caballero, als er Ministerpräsident war, kamen alle mehr oder weniger bereitwillig Moskaus Forderungen entgegen. Warum? Weil diese Herren selber die Revolution im bürgerlichen Rahmen halten wollten. Nicht nur die Sozialisten, sondern auch die Anarchisten leisteten dem stalinistischen Programm keinen ernsthaften Widerstand. Sie fürchteten selbst einen Bruch mit der Bourgeoisie. Tödlich erschraken sie vor jedem revolutionären Ansturm der Arbeiter.

Stalin mit seinen Waffen und seinem konterrevolutionären Ultimatum war für alle diese Gruppen der Erlöser. Er garantierte ihnen, so hofften sie, den militärischen Sieg über Franco und befreite sie gleichzeitig von der Verantwortung für den Gang der Revolution. Sie beeilten sich, ihre sozialistische und anarchistische Maske in der Garderobe abzugeben, in der Hoffnung, sie später, wenn Moskau für sie die bürgerliche Demokratie wiederhergestellt haben wird, wieder aufzusetzen. Sehr bequem konnten diese Herrschaften nunmehr ihren Verrat am Proletariat mit der Notwendigkeit der militärischen Verständigung mit Stalin rechtfertigen. Stalin seinerseits rechtfertigte seine konterrevolutionäre Politik mit der Notwendigkeit einer Verständigung mit der republikanischen Bourgeoisie.

Nur unter diesem breiteren Gesichtswinkel wird uns die Engelsgeduld klar, die solche Ritter des Rechts und der Freiheit wie Azaña, Negrín, Companys, Caballero, García Oliver u. a. gegenüber den Verbrechen der GPU bewiesen. Wenn sie, wie sie behaupten, keine andere Wahl hatten, so keineswegs deswegen, weil sie die Flugzeuge und Tanks nicht anders als mit den Köpfen der Revolutionäre und den Rechten der Arbeiter bezahlen konnten, sondern weil ihr eigenes rein demokratisches, d. h. antisozialistisches Programm sich mit keinen anderen Maßnahmen als mit Terror verwirklichen ließ. Sobald die Arbeiter und Bauern den Weg ihrer Revolution betreten, d. h. Fabriken und Gutsbesitz in Beschlag nehmen, die alten Inhaber davonjagen, stellenweise die Macht erobern, so hat die bürgerliche Konterrevolution – ob demokratische, stalinistische oder faschistische ist ganz gleichgültig – kein anderes Mittel, um dieser Bewegung Einhalt zu gebieten, als blutige Gewalt, ergänzt durch Lüge und Betrug. Der Vorzug der Stalin-Clique auf diesem Wege war der, dass sie sofort die Methoden anzuwenden begann, denen Azaña, Companys, Negrín und ihre linken Verbündeten nicht gewachsen waren.

Stalin bestätigt auf seine Weise die Richtigkeit der Theorie von der permanenten Revolution

Auf dem Territorium des republikanischen Spaniens rangen auf diese Weise zwei unversöhnliche Programme miteinander. Einerseits das Programm der Rettung des Privateigentums vor dem Proletariat, *koste es, was es wolle,* und – *soweit es möglich ist* – Rettung der Demokratie vor Franco. Auf der anderen Seite das Programm der Vernichtung des Privateigentums auf dem Wege der Machteroberung durch das Proletariat. Das erste Programm bringt durch Vermittlung der Arbeiteraristokratie, der Spitzen des Kleinbürgertums und insbesondere der Sowjetbürokratie die Interessen des Kapitals zum Ausdruck. Das zweite Programm übersetzte die nicht voll bewussten, aber mächtigen Tendenzen der revolutionären Massenbewegung in die Sprache des Marxismus. Zum Unglück für die Revolution stand zwischen der Handvoll

Bolschewiki und dem revolutionären Proletariat die konterrevolutionäre Scheidewand der Volksfront.

Die Politik der Volksfront war ihrerseits durchaus nicht von der Erpressung Stalins, als des Waffenlieferanten, bestimmt. An Erpressung hat es natürlich nicht gemangelt. Aber der Grund für den Erfolg dieser Erpressung ist in den inneren Bedingungen der Revolution selbst zu suchen. Ihr sozialer Untergrund war während der ganzen sechs Jahre ein wachsendes Andrängen der Massen gegen das Regime des halbfeudalen und bürgerlichen Eigentums gewesen. Die Notwendigkeit, dieses Eigentum mit den extremsten Mitteln zu verteidigen, hat eben die Bourgeoisie in Francos Arme getrieben. Die republikanische Regierung versprach der Bourgeoisie, das Eigentum mit »demokratischen« Maßnahmen zu schützen, legte aber vor allem im Juli 1936 völlige Haltlosigkeit an den Tag. Als die Lage an der Front des Eigentums noch bedrohlicher wurde als an der militärischen Front, gaben die Demokraten aller Schattierungen einschließlich der Anarchisten Stalin nach, dieser aber fand in seinem Arsenal keine anderen Methoden als die Francos.

Hetze gegen »Trotzkisten«, POUMisten, revolutionäre Anarchisten und linke Sozialisten; schmutzige Verleumdung, gefälschte Dokumente, Folterungen in den stalinistischen Gefängnissen, Meuchelmorde; ohne all das hätte das bürgerliche Regime unter republikanischer Flagge keine zwei Monate standgehalten. Die GPU blieb Herr der Lage, nur weil sie konsequenter als die anderen, d. h. mit größerer Niedertracht und Blutrünstigkeit die Interessen der Bourgeoisie gegen das Proletariat wahrnahm.

Im Kampfe gegen die sozialistische Revolution suchte der »Demokrat« Kerenski zuerst eine Stütze in einer Militärdiktatur Kornilows und versuchte dann, im Tross des monarchistischen Generals Krasnow in Petrograd Einzug zu halten. Andererseits sahen sich die Bolschewiki gezwungen, um die demokratische Revolution zu Ende zu führen, die Regierung der »demokratischen« Scharlatane und Schwätzer zu stürzen. Damit bereiteten sie beiläufig auch jeder Art Versuch, eine Militär- (oder »faschistische«) Diktatur zu errichten, ein Ende.

Die spanische Revolution zeigt aufs Neue, dass die Demokratie gegen die revolutionären Massen nicht anders als mit den Methoden der faschistischen Reaktion zu schützen ist. Und umgekehrt: Ein wirklicher Kampf gegen den Faschismus ist nicht anders zu führen als mit den Methoden der proletarischen Revolution. Stalin bekämpfte den »Trotzkismus« (die proletarische Revolution), indem er die Demokratie mit den bonapartistischen Maßnahmen der GPU zerstörte. Damit ist aufs Neue und endgültig die von der Komintern übernommene alte menschewistische Theorie zuschanden geworden, die da aus der demokratischen und der sozialistischen Revolution zwei selbstständige, zeitlich voneinander geschiedene Kapitel macht. Das Werk der Moskauer Henker bestätigt auf seine Weise die Richtigkeit der Theorie der permanenten Revolution.

Die Rolle der Anarchisten

Die Anarchisten besaßen in der spanischen Revolution keinerlei eigene Position. Sie taten nichts weiter, als zwischen Bolschewismus und Menschewismus hin- und herzuschwanken. Genauer: Die anarchistischen Arbeiter waren bestrebt, den bolschewistischen Weg zu gehen (19. Juli 1936, Mai-Tage 1937), während die Führer umgekehrt mit aller Kraft die Massen ins Lager der Volksfront, d. h. des bürgerlichen Regimes, zurücktrieben.

Die Anarchisten zeichneten sich durch fatales Unverständnis für die Gesetze der Revolution und ihrer Aufgaben aus, als sie versuchten, sich auf ihre Gewerkschaften, d. h. mit Routine durchtränkte Organisationen der Friedenszeit, zu beschränken, und alles, was jenseits der Gewerkschaftsgrenzen in den Massen, in den politischen Parteien und im Staatsapparat vor sich ging, ignorierten. Wären die Anarchisten Revolutionäre gewesen, so hätten sie vor allem zur Bildung von Sowjets aufgerufen, in denen sich Vertreter aller Werktätigen von Stadt und Land versammeln; darunter auch die unterdrücktesten Schichten, die niemals den Gewerkschaften angehörten. In diesen Sowjets hätten die revolutionären Arbeiter natürlich die dominierende Stellung innegehabt. Die Stalinisten wären eine winzige Minderheit gewesen. Das Proletariat wäre sich seiner unüberwindlichen Kraft bewusst geworden. Der bürgerliche Staatsapparat hätte in der Luft gehangen. Ein starker Hieb hätte genügt, um diesen Apparat vollends zu zertrümmern. Die sozialistische Revolution würde einen mächtigen Antrieb erfahren haben. Das französische Proletariat würde es Léon Blum nicht lange erlaubt haben, die proletarische Revolution jenseits der Pyrenäen zu blockieren. Kaum hätte sich auch die Moskauer Bürokratie diesen Luxus leisten können. Die schwierigsten Fragen wären von selbst gelöst worden.

Statt dessen erwiesen sich die Anarcho-Syndikalisten, die sich vor der »Politik« in die Gewerkschaften verkriechen wollten, zum großen Erstaunen aller Welt und ihrer selbst als fünftes Rad am Wagen der bürgerlichen Demokratie. Nicht lange: Ein fünftes Rad braucht niemand. Nachdem García Oliver & Co. Stalin und seinen Spießgesellen geholfen hatten, den Arbeitern die Macht wegzunehmen, sahen sich die Anarchisten selbst aus der Volksfrontregierung verjagt. Auch dann fanden sie nichts Besseres zu tun, als hinter dem Wagen des Siegers einherzulaufen und diesen ihrer Ergebenheit zu versichern. Die Furcht des Kleinbürgers vor dem großen Bourgeois, des kleinen Bürokraten vor dem großen Bürokraten verhüllten sie mit weinerlichen Reden über die Heiligkeit der Einheitsfront (der Opfer mit den Henkern) und die Unzulässigkeit jeglicher Diktatur, darunter auch ihrer eigenen. »Hätten wir ja doch im Juni 1936 die Macht ergreifen können ...« »Hätten wir ja doch im Mai 1937 die Macht ergreifen können ...« Die Anarchisten flehten Negrín-Stalin an, ihren Verrat an der Revolution anzuerkennen und zu belohnen. Widerwärtiges Bild!

Diese Selbstrechtfertigung: »Wir ergriffen die Macht nicht deshalb nicht, weil wir nicht konnten, sondern weil wir nicht wollten, weil wir gegen jede Diktatur sind« usw., enthält allein schon die unwiderrufliche Verurteilung des Anarchismus als einer durch und durch antirevolutionären Doktrin. Auf die Eroberung der Macht verzichten heißt freiwillig die Macht dem zu überlassen, der sie besitzt, d. h. den Ausbeutern. Das Wesen jeder Revolution bestand und besteht darin, dass sie eine neue Klasse an die Macht bringt und ihr so die Möglichkeit gibt, ihr Programm zu verwirklichen. Man kann nicht Krieg führen, ohne den Sieg zu wollen. Man kann die Massen nicht zum Aufstand führen, ohne sich auf die Eroberung der Massen vorzubereiten. Niemand konnte die Anarchisten hindern, nach der Machtergreifung das Regime einzuführen, dass sie für notwendig halten, angenommen natürlich, dass ihr Programm verwirklichbar sei. Aber die anarchistischen Führer verloren selbst den Glauben daran. Sie schreckten vor der Macht nicht zurück, weil sie gegen »jede Diktatur« waren – in Wirklichkeit unterstützten und unterstützen sie murrend und flennend die Diktatur Negrín-Stalins –, sondern weil sie vollkommen ihre Prinzipien und ihren Mut verloren hatten, wenn sie diese überhaupt je besessen haben. Sie hatten Angst, Angst vor allem: vor Isolierung, Intervention, Faschismus. Sie hatten Angst vor Stalin. Angst vor Negrín. Vor Frankreich und England. Am meisten hatten diese Phrasendrescher Angst vor den revolutionären Massen.

Der Verzicht auf die Machteroberung wirft unausbleiblich jede Arbeiterorganisation in den Sumpf des Reformismus und verwandelt sie in ein Spielzeug der Bourgeoisie: Anders kann es bei der Klassenstruktur der Gesellschaft nicht sein. Da die Anarchisten das *Ziel* ablehnten, nämlich die Machteroberung, konnten sie letzten Endes auch nicht umhin, das *Mittel* abzulehnen, d. h. die Revolution. Die Führer der CNT und der FAI halfen der Bourgeoisie nicht nur, im Juli 1936 einen Schatten der Macht zu behalten, sondern auch stückweise das wiederherzustellen, was sie plötzlich verloren hatte. Im Mai 1937 sabotierten sie den Aufstand der Arbeiter und retteten damit die Diktatur der Bourgeoisie. So erwies sich der Anarchismus, der nur antipolitisch sein wollte, in Wirklichkeit als antirevolutionär und in den kritischsten Augenblicken als konterrevolutionär.

Die anarchistischen Theoretiker, die nach dem großen Examen von 1931 bis 1937 immer noch das alte reaktionäre Gewäsch über Kronstadt wiederholen und behaupten: »Der Stalinismus ist eine unvermeidliche Folge des Marxismus und Bolschewismus«, beweisen damit nur, dass sie für die Revolution ein für allemal tot sind. Ihr sagt, der Marxismus sei schon an sich verrufen und der Stalinismus sein legitimes Kind? Warum aber stehen denn wir revolutionäre Marxisten auf Leben und Tod im Kampf gegen den Stalinismus auf der ganzen Welt? Warum erblickt die Stalin-Bande im Trotzkismus den Hauptfeind? Warum veranlasst jede Annäherung an unsere Anschauungen oder an unser Aktionssystem (Durutti, Andrés Nin, Landau u. a.) die Gangster des Stalinismus, mit einem Blutgericht zu antworten? Warum wurden andererseits die Führer des spanischen Anarchismus während der Moskauer und Madrider GPU-Verbrechen Minister Caballero-Negríns, d. h. Knechte der Bourgeoisie und Stalins? Warum bleiben die Anarchisten auch jetzt unter dem Vorwand des Kampfes gegen den Faschismus, freiwillige Gefangene Stalin-Negríns, d. h. der Henker der Revolution, die ihre Unfähigkeit bewiesen haben, den Faschismus zu bekämpfen?

Die Advokaten des Anarchismus, die sich hinter Kronstadt und Machno verstecken, täuschen niemanden. In der Kronstädter Episode und im Kampf gegen Machno verteidigten wir die proletarische Revolution gegen die bäuerliche Konterrevolution. Die spanischen Anarchisten verteidigten und verteidigen die bürgerliche Konterrevolution gegen die proletarische Revolution. Kein Sophismus wird aus der Geschichte die Tatsache streichen, dass in der spanischen Revolution Anarchismus und Stalinismus auf der einen Seite der Barrikaden standen, die Arbeitermassen und revolutionären Marxisten aber auf der anderen. Das ist die Wahrheit, die ins Bewusstsein des Proletariats für allezeit eingehen wird!

Die Rolle der POUM

Nicht viel besser stand es mit der POUM. Theoretisch versuchte sie wohl, sich auf die Formel der permanenten Revolution zu stützen (darum nannten die Stalinisten die POUM-Mitglieder eben Trotzkisten). Aber die Revolution befriedigt sich nicht mit theoretischen Anerkennungen. Statt die Massen gegen die reformistischen Führer einschließlich der Anarchisten zu mobilisieren, suchte die POUM diese Herren von den Vorzügen des Sozialismus vor dem Kapitalismus zu überzeugen. Auf diesen Kammerton waren alle Artikel und Reden der POUM-Führer abgestimmt. Um sich mit den anarchistischen Führern nicht zu entzweien, haben sie in der CNT weder Zellen gebaut noch überhaupt gearbeitet. Scharfen Konflikten ausweichend, leisteten sie keine revolutionäre Arbeit in der republikanischen Armee. Statt dessen bauten sie ihre eigenen Gewerkschaften und ihre eigene Miliz auf, die ihre eigenen Gebäude schützte oder ihren eigenen Frontabschnitt besetzte.

Indem die POUM die revolutionäre Vorhut von der Klasse isolierte, entkräftete sie die Vorhut und ließ die Klasse ohne Führung. Politisch stand die POUM die ganze Zeit der Volksfront, deren linken Flügel sie deckte, viel näher als dem Bolschewismus. Wenn die POUM dennoch einer blutigen und gemeinen Repression zum Opfer fiel, so weil die Volksfront ihre Sendung, die sozialistische Revolution abzuwürgen, nicht anders erfüllen konnte als durch stückweises Abhauen ihres eigenen linken Flügels.

Trotz ihrer Absichten *war die POUM letzten Endes das Haupthindernis auf dem Wege zur Schaffung einer revolutionären Partei.* Eine gewaltige Verantwortung haben die platonischen oder diplomatischen Anhänger der Vierten Internationale auf sich geladen, die wie der Führer der holländischen Revolutionär-Sozialistischen Arbeiterpartei, Sneevliet, demonstrativ die POUM in ihrer Halbheit, Unentschiedenheit, ihrem Ausweichen, mit einem Wort in ihrem Zentrismus unterstützten. Die Revolution verträgt sich nicht mit Zentrismus. Sie entlarvt und vernichtet ihn. Nebenbei kompromittiert sie auch die Freunde und Advokaten des Zentrismus. Das ist eine der Hauptlehren der spanischen Revolution.

Das Problem der Bewaffnung

Die Sozialisten und Anarchisten, die ihre Kapitulation vor Stalin mit der Notwendigkeit, die Moskauer Waffen mit Prinzipien und Gewissen zu bezahlen, zu rechtfertigen suchen, lügen einfach und lügen dumm. Natürlich hätten viele von ihnen vorgezogen, ohne Morde und Fälschungen auszukommen. Aber jedes Ziel verlangt nach entsprechenden Mitteln. Seit April 1931, d. h. lange vor dem militärischen Eingreifen Moskaus, haben die Sozialisten und Anarchisten alles getan, was sie konnten, um die proletarische Revolution zu bremsen. Stalin lehrte sie, wie diese Arbeit zu Ende zu führen ist. Sie wurden Stalins kriminelle Mitschuldige nur, weil sie seine politischen Gesinnungsgenossen waren.

Hätten die Führer der Anarchisten auch nur ein bisschen Revolutionären gleichgesehen, so hätten sie die allererste Erpressung Moskaus nicht allein mit der Weiterführung des sozialistischen Vorstoßes, sondern auch mit der Entlarvung Stalins konterrevolutionärer Bedingungen vor der Weltarbeiterklasse beantworten müssen. Damit hätten sie die Moskauer Bürokratie genötigt, offen zwischen der sozialistischen Revolution und Francos Diktatur zu wählen. Die thermidorianische Bürokratie fürchtet und hasst die Revolution. Aber sie fürchtet auch, von einem faschistischen Ring erdrückt zu werden. Außerdem ist sie von den Arbeitern abhängig. Alles spricht dafür, dass Moskau gezwungen gewesen wäre, Waffen zu liefern, und zwar wohl zu annehmbarerem Preise.

Aber Stalins Moskau ist nicht das A und O der Welt. In anderthalb Jahren Bürgerkrieg konnte und musste man die spanische Kriegsindustrie ausbauen und entwickeln durch Umstellung einer Reihe von Friedensbetrieben auf Kriegsbedarf. Diese Arbeit wurde nur darum nicht durchgeführt, weil die Initiative der Arbeiterorganisationen gleicherweise von Stalin wie von seinen spanischen Verbündeten bekämpft wurde. Eine starke Kriegsindustrie wäre eine mächtige Waffe in den Händen der Arbeiter gewesen. Die Volksfrontführer zogen die Abhängigkeit von Moskau vor.

Gerade in dieser Frage zeigt sich besonders deutlich die perfide Rolle der »Volksfront«, die den proletarischen Organisationen die Verantwortung für den verräterischen Schacher der Bourgeoisie mit Stalin auflud. Insofern die Anarchisten in der Minderheit waren, konnten sie natürlich nicht unmittelbar den regierenden Block daran hindern, Moskau oder Moskaus Herren (London und Paris) gegenüber beliebige Verpflichtungen einzugehen. Aber sie konnten und mussten, ohne deswegen aufzuhören, an der Front die besten Kämpfer zu sein, sich offen vom Verrat und von den Verrätern abgrenzen, der Masse die wahre Lage erklären, sie gegen die bürgerliche Regierung mobilisieren, Tag für Tag an Kraft zunehmen, um schließlich die Macht und damit auch die Moskauer Waffen zu ergreifen.

Wie aber, wenn Moskau mangels einer Volksfront überhaupt davon abgesehen hätte, Waffen herzugeben? Und wie, antworten wir darauf, wenn es überhaupt keine Sowjetunion gegeben hätte? Die Revolutionen siegten bisher durchaus nicht dank hohen ausländischen Gönnern, die ihnen die Waffen lieferten. Die ausländischen Gönner standen gewöhnlich aufseiten der Konterrevolution. Muss man an die Erfahrung der Intervention französischer, englischer, amerikanischer, japanischer und anderer Truppen gegen die Sowjets erinnern? Das russische Proletariat besiegte die

Reaktion im Innern und die ausländischen Interventionen ohne militärische Unterstützung von außen. Die Revolutionen siegen vor allem vermittels eines kühnen sozialen Programms, das es den Massen ermöglicht, die auf ihrem Territorium vorhandenen Waffen zu erobern und die feindliche Armee zu zersetzen. Die Rote Armee beschlagnahmte französische, englische und amerikanische Militärvorräte und warf die fremden Expeditionskorps ins Meer. Ist das etwa schon vergessen?

Hätten an der Spitze der bewaffneten Arbeiter und Bauern, d. h. an der Spitze des sogenannten republikanischen Spaniens Revolutionäre gestanden und nicht feige Agenten der Bourgeoisie, das Problem der Bewaffnung hätte überhaupt keine so erstrangige Rolle gespielt. Francos Armee, einschließlich der marokkanischen Kolonialsöldner und Mussolinis Soldaten, ist keineswegs gegen revolutionäre Ansteckung gefeit. Auf allen Seiten von den Flammen der sozialistischen Umwälzung ergriffen, hätten die Soldaten des Faschismus eine winzige Größe dargestellt. Nicht an Waffen fehlte es in Madrid und Barcelona und auch nicht an Militär-Genies: Was fehlte, war die revolutionäre Partei!

Die Bedingungen des Sieges

Die Bedingungen des Sieges der Massen im Bürgerkrieg gegen die Armee der Unterdrücker sind im Wesen sehr einfach.

1. Die Kämpfer der revolutionären Armee müssen sich deutlich bewusst sein, dass sie für ihre völlige soziale Befreiung streiten und nicht für die Wiederherstellung der alten (demokratischen) Ausbeutungsformen.
2. Dasselbe müssen die Arbeiter und Bauern im Hinterland der revolutionären Armee wie in dem des Feindes wissen und begreifen.
3. Die Propaganda an der eigenen Front, an der Front des Gegners und im Hinterlande beider muss tief vom Geiste der sozialen Revolution durchdrungen sein. Die Losung: »Zuerst den Sieg, dann die Reformen« ist die Losung aller Unterdrücker und Ausbeuter, von den biblischen Königen bis zu Stalin.
4. Die Politik wird von den Klassen und Schichten bestimmt, die am Kampfe teilnehmen. Die revolutionären Massen müs-

sen einen Staatsapparat besitzen, der direkt und unmittelbar ihren Willen ausdrückt. Dieser Apparat kann nichts anderes sein als der Sowjet der Arbeiter-, Soldaten- und Bauerndeputierten.

5. Die revolutionäre Armee muss die dringendsten Sofortmaßnahmen der sozialen Revolution nicht nur verkünden, sondern in den eroberten Provinzen auch unverzüglich verwirklichen: Enteignung der vorhandenen Lebensmittel-, Manufakturwaren- und anderen Vorräte und ihre Abgabe an die Bedürftigen, Neuaufteilung der Wohnstätten im Interesse der Werktätigen und insbesondere der Kriegerfamilien, Enteignung des Bodens und des landwirtschaftlichen Inventars im Interesse der Bauern, Errichtung der Arbeiterkontrolle über die Produktion und der Sowjetmacht anstelle der früheren Bürokratie.
6. Aus der revolutionären Armee müssen die Feinde der sozialistischen Revolution, d. h. Ausbeuterelemente und ihre Agenten, und versteckten sie sich auch hinter der Maske von »Demokraten«, »Republikanern«, »Sozialisten« und »Anarchisten«, schonungslos vertrieben werden.
7. An der Spitze jedes Truppenteils muss ein Kommissar mit untadeliger Autorität eines Revolutionärs und Kämpfers stehen.
8. In jedem Truppenteil muss eine fest geschlossene, aus den opferbereitesten, von den Arbeiterorganisationen vorgeschlagenen Kämpfern gebildete Zelle bestehen. Die Mitglieder der Zelle haben ein einziges Privileg: im Feuer die ersten zu sein.
9. Das Kommandokorps schließt in der ersten Zeit notwendigerweise viele fremde und unzuverlässige Elemente in sich. Ihre Prüfung und Auslese hat zu geschehen auf Grund der Kampferfahrung, von Zeugnissen seitens der Kommissare und Urteilen der einfachen Kämpfer. Gleichzeitig damit muss die Vorbereitung von Kommandanten aus den Reihen der revolutionären Arbeiter mit Nachdruck betrieben werden.
10. Die Strategie des Bürgerkrieges muss die Regeln der Kriegskunst mit den Aufgaben der sozialen Revolution paaren. Nicht nur in der Propaganda, sondern auch bei den Militäroperationen ist es notwendig, die soziale Zusammensetzung

der verschiedenen Truppenteile des Gegners zu studieren (bürgerliche Freiwillige, mobilisierte Bauern oder wie bei Franco Kolonialsklaven) und bei der Wahl der Operationslinien sich streng nach der sozialen Struktur der betreffenden Landesteile zu richten (revolutionäre oder reaktionäre, Industrie- oder Bauernbezirke, Bezirke unterdrückter Nationalitäten usw.). Kurz, die revolutionäre Politik beherrscht die Strategie.

11. Die revolutionäre Regierung als der Vollzugsausschuss der Arbeiter und Bauern muss es verstehen, das volle Vertrauen der Armee und der werktätigen Bevölkerung zu erobern.
12. Die Außenpolitik muss ihr Hauptziel darin erblicken, das revolutionäre Bewusstsein der Arbeiter, ausgebeuteten Bauern und unterdrückten Nationalitäten der ganzen Welt zu wecken.

Stalin sicherte die Bedingungen für die Niederlage

Die Bedingungen des Sieges sind, wie man sieht, ganz einfach. In ihrer Gesamtheit heißen sie sozialistische Revolution. Keine einzige dieser Bedingungen war in Spanien vorhanden. Hauptursache: Es gab keine revolutionäre Partei. Stalin versuchte zwar, die äußerlichen Manieren des Bolschewismus auf Spaniens Boden zu verpflanzen: Politbüro, Kommissare, Zellen, GPU usw. Aber diese Form entleerte er ihres sozialistischen Inhalts. Er verwarf das bolschewistische Programm und damit die Sowjets, die unerlässliche Form für die revolutionäre Initiative der Massen. Er stellte die Technik des Bolschewismus in den Dienst des bürgerlichen Eigentums. In seiner bürokratischen Beschränktheit bildete er sich ein, Kommissare seien schon an sich imstande, den Sieg zu gewährleisten. Aber die Kommissare des Privateigentums erwiesen sich nur imstande, die Niederlage zu garantieren.

Das spanische Proletariat hat erstklassige Kampfeigenschaften an den Tag gelegt. Seinem spezifischen Gewicht in der Wirtschaft des Landes, seinem politischen und kulturellen Niveau nach stand es vom ersten Tag der Revolution an nicht unter, sondern über dem russischen Proletariat vom Beginn des Jahres 1917. Die Haupthindernisse, die seinem Sieg im Wege standen, waren seine eigenen Organisationen. Die kommandierende Clique der Stalinisten bestand ihren konterrevolutionären Funktionen entsprechend aus bezahlten Agenten, Karrieristen, deklassierten Elementen und überhaupt allem möglichen sozialen Abfall. Die Vertreter der anderen Arbeiterorganisationen – schwächlichen Reformisten, anarchistischen Phrasendreschern, hilflosen POUM-Zentristen – brummten, seufzten, schwankten, manövrierten, passten sich aber letzten Endes den Stalinisten an. Das Ergebnis dieses Handinhandarbeitens war, dass das Lager der sozialen Revolution – die Arbeiter und Bauern – sich der Bourgeoisie, richtiger ihrem Schatten, unterstellt sah, seines Wesens, seiner Seele und seines Blutes beraubt wurde.

Am Heldentum der Massen oder am Mut einzelner Revolutionäre fehlte es nicht. Aber die Massen waren sich selbst überlassen und die Revolutionäre isoliert, ohne Programm, ohne Aktionsplan. Die »republikanischen« Heerführer kümmerten sich mehr um die Unterdrückung der sozialen Revolution als um militärische Siege. Die Soldaten verloren das Vertrauen zu den Kommandanten, die Massen das Vertrauen zur Regierung, die Bauern hielten sich abseits, die Arbeiter ermüdeten, Niederlage folgte auf Niederlage, die Demoralisierung wuchs. All das war unschwer schon zu Beginn des Bürgerkrieges vorauszusehen. Dadurch, dass die Volksfront sich die Aufgabe stellte, das kapitalistische Regime zu retten, weihte sie sich der militärischen Niederlage. Den Bolschewismus auf den Kopf stellend, spielte Stalin mit vollem Erfolg die Rolle des Haupttotengräbers der Revolution.

Die spanische Erfahrung beweist übrigens wieder einmal, dass Stalin weder von der Oktoberrevolution noch vom Bürgerkrieg irgendetwas begriffen hat. Sein träges provinzielles Denken blieb hoffnungslos hinter dem stürmischen Lauf der Ereignisse von 1917 bis 1921 zurück. In jenen seiner Reden und Artikel des Jahres 1917, wo er eigene Gedanken äußerte, ist seine spätere thermidorianische »Doktrin« schon vollkommen enthalten. In diesem Sinne ist der Stalin von Spanien 1937 die Fortsetzung des Stalins von der Märzkonferenz der Bolschewiki im Jahre 1917. Aber 1917 fürchtete er die revolutionären Arbeiter nur, 1937 indessen erstickte er sie. Der Opportunist wurde zum Henker.

»Bürgerkrieg im Hinterland«

Aber zum Sieg über die Caballero- und die Negrín-Regierung wäre doch Bürgerkrieg im Hinterland der republikanischen Armee nötig! – ruft der demokratische Philister mit Entsetzen aus. Als ob im republikanischen Spanien nicht auch ohnedies Bürgerkrieg wütete und zwar der gemeinste und ehrloseste von allen, ein Krieg der Besitzenden und Ausbeuter gegen die Arbeiter und Bauern. Dieser ununterbrochene Krieg findet seinen Ausdruck in der Verhaftung und Ermordung von Revolutionären, der Unterdrückung der Massenbewegung, der Entwaffnung der Arbeiter, der Bewaffnung der bürgerlichen Polizei, der Verwehrung von Waffen und Hilfe für die Arbeiterabteilungen an der Front, schließlich darin, dass die Entwicklung einer Kriegsindustrie künstlich verhindert wird.

Jede dieser Handlungen ist ein schwerer Schlag für die Front, direkter, von den Klasseninteressen der Bourgeoisie diktierter militärischer Verrat. Jedoch die demokratischen Philister – einschließlich der Stalinisten, Sozialisten und Anarchisten – halten den Bürgerkrieg der Bourgeoisie gegen das Proletariat selbst unmittelbar im Rücken der Front für einen ganz natürlichen und unvermeidlichen Krieg, dessen Aufgabe es ist, die Einheit der Volksfront zu erhalten. Dagegen ist der Bürgerkrieg des Proletariats gegen die republikanische Konterrevolution in den Augen dieser Philister ein frevelhafter, faschistischer, trotzkistischer Krieg, der die ... »Einheit der antifaschistischen Kräfte« zerstört. Dutzende von Norman Thomas, Major Attlee, Otto Bauer, Zyromski, Malraux und kleiner Lügenkrämer wie die Duranty und Louis Fischer gehen mit dieser Sklavenweisheit in der Welt hausieren. Unterdessen übersiedelt die »Volks«frontregierung von Madrid nach Valencia, von Valencia nach Barcelona.

Ist der Faschismus, wie die Tatsachen es bezeugen, nur durch die sozialistische Revolution niederzuringen, so ist andererseits ein siegreicher Aufstand des Proletariats nur dann denkbar, wenn die herrschenden Klassen infolge sehr großer Schwierigkeiten in die Klemme geraten. Allein die demokratischen Philister berufen sich eben auf diese Schwierigkeiten, um die Unzulässigkeit eines proletarischen Aufstandes zu beweisen. Wollte das Proletariat warten, bis die demokratischen Philister ihm die Stunde seiner

Befreiung ankünden, so würde es ewig Sklave bleiben. Die Arbeiter lehren, die reaktionären Philister hinter all ihren Masken zu erkennen und sie ungeachtet dieser Masken zu verabscheuen, ist erste und oberste Pflicht des Revolutionärs!

Wie wird es enden?

Die Diktatur der Stalinisten über das republikanische Lager ist ihrem ureigenen Wesen nach kurzlebig. Wenn die durch die Volksfrontpolitik bedingte Niederlage das spanische Proletariat noch einmal zum revolutionären Angriff treibt, und diesmal mit Erfolg, dann wird die Stalin-Clique mit eisernem Besen hinweggefegt werden. Wenn es aber, was leider wahrscheinlicher ist, Stalin gelingt, sein Totengräberwerk an der Revolution zu vollenden, darf er auch in diesem Falle keinen Dank erwarten. Die spanische Bourgeoisie brauchte ihn als Henker, aber als Beschirmer und Schulmeister hat sie ihn keineswegs nötig. London und Paris einerseits, Berlin und Rom andererseits, sind in ihren Augen viel solidere Firmen als Moskau. Möglich, dass Stalin selbst noch vor der endgültigen Katastrophe seine Hand von Spanien abziehen will: Er hofft auf diese Weise die Verantwortung für die Niederlage seinen nächsten Verbündeten aufzuladen. Nachher wird dann Litwinow bei Franco um die Herstellung diplomatischer Beziehungen ansuchen. All das haben wir schon mehr als einmal gesehen.

Indes würde sogar ein voller militärischer Sieg der sogenannten republikanischen Armee über General Franco nicht den Triumph der »Demokratie« bedeuten. Die Arbeiter und Bauern haben die bürgerlichen Republikaner und ihre linken Agenten zweimal an die Macht gebracht: im April 1931 und im Februar 1936. Beide Male lieferten die Volksfronthelden den Sieg des Volkes reaktionäreren und seriöseren Vertretern der Bourgeoisie aus. Der dritte, von den Volksfrontgenerälen erfochtene Sieg wird unausbleiblich ihre Verständigung mit der faschistischen Bourgeoisie auf den Gebeinen der Arbeiter und Bauern bedeuten. Dieses Regime wird nichts anderes sein als eine Form der Militärdiktatur, vielleicht ohne Monarchie und ohne offene Herrschaft der katholischen Kirche.

Schließlich ist es möglich, dass Teilsiege der Republikaner von den »selbstlosen« englisch-französischen Vermittlern dazu benutzt werden, um die sich befehdenden Lager auszusöhnen. Es ist nicht schwer zu verstehen, dass bei dieser Variante die letzten Reste der Demokratie in den brüderlichen Umarmungen der Generäle, Miajas (des Kommunisten!) mit Franco (dem Faschisten!) erstickt würden. Nochmals: zu siegen vermag nur entweder die sozialistische Revolution oder der Faschismus.

Es ist übrigens nicht ausgeschlossen, dass die Tragödie im letzten Augenblick der Posse Platz macht: Wenn die Volksfronthelden ihre letzte Hauptstadt im Stich lassen sollten, werden sie vielleicht, bevor sie die Dampfer oder Flugzeuge besteigen, eine Reihe sozialistischer Reformen erlassen, um beim Volk in guter Erinnerung zu bleiben. Es wird ihnen jedoch nichts helfen. Die Arbeiter der ganzen Welt werden sich mit Hass und Verachtung der Parteien erinnern, die die heldenhafte Revolution zugrunderichteten.

Die tragische Erfahrung Spaniens ist eine bittere Warnung – vielleicht die letzte Warnung vor noch größeren Ereignissen – eine Warnung für alle fortgeschrittenen Arbeiter der Welt. »Die Revolutionen sind die Lokomotiven der Geschichte«, sagte Marx. Sie fahren schneller als das Denken der halb- oder viertelrevolutionären Parteien. Wer stehen bleibt, gerät unter die Räder der Lokomotive und bringt – das ist die Hauptgefahr – nicht selten dabei die Lokomotive selbst zur Entgleisung.

Das Problem der Revolution heißt es bis zu Ende, bis in die letzten konkreten Schlussfolgerungen hinein durchdenken. Es heißt die Politik auf die Grundgesetze der Revolution, d. h. auf die Bewegung der einander bekämpfenden Klassen einstellen, und nicht auf die Vorurteile und Ängste der oberflächlichen kleinbürgerlichen Gruppen, die sich »Volks«- und wer weiß was noch für welche Front betiteln. Die Linie des geringsten Widerstandes ist in der Revolution die Linie des größten Zusammenbruchs. Die Furcht vor »Isolierung« von der Bourgeoisie bedeutet Isolierung von den Massen. Anpassung an die konservativen Vorurteile der Arbeiteraristokratie bedeutet Verrat an den Arbeitern und an der Revolution. Übermäßige »Vorsicht« ist unheilvollste Unvorsichtigkeit. Das sind die Hauptlehren aus dem Zusammenbruch der ehrlichsten politischen Organisation in Spanien, will sagen der zentristischen POUM. Die Parteien und Gruppen des Londoner Büros sind weder willens noch imstande, aus der letzten Warnung der Geschichte die notwendigen Schlussfolgerungen zu ziehen. Damit geben sie sich selbst dem Verderben preis.

Dafür bildet sich auf Grund der Lehren aus den Niederlagen heute eine neue Generation von Revolutionären heran. Sie hat in der Wirklichkeit den schändlichen Ruf der Zweiten Internationale bestätigt gefunden. Sie hat die ganze Tiefe des Falls der Dritten Internationale ermessen. Sie lernte es, die Anarchisten nicht nach ihren Worten zu beurteilen. Eine gewaltige, unschätzbare Schule, bezahlt mit dem Blut zahlloser Kämpfer! Die revolutionären Kader sammeln sich heute nur um das Banner der Vierten Internationale. Unter dem Donner der Niederlagen ist sie erstanden, um die Werktätigen zum Siege zu führen.

Coyoacan, 17. Dezember 1937
L. Trotzki

Felix Morrow

Der Bürgerkrieg in Spanien

Einleitung

Faschistische Soldaten und Arbeitermilizionäre haben sich nicht weit voneinander verschanzt. In einer Kampfpause rufen sie sich Argumente zu:

> »Ihr seid Söhne von Bauern und Arbeitern«, ruft ein Milizionär. »Ihr solltet hier bei uns sein und für die Republik kämpfen, wo es Demokratie und Freiheit gibt.«

Die schroffe Erwiderung kommt sofort. Es ist das Argument, mit dem die Bauernschaft jeden reformistischen Appell seit der Entstehung der Republik im Jahre 1931 beantwortet hat:

> »Was hat die Republik euch zu essen gegeben? Was hat die Republik für uns getan, dass wir für sie kämpfen sollten?«

In diesem kleinen Vorfall, wie er gelegentlich in der Presse berichtet wird, zeigt sich das zentrale Problem des Bürgerkriegs.

Die Bauernschaft, die 70 Prozent der Bevölkerung ausmacht, muss erst noch auf die Seite des Proletariats gewonnen werden. Sie hat bei der Entstehung der Republik im Jahre 1931 keine Rolle gespielt. Ihre Passivität und Feindschaft führte zum Triumph der Reaktion im November 1933. Sie hat bei der proletarischen Oktoberrevolte von 1934 keine Rolle gespielt. Außer in Katalonien und Valencia, wo sich das Proletariat für die Konfiszierung des Lands ausgesprochen hat und es schon an die Bauernschaft übergibt und in Teilen von Andalusien, wo die Landarbeiter sich das Land selbst genommen haben, erhebt sich die Masse der Bauernschaft bis jetzt nicht, um an der Seite der Arbeiterklasse zu kämpfen.

Kein Bürgerkrieg, der so umfassend ist wie der gegenwärtige in Spanien, wurde jemals gewonnen, ohne ein revolutionäres gesellschaftliches Programm vorzulegen. Und dennoch scheint das einzige Programm der von Caballero geführten Koalitionsregierung der militärische Kampf zu sein. »Erst nach dem Sieg dürfen wir uns der politischen und sozialen Probleme der verschiedenen Gruppen, die die Linke Volksfront bilden, annehmen«, erklärt ein Regierungssprecher (*New York Times*, 20. September 1936). »Es gibt nur einen Punkt in unserem Programm, und der lautet, den Sieg zu erringen.« In Wirklichkeit jedoch enthält die Losung der Regierung »Verteidigt die demokratische Republik« ein gesellschaftliches Programm. Aber es ist das reformistische Programm der Verteidigung des »liebenswürdigsten« politischen Instruments der bürgerlichen Produktionsweise.

In der großen Französischen Revolution bedeutete die Losung »Freiheit, Gleichheit, Brüderlichkeit« ganz konkret Land für die Bauern, Befreiung von der Leibeigenschaft, eine neue Welt von Arbeit und Bereicherung, die Abschaffung der wirtschaftlichen Macht der feudalen Unterdrücker und die Übergabe Frankreichs in die Hände der revolutionären Bourgeoisie. In der Russischen Revolution vereinigte die Losung »Land, Brot und Freiheit« das Volk erfolgreich gegen Kornilow und Kerenski, weil es die Umgestaltung Russlands bedeutete. Das Proletariat Spaniens wird genauso revolutionäre Forderungen erheben, oder es wird den Bürgerkrieg nicht gewinnen.

Das katalanische Proletariat hat diese große Wahrheit bereits erkannt. Sein revolutionäres Programm wird nicht lange auf seine eigenen Grenzen beschränkt bleiben. Erst heute kam die Nachricht, dass eine weitere Partei der Volksfront, die nach der Oktoberrevolte von Anarcho-Syndikalisten gegründete Syndikalistische Partei, die die Notwendigkeit der Teilnahme am politischen Leben erkannt hat, ein sozialistisches Programm für die erfolgreiche Fortsetzung des Bürgerkriegs verlangt hat. Die Präsidentschaft Caballeros, des »extrem« linken Flügels der Volksfront, ist selbst eine entstellte Anerkennung der Tatsache, dass die Massen nicht dafür kämpfen werden, den Kapitalismus aufrechtzuerhalten. Aber Caballeros frühere Lorbeeren können und werden kein Ersatz für den äußerst konkreten Inhalt eines Programms des revolutionären Sozialismus sein.

Auf den folgenden Seiten wird die reiche Geschichte revolutionärer Erfahrungen geschildert, die fünf kurze Jahre dem spanischen Proletariat gebracht haben. Aus den Schlussfolgerungen, die es aus den außerordentlich konzentrierten Erfahrungen zieht, lernt das spanische Proletariat, wie es sein Schicksal in die eigenen Hände nimmt. Den Lehren der Russischen Revolution werden jetzt die ebenso tief greifenden Lehren der spanischen Revolution hinzugefügt.

New York, 22. September 1936

I.

Die Geburt der Republik – 1931

»Glorreich, unblutig, friedlich, harmonisch« war die Revolution vom 14. April 1931. Zwei Tage vorher hatte das Volk in den landesweiten Kommunalwahlen für die republikanisch-sozialistische Koalition gestimmt. Das reichte, um Alfonso den Gnadenstoß zu geben. Die spanische Republik setzte sich mühelos durch ... Ihre Entstehung war jedoch fast das einzige unblutige Ereignis, das mit der Revolution vor oder seit 1931 verbunden ist.

Mehr als ein Jahrhundert lang hatte Spanien versucht, ein neues Regime hervorzubringen. Aber die Lähmung durch eine Jahrhunderte andauernde Altersschwäche seit den Tagen des Weltreichs hatte jeden Versuch zum Scheitern verurteilt. Umso blutiger war deshalb die Geschichte der Fehlschläge und ihrer Bestrafung. Vier größere Revolutionen vor 1875, denen viermal der weiße Terror folgte, waren nur die Höhepunkte in einer fast permanenten Folge von Bauernrevolten und Armeemeutereien, Bürgerkriegen, regionalen Erhebungen, Aufstandsproklamationen der Armee, Verschwörungen und Gegenverschwörungen der Hof-Kamarillen.

Und auch die moderne Bourgeoisie unternahm nichts, als sie verspätet auf der Bühne erschien, um die bürgerliche Revolution vorzubereiten. Die moderne Industrie und das Transportwesen stammen aus der Zeit des Spanisch-Amerikanischen Kriegs, der Spanien neue Anstöße gab. Die Jahre 1898–1914 werden die »nationale Wiedergeburt« genannt (sie waren auch der Altweibersommer des Weltkapitalismus). Aber die spanischen und katalanischen Industriellen, die in diesen zwei Jahrzehnten geschäftlich erfolgreich waren, versuchten die ältesten Familien des Landadels in ihrer Loyalität gegenüber der Monarchie zu übertreffen. Einige – wie Graf Romanones – wurden geadelt, erwarben große Ländereien und vereinigten in ihrer Person die alten und neuen Wirtschaftsformen. Andere zementierten die Verbindung zwischen beiden durch Hypotheken und Verheiratungen mit dem

Landadel. Der König hielt zwar die äußeren Insignien des Feudalismus aufrecht, war aber kaum abgeneigt, sich der Bourgeoisie in deren zwielichtigsten wirtschaftlichen Abenteuern anzuschließen. Auf der Suche nach neuen Ausbeutungsgebieten brachte die Bourgeoisie Alfonso dazu, Marokko zu erobern, was 1912 begann. Alfonsos einträgliche Neutralität während des Weltkriegs gewann ihm die Zuneigung der Bourgeoisie, für deren Waren der Weltmarkt vier Jahre lang offen stand.

Als die Imperialisten diesen Markt nach dem Krieg wieder übernahmen, das katalanische und spanische Proletariat große Kämpfe begannen und als das Ansehen der Regierung bei den Arbeitern und Bauern durch die katastrophalen Niederlagen der Armee in Marokko geschwunden war, finanzierten die katalanischen Industriellen den Putsch Primo de Riveras. Das Programm des Diktators – öffentliche Arbeiten und unüberwindliche Zollschranken, Unterdrückung der Anarcho-Syndikalisten und Zwangsschlichtungskammern für die sozialistischen Gewerkschaften – gab der Industrie einen neuen Anstoß und brachte Rivera und Alfonso die glühendste Bewunderung der Bourgeoisie ein. Die Weltkrise sorgte für das Ende des spanischen Wirtschaftserfolgs, und Rivera fiel mit der Peseta im Januar 1930. Doch die Bourgeoisie hielt im Großen und Ganzen immer noch an Alfonso fest. Tatsächlich konnte Alcalá Zamora, der Führer der Republik werden sollte, noch am 28. September 1930 auf einer Massenversammlung, die gegen den Kurs der Regierung demonstrierte, seine Rede mit einem Lobgesang auf die Krone beenden.

In der Zwischenzeit, im Mai 1930, hatten die Studenten und Arbeiter von Madrid rote und republikanische Fahnen gehisst und sich mit der Polizei Schusswechsel geliefert. Im September schlossen die Sozialisten und die UGT einen Pakt mit den republikanischen Gruppen, um mit der Monarchie aufzuräumen. Revolutionäre Generalstreiks folgten in Sevilla, Madrid, Bilbao, Barcelona, Valencia usw., wobei es jedes Mal zu tödlichen Zusammenstößen mit der Armee kam. Ein Aufstand der Arbeiter, der mit einer republikanischen Meuterei in der Armee zusammenfiel, wurde vereitelt, als die Soldatenrevolte vom 12. Dezember vor der geplanten Zeit stattfand. Aber die Hinrichtungen der Soldatenführer gaben den Anstoß zu einem von den republikanischen und sozialistischen Führern unterzeichneten Manifest, das die unmittelbare Einführung der Republik zu ihrem Ziel erklärte. Die Unterzeichner wurden in das Gefängnis »La Modelo« von Madrid geworfen – das wurde daraufhin zum Zentrum des spanischen politischen Lebens. Der verzweifelte Versuch von Premier Berenguer, die Cortes nach dem alten Muster als Stütze für Alfonso zu schaffen, wurde durch die republikanisch-sozialistische Boykotterklärung vereitelt. Berenguer trat zurück. Die Kommunalwahlen zeigten, dass die Massen für eine Republik waren.

Erst in diesem allerletzten Moment entschieden die Industriellen, die durch die Generalstreiks, die offen fortgesetzte Bewaffnung der Arbeiter und die sozialistische Drohung eines nationalen Generalstreiks erschreckt waren, dass die Monarchie ein billiges Opfer für die Wölfe der Revolution war. Daraufhin, und erst dann, als Alfonso selbst zustimmte, dass der Kampf sinnlos sei, akzeptierte auch die Bourgeoisie die Republik.

Der Geist der neuen Republik wird durch die Tatsache charakterisiert, dass die älteste und größte der republikanischen Parteien nichts zu ihrer Entstehung beigetragen hat und sich bald mit den Monarchisten verbünden sollte. Das war die Radikale Partei von Lerroux. Über drei Jahrzehnte spanischen Parlamentarismus erstrecken sich die Beschuldigungen gegen diese Partei wegen Bestechung, Erpressung, Betrug und Gaunereien. Die radikalen Demagogen hatten der Monarchie im Kampf gegen den katalanischen Nationalismus gedient. Der Diebstahl und die Erpressung, für die ihre französischen Namensvettern (die jetzt die *Front Populaire* führen) so berüchtigt sind, verblassen im Vergleich zu den dreisten Kampagnen, die die spanischen Radikalen gegen einzelne Industrielle und Bankiers führten und die jedes Mal ein plötzliches Ende fanden, wenn der erwartete fette Umschlag stillschweigend übergeben worden war. Innerhalb der Radikalen Partei bestand die normale Polemik aus gegenseitigen Korruptionsvorwürfen und Erpressungen. Wegen ihrer außergewöhnlich schmutzigen Geschichte und trotz der Tatsache, dass sie die älteste und größte bürgerlich-republikanische Partei war, gab es hier den stärksten Widerstand gegen die Teilnahme an der ersten republikanischen Regierung. Diese Opposition kam sogar von jenen Katholiken, wie Zamora, die die Republik zunächst ernsthaft wünschten und die, da sie während der Monarchie Minister gewesen waren, am besten wussten, zu welcher Art von Diensten Alfonso die Radikalen benutzt hatte.

Trotz einer großen Anhängerschaft in der Bourgeoisie als die konservativste republikanische Partei, gaben Lerroux' Radikale keine politische Führung. Sie waren damit beschäftigt, um lukrative Posten zu kämpfen. Die Angst jedoch, die von anderen Republikanern und Sozialisten geteilt wurde, dass nur der geringste Anflug von Skandal auf der neuen Republik lasten könnte, sorgte dafür, dass die Radikalen stark eingeschränkt wurden. Sie fühlten sich glücklicher, als sie kurz darauf die Regierung verließen und sich mit den Klerikalen von Gil-Robles verbündeten – die Radikalen, deren wichtigstes Instrument der Anti-Klerikalismus gewesen war!

Die anderen republikanischen Parteien, mit Ausnahme der Katalanischen Linken, die Bauern in ihren Reihen hatte, waren reine, für die April-Wahlen gebildete Notlösungen und besaßen kaum Massenunterstützung, denn die untere Mittelschicht Spaniens ist winzig und machtlos.

Die einzige wirkliche Unterstützung für die Republik kam daher vom sozialistischen und gewerkschaftlich organisierten Proletariat. Genau dieser Umstand bedeutete jedoch, dass die Republik nur der Übergang zum Kampf um die Macht zwischen der faschistisch-monarchistischen Reaktion und dem Sozialismus sein konnte. In diesem späten Stadium gab es keinen Raum mehr für eine demokratische Republik in Spanien.

Unglücklicherweise bereitete sich die sozialistische Führung jedoch nicht auf den Kampf vor. Stattdessen teilte sie die kleinbürgerliche Perspektive der Azañas.

Das Vorbild dieser Perspektive war erklärtermaßen die Französische Revolution von 1789. Man nahm an, Spanien habe einen langen Weg friedlicher Entwicklung vor sich, auf dem die Aufgaben der bürgerlichen Revolution durch ein Bündnis zwischen den Republikanern und den Arbeitern erledigt würden. Danach – Jahrzehnte nach 1931 – würde die Republik in eine sozialistische Republik verwandelt werden. Aber das war weit weg! dachten die sozialistischen Führer Prieto, Caballero, de los Ríos, Besteiros, del Vayo, Araquistáin, die unter dem fast asiatischen Regime der Monarchie zumindest ins mittlere Alter gekommen waren. Madrid, die wichtigste Hochburg der Sozialisten, war großenteils immer noch die Stadt des Handwerks, die sie schon in den neunziger Jahren gewesen war. Ihr Sozialismus war eine Mischung aus dem provinziellen Reformismus des Gründers, Pablo Iglesias, und der deutschen Sozialdemokratie aus der schlimmsten Periode, der Nachkriegsperiode.

Die andere bedeutende Strömung im spanischen Proletariat, der Anarcho-Syndikalismus, der in Form der CNT etwa über die Hälfte der Stärke der sozialistischen UGT-Gewerkschaften verfügte, beherrschte die moderne Industriestadt Barcelona, hatte sich aber seit seiner Entstehung auf dem Kongress von Córdoba im Jahre 1872 wenig verändert. Hoffnungslos antipolitisch, spielte er keine Rolle bei der Entstehung der Republik, schwenkte dann in deren Flitterwochen auf eine Position der passiven Unterstützung, der sich in einen wilden Putschismus verwandelte, sobald der rosige Schleier verschwand. Fünf Jahre Revolution waren nötig, bevor der Anarcho-Syndikalismus mit seiner doktrinären Weigerung zu brechen begann, die politische Arena zu betreten und für einen Arbeiterstaat zu kämpfen.

Der Aufbau der Sowjetunion und ihre Erfolge – ebenfalls ein Bauernland wie Spanien – waren in Spanien außerordentlich populär. Aber die bolschewistische Methode der Russischen Revolution war nahezu unbekannt. Die theoretische Rückständigkeit des spanischen Sozialismus hatte 1918 nur einen kleinen bolschewistischen Flügel hervorgebracht. Alles, was er bis 1930 an Fortschritt gemacht hatte, wurde durch den Ausschluss von praktisch der gesamten Partei aus der Kommunistischen Internationale wegen Trotzkismus, »Rechtsabweichlertum« und anderen Ketzereien vernichtet. Trotz der gewaltigen Unterstützung durch die Kommunistische Internationale spielte die offizielle Kommunistische Partei in der darauf folgenden Periode nicht die geringste Rolle. Im März 1932 entdeckte die Kommunistische Internationale neue Ketzereien und eliminierte erneut die gesamte Führung. Entsprechend ihrer Ideologie der »dritten Periode« (1929–1934) verurteilten die Stalinisten Einheitsfronten mit anarchistischen oder sozialistischen Organisationen, die sie Zwillinge der Faschisten nannten. Sie bauten bedeutungslose

»Rote Gewerkschaften« gegen die CNT und die UGT auf, gefielen sich in leeren Prahlereien, sie würden Bauernsowjets aufbauen, zu einer Zeit, wo sie keine Anhängerschaft im Proletariat hatten, das solche Sowjets führen muss. Sie propagierten die »Zwischenstufe der demokratischen Arbeiter- und Bauern-Revolution« – ein Konzept, das Lenin im Jahre 1917 abgelehnt hatte – im Unterschied zu bürgerlichen und proletarischen Revolutionen, wobei sie die Aufgabe des Kampfs um die Massen mit dem nachfolgenden Kampf um die Macht hoffnungslos durcheinanderbrachten. Die Stalinisten ließen diesen Mischmasch der »dritten Periode« 1935 fallen – aber nur, um sich die diskreditierte »Volksfront«-Politik von Koalitionen mit der Bourgeoisie anzueignen. Sie spielten von Anfang bis Ende eine durch und durch reaktionäre Rolle.

Die wirkliche bolschewistische Tradition wurde in Spanien nur von einer kleinen Gruppe, der Kommunistischen Linken, konsequent repräsentiert, die der internationalen »trotzkistischen« Bewegung angehörte. Trotzki selbst schrieb zwei großartige Broschüren: »Die spanische Revolution« mehrere Monate vor dem tatsächlichen Entstehen der Republik und: »Die spanische Revolution und die ihr drohenden Gefahren« kurz darauf, sowie zahlreiche Artikel im weiteren Verlauf der Ereignisse. Niemand kann die Dynamik der spanischen Revolution verstehen, ohne Trotzkis prophetische Analysen zu lesen. In jeder grundlegenden Frage haben die Ereignisse seine Schriften bestätigt. Den pseudo-jakobinischen Doktrinen des offiziellen Sozialismus stellte er einen marxistisch-leninistischen Beweis entgegen, mit einem reichen konkreten Verständnis der spanischen Bedingungen, und zeigt, dass die bürgerliche Republik die demokratischen Aufgaben der Revolution unmöglich bewältigen kann. Dem pseudo-linken Unsinn der Stalinisten stellte er ein konkretes Programm entgegen, mit dem die revolutionäre Partei die spanischen Massen gewinnen und sie in eine siegreiche Revolution führen könnte.

Aber die Kommunistische Linke war eine kleine Gruppe und keine Partei. Parteien werden nicht über Nacht aufgebaut, nicht einmal in einer revolutionären Situation. Eine Gruppe ist keine Partei. Die Kommunistische Linke verstand dies leider nicht und schloss sich Trotzki nicht an in seiner Einschätzung der tief greifenden Bedeutung der Linksentwicklung in den sozialistischen

Reihen, nachdem die Ereignisse Trotzkis Voraussagen bestätigt hatten. Dieser »linksradikalen« Einstellung folgte eine opportunistische Linie, die dazu führte, das Programm der Volksfront zu unterstützen. Erst nachdem der gegenwärtige Bürgerkrieg ausgebrochen war, wandten sich die ehemaligen Trotzkisten (jetzt in der POUM) wieder einer bolschewistischen Politik zu.

So war das Proletariat, als die Republik entstand, ohne Führung, die sie auf ihre große Aufgabe vorbereitet hätte. Es sollte für diesen Mangel teuer bezahlen.

III.

Die Aufgaben der bürgerlich-demokratischen Revolution

Die bürgerliche Republik war mit fünf großen Aufgaben konfrontiert. Sie mussten gelöst werden, oder das Regime musste der Reaktion, monarchistisch oder faschistisch, oder einer neuen Revolution und einem Arbeiterstaat Platz machen.

1. Die Agrarfrage

Die Landwirtschaft machte mehr als die Hälfte des nationalen Einkommens, fast zwei Drittel des Exports und den Großteil der Staatseinkünfte aus, und da 70 Prozent der Bevölkerung auf dem Lande lebte, lag hier der Schlüssel für Spaniens Zukunft.

Die Verteilung des Lands ist die ärgste in Europa. Ein Drittel gehört Großgrundbesitzern, deren Ländereien in einigen Fällen die Hälfte einer Provinz umfassen. Ein weiteres Drittel gehört einer Gruppe von »mittleren Besitzern«, die zahlreicher sind als die Großgrundbesitzer, aber ebenfalls große Güter besitzen, die von Pächtern und Landarbeitern bebaut werden. Nur ein Drittel gehört Bauern, und das meiste davon sind primitiv ausgestattete Höfe mit fünf Hektar oder weniger trockenen, armen Lands, unzureichend für den Unterhalt ihrer Familien. Wo die Bauern gutes Land besitzen – in den Gartenländereien an der Mittelmeerküste – ist es in vorgartengroße Flecke aufgeteilt.

Die fünf Millionen Bauernfamilien fallen in drei Kategorien:

- Zwei Millionen, die nicht genügend Grund besitzen. Nur in den nördlichen Provinzen gibt es eine größere Anzahl von Bauernfamilien, die ein bescheidenes Auskommen haben. Zum größten Teil hungern diese Millionen »Besitzer« zusammen mit den Landlosen und verdingen sich als Tagelöhner, wann immer sie können.

- Eineinhalb Millionen sind Pächter, die das Land auf der Basis pachten, die Ernte mit dem Großgrundbesitzer teilen zu müssen. Sie unterliegen einer dreifachen Unterdrückung durch den Großgrundbesitzer, den Wucherer, der das Getreide finanziert, und den Händler, der es aufkauft.
- Eineinhalb Millionen Landarbeiter, die sich zu unglaublich niedrigen Löhnen verdingen und unter den besten Bedingungen neunzig bis hundertfünfzig Tage im Jahr arbeitslos sind. Ein guter Lohn beträgt sechs Pesetas pro Tag.[1]

Die direkte Ausbeutung auf dem Land wird durch die Steuerschraube ergänzt. Von der gesamten Steuererhebung auf dem Land kam im ersten Jahr der Republik mehr als die Hälfte von den Land besitzenden Bauern.

Die Bedingungen, unter denen Millionen von Bauernfamilien leben, spotten jeder Beschreibung. Zum Vergleich muss man in den Orient gehen, zu den Lebensbedingungen der chinesischen und Hindu-Bauernschaft. Hungern zwischen den Ernten ist normal. Die spanische Presse bringt in solchen Zeiten zahlreiche Berichte über ganze Bauerndistrikte, die von Wurzeln und gekochtem Grünzeug leben. Verzweifelte Revolten, Beschlagnahmungen von Ernten, Überfälle auf Lagerhäuser und Phasen mit Guerillakrieg sind ein Jahrhundert lang Teil der spanischen Geschichte gewesen. Aber jedes Mal erwies sich, dass sich die zersplitterte Bauernschaft ohne Hilfe der Städte nicht befreien konnte.

Die letzten Jahrzehnte brachten dem Bauern keine Erleichterung. Die ruhigen Kriegsjahre, 1914–1918, gaben der spanischen Landwirtschaft die Gelegenheit, in den Weltmarkt einzudringen und sich hohe Preise zu sichern. Der sich daraus ergebende Preisanstieg für landwirtschaftliche Erzeugnisse und Grund und Boden wurde von den Großgrundbesitzern durch Hypotheken als Bargeld kapitalisiert; die Bauern bekamen wenig davon. Die Lasten des Preissturzes in der Agrarwirtschaft nach dem Krieg wurden jedoch schnell den Bauern aufgebürdet. Die Agrarkrise, ein Teil der Weltkrise, die durch die von England und Frankreich gegen die spanische Landwirtschaft errichteten Zollschranken verschärft wurde, brachte die Bauern 1931 in eine solche Notlage, dass ganze Regionen von der Ausrottung durch Verhungern bedroht waren, und es auf dem Land ein dauerhaftes Arbeitslosenheer gab.

Die einzige Lösung für diese entsetzlichen Verhältnisse war die umgehende Enteignung von zwei Dritteln des Lands, das sich in den Händen der Gutsbesitzer befand, und seine Aufteilung unter die Bauernschaft. Aber selbst das wäre nicht ausreichend. Mit Ausnahme der Gartenlandregionen am Mittelmeer herrschen in der spanischen Landwirtschaft primitive Methoden. Ihr Ertrag pro Hektar ist der niedrigste in Europa. Intensive Ackerbaumethoden, die erforderliche Ausbildung, modernes Gerät, Kunstdünger usw., was eine systematische staatliche Hilfe für die Landwirtschaft bedeutet, müsste die Aufteilung des Lands ergänzen.

Der feudale Grundbesitz in Frankreich wurde von den Jakobinern ausschließlich zugunsten der kapitalistischen Produktionsverhältnisse zerstört. Aber im Spanien von 1931 wurde das Land schon unter kapitalistischen Verhältnissen ausgebeutet. Land war schon längst veräußerlich, wurde auf dem Markt gekauft und verkauft, folglich also mit Hypotheken belastbar und mit Schulden beladen. Daher wäre die Konfiszierung des Lands auch die Konfiszierung von Bankkapital und damit ein Todesstoß für den spanischen Kapitalismus, landwirtschaftlich und industriell.

Aus dieser klar auf der Hand liegenden Tatsache zog die Koalitionsregierung den Schluss, dass deshalb das Land nicht konfisziert werden dürfe. Stattdessen wurden aufwändige und nutzlose Pläne ausgearbeitet, wodurch die Regierung mit ihrem Institut für Agrarreform die Landgüter aufkaufen und sie auf Pachtbasis an die Bauern verteilen würde. Da Spanien ein verarmtes Land mit nur geringen Staatseinkünften ist, würde sich dieser Prozess notwendigerweise sehr lang hinziehen. Die Zahlen der Regierung zeigten, dass ihre Methode der Landaufteilung durch Kauf wenigstens ein Jahrhundert dauern würde.

2. Die Entwicklung der spanischen Industrie

Wenn die republikanisch-sozialistische Koalition die Agrarfrage nicht lösen konnte, konnte sie dann die Produktivkräfte der Industrie und des Transportwesens entwickeln?

Im Vergleich zur Industrie der großen imperialistischen Mächte ist Spanien bemitleidenswert rückständig. Nur 15 000 Kilometer Eisenbahnstrecke in einem Land, das größer ist als Deutschland! Mit 1,1 Prozent Anteil am Welthandel im Jahr 1930 verfügte es über etwas weniger als vor dem Krieg.

Die Ära der Entwicklung der spanischen Industrie war kurz: 1898–1918. Gerade die Entwicklung der spanischen Industrie in den Kriegsjahren wurde zur Ursache weiterer Schwierigkeiten. Das Ende des Kriegs bedeutete, dass die spanische Industrie, in den Kinderschuhen steckend und von keiner starken Macht unterstützt, im imperialistischen Rennen um Märkte schnell ins Hintertreffen geriet. Selbst Spaniens Binnenmarkt konnte nicht lange für die eigene Industrie erhalten werden. Die unüberwindlichen Zollschranken Primo de Riveras führten zu Vergeltungsmaßnahmen gegen die spanische Landwirtschaft vonseiten Frankreichs und Englands. Da die Landwirtschaft die Hälfte bis zwei Drittel der Exporte ausmachte, bedeutete dies eine fürchterliche Agrarkrise, dem ein Zusammenbruch des Binnenmarkts für die Industrie folgte. Genau diese Krise führte 1931 zur Republik.

Diese Tatsachen waren unübersehbar, aber die republikanisch-sozialistische Koalition wiederholte, als sei dies eine magische Formel, Spanien stehe erst am Beginn seiner kapitalistischen Entwicklung, sie würde irgendwie die Industrie und den Handel aufbauen, die Weltkrise werde nachlassen usw. usw. Die Republik fand nahezu eine Million arbeitslose Arbeiter und Bauern vor, und vor Ende des Jahres 1933 betrug ihre Zahl eineinhalb Millionen, die zusammen mit ihren Angehörigen 25 Prozent der Bevölkerung ausmachten.

Mit eiserner Logik zeigten die Trotzkisten auf, dass sich die schwache spanische Industrie unter kapitalistischen Verhältnissen nur in einem expandierenden Weltmarkt entwickeln kann und dass dieser Weltmarkt zunehmend geschrumpft ist. Die spanische Industrie kann nur unter dem Schutz eines Außenhandelsmonopols weiterentwickelt werden. Aber der Druck des ausländischen Kapitals in Spanien und die Gefährdung der landwirtschaftlichen Exporte durch Frankreich und England bedeuten, dass eine bürgerliche Regierung kein Außenhandelsmonopol schaffen kann.

So wie die verspätete Entstehung der spanischen Industrie ihre weitere Entwicklung unter dem Kapitalismus ausschloss, so führte dieselbe Verspätung (wie die Russlands) zu einer Konzentration des Proletariats in großen Unternehmen in einigen wenigen Städten. Auf Barcelona, den größten Hafen und auch das größte Industriezentrum, entfallen zusammen mit den Industriestädten Kataloniens ganze 45 Prozent der spanischen Arbeiterklasse. Die Biscaya-Region, Asturien und Madrid machen fast den gesamten Rest aus. Insgesamt hat Spanien weniger als zwei Millionen Industriearbeiter, aber ihr spezifisches Gewicht ist, in Anbetracht ihrer Konzentration, mit dem des russischen Proletariats vergleichbar.

3. Die Kirche

Die Trennung von Kirche und Staat war keine reine parlamentarische Aufgabe. Um die Trennung zu bewerkstelligen, konfiszierte die Französische Revolution die Kirchenländereien, indem sie die Bauern für die Enteignung mobilisierte. Sie löste die religiösen Orden auf, konfiszierte die Kirchen und ihr Vermögen und illegalisierte sowie verbot für viele Jahre das Wirken der Priesterschaft. Erst dann war in Frankreich die immer noch unzureichende Trennung von Kirche und Staat erreicht.

Im Spanien des Jahres 1931 war das Problem sogar noch drängender und zwingender. Wegen ihrer ganzen Vergangenheit konnte die Kirche nur der Todfeind der Republik sein. Jahrhundertelang hatte die Kirche jede Art von Fortschritt verhindert. Selbst ein ausgesprochen katholischer König, Carlos III., war 1767 gezwungen gewesen, die Jesuiten zu vertreiben. Joseph Bonaparte musste die religiösen Orden auflösen und der liberale Mendizábal unterdrückte sie im Jahre 1835. Die Kirche hatte im 19. Jahrhundert jede Revolution zerstört. Im Gegenzug war jede Revolution – jedes Aufblühen des spanischen Lebens – notwendigerweise antiklerikal. Sogar König Alfonso musste nach der Barcelona-Revolte von 1909 verkünden, er werde »den öffentlichen Erwartungen in Bezug auf die Verringerung und Regulierung der überhöhten Zahl religiöser Orden Ausdruck verleihen« und die Religionsfreiheit einführen. Rom jedoch änderte die Meinung Alfonsos für ihn. Jeder Versuch, die Basis des Regimes zu erweitern, wurde von der Kirche vereitelt – der letzte 1923, als sie gegen den Vorschlag von Premier de Alhucemas, die konstituierenden Cortes einzuberufen, ihr Veto einlegte und stattdessen die Diktatur unterstützte. Kein Wunder, dass jeder Periode von Unruhen seit 1812 das Niederbrennen von Kirchen und die Ermordung von Geistlichen gefolgt waren.

Die von der Kirche ausgeübte wirtschaftliche Macht kann anhand der Schätzung ermessen werden, die den Cortes 1931 übergeben wurde, und die besagt, dass der Jesuitenorden ein Drittel des Reichtums des Landes besaß. Die Ländereien, die nach der Revolution von 1868 konfisziert wurden, waren von der Reaktion so großzügig entschädigt worden, dass die Kirche eine Karriere in Industrie und Finanzwesen begann. Ihre monopolistischen »landwirtschaftlichen Kredit«-Banken wurden zu den Wucherern in den ländlichen Gebieten und ihre Stadtbanken die Partner der Industrie. Die religiösen Orden führten normale Industrieunternehmungen (Getreidemühlen, Wäschereien, Nähereien, Textilfabriken usw.) mit unbezahlter Arbeit (Waisen, »Schüler«), die sehr zu ihrem Vorteil mit der Industrie konkurrierten. Als anerkannte Staatsreligion bekam sie aus der Staatskasse mehrere zehn Millionen Pesetas jährlich, war von allen Steuerpflichten selbst im Bereich der industriellen Produktion befreit und erhielt üppige Gebühren für Taufe, Heirat, Tod usw.

Ihre offizielle Kontrolle über das Bildungswesen bedeutete, dass die Schüler und Studenten vor Radikalismus bewahrt wurden und die Bauern Analphabeten blieben – die Hälfte der spanischen Bevölkerung konnte 1930 weder lesen noch schreiben. Was für einen Aberglauben die Kirche nährte, begreift man anhand der Tatsache, dass bis vor Kurzem päpstliche Ablassbriefe für ein paar Pesetas verkauft wurden. Von einem Erzbischof unterzeichnet, konnten sie in Läden gekauft werden, die folgende Werbung machten: »Bulas gibt es heute billig.«

Ihre in Roben gekleideten Horden waren eine wahre Armee, die der Republik die Stirn bot: 80 000 bis 90 000 in 4000 kirchlichen Ordenshäusern und über 25 000 Gemeindepriester – die Zahl übertraf so allein in den religiösen Orden die Gesamtzahl an Oberschülern und war doppelt so hoch wie die Zahl der Studenten im Land.

In den ersten Monaten der Republik ging die Kirche in ihrem Kampf gegen das neue Regime vorsichtig und überlegt vor: Ein Hirtenbrief, der Katholiken anwies, für katholische Kandidaten zu stimmen, die »weder republikanisch noch monarchistisch« waren, wurde im Mai durch massenhafte Niederbrennungen von Kirchen und Klöstern beantwortet. Dennoch war es für niemand ein Geheimnis, dass das zahllose Heer von Mönchen und Nonnen sowie Gemeindepriestern von Haus zu Haus gingen und energisch Propaganda machte. Wie in jeder krisenhaften Periode der Geschichte, in der die Kirche sich von einer Veränderung bedroht fühlt, verbreitete sie abergläubische Berichte über übernatürliche Vorkommnisse – Statuen, die man Tränen vergießen sah, Kruzifixe, die Blut absonderten – Omen von schlimmen Zeiten, die angebrochen waren. Was würde die republikanische Regierung gegen diese machtvolle Bedrohung tun?

Die Kirchenfrage führte zur ersten Regierungskrise: Azaña formulierte einen Kompromiss, der angenommen wurde. Die Kirchenorden sollten nicht belästigt werden, wenn nicht bewiesen wurde, wie bei jeder anderen Organisation, dass sie dem Gemeinwohl schaden. Und es gab eine Absprache, dass dies nur für die Jesuiten gilt, die im Januar 1932 aufgelöst wurden, nachdem man ihnen reichlich Gelegenheit gegeben hatte, den größten Teil ihres Vermögens an Individuen oder andere Orden zu übertragen. Regierungssubventionen an den Klerus endeten formell mit der offiziellen Erklärung der Entstaatlichung der Kirche, wurden aber zum Teil durch Zahlungen an die Kirche für Bildungseinrichtungen wettgemacht, denn die Verdrängung der Kirche aus den Schulen sollte ein »Langzeit«-Programm sein. Dies war das gesamte Kirchenprogramm der Regierung. Selbst diese erbärmlich unzureichende Gesetzgebung führte innerhalb der Bourgeoisie zu Aufruhr. Sie wurde zum Beispiel nicht nur von den Ministern Zamora und Maura (Katholiken) abgelehnt, sondern auch von dem republikanischen Radikalen Lerroux, der in der spanischen Politik auf dem Antiklerikalismus eine lebenslange Karriere aufgebaut hatte. Antiklerikal in Worten und von dem Wunsch nach einer gerechteren Aufteilung der Beute geleitet, war die republikanische Bourgeoisie mit den Interessen der Kapitalisten und Großgrundbesitzer, die sich wiederum auf die Kirche stützten, derart verflochten, dass sie vollkommen unfähig war zu einem ernsthaften Angriff auf deren politische und ökonomische Macht.

Die Kommunistische Linke erklärte, dass dies ein weiterer Beweis für den Bankrott der Koalitionsregierung sei. Sie konnte nicht einmal die »bürgerlich-demokratische« Aufgabe erfüllen, die Kirche an die Kandare zu nehmen. Die Revolutionäre verlangten die Konfiszierung sämtlicher Kirchengüter, die Auflösung aller Orden, das sofortige Verbot für religiöse Lehrer an Schulen, die Verwendung der Kirchenfonds, um den Bauern bei der Bewirtschaftung des Lands zu helfen, und sie riefen die Bauern auf, die Kirchenländereien zu konfiszieren.

4. Die Armee

Die Geschichte Spaniens während des 19. und des ersten Drittels des 20. Jahrhunderts ist eine Geschichte von Militärverschwörungen und pronunciamentos [Aufruhr]. Von der Monarchie selbst hinzugezogen, um die Opposition zu unterdrücken, führte die privilegierte Rolle der Armee zur Verhätschelung der Offizierskaste. Die Zahl der Offiziere nahm so stark zu, dass ihnen die gesamte Kolonialverwaltung und ein Großteil der Verwaltung im Inland selbst (einschließlich der Polizei, der Guardia Civil) anvertraut wurden. Dass Alfonso die Unterstützung der Armee immer nötiger hatte, wurde von den Offizieren dazu benutzt, sich fest zu verankern. Das Gesetz über die Rechtsprechung von 1905, das Militärtribunale ermächtigte, zivile Verleumdungen der Armee zu untersuchen und zu bestrafen, machte die Kritik vonseiten der Arbeiterbewegung und der Presse zu einem lèse majesté (Majestätsverbrechen). Selbst Alfonsos Premier Maura protestierte 1917, die Offiziere würden eine zivile Regierung unmöglich machen. Die Armeekaste, die in Offiziersräten organisiert war, um Druck auf Regierung und Öffentlichkeit auszuüben, missbilligte 1919 die gegenüber dem Generalstreik gemachten Zugeständnisse und verlangte die Entlassung des Polizeipräsidenten. Der Kriegsminister war immer einer der ihren gewesen. Auf sechs einfache Soldaten kam ein Offizier, und das Militärbudget wuchs entsprechend. Tatsächlich wuchs das Militärbudget so unerträglich, dass selbst Rivera versuchte, die Offizierskaste zu reduzieren.

Die Offiziersräte rächten sich, indem sie ihn ohne Protest fallen ließen, obwohl sie sich ihm bei seinem ursprünglichen Putsch angeschlossen hatten. Alfonso unterstützte sie bis zuletzt.

Die Tradition einer unabhängigen und privilegierten Kaste war eine ernste Gefahr für die Republik. In einem Land, wo die untere Mittelklasse so winzig und mittelmäßig ist, müssen die Offiziere aus der Oberschicht rekrutiert werden, was bedeutet, dass sie durch Verwandtschaft, Freundschaft, soziale Stellung usw. an die reaktionären Großgrundbesitzer und Industriellen gebunden sind. Oder die Offiziere müssen aus den Mannschaften rekrutiert werden, das heißt, aus der Bauernschaft und von den Arbeitern. Und Eile war geboten: Die Kontrolle über die Armee ist eine Frage auf Leben und Tod für jedes Regime.

Die republikanisch-sozialistische Koalition legte dieses wichtige Problem in die Hände Azañas, des Kriegsministers. Er verringerte die Armee durch ein freiwilliges System von Ruhestandszahlungen für Offiziere, das in deren Augen so vernünftig war, dass innerhalb weniger Tage 7000 Offiziere zustimmten, in den bezahlten Ruhestand zu treten. Das verkleinerte Offizierscorps blieb von der geistigen Einstellung her dasselbe wie unter der Monarchie.

Die Kommunistische Linke prangerte dies als Verrat an der demokratischen Revolution an. Sie verlangte die Entlassung des gesamten Offizierskorps und seine Ersetzung durch Offiziere aus den Mannschaften, die von den Soldaten gewählt werden sollten. Sie appellierte an die Soldaten, die Angelegenheit in die eigenen Hände zu nehmen, und wies darauf hin, dass die bürgerliche Republik sie genauso barbarisch behandelte, wie es die Monarchie getan hatte. Sie versuchte die Soldaten zur Verbrüderung und zur Bildung gemeinsamer Räte mit den revolutionären Arbeitern zu bewegen.

Die Demokratisierung der Armee wurde von den Revolutionären als notwendige Aufgabe angesehen, nicht für den revolutionären Sturz der Bourgeoisie – dafür waren andere Organe notwendig –, sondern als Verteidigungsmaßnahme gegen die Rückkehr der Reaktion. Das Versagen der Koalitionsregierung, diese elementare Aufgabe der demokratischen Revolution zu erfüllen, war nur ein weiterer Beweis, dass nur die proletarische

Revolution die »bürgerlich-demokratischen« Aufgaben der spanischen Revolution erfüllen würde.

5. Die kolonialen und nationalen Fragen

Die »feudale« Monarchie war nicht nur modern genug gewesen, um Aufstieg, Entwicklung und Niedergang der bürgerlichen Industrie und Finanzen voranzutreiben. Sie war ultramodern genug, um Kolonien auf die modernste Art des Finanzkapitals in Besitz zu nehmen und auszubeuten. Zur »nationalen Wiedergeburt« gehörte die Eroberung und Unterwerfung Marokkos (1912–1926). Bei der Katastrophe von Annual (1921) kamen allein 10 000 Arbeiter und Bauern, die eine zweijährige militärische Wehrpflicht ableisteten, ums Leben. Die Kosten des Marokko-Feldzugs nach dem Weltkrieg betrugen 700 Millionen Pesetas im Jahr. Dem Putsch Riveras gingen Tumulte bei der Einberufung der Rekruten und Reservisten und Meutereien bei der Einschiffung voraus. Ein Bündnis mit dem französischen Imperialismus führte im nächsten Jahr (1925) zu einem entscheidenden Sieg über das marokkanische Volk. Eine blutrünstige inhumane Kolonialverwaltung machte sich daran, die marokkanischen Bauern und Stammesangehörigen zugunsten der Regierung und einiger weniger Kapitalisten auszubeuten.

Die republikanisch-sozialistische Koalition übernahm die spanischen Kolonien in Marokko und regierte sie, wie die Monarchie, durch die Fremdenlegion und einheimische Söldner. Die Sozialisten argumentierten, wenn die Bedingungen es zuließen, würden sie die Demokratie auf Marokko ausdehnen und ihm erlauben, an den Vorteilen eines progressiven Regimes teilzuhaben.

Trotzki und seine Anhänger bezeichneten die sozialistische Position als Betrug an einem unterdrückten Volk. Aber auch für die Sicherheit der spanischen Massen musste man Marokko die Freiheit geben. Die dort herangezüchteten besonders brutalen Legionäre und Söldner wären die erste Truppe, die für einen reaktionären Putsch eingesetzt würde, und Marokko selbst würde als Militärbasis für die Reaktion benutzen werden. Der Abzug aller Truppen und die Unabhängigkeit Marokkos waren unmittelbare Forderungen, für die die Arbeiter selbst kämpfen und das marokkanische Volk anspornen mussten, sie durchzusetzen. Die Freiheit der spanischen Massen wäre gefährdet, wenn die Kolonien nicht befreit würden.

Gleich gelagert wie die koloniale Frage war das Problem der nationalen Befreiung der katalanischen und baskischen Völker. Die starke kleinbürgerliche katalanische Esquerra (Linke) Partei rekrutierte den größten Teil ihrer Anhängerschaft unter den militanten Pächtern, die eigentlich die Verbündeten der revolutionären Arbeiter sein sollten, aber dem nationalistischen Programm des Kleinbürgertums erliegen. Dadurch findet das Kleinbürgertum bei den Bauern Unterstützung gegen die Rolle des Großkapitals und der spanischen Staatsbürokratie, sie nationaler Rechte zu berauben. In den baskischen Provinzen führte die nationale Frage 1931 sogar zu noch gravierenderen Konsequenzen. Die nationalistische Bewegung dort stand unter klerikal-konservativer Kontrolle und schickte einen Block reaktionärster Abgeordneter in die konstituierenden Cortes. Da die baskischen und katalanischen Provinzen auch die Hauptindustriegebiete sind, war dies eine entscheidende Frage für die Zukunft der Arbeiterbewegung: Wie kann man diese Arbeiter und Bauern von der Kontrolle fremder Klassen befreien?

Das Lösungsmodell wurde von den russischen Bolschewiki gegeben, die in ihr Programm die Losung der nationalen Befreiung aufnahmen und sie nach der Oktoberrevolution durchführten. Die weitestgehende Autonomie für die nationalen Regionen ist vollkommen mit der wirtschaftlichen Einheit vereinbar. Die Massen haben von einer solchen Maßnahme nichts zu befürchten, da sie der Wirtschaft und Kultur in einer Arbeiterrepublik ermöglicht, sich frei und gut zu entwickeln.

Jede andere Position als die Unterstützung der nationalen Befreiung wird, direkt oder indirekt, zur Unterstützung der größtmöglichen bürokratischen Zentralisierung Spaniens, wie die herrschende Klasse sie fordert, und obendrein auch als solche von den unterdrückten Nationalitäten erkannt werden.

Der katalanische Nationalismus war während der Unterdrückung durch die Diktatur Riveras gewachsen. Deshalb hatten die Katalanen schon einen Tag vor der Proklamierung der Republik in Madrid die Regierungsgebäude besetzt und eine unabhängige katalanische Republik ausgerufen. Eine Abordnung aus republikanischen und sozialistischen Führern eilte nach Barcelona und verband Versprechungen für ein Autonomiestatut mit schlimmsten Drohungen der Unterdrückung. Die endgültige Einigung brachte eine stark eingeschränkte Autonomie, die den katalanischen Politikern Grund zur Klage ließ, die sie mit gewinnbringenden Ergebnissen zur Schau stellen konnten, um ihre Gefolgschaft unter den Arbeitern und Bauern zu behalten. Unter dem Vorwand, die baskische nationalistische Bewegung sei reaktionär, verzögerte die republikanisch-sozialistische Koalition eine Regelung der Frage und gab so den baskischen Klerikalen, die durch die Proletarisierung der Region bedrohten waren, neuen Halt in den Massen. Unter dem Etikett, sich von regionalen Vorurteilen zu befreien, identifizierten sich die Sozialisten mit der Perspektive des spanischen Bourgeois-Imperialismus.

Auf diese Weise bewies die bürgerliche Republik auf allen Gebieten ihre absolute Unfähigkeit, die »bürgerlich-demokratischen« Aufgaben der spanischen Revolution durchzuführen. Das bedeutete, dass die Republik nicht stabil sein würde. Sie konnte nur ein Übergangsstadium sein und dazu ein kurzes. Ihr Platz würde entweder von der militärischen, faschistischen oder monarchistischen Reaktion eingenommen werden – oder von einer wirklichen sozialen Revolution, die den Arbeitern die Macht zum Aufbau einer sozialistischen Gesellschaft übergab. Der Kampf gegen die Reaktion und für den Sozialismus war eine einzige Aufgabe und stand auf der Tagesordnung.

IV.

Die Koalitionsregierung und die Rückkehr der Reaktion 1931–1933

Die Revolution von 1931 war noch keinen Monat alt, als blutige Kämpfe zwischen Soldaten und Arbeitern ausbrachen.

Die ausdrückliche Aufforderung des Erzbischofs an die Katholiken, »weder monarchistisch noch republikanisch« zu wählen, führte dazu, dass massenhaft Kirchen niedergebrannt wurden. Ein Treffen des Monarchistenclubs am 10. Mai wurde von Arbeitern niedergeschrieen, die Monarchisten schossen und verletzten Arbeiter, und als sich die Nachricht in Madrid ausbreitete, begannen Arbeitergruppen damit, Monarchisten einzukreisen. Der Kampf gegen Kirche und Monarchisten nahm solche Ausmaße an, dass die daran beteiligten Arbeiter für einige Tage die Fabriken verließen, um den Kampf fortzusetzen. Die Sozialisten schlossen sich den Republikanern an und riefen zur Ruhe und zur Rückkehr an die Arbeit auf. Die Revolutionäre verlangten die Zerschlagung der monarchistischen Organisationen und die Festnahme ihrer Führer. Und was noch schlimmer war, die Sozialisten wiesen ihre Miliz an, der Polizei bei der Aufrechterhaltung von Recht und Ordnung zu helfen. Bei den darauffolgenden Kämpfen erschoss die Guardia Civil zehn Arbeiter. Eine Delegation ihrer Genossen verlangte von der provisorischen Regierung die Auflösung der Guardia Civil. Die Antwort der Regierung war die Verkündung des Ausnahmezustands, und in allen wichtigen Städten wurden die Truppen in Bereitschaft versetzt. Alfonsos Polizei und Armee, deren Offizierskaste immer noch dem verbannten König nachtrauerte, trösteten sich mit Angriffen auf diejenigen, die Alfonsos Flucht verursacht hatten. Die Arbeiter bekamen den ersten Vorgeschmack auf die Republik und die Beteiligung der Sozialisten an einer bürgerlichen Regierung.

Bei der Ausarbeitung des neuen Verfassungsentwurfs betrachteten die Sozialisten die republikanisch-sozialistische Koalition als die dauerhafte Regierung Spaniens. Es war wichtiger, die spanische Regierung mit umfassenden Machtbefugnissen auszustatten, als den anarchistischen und kommunistischen »Verantwortungslosen« freie Hand zu geben, um die Massen zum Chaos aufzuhetzen.

Gab es irgendeine mögliche Rechtfertigung für die sozialistische Position? Die spanischen Sozialisten argumentierten, ihre Unterstützung für die Regierung sei gerechtfertigt, weil dies eine bürgerliche Revolution sei, die nur durch eine republikanische Regierung vollendet werden könne, und dass die »Konsolidierung der Republik« die unmittelbarste Aufgabe sei, um die Rückkehr der Reaktion zu verhindern. Damit wiederholten sie die Argumente der deutschen und österreichischen Sozialdemokratie nach dem Krieg. Aber das war das Gegenteil der wirklichen Tradition und Praxis des Marxismus.

Die Revolution von 1848 war fehlgeschlagen, und ihr folgte wegen des unentschlossenen Kurses der kleinbürgerlichen Republikaner die Rückkehr der Reaktion. Als er die Lehren aus 1848 zog, kam Marx zu dem Schluss, dass der Kampf gegen die Rückkehr der Reaktion genauso wie die Sicherung eines Höchstmaßes an Rechten für die Arbeiter in der neuen Republik verlangte, dass das Proletariat bei erfolgreichen bürgerlichen Revolutionen mit organisatorischer und politischer Unabhängigkeit von den kleinbürgerlichen Republikanern kämpfen muss.[2]

Marx' strategisches Konzept wurde in der russischen Revolution 1905 angewandt, in der das Proletariat Arbeiterräte (Sowjets) bildete, die sich aus den in der Fabrik, Werkstatt und Straße gewählten Delegierten zusammensetzten, als flexibles Instrument, das die Arbeiter verschiedener Richtungen im Kampf gegen den Zarismus vereinte. Die russischen Arbeiter folgten Marx' Rat, dass kein besonderes Bündnis selbst mit dem fortschrittlichsten Teil der Bourgeoisie notwendig ist: Beide Klassen greifen denselben Feind an, aber die proletarischen Organisationen verfolgen ihre unabhängigen Ziele ohne die Beschränkung und den unnötigen Kompromiss eines Bündnisses – das heißt eines gemeinsamen Programms, das nur das Minimum und deshalb nur ein bürgerliches Programm sein kann – mit der Bourgeoisie. Im Februar 1917 wurden die Sowjets erneut gebildet und zwar zu einer Zeit, als die meisten Marxisten dachten, es ginge nur um eine bürgerliche Revolution.

Das heißt Sowjets waren sogar für die »bürgerliche« Revolution notwendig. Und die Revolutionen in Deutschland und Österreich erteilten ganz andere Lehren als die, welche die spanischen Sozialisten ziehen wollten. Denn auch diese Revolutionen hatten Sowjets geschaffen. Da sie jedoch von Reformisten beherrscht wurden, wurden sie aufgelöst, sobald der Kapitalismus seine Stabilität wiedererlangte. Die wirklichen Lehren der deutschen und österreichischen Revolution bestanden darin, dass Sowjets ein revolutionäres Programm brauchen, dass sie als Organe ohne politische Macht nicht unbegrenzt existieren können, dass man nicht sowohl die Regierung wie auch die Sowjets unterstützen kann, wie die deutschen und österreichischen Reformisten, die russischen Menschewiki es versucht haben und dass Sowjets als machtvolle Streikkomitees beginnen können, aber als Organe der Staatsmacht enden müssen.

Auf diese Weise wurden Marx' Schlussfolgerungen von vor 86 Jahren von jeder nachfolgenden Revolution bekräftig.

So war der von den spanischen Sozialisten von 1931 bis 1933 eingeschlagene Kurs dem Marxismus vollkommen wesensfremd. »Spanien ist eine Republik der Arbeiter aller Klassen.« Dieser absurde Satz wurde auf Initiative der Sozialisten als erster Artikel in die Verfassung aufgenommen.

Die Verfassung begrenzte das Wahlrecht auf die über 23-Jährigen und gestaltete die Wahlen zu den Cortes so, dass Koalitionslisten begünstigt und die Vertretung von Minderheitsparteien nahezu unmöglich wurden. Als diese Methode sich später gegen sie richtete, gaben die sozialistischen Führer zu, dass sie eingeführt worden war, weil man annahm, die Koalition mit den Republikanern würde unbegrenzt weitergehen!

Die Wehrpflicht wurde, wie unter der Monarchie, in der Verfassung verankert. Der Präsident der Republik erhielt die Befugnis, den Premier auszuwählen und die Cortes während der Präsidentschaftsperiode von sechs Jahren zweimal aufzulösen. Er selbst konnte während seiner Amtszeit nur mit drei Fünfteln der

Stimmen der Cortes abgesetzt werden. Außerdem wurden Vorkehrungen für die Schaffung eines Verfassungsgerichts getroffen, das ermächtig werden sollte, Gesetze zu annullieren, wie der Supreme Court in den Vereinigten Staaten, und für ein kompliziertes System zur Änderung der Verfassung.

Wie die Weimarer Verfassung enthielt das spanische Dokument eine Menge Phrasen über soziale Rechte, aber mit einem »Joker« (Artikel 42), der die Aufhebung aller verfassungsmäßigen Rechte vorsah. Unverzüglich wurde das »Gesetz zur Verteidigung der Republik« verabschiedet – nahezu wörtlich vom entsprechenden deutschen Gesetz abgeschrieben. Es definierte als »Angriffe gegen die Republik«: die Verbreitung von Nachrichten, die geeignet sind, die öffentliche Ordnung oder das Ansehen des Staats zu stören, Verunglimpfung öffentlicher Institutionen, unerlaubter Waffenbesitz, unbegründete Arbeitsverweigerung, wilde Streiks. Darüber hinaus wurde der Innenminister »im Interesse der öffentlichen Ordnung« ermächtigt, jederzeit öffentliche Versammlungen auszusetzen, Klubs, Vereine und Gewerkschaften aufzulösen, über die Konten aller Vereine oder Gewerkschaften Nachforschungen anzustellen, verbotene Waffen zu beschlagnahmen.

Obendrein wurde ein Gesetz verabschiedet, das Riveras gemischte Schlichtungsstelle zur Beilegung von Streiks fortführte. »Wir werden die Zwangsschlichtung einführen. Die Arbeiterorganisationen, die sich ihr nicht beugen, werden für illegal erklärt«, sagte Arbeitsminister Largo Caballero am 23. Juli 1931. Es wurde für gesetzwidrig erklärt, für politische Forderungen zu streiken und zu streiken, wenn die Arbeiter dem Unternehmer ihre Forderungen nicht zehn Tage im Voraus schriftlich vorgelegt hatten.

So sah die von der republikanisch-sozialistischen Koalition angenommene Rechtsstruktur aus. Nicht ein einziger Abgeordneter stimmte dagegen, und sie wurde am 9. Dezember 1931 mit 368 Ja-Stimmen und 102 Enthaltungen angenommen.

Die Revolutionäre antworteten, indem sie die Sozialisten an die marxistische Theorie vom Staat erinnerten. Die spanische Regierung ist, unabhängig davon, wer im Kabinett sitzt, eine kapitalistische Regierung. Ihre Macht ist Macht in den Händen der kapitalistischen Klasse. Dieser Regierung die Macht zu geben, verfassungsmäßige Garantien aufzuheben oder in Arbeitskonflikte einzugreifen usw., ist Verrat am Proletariat. Diese Macht wird zwangsläufig gegen das Proletariat eingesetzt werden.

Die Wahlberechtigung auf das Alter von 23 anzuheben (und das in einem südlichen Land, wo Jungen von 16 aktiv an der Bewegung teilnehmen!), heißt, die Arbeiterklasse eines mächtigen Werkzeugs zu berauben, um die revolutionärste Kraft des Lands ins politische Leben hineinzuziehen: die Jugend. Das Proletariat muss am allerwenigsten die umfassendste Demokratie fürchten: Das Wahlsystem bedeutet, dass große Teile der Arbeiter und Bauern nicht in den Cortes repräsentiert werden.

Das bürgerliche Regime dadurch zu demokratisieren, dass in der repräsentativsten Körperschaft, den Cortes, die Regierungsfunktionen konzentriert werden, ist ein elementarer Grundsatz der Politik der Arbeiterklasse. Die Machtbefugnisse in die Hände eines Obersten Gerichts, eines Präsidenten und eines Kabinetts zu legen, ist ein Verbrechen gegen die Demokratie. Diese kleineren Körperschaften sind viel anfälliger gegenüber reaktionären Einflüssen.

Versuchen wir, den Staat zu demokratisieren, um ihn dann zu unterstützen? Nein! Die Arbeiterklasse versammelt sich nur um ihre eigenen Organisationen, ihre eigenen Klassenorgane. Die beschränkten Möglichkeiten, den bürgerlichen Staatsapparat zu demokratisieren, sind nur insoweit von Bedeutung, als sie es uns ermöglichen, parallel dazu die Doppelherrschaft der Sowjets aufzubauen!

* * *

Die blutigen Zusammenstöße vom Mai waren nur der Anfang. »Die Verbreitung von Nachrichten, die geeignet sind, die öffentliche Ordnung oder ihr Ansehen zu stören« war eine Beschreibung, die umfassend genug war, um den größten Teil der anarchistischen oder marxistischen Kritik abzudecken. Es war für Azañas Leute nicht ungewöhnlich, fünf von sechs aufeinanderfolgende Ausgaben einer kommunistischen Zeitung zu beschlagnahmen. Das Verbot von wilden Streiks war ein tödlicher Schlag für die gewerkschaftlichen Methoden des Kampfs. Streiks wurden vom Schlachtfeld in die lähmenden Kanäle der Zwangsschlichtungskammern verlegt, bevor die Arbeiter überhaupt Gelegenheit hatten, günstige Vereinbarungen zu erzwingen. Sozialistische Organisationen rieten Streikenden der CNT, sie würden bessere Vereinbarungen erreichen, wenn sie »der Gewerkschaft der Regierung« beiträten. Die sich vertiefende Landwirtschaftskrise führte die Großgrundbesitzer zu immer schärferen Angriffen auf den Lebens»standard« der Pächter und Landarbeiter. Schlichtungsvereinbarungen, die ihre Bezahlung anhoben, wurden ignoriert, und den Arbeitern wurde verboten zu streiken, während die Regierungsvertreter endlose Untersuchungen und Diskussionen mit den Großgrundbesitzern führten.

Unbeschadet durch die bedeutungslosen Kirchengesetze erhob der Klerus sein Haupt, und seine Forderungen fanden Fürsprecher in den höchsten Kreisen der Regierung. Als im August 1931 der Generalvikar von Sevilla dabei gefasst wurde, als er die Grenze mit Dokumenten überqueren wollte, die den Verkauf und das Versteck von Jesuiten- und anderen Kirchenbesitztümern aufzeigten, gelang es den katholischen Ministern in der Provisorischen Regierung, Maura und Zamora, die Veröffentlichung der Dokumente zu verhindern. Maura trat mit dem Ende des provisorischen Kabinetts im Dezember aus der Regierung aus. Aber Zamora, der auf der prinzipiellen Grundlage zurücktreten wollte, dass er den Verfassungsbestimmungen und Gesetzen, die die Kirche betrafen, feindlich gegenüberstand, wurde durch sozialistische Stimmen dazu überredet, die Beförderung zum Präsidenten der Republik anzunehmen. Von diesem hohen Posten aus half Zamora vom allerersten Tag an den klerikalen Kräften der Reaktion.

Der Sozialist Indalecio Prieto trat dem Kabinett als Finanzminister bei. Durch seine erste Maßnahme, die Kontrolle über die Bank von Spanien zu übernehmen, wurde die Regierung wie von einem Erdbeben erschüttert. Der schließliche »Kompromiss« führte zu einer Umverteilung der Kabinettssitze, wobei das Finanzministerium an einen Kapitalisten überging, der geeignete Direktoren für die Bank ernannte.

Am letzten Tag des Jahres, das zur Errichtung der Republik geführt hatte, lieferten die Bauern von Castilblanco der Republik die erste bedeutende Gruppe von politischen Gefangenen. Nachdem sie einem Angriff der Guardia Civil entschlossen Widerstand geleistet hatten, wurden die Bauernführer mit langen Freiheitsstrafen ins Gefängnis geworfen.

Danach bewegte sich das Drama auf sein unerbittliches reaktionäres Ende zu. Als völlig offensichtlich wurde, dass der Kurs der Regierung die Reaktion nicht nur unangetastet ließ, sondern ihr sogar ermöglichte, stärker zu werden, mussten die sozialistischen Führer weniger von den Leistungen der Regierung und mehr von ihren eigenen Organisationen sprechen. Aufsässige Arbeiter wurden mit dem Hinweis auf die wachsenden Mitgliederzahlen der UGT und die sozialistische Miliz beruhigt. Der Kampf gegen den Kapitalismus und die Unterstützung einer bürgerlichen Regierung sind nicht miteinander vereinbar. Das Ansehen der Regierung hängt ab von ihrer Fähigkeit, »die Ordnung aufrechtzuerhalten«, deshalb muss Arbeitsminister Caballero Streiks mit Hilfe von Zwangsschlichtungskammern verhindern oder unterdrücken, falls sie gegen seinen Willen ausbrechen. Das gilt auch für die sozialistische Miliz: Mit Zustimmung der Regierung gebildet und als Hilfstruppe der Polizei benutzt, konnte sie nur eine Schautruppe für Paraden sein. Eine wirkliche proletarische Miliz kann nicht auf die Unterstützung einer bürgerlichen Regierung verpflichtet werden und genauso wenig kann sie auf proletarische Organisationen begrenzt werden, die loyal gegenüber dem Regime sind. Sie muss eine echte Klassenwaffe sein, die für demokratische Rechte kämpft, ohne sich auf die Grenzen der bürgerlichen Legalität zu beschränken, und sie muss genauso bereit sein, in die Offensive zu gehen, wie in der Defensive zu kämpfen.

Mit der Zerschlagung der CNT weiteten die Truppen die Unterdrückung auf die gesamte Arbeiterklasse aus. Unter dem Deckmantel, einen anarchistischen Putsch niederzuschlagen, »räumte« die Guardia Civil im Januar 1933 mit verschiedenen Gruppen von Unruhestiftern »auf«. Ein Zusammenstoß mit Bauern von Casas Viejas, Anfang Januar 1933, wurde zur cause célèbre [Aufsehen erregender Fall], die die Regierung bis in die Grundfesten erschütterte und der Reaktion den Weg eröffnete.

In Sevilla hatte die Konterrevolution zu den Waffen gegriffen (10. August 1932), als General Sanjurjo Truppen und Einheiten der Guardia Civil anführte, um die Monarchie wiederherzustellen (die Bewegung wurde von den Arbeitern von Sevilla unter revolutionären Losungen zerschlagen, die Azaña mehr alarmierten, als es Sanjurjo tat). Jetzt entdeckte die Konterrevolution, dass sie die Republikaner und Sozialisten bei demagogischen Appellen an die Massen übertreffen konnte. Die monarchistischen und katholischen Parteien entsandten ihr eigenes Untersuchungskomitee nach Casas Viejas. Sie gruben eine furchtbare Geschichte aus. Auf direkten Befehl des Innenministers Quiroga, »Gefangene zu machen«, war die Guardia Civil in das kleine Dorf eingefallen, wo die Bauern, nachdem sie zwei Jahre geduldig darauf gewartet hatten, dass das Institut für Agrarreform die benachbarte Länderei eines Grafen aufteilt, eingerückt waren und begonnen hatten, den Boden selbst zu bebauen. Die Bauern konnten der Guardia Civil kaum Widerstand entgegensetzen. Sie wurden wie Tiere über die Felder gejagt. 20 wurden getötet, weitere verwundet. Die Überlebenden wurden von Regierungsbeamten gewarnt, sie sollten schweigen, wenn sie nicht dasselbe Schicksal erleiden wollten.

Azaña hatte sich geweigert, eine Untersuchung durchzuführen und zögerte parlamentarische Anfragen in den Cortes hinaus. Schließlich musste die republikanisch-sozialistische Koalition die Suppe auslöffeln. Die monarchistisch-katholischen Abgeordneten weinten dicke Tränen über niedergemetzelte Bauern und schrien sich heiser wegen dieser grausamen Regierung. Als Azaña schließlich die Wahrheit über Casas Viejas zugeben musste, versuchte er der Guardia Civil die Schuld zuzuschieben. Aber die zog Quiroga selbst mit hinein. Während der ganzen Zeit saßen die sozialistischen Abgeordneten stumm da und stimmten für einen Vertrauensantrag für Azaña-Quiroga. Die Reaktionäre hatten ihren wirklich großen Tag: Casas Viejas fügten sie noch die Verurteilung der Regierung wegen ihrer Unterdrückung der Arbeiterpresse hinzu und die große Anzahl von politischen Gefangenen, meist Arbeiter im Gefängnis (9000 betrug eine kommunistische Schätzung im Juni 1933). Die Reaktionäre unterbreiteten den Cortes sogar ein Gesetz, dass eine Amnestie für alle politischen Gefangenen vorsah, unter dem enthusiastischen Jubel der Anarchisten.

Die Arbeiter, und vor allem die Bauern, waren von dieser frechen und erfolgreichen Demagogie vollständig verwirrt. Wer waren ihre Freunde? Die Republikaner-Sozialisten hatten Land versprochen, gaben es aber nicht. »Was gab die Republik euch zu essen?« Die Republik hatte die tapferen Bauern von Castilblanco und Casas Viejas getötet und eingekerkert. Vergeblich argumentierten und flehten die Sozialisten – die Bauern kannten ihr eigenes Elend.

Das Ende kam sehr rasch. Im Juni 1933 versuchte Zamora, die Koalition zu entlassen, wurde aber ausmanövriert, da die Sozialisten ankündigten, jeder weitere Versuch werde mit einem Generalstreik beantwortet. Das erwies sich als leere Drohung. Es ist zweifelhaft, ob die verwirrten und entmutigten Arbeiter einem Aufruf gefolgt wären. Sie waren zu lange zurückgehalten worden! Drei Monate später schlug Zamora wieder zu, entließ das Kabinett und löste die Cortes auf. Lerroux wurde zum Premier ernannt.

Die Wahlen wurden im November abgehalten. Der Sieg der Koalition aus Reaktionären und Rechten war eindeutig. Die Sozialisten hatten viele Erklärungen: Die verbitterten Anarchisten hatten eine erfolgreiche Kampagne zum Wahlboykott geführt, die Kommunisten hatten getrennte Listen aufgestellt, die Frauen standen unter klerikalem Einfluss und wählten zum ersten Mal. Die Sozialisten – die unter dem Druck ihrer Basis fast überall unabhängige Listen aufgestellt hatten – wurden zum Opfer ihrer eigenen unvernünftigen Wahlvorschriften. Die lokalen Prinzipale und Großgrundbesitzer terrorisierten die Dörfer und kauften Stimmen, die Wahlen waren oft gefälscht usw. usw. Aber das war ein armseliges Alibi, und die Details waren in der Tat ein Beweis dafür, dass die republikanisch-sozialistische Koalition dabei gescheitert war, die Massen zu gewinnen und zu begeistern oder die Reaktion in den zweieinhalb Jahren ihrer Herrschaft zu zerschmettern. Die nackte Statistik sagt, dass von 13 Millionen Wahlberechtigten 8 Millionen wählten, und mehr als die Hälfte davon stimmte für die rechte Koalition, die »Antimarxistische Front«. Eine weitere Million gab den Zentrumsparteien ihre Stimme. Die kleinbürgerlichen Republikaner wurden stark dezimiert und kehrten mit nur sieben Abgeordneten zurück, wovon die meisten, wie Azaña, ihre Wahl sozialistischen Stimmen verdankten.

Als Zeuge für unsere Analyse der Gründe, warum die Reaktion siegte, führen wir Indalecio Prieto an. Nach seiner Flucht nach

Paris nach der Oktoberrevolte von 1934 erklärte Prieto gegenüber dem *Le Petit Journal* als Antwort auf die Frage: »Wie erklären sie die Unzufriedenheit in Spanien und den Erfolg von Gil-Robles in den letzten Wahlen?«, in einem Anflug von äußerster Ehrlichkeit und Offenheit:

> »Genau wegen der rechten Politik des linken Regimes. Diese mit der Republik entstandene und von der Republik geschaffene Regierung wurde zum Schutzwall der Kräfte, die der Republik feindlich gegenüber standen. Es ist wahr, dass die linke Regierung Spaniens die Politik der Rechten vor Lerroux und Samper durchführte. In dieser Periode des untergehenden Kapitalismus konnte die spanische Bourgeoisie noch nicht einmal die Aufgaben der bürgerlich-demokratischen Revolution durchführen.«

V.

Der Kampf gegen den Faschismus: November 1933 bis Februar 1936

Obwohl wegen der Regierungskrisen das Kabinett in den nächsten zwei Jahren sechsmal personell umgebaut wurde, blieben Lerroux' Radikale offensichtlich am Ruder, entweder mit Lerroux oder seinen Leutnants – Samper, Martínez Barrios – als Premier. Die Radikalen gaben der Linken das Versprechen, dass kein Mann von Gil-Robles ins Kabinett kommen würde. Tatsächlich hatte Gil-Robles diese Übereinkunft diktiert. Er hatte Hitlers und Mussolinis Methoden studiert und meinte, er könne die Macht nicht offen übernehmen, bevor seine faschistische Bewegung keine Massenbasis gewonnen hatte.

Es war sicher passend, dass dieses degenerierte und reaktionäre Regime von den Radikalen geführt werden sollte, deren zum Himmel stinkende Geschichte wir uns schon gewidmet haben. Eine Partei, die eine solch groteske Posse aufführte (»Jede Nonne eine Mutter!« war eine der Losungen von Lerroux), konnte nur solange bestehen, wie das kapitalistische und das proletarische Lager sich nicht in einen tödlichen Kampf verstrickt hatten. Sie sollte sich bald auflösen. Ihr Ende wurde passenderweise durch eine Reihe skandalöser Enthüllungen über finanzielle Veruntreuungen verursacht, in die die gesamte Parteiführung verwickelt war. Aber während des »bienio negro«, den zwei schwarzen Jahren, dienten ihre zynischen Satyre den asketischen Klerikern als Premiers und Minister.

Die von der republikanisch-sozialistischen Koalition geschaffene Rechtsgrundlage erwies sich für Lerroux-Gil-Robles als äußerst nützlich. Mehr als hundert Ausgaben von *El Socialista* wurden innerhalb eines Jahres beschlagnahmt. Die Sozialistische Internationale schätzte im September 1934, dass insgesamt 12 000 Arbeiter inhaftiert seien. Die sozialistische Miliz wurde verboten und ihre Waffen konfisziert. Versammlungsräume von

Arbeitern wurden geschlossen und ihre Gewerkschaftskonten überprüft, um festzustellen, ob Fonds für revolutionäre Zwecke benutzt wurden. Sozialisten und andere in die Stadträte gewählte Arbeiter wurden entfernt. All die Gesetze, die die Sozialisten gegen die »Verantwortungslosen« einsetzen wollten, wurden jetzt gegen sie gerichtet.

Gil-Robles' Hauptproblem war, sich eine Massenbasis zu schaffen, eine schwierige Aufgabe, weil Spanien eine extrem unbedeutende Mittelklasse hat. Außer der kleinen Gruppe wohlhabender Bauern im Norden – Baskenland und Navarra –, wo eine Truppe organisiert wurde, die der österreichischen klerikal-faschistischen Miliz vergleichbar ist, hatte Gil-Robles große Schwierigkeiten bei der Rekrutierung aus den unteren Klassen. Es gab jedoch die eineinhalb Millionen arbeitslosen städtischen und Landarbeiter: Um sie zu gewinnen, brachte Gil-Robles ein Gesetz zur Einführung von Arbeitslosenunterstützung ein, wobei er versuchte, die Tatsache auszunutzen, dass die Arbeitslosen von der republikanisch-sozialistischen Regierung vernachlässigt worden waren. Die Klerikalen legten ein Programm zur staatlichen Wiederaufforstung vor, mit Arbeitslagern, die als Schulen für den Faschismus dienten. Sie gründeten eine Jugendbewegung, eine »Christliche Gewerkschaftsbewegung« und eine »Christliche Bauernbewegung«. Gil-Robles erschreckte sogar seine Verbündeten, die Grundbesitzer der Agrarischen Partei, mit Gerede darüber, die großen Ländereien aufzuteilen. Selbst gegnerischen Beobachtern schien es, als wäre Gil-Robles dabei, eine Massengefolgschaft zusammenzusammeln. Aber als die Klerikal-Faschisten, nach Monaten beharrlicher Arbeit und enormer Ausgaben, versuchten ein Ergebnis vorzuweisen und große Massenversammlungen auf die Beine zu stellen, wurden sie vom sozialistischen Proletariat zerschlagen und aufgelöst.

Warum? Es stimmt, dass der Klerikal-Faschismus sich oft ungeschickt anstellte. Dennoch hatte das Fehlen einer überzeugenden Demagogie den Klerikal-Faschismus nicht davon abgehalten, das Proletariat in Österreich zu zerschlagen. Der spanische Klerikal-Faschismus war deshalb nicht erfolgreich, weil das Proletariat, im Gegensatz zum deutschen, kämpfte und, im Gegensatz zum österreichischen, kämpfte, bevor es zu spät war.

Das spanische Proletariat zeigte eine wirkliche Entschlossenheit, sich nicht vom Faschismus schlagen zu lassen. Die Linksentwicklung der internationalen Sozialdemokratie nach den Niederlagen in Deutschland und Österreich kam in Spanien schneller als anderswo. Caballero schloss sich dem linken Flügel an, in dem die Sozialistische Jugend, die sowohl der Zweiten wie der Dritten Internationale äußerst kritisch gegenüberstand, der wichtigste Faktor war. Der linke Flügel erklärte, er sei für die Vorbereitung der proletarischen Revolution, die durch einen bewaffneten Aufstand erreicht werden sollte. Der Flügel in der politischen Mitte der Partei, angeführt von Prieto und Gonzáles Peña, verpflichtete sich öffentlich in den Cortes, dass jedem Versuch, ein faschistisches Regime zu errichten, mit einer bewaffneten Revolution begegnet würde. Nur ein kleiner rechter Flügel unter Basteiros weigerte sich, von Österreich und Deutschland zu lernen. In der UGT führte Caballero einen mutigen Kampf, und die rechten Sozialisten, die widersprachen, wurden gezwungen, sich aus den Führungsorganen zurückzuziehen. Gerade weil sie von den Kautskys und Bauers ideologisch derart abhängig gewesen waren, befähigte der Fall ihrer Führer die spanischen Sozialisten, einen besonders scharfen Bruch mit ihrer Vergangenheit zu vollziehen. Die Bourgeoisie, die die proletarische Politik mit Hilfe bürgerlicher Analogien interpretierte, dachte, das sei alles Bluff – bis sie, durch die Entdeckung großer Waffendepots in sozialistischen Wohnungen und Gebäuden erschreckt, überzeugt wurde.

Da die Sozialistische Partei bereit war zu kämpfen, wurde der Kampf gegen den Faschismus enorm erleichtert. Es ist tatsächlich nicht zuviel gesagt, dass nur die Linkswende der Sozialistischen Partei unter den gegebenen Umständen den Sieg über den Faschismus ermöglichte. Die Massen trotz der Sozialisten zu mobilisieren, hätte eine revolutionäre Partei von solchem Format und Massenumfang erfordert, wie sie in Spanien einfach nicht existierte.

Es erwies sich jedoch als unmöglich, der Sozialistischen Partei das marxistische Konzept des Aufstands beizubringen. Selbst die besten der linken sozialistischen Führer vertraten ein äußerst beschränktes Konzept. Mit pseudolinken Begriffen, vergleichbar denen der Anarchisten und Stalinisten der »dritten Periode«, bestärkten sich die Sozialisten selbst darin, nicht länger an der Richtung bürgerlich-republikanischer Politik interessiert zu sein – als ob die Revolution die Richtung der bürgerlichen Politik nicht für sich ausnutzen, nicht beeinflussen könnte! Zum Beispiel: Die Rechten hatten in den Novemberwahlen Katalonien erobert, doch der neue Aufschwung der Massen war so stark, dass der linke Block nur zwei Monate später die katalanischen Kommunalwahlen gewann. Die Niederlage vom November führte zu einer Krise in der CNT, bei der ein Teil der Führung ein Ende des Boykotts aller Wahlen verlangte. Folglich hätte eine sozialistische Kampagne, die die Auflösung der Cortes und Neuwahlen verlangte, den Sozialisten helfen können, die Massen zu mobilisieren, die Syndikalisten von den Anarchisten loszureißen, zwischen Gil-Robles und viele Anhänger von Lerroux einen Keil zu treiben. Offensichtlich fürchteten die Sozialisten jedoch, nicht links genug zu sein.

Der umfassende Charakter des proletarischen Aufstands wurde von der Kommunistischen Linken (Trotzkisten) erklärt. Sie richtete ihre Anstrengungen darauf, das unentbehrliche Instrument für den Aufstand aufzubauen: Arbeiterräte, die sich aus Delegierten zusammensetzten, die alle Arbeiterparteien und Gewerkschaften, die Fabriken und Straßen repräsentierten, die vor Ort geschaffen und national vereinigt werden mussten, eine wahrhafte Massenführung, die, wenn sie funktionierte, erfolgreich alle parteilosen, nicht gewerkschaftlichen und anarchistischen Arbeiter anziehen würde, die ernsthaft den Wunsch hatten, gegen den Kapitalismus zu kämpfen. Unglücklicherweise verstanden die Sozialisten die grundlegende Notwendigkeit dieser Vereinigung der Arbeiter nicht. Die bürokratischen Traditionen konnten nicht so einfach überwunden werden. Genauso wenig wie Prieto konnte Caballero verstehen, dass die Massenführung der Revolution umfassender sein muss als die Parteiführung. Die sozialistischen Führer glaubten, die Vereinigung der Arbeiter bedeutete, dass sie sich lediglich mit der Kommunistischen Linken und anderen abweichenden kommunistischen Gruppen die Führung zu teilen hätten. So war die Kommunistische Linke zwar überzeugend genug, um die Bildung von Arbeiterräten in Asturien und Valencia zu erreichen, und sie existierten in Madrid und anderswo dem Namen nach, waren in den meisten Fällen aber tatsächlich nur »Spitzen«komitees, ohne gewählte oder aus den unteren Rängen kommende Delegierte, d. h., kaum mehr als Verbindungskomitees zwischen den Führungen der beteiligten Organisationen. Und selbst diese wurden nie zusammengefasst und zu einem nationalen Komitee vervollständigt.

So unglaublich es scheinen mag, erfreute sich »Die Technik des Staatsstreichs« des faschistischen Schreiberlings Curzio Malaparte bei den sozialistischen Führern großer Beliebtheit. Sie glaubten tatsächlich, Malapartes absurde Dialoge zwischen Lenin und Trotzki, die eine völlig putschistische Konzeption der Machtergreifung durch kleine Gruppen bewaffneter Leute entwickeln, seien echte Niederschriften! Die Sozialisten schienen überhaupt keine Ahnung zu haben von der Rolle der Massen in der Oktoberrevolution von 1917. Sie erklärten den Massen nicht, was die kommende Revolution für sie bedeuten würde. Obwohl sie im Juni 1934 einen Generalstreik landbesitzender Bauern anführten, an dem sich nahezu eine halbe Million beteiligte, festigten die Sozialisten das Band zwischen Stadt und Land nicht, indem sie die Arbeiter mobilisierten, um sie mit Streikposten und finanziellen Mitteln zu unterstützen. Der Streik wurde auch nicht dazu benutzt, um systematisch die Losung der Landbesetzung zu propagieren, obwohl in denselben Monaten die Landbesetzungen der Bauern ihren Höchststand erreichten. Als der erbitterte Streik dann ohne Sieg endete, hatte das zur Folge, dass das Klassenbewusstsein der Landarbeiter, das sowieso schon um soviel schwächer ist als das des Industrieproletariats, so erschüttert war, dass sie im Oktoberaufstand überhaupt keine Rolle mehr spielten. Genauso wenig war das Stadtproletariat darauf vorbereitet, die Fabriken und öffentlichen Ämter zu besetzen, noch davon überzeugt, dass es seine Aufgabe ist, den Kapitalismus zu stürzen und mit dem Aufbau der neuen Ordnung zu beginnen. Stattdessen machten die Sozialisten dunkle Anspielungen darauf, sie hätten sämtliche Vorbereitungen getroffen, die Revolution selbst durchzuführen.

In ihren Teilkämpfen gegen die faschistische Bedrohung machten die Sozialisten ihre Sache jedoch großartig. Gil-Robles verwandte größte Anstrengungen auf drei sorgfältig geplante zentrale Versammlungen: die von Escurial nahe Madrid am 22. April

1934, die der katalanischen Grundbesitzer vom 8. September in Madrid gegen die von der katalanischen Regierung verabschiedeten liberalen Pachtrechte und die am 9. September in Covadongas, Asturien. Nicht eine davon war erfolgreich. Die Arbeiter riefen Generalstreiks aus, die sich über das jeweilige Gebiet erstreckten. Straßenbahnschienen wurden herausgerissen, Züge gestoppt, Verpflegung und Unterbringung wurden unmöglich gemacht, Straßen wurden durch Barrikaden blockiert, und mit Fäusten und Waffen wurden die Reaktionäre zur Umkehr gezwungen und zerstreut. Die kleinen Gruppen von reichen jungen Blaublütigen samt ihren Dienern, der Klerus und die Großgrundbesitzer, die mit Hilfe der Armee und der Guardia Civil durchkamen, boten einen solch lächerlichen Kontrast zu den Kräften ihrer Gegner, dass der klerikal-faschistische Anspruch, ganz Spanien zu repräsentieren, einen nicht wiedergutzumachenden Schlag erhielt.

Die Opposition der Arbeiter wurde durch den Kampf für die nationale Befreiung gestärkt. Schritte gegen ihren halbautonomen Status schreckten die katalanische Nation auf. Companys, der immer noch an der Macht war, musste eine Reihe gewaltiger Demonstrationen gegen Gil-Robles billigen. Schließlich verließen die nationalistischen Abgeordneten die Cortes ganz. Die reaktionäre Zentralisierung trieb selbst die konservativen Basken ins feindliche Lager. Im August 1934 trafen sich ihre Gemeinderäte und beschlossen, jegliche Zusammenarbeit mit der Regierung abzulehnen. Lerroux' Antwort, die Verhaftung sämtlicher baskischen Bürgermeister, verschlimmerte die Krise nur.

Die Klerikal-Faschisten wagten es nicht, länger zu warten. Sie hatten es nicht geschafft, eine Massenbasis aufzubauen, aber mit jedem Tag wurde die Opposition stärker. Die Uneinigkeit in den Reihen der Arbeiter verschwand langsam, aber sicher. Trotz Lerroux' geschicktem Spiel, die CNT rücksichtsvoll zu behandeln, um die antipolitischen Elemente zu stärken, die argumentierten, alle Regierungen seien gleich schlecht und Lerroux' Regierung sei nicht schlimmer als die letzte, stießen die sozialistischen Vorschläge immer mehr auf Zustimmung. In einer Reihe von Streiks arbeitete die CNT mit der UGT zusammen, und in etlichen Orten, besonders in Asturien, waren die Anarchisten den Arbeiterallianzen beigetreten.

Selbst die Stalinisten waren gezwungen sich anzuschließen. Seit November 1933 waren sie jedem Schritt der Sozialisten nach links mit den gemeinsten Beschimpfungen begegnet. Kuusinen, offizieller Berichterstatter auf dem 13. Plenum des Exekutivkomitees der Kommunistischen Internationale im Dezember 1933, beschuldigte die spanischen Sozialisten »an der Vorbereitung zur Errichtung einer faschistischen Diktatur« teilzunehmen. »Zwischen Faschisten und Sozialfaschisten gibt es keine Meinungsverschiedenheiten, was die Notwendigkeit der weiteren Faschisierung der bürgerlichen Diktatur angeht«, erklärte das EKKI. »Die Sozialdemokraten sind für die Faschisierung, vorausgesetzt die parlamentarische Form bleibt erhalten ... Was diese Leute beunruhigt, ist, dass die Faschisten in ihrem wütenden Eifer den Untergang des Kapitalismus beschleunigen könnten. Die Faschisierung der Sozialdemokratie schreitet mit erhöhter Geschwindigkeit voran.« (*International Press Correspondence, Inprecorr,* Jg. 14, Nr. 5, 30. Januar 1934, S. 109) Als der Sekretär der Kommunistischen Partei Spaniens, Balbontin, im April 1934 wegen der Weigerung der Kommunistischen Internationale, eine Einheitsfront zu billigen, zurücktrat, antwortete man ihm: »Die Sozialfaschisten müssen unter den arbeitenden Massen die Illusion aufrechterhalten, sie seien ›Feinde‹ des Faschismus und es gäbe einen großen Kampf zwischen Sozialismus und Faschismus, wie einige kleinbürgerliche Konterrevolutionäre (Balbontin) die Arbeiter glauben machen möchten.« (Ebd., Nr. 21, 6. April 1934, S. 544) Im Juni 1934, als die Sozialistin Juanita Rico in Madrid von Faschisten getötet wurde, musste die Kommunistische Partei die sozialistische Einladung zur Teilnahme an dem Massen-Leichenzug annehmen. Am 12. Juli wies sie jedoch die sozialistische Aufforderung zur Aktionseinheit und zum Eintritt in die Arbeiterallianzen zurück und erklärte, dass »unsere korrekte Einheitsfronttaktik es uns ermöglicht hat, die konterrevolutionären Pläne der Arbeiterallianzen zu durchkreuzen«. Aber am 12. September konnten sie dem Druck aus ihren eigenen Reihen nicht mehr widerstehen. Am 23. September nahmen ihre Delegierten ihre Sitze in den Allianzen ein – nur wenige Tage bevor der bewaffnete Kampf begann. Wenn die Hauptexponenten der Sozialfaschismustheorie der proletarischen Einheitsfront beitreten mussten, so schlugen die anarchistisch geführten Arbeiter der CNT bald denselben Weg ein. Gil-Robles wagte es nicht länger zu warten, er schlug zu.

Zamora wies Lerroux an, ein neues Kabinett zu bilden. Drei von Gil-Robles' Strohmännern traten ihm bei. Die Sozialisten hatten erklärt, sie würden eine solche Maßnahme mit den Waffen beantworten. Wenn sie jetzt einen Rückzieher machten, würde die Initiative an Gil-Robles übergeben, die Massen wären demoralisiert. Die Sozialisten nahmen die Herausforderung innerhalb von sechs Stunden an. Um Mitternacht des 4. Oktober riefen die Arbeiterallianzen und die UGT einen nationalen Generalstreik aus.

Die aufwühlenden Ereignisse der nächsten fünfzehn Tage sind bekannt genug, um hier nicht wiederholt werden zu müssen. Obwohl es keine wirklichen Sowjets gab, trotz des Mangels an Klarheit, was das Ziel des Kampfs betraf, trotz des Versäumnisses, die Bauern zur Landbesetzung und die Arbeiter zur Besetzung der Fabriken aufzurufen, warfen sich die Arbeiter heldenmütig in den Kampf. Das Rückgrat des Kampfs war jedoch gebrochen, als die Eisenbahnarbeiter der CNT sich weigerten zu streiken, und es damit der Regierung ermöglichte, Güter und Truppen zu transportieren. Die wenigen Stunden zwischen der Ausrufung des Generalstreiks und der Mobilisierung der Arbeitermilizen war Verzögerung genug, um der Regierung zu ermöglichen, jene Soldaten zu verhaften, von denen die Spaltung der Armee abhing. Dass unterlassen wurde, die Arbeiter im Vorfeld zu bewaffnen, konnte nicht innerhalb weniger Stunden wiedergutgemacht werden, denn gleichzeitig durchsuchten Regierungstruppen und Polizei jedes in Frage kommende Gebäude. Es wurden oft Waffendepots direkt verraten. Viele Schlüsselfiguren flüchteten, als der Sieg ausgeschlossen schien. In Katalonien, das das Bollwerk der Erhebung sein sollte, erwies sich die Abhängigkeit von der kleinbürgerlichen Regierung Companys als verhängnisvoll. Da Companys die Bewaffnung der Arbeiter mehr fürchtete als die Kapitulation vor Gil-Robles, verlas er über Radio beruhigende Verlautbarungen, bis er, von Madrider Truppen eingeschlossen, kläglich kapitulierte.

Und doch, trotz allem, lieferten sich die Arbeiter einen ungeheuren Kampf. In Madrid, Bilbao und anderen Städten gingen die bewaffneten Zusammenstöße nicht über Schüsse aus dem Hinterhalt durch die Arbeiter hinaus. Aber die Generalstreiks wurden für lange Zeit weitergeführt. Vom Proletariat mit vorbildlichem Enthusiasmus und Disziplin aufrechterhalten, paralysierten sie Industrie- und Geschäftsleben, wie es kein früherer Kampf in Spanien jemals geschafft hatte. Der größte und ruhmreichste Kampf fand in Asturien statt. Hier waren die Arbeiterallianzen den Sowjets am ähnlichsten und hatten ein Jahr lang unter Führung der Sozialisten und der Kommunistischen Linken gearbeitet. Peña und Manuel Grossi führten die Bergarbeiter an, die in einem siegreichen Aufstand den Mangel an Waffen durch Dynamit, das Werkzeug ihres Berufs, wettmachten. Die »Arbeiter- und Bauern-Republik« von Asturien gab das Land den Bauern, konfiszierte die Fabriken, stellte ihre Feinde vor revolutionäre Tribunale und hielt fünfzehn historische Tage lang der Fremdenlegion und den Maurentruppen stand. Es gibt in Spanien ein Sprichwort, dass die Revolution erfolgreich gewesen wäre, hätte es drei Asturien gegeben. Nur der Misserfolg der Rebellion anderswo ermöglichte es der Regierung, ihre ganze Kraft auf Asturien zu konzentrieren.

Und in den Reihen der Arbeiter folgte auch keine Periode des Pessimismus. Im Gegenteil, die Erkenntnis war weit verbreitet, dass sie nicht im Hauptgefecht besiegt worden waren. Die Massen hatten nur gestreikt und ihren Kampf darauf beschränkt, die Streikbrecher zu vertreiben; ihre Reihen waren noch intakt. Sie würden sehr bald wieder kämpfen und dieses Mal besser wissen, wie man kämpft. Der schreckliche Vorfall, dass 3000 asturische Arbeiter abgemetzelt worden waren, die meisten davon nach der Kapitulation, führte nur dazu, die Entschlossenheit der Massen zu stählen. Gil-Robles' Versuche, die Hauptquartiere der Arbeiter zu besetzen, Gewerkschaften zu schließen, Gelder zu beschlagnahmen, trafen auf den erbittertsten Widerstand. Um die konfiszierte Arbeiterpresse zu ersetzen, entstanden plötzlich illegale Organe und wurden öffentlich verbreitet. Hinrichtungen von Gefangenen des Oktober wurden mit Generalstreiks beantwortet. Zahlreiche ökonomische Streiks demonstrierten die ungebrochene Moral des Proletariats. Trotz der hektischsten Bemühungen der Regierung gab es am 1. Mai 1935 einen vollständigen Stillstand der Arbeit, eine absolute Lähmung aller Bereiche, außer den öffentlichen

Betrieben, die von der Regierung mit Truppen besetzt wurden. Die Amnestiekampagnen zur Begnadigung Verurteilter und zur Freilassung der Gefangenen bezogen große Teile der Bauernschaft und des Kleinbürgertums mit ein. Der Ruf: »Amnistía, amnistía« zog bis dahin unberührte Schichten ins politische Leben. Das radikal-klerikale Regime begann zusammenzubrechen.

Präsident Zamora selbst wagte nicht, noch weiter zu gehen. Bevor der Kampf vorbei war, wandelte er die Todesstrafen der katalanischen Führer um. Die Radikale Partei spaltete sich, der scharfsichtige Martínez Barrios – der als Premier im Dezember 1933 einen anarchistischen Putsch brutal unterdrückt hatte – führte eine antifaschistische Gruppierung an und verband sich im Mai mit Azaña und anderen Republikanern, um für die Amnestie zu kämpfen. Lerroux selbst trat nun zurück, nachdem er am 29. März Peña und 18 weitere verurteilte Sozialisten begnadigt hatte. Als Gil-Robles sich rächte, indem er sein Kabinett aus dem Amt vertrieb, wurde Lerroux von Zamora wieder zum Premier ernannt und löste die Cortes, in der die Radikalen allein regierten, für einen Monat auf. Am 4. Mai bildete Lerroux wieder ein Kabinett mit Klerikal-Faschisten, diesmal mit Gil-Robles persönlich als Kriegsminister, aber der 1. Mai hatte die Tendenzwende schon klargemacht. Wir wissen jetzt, dass Gil-Robles das Kriegsministerium damals übernahm, um die Armee, die Waffenlager und die geheimen Stellungen rund um Madrid für den Kampf vorzubereiten, der jetzt ausgebrochen ist, und er deshalb wie jeder andere wusste, dass er bald vertrieben würde.

Für die Forderung nach Auflösung der Cortes und für Neuwahlen fanden große antifaschistische Massenkundgebungen statt. Versammlungen von 100 000 oder 200 000 Menschen gab es regelmäßig. Innerhalb der Arbeiterklasse war der Wunsch nach Einheit das beherrschende Merkmal. Die Anarchisten waren wegen ihrer Ablehnung, an der Oktoberrevolte teilzunehmen, außerordentlich diskreditiert und versuchten sich zu entschuldigen, indem sie auf die Repressalien hinwiesen, denen sie zu der Zeit von Companys ausgesetzt waren. Sie erklärten ihre Bereitschaft, sich mit den Sozialisten im Kampf um die Freiheit zusammenzutun. Angel Pestaña führte eine Spaltung herbei und organisierte die Syndikalistische Partei, um an den kommenden

Wahlen teilzunehmen. Und selbst die CNT-Führung machte deutlich, dass sie ihre Anhänger gegen das halbfaschistische Regime stimmen lassen werde. Mit dem Strom schwimmend wandte sich der größte Teil der bürgerlichen Presse gegen Gil-Robles. Es war nur noch der letzte Stoß nötig, der Finanzskandal, in den die Regierung Lerroux verstrickt wurde. Die Klerikal-Faschisten waren in einer Sackgasse angelangt, sie mussten zurücktreten.

Sie hatten jedoch keine Vorstellung vom Ausmaß der Flutwelle, die über ihnen zusammenbrechen sollte. Sie dachten, die Februarwahlen würden die politischen Machtverhältnisse an die Gruppen der Mitte übergeben. Das dachte auch Azaña, der acht Tage vor den Wahlen versuchte, einen Aufschub zu erreichen, da er fürchtete, die Koalition aus Republikanern und Arbeiterorganisationen hätte nicht genug Zeit für ihre Propaganda gehabt. Aber die Massen der Bauern und Arbeiter, Männer und Frauen, kamen zu Wort. Sie fegten das halbfaschistische Regime hinweg. Und nicht nur in den Wahllokalen. Mit der Bekanntgabe der Wahlergebnisse kamen die Massen hinaus auf die Straßen. Innerhalb von vier Tagen nach der Wahl war Azaña wieder Chef der Regierung, und wieder forderte er Ruhe und Ordnung, die Arbeiter sollten an die Arbeit zurückkehren und jeden Rachegedanken begraben. Schon jetzt wiederholte er die Phrasen und die Politik von 1931 bis 1933!

VI.

Die Volksfrontregierung und ihre Anhänger: 20. Februar bis 17. Juli 1936

Wer sind die verantwortlichen Kriminellen und Verräter, die es ermöglicht haben, dass die Reaktionäre fünf Monate nach den Februar-Tagen, in denen die Arbeiter die Klerikal-Faschisten aus der Regierung und von den Straßen vertrieben, die Armee und die Polizei in eine so gewaltige Konterrevolution führen können?

Jeder ernsthafte Kommunist und Sozialist will eine Antwort auf diese alles überragende Frage, denn sie hat nicht nur für Spanien und Frankreich, wo eine ähnliche Entwicklung stattfindet, Bedeutung, sondern für die Politik des Proletariats überall auf der Welt.

Die Antwort ist: Die Kriminellen und Verräter sind die »linke« republikanische Regierung und ihre Anhänger, die Kommunistische Partei und die reformistischen Sozialisten.

Als die Wahlen vom Februar vor der Tür standen, waren die linken Sozialisten gegen eine gemeinsame Kandidatenliste mit den Republikanern, weil sie nicht glaubten, die Republikaner hätten eine wirkliche Anhängerschaft, und wegen des Hasses der Massen auf diese Männer: Companys' katalanische Esquerra war des Verrats während der Oktoberrevolte schuldig, Martínez Barrios' »Republikanische Union« war lediglich der Überrest von Lerroux' Radikalen, die deshalb neue Töne von sich gaben. Azaña und seine linken Republikaner hatten sich von der Oktoberrevolte distanziert und waren anerkanntermaßen nicht mehr als eine Handvoll Intellektueller. Die linken Sozialisten waren besonders empört, als Prieto und die Kommunistische Partei vereinbarten, diesen Republikanern eine Mehrheit auf den gemeinsamen Kandidatenlisten zu geben: Die angenommenen Listen gaben den Republikanern 152 Abgeordnete im Vergleich zu 116 für die Arbeiterorganisationen!

Aber dies war nicht das wirkliche Verbrechen. Stimmblöcke für reine Wahlzwecke sind für Revolutionäre keine prinzipielle

Frage, obwohl sie äußerst selten durch taktische Überlegungen gerechtfertigt sind. Aber solche Wahlübereinkünfte müssen ausschließlich auf den Austausch von Stimmen beschränkt sein. Vor, während und nach der Wahl spricht die proletarische Partei weiterhin von ihrer eigenen Bühne, mit ihrem eigenen Programm, wobei sie den Arbeitern erklärt, dass sie mit ihren zeitweiligen Wahlverbündeten keine Übereinkunft in Bezug auf das Programm treffen kann. Denn das so genannte »gemeinsame Programm« könnte nur, und war es in der Tat, das Programm des Klassenfeinds sein. Das wirkliche Verbrechen bestand darin, dass die spanischen Arbeiterorganisationen der Bourgeoisie einen weiteren Freibrief ausstellten und garantierten, der zwangsläufig mit dem von 1931–1933 identisch war.

Prieto vergaß, dass er gesagt hatte: »In dieser Periode des niedergehenden Kapitalismus konnte die spanische Bourgeoisie noch nicht einmal die bürgerlich-demokratische Revolution durchführen.« Die Kommunistische Partei, die der neuen internationalen Orientierung sklavisch gehorchte, streifte ihre Kritik von 1931–1933 ab, dass es der Bourgeoisie unmöglich sei, die demokratischen Aufgaben der Revolution zu erfüllen. Jetzt erklärte sie, die Koalition mit der Bourgeoisie werde diese Aufgaben durchführen.[3]

Das Volksfrontprogramm war ein durch und durch reaktionäres Dokument:

1. Die Agrarfrage. Das Programm stellt fest: »Die Republikaner akzeptieren das Prinzip der Verstaatlichung des Bodens und seine kostenlose Verteilung an die Bauern nicht, wie es von den Delegierten der Sozialistischen Partei gefordert wurde.« Stattdessen verspricht es die Ankurbelung der Exporte, Kredite, Sicherheit der Pachtverhältnisse für die Pächter und den staatlichen Aufkauf von Ländereien zur Verpachtung an die Bauern. Mit anderen Worten, das Programm von 1931, das sich schon als grausamer Scherz erwiesen hat.
2. Expansion der spanischen Wirtschaft. Es verspricht ein wirksameres System von Schutzzöllen, Institutionen zur Leitung der Industrie (ein Amt für Handel, Arbeit usw.), und die Staatskasse und die Banken in den Dienst des »nationalen Wiederaufbaus« zu stellen, »ohne über die Tatsache hinwegzugehen,

dass so etwas Subtiles wie der Kredit nicht aus dem sicheren Gebiet profitabler und lohnender Anstrengungen hinausgedrängt werden kann. Die republikanischen Parteien akzeptieren die Maßnahmen zur Nationalisierung der Banken nicht, die von den Arbeiterparteien vorgeschlagen wurden.« »Große Pläne« für öffentliche Arbeiten. »Die Republikaner akzeptieren die Beihilfe zur Arbeitslosigkeit (Arbeitslosenunterstützung) nicht, die von der Arbeiterdelegation gefordert wurde. Sie glauben, dass die agrarpolitischen Maßnahmen und die, die in der Industrie geplant sind, sowie öffentliche Arbeiten und der gesamte Plan des nationalen Wiederaufbaus nicht nur seine eigenen Zwecke erfüllen wird, sondern auch die wichtige Aufgabe, die Arbeitslosigkeit abzufangen.« Wieder dasselbe wie 1931.

3. Die Kirche. Nur der Abschnitt über die Erziehung betrifft den Klerus. Die Republik »soll im selben Rhythmus wie in den ersten Jahren der Republik die Errichtung von Grundschulen vorantreiben ... Private Erziehungseinrichtungen sollen wie die öffentlichen Schulen im Interesse der Kultur überwacht werden.« Aus der Geschichte von 1931–1933 wissen wir, was das für ein Rhythmus war!
4. Die Armee. Der einzige Abschnitt, der die Armee betrifft, ist der, der verspricht, Polizeimissbrauch während der Reaktion zu untersuchen und zu bestrafen und kommandierende Offiziere, die für schuldig befunden werden, zu entlassen. Nicht einmal das Lippenbekenntnis zur Demokratisierung der Armee, das 1931 abgelegt wurde! Auf diese Weise wird das Offizierskorps intakt gelassen. Und in den fünf Monaten, die darauf folgten, schob die Volksfrontregierung jede Untersuchung über das asturische Massaker und andere vom Offizierskorps verübte Verbrechen hinaus!
5. Die kolonialen und nationalen Fragen. Nicht ein Wort davon im Volksfrontprogramm. Marokko blieb in den Händen der Fremdenlegionäre, bis sie es schließlich am 18. Juli vollständig übernahmen. Die halbautonomen Statuten Kataloniens wurden später wiedereingeführt, aber keine weitere Autonomie gewährt. Eine weniger liberale Vereinbarung wurde für die Basken getroffen.

6. Demokratisierung des Staatsapparats. Gemischte Arbeitskammern, Oberster Gerichtshof, Präsident, Zensur usw. – alle wurden wiederhergestellt, wie sie 1931 waren. Das Programm versprach die Neuorganisierung der Arbeitskammern, damit »die beteiligten Parteien ein Bewusstsein für die Unparteilichkeit ihrer Entscheidungen entwickeln können«! Und, als letzter Schlag ins Gesicht: »Die republikanischen Parteien akzeptieren die von der sozialistischen Delegation geforderte Arbeiterkontrolle nicht.«

Für dieses Linsengericht verzichteten die Arbeiterführer auf den Klassenkampf gegen die bürgerliche Republik.

Unglaublich! Genau das Programm, um dessentwillen die Stalinisten und Sozialisten sich verpflichteten, die bürgerlich-republikanische Regierung zu unterstützen, führte unausweichlich zum Angriff der Reaktion. Die ökonomischen Grundlagen der Reaktion auf dem Land, in der Industrie, bei den Finanzen, bei der Kirche, bei der Armee, im Staat blieben unangetastet. Die unteren Instanzen der Gerichte waren Brutstätten der Reaktion. Von Februar bis Juli ist die Arbeiterpresse voll von Berichten über Faschisten, die auf frischer Tat ertappt und wieder freigelassen wurden, und von Arbeitern, die unter fadenscheinigen Anklagen festgehalten wurden. Am Tag, als die Konterrevolution ausbrach, waren die Gefängnisse von Barcelona und Madrid mit Tausenden von politischen Gefangenen gefüllt – Arbeiter, insbesondere der CNT, aber auch viele von der UGT. Die Verwaltungsbürokratie war so durchsetzt von der Reaktion, dass sie sich am 18. Juli auflöste. Das gesamte diplomatische und konsularische Korps lief mit einer Handvoll Ausnahmen zu den Faschisten über.

Die Regierung beschloss »unparteiisch« eine rigide Pressezensur, einen modifizierten Ausnahmezustand und das Verbot von Demonstrationen und Versammlungen, sofern nicht genehmigt – und in jedem kritischen Moment wurde die Genehmigung entzogen. In den kritischen Tagen nach der Ermordung von Hauptmann Castillo und Caivo Sotelo wurde die Schließung der Hauptquartiere der Arbeiterklasse angeordnet. Am Tag vor dem faschistischen Putsch erschien die Arbeiterpresse mit klaffenden weißen Lücken, dort wo die Regierungszensur Leitartikel und Teile von Artikeln herausgenommen hatte, die vor dem Coup d'État warnten!

In verzweifelten Versuchen, die Streikbewegung zu stoppen, wurden in den letzten drei Monaten vor dem 18. Juli Hunderte von Streikenden haufenweise verhaftet, lokale Generalstreiks für illegal erklärt und sozialistische, kommunistische und anarchistische Hauptquartiere in den Regionen für ganze Wochen auf einmal geschlossen. Im Juni wurde das Madrider Hauptquartier der CNT dreimal geschlossen und seine Führung ins Gefängnis geworfen.

Die stalinistischen und sozialistischen Führer schafften es nicht, den Hass ihrer Anhängerschaft auf diese Wiederholung von 1931–1933 in Schranken zu halten. Selbst der lautstärkste Befürworter der Regierung, José Diaz, Sekretär der Kommunistischen Partei, musste zugeben:

»Die Regierung, die wir in dem Maße loyal unterstützen, wie sie das Volksfrontabkommen erfüllt, ist eine Regierung, die das Vertrauen der Arbeiter zu verlieren beginnt.« Und dann fügt er das folgende, äußerst bedeutsame Eingeständnis hinzu: »Und ich sage der linken republikanischen Regierung, dass ihr Weg der falsche Weg des April 1931 ist.« (*Mundo Obrero*, 6. Juli 1936)

So musste José Diaz in demselben Moment, als er die asturischen Bergarbeiter eindringlich bat, nicht mit der Volksfront zu brechen, zugeben, dass der Februar–Juli 1936 eine Wiederholung der Katastrophe von 1931–1933 war! Als die Konterrevolution ausbrach, behaupteten die Stalinisten, sie hätten nie aufgehört, die Regierung zur Unterdrückung der Reaktion zu drängen. Wir haben jedoch schon gesehen, dass das Volksfrontprogramm die Reaktion an jeder wichtigen Front schützte.

Kein Drängen kann die republikanische Bourgeoisie verändern. Eine solche Koalitionsregierung, die an die Aufrechterhaltung des Kapitalismus gebunden ist, muss so handeln, wie es Azaña sowohl 1931 als auch 1936 tat. Die Regierung verhält sich in beiden Fällen gleich, weil ihr Programm darin besteht, die spanische Wirtschaft unter dem Kapitalismus aufzubauen. Das bedeutet: Sie kann die ökonomischen Grundlagen der Reaktion nicht antasten, weil sie den Kapitalismus nicht zerstören will.

Azañas grundlegendes Programm wurde, bald nachdem er an die Macht zurückgekehrt war, ausreichend prägnant in zwei Sätzen zusammengefasst: »Keine Rache« und »auch Gil-Robles wird eines Tages ein Azañista sein«. Dieses Programm wird nicht durch psychologische Schwäche, sondern durch Azañas kapitalistische Prämissen diktiert. Seine Regierung ist nicht schwach gewesen, sie hat keine »Fehler« gemacht. Sie hat den Reaktionären erlaubt, sich in aller Freiheit zu bewaffnen und zu mobilisieren, weil das eine zwangsläufige Konsequenz des kapitalistischen Charakters des Volksfrontprogramms ist.

Trotzki hat die Anatomie der Beziehung zwischen der Volksfrontregierung und der Reaktion bloßgelegt:

> »Das Offizierskorps ist eine Garde des Kapitals. Ohne diese Garde hielte sich die Bourgeoisie nicht einen Tag. Die Menschenauslese, ihre Ausbildung und Erziehung machen die Offiziere in ihrer Gesamtheit zum unversöhnlichen Feind des Sozialismus ... So verhält es sich in allen bürgerlichen Ländern ... 100 oder 500 reaktionäre Agitatoren aus dem Herr hinauswerfen bedeutet im Grunde, alles beim alten zu lassen ... Das kasernierte, von der Offizierskaste befehligte Heer muss ersetzt werden durch die Volksmiliz, d. h. die demokratische Organisation der bewaffneten Arbeiter und Bauern. Eine andere Lösung gibt es nicht. Aber ein solches Heer ist mit der Herrschaft der großen und kleinen Ausbeuter unvereinbar. Können die bürgerlichen Republikaner sich auf eine derartige Maßnahme einlassen? Auf keinen Fall. Die Volksfrontregierung, d. h. die Regierung der Koalition der Arbeiter mit der Bourgeoisie, ist ihrem Wesen nach eine Regierung der Kapitulation vor der Bürokratie und den Offizieren. Das ist die größte Lehre der spanischen Ereignisse, die heute mit Tausenden von Menschenleben bezahlt wird.«[4]

Genau wie die sozialistische Unterstützung der Regierung im Jahre 1933 die Reaktion nicht abwehren konnte, so öffnete die kommunistisch-sozialistische Unterstützung im Jahre 1936 die Tore für die Konterrevolution. Aber, könnten Arbeiter fragen, können wir nicht, während wir die Regierung unterstützen, die

Arbeiter und Bauern auch gegen unsere Feinde mobilisieren? Nein! Zwei wichtige Beispiele sollten genügen:

1. In der Provinz Albacete, nahe Yeste, besetzten die Bauern eine große Länderei. Am 28. Mai 1936 wurden sie von der Guardia Civil angegriffen, 23 Bauern getötet und 30 verwundet. Der Innenminister begrüßte dieses Blutbad, indem er der Guardia Civil ein Glückwunschtelegramm schickte. Die Presse bezeichnete die Situation korrekt als eine Wiederholung des Massakers von Casas Viejas im Jahre 1933. Die parlamentarischen Anfragen in den Cortes am 5. Juni wurden mit Spannung erwartet ... aber die kommunistischen und sozialistischen Abgeordneten sprachen die Regierung von aller Verantwortung frei. »Wir wissen, dass die Regierung nicht verantwortlich ist für das, was geschah und dass sie Maßnahmen ergreifen wird, um eine Wiederholung zu verhindern, aber diese Maßnahmen müssen im Interesse der Volksfront schnell ergriffen werden«, sagte ein sozialistischer Abgeordneter. »Der Fall ist klar«, sagten die Stalinisten:
   »Die Großgrundbesitzer treiben die Bauern systematisch zur Verzweiflung, und wenn die Bauern Maßnahmen ergreifen, um sich selbst zu helfen, finden die Großgrundbesitzer käufliche Zivilgarden, die bereit sind, sie zu erschießen. Die Guardia Civil hat ein Blutbad angerichtet, und die Politiker der Rechten tun ihr Bestes, um diese Vorkommnisse dazu auszunutzen, die Volksfront zu zerstören. Politisch war die Yeste-Affäre erfolglos, aber sie kann und wird wiederholt werden ... Die Kommunistische Partei hatte Recht, als sie dem politischen Manöver der Rechten dadurch entgegnete, dass sie die Affäre auf ihre wirkliche Grundlage zurückführte und forderte, dass man etwas gegen die reichen Grundbesitzer unternehmen muss. Sie wies darauf hin, dass vor allem ein Kampf gegen Elend und Hunger geführt werden muss, die von den Despoten und Grundbesitzern dadurch verschlimmert werden, dass sie die Anordnungen der Regierung und der Republik sabotieren und den Massen Brot verweigern. *Die Kommunistische Partei tat dies, indem sie forderte, die Agrarreform solle beschleunigt werden.*« (*Inprecorr*, Nr. 32, 11. Juli 1936, S. 859)

Im Klartext: Der Kampf gegen die Großgrundbesitzer sollte darauf beschränkt werden zu versuchen, die Regierung von Agrarreformen zu überzeugen. Denn weitere Kämpfe der Bauernschaft, in eigener Regie, mit militanten Aktionen auf dem Lande, was die einzige wirkliche Form der Aktion ist, führen zu Vorkommnissen wie in Yeste, die Konflikte zwischen den Massen und der Regierung verursachen, und wir müssen ein Auseinanderbrechen der Volksfront vermeiden. »Die Volksfront nicht zerstören« kann nur bedeuten, den Kampf auf friedliche Überzeugung in der Arena des Parlaments zu beschränken!

2. Die Bauarbeiter von Madrid, mehr als 80 000, traten in den Streik, ihre Hauptforderung war die 36-Stunden-Woche. Die Regierung wies die Arbeiter an, eine Schlichtung zu akzeptieren und entschied für die 40-Stunden-Woche. Die UGT und die Kommunisten stimmten zu und wiesen ihre Anhänger an, an die Arbeit zurückzukehren. Die CNT jedoch weigerte sich, die Regierungsentscheidung zu akzeptieren, und darüber hinaus folgten die UGT-Arbeiter den Anarchisten. Die Stalinisten führten folgende »Gründe« für den Abbruch des Streiks an:
   »Es ist allen bekannt, dass die faschistischen Bosse nach dem 16. Februar ihren Kampfformen solche hinzugefügt haben, die die Arbeiter zunächst in Konflikte treiben, deren Lösung dann soweit wie nötig und möglich hinauszögern, um die Massen zur Verzweiflung zu treiben, was die Form vereinzelter Aktionen annimmt, die keinen Abschluss finden und unwirksam sind, … aber die Arbeiter mit der Regierung konfrontieren, weil dies eine der Bedingungen … für einen Coup d'État ist … Dieses Verhalten der Bosse … macht es notwendig, dass die Bauarbeiter, obwohl sie mit der Vereinbarung nicht zufrieden sind, eine Situation beenden, deren Verlängerung eine ernste Gefahr für alle Arbeiter beinhaltet … Der Augenblick ist gekommen, in dem man weiß, wie der Streik zu beenden ist, ohne auf die Möglichkeit zu verzichten – die in der Vereinbarung geschaffen wurde –, das Problem der Löhne in den gemischten Arbeitskammern weiter zu diskutieren.« (*Mundo Obrero*, 6. Juli 1936)

Im Klartext: Die Bosse beharren darauf, euch zu bekämpfen, aber das bringt euch in Konflikt mit der Regierung – was bedeutet, dass die Regierung mehr mit den Bossen gemein hat als mit euch! – und gefährdet die Volksfront. Deshalb: Beendet den Streik. Aber warum dann Streiks beginnen? Die Logik des Reformismus reicht jedoch nicht immer so weit, weil die Arbeiter ihn dann völlig ablehnen würden. Doch die Arbeiter bestehen leider auf Streik. Es ist die Pflicht der Kommunistischen Partei, den Streik zu stoppen, bevor die Regierung sauer wird.

Diese Politik, den Kampf gegen die Reaktion auf die parlamentarische Arena zu beschränken, konnte nur zur späteren Niederlage der Massen führen. Denn es ist eine grundlegende Lehre des Marxismus, dass die Massen nur durch einen militanten Kampf mobilisiert werden können. Wären die Arbeiter der Volksfrontpolitik gefolgt, würden wir heute den Untergang des spanischen Proletariats beklagen.

VII.

Die Massen kämpfen trotz Volksfront gegen den Faschismus: 16. Februar bis 16. Juli 1936

Zum Glück für die Zukunft der spanischen und der internationalen Arbeiterklasse gab es vom ersten Tag des Februarsiegs an keine Anzeichen dafür, dass die Massen den Kampf einstellen. Die Lehren von 1931–1933 hatten sich in ihr Bewusstsein gebrannt. Wenn sie jetzt, für den Augenblick, von der Herrschaft Gil-Robles' befreit waren, so hatten sie diese Freiheit mit den Waffen in der Hand gewonnen, trotz des Verrats von Companys und der »Neutralität« Azañas. Die Massen warteten nicht darauf, dass Azaña seine Versprechen erfüllte. In den vier Tagen zwischen den Wahlen und Azañas hastigem Eintritt in die Regierung, sorgten die Massen für eine wirkungsvolle Amnestie, indem sie die Gefängnistore aufstießen, und zwar so wirkungsvoll, dass das Ständige Komitee der alten Cortes, einschließlich Gil-Robles', anschließend einstimmig Azañas Amnestiedekret ratifizierte, zum einen aus Furcht vor den Massen auf den Straßen, zum anderen, um den Anschein zu wahren, die verfassungsmäßige Regierung habe auch weiterhin die Kontrolle über Spanien. Die Arbeiter warteten auch nicht auf das Regierungsdekret und die Entscheidung über seine Verfassungsmäßigkeit – die vom Verfassungsgericht erst am 6. September kam! –, um die Arbeitsplätze derjenigen zurückzubekommen, die nach der Oktoberrevolte entlassen worden waren. In jede Werkstatt und jede Fabrik nahmen die Arbeiter diejenigen mit, die man entlassen hatte, und stellten die Unternehmer vor das Ultimatum: »Entweder, oder!« Alles, was zur Feststellung der Verantwortung für die Exzesse des Oktobers getan wurde, geschah durch die »plebejische Methode« der aufgebrachten Arbeiter und Bauern. Die stalinistischen und rechtssozialistischen Abgeordneten schrien sich heiser, als sie die Arbeiter anflehten, dies alles der Volksfrontregierung zu überlassen. Die Arbeiter wussten es besser!

Mit dem verhassten Klerus, dem Herrscher der »beiden schwarzen Jahre«, wurde man auch nach der althergebrachten Methode unterdrückter Bauern fertig. Besonders nachdem klar war, dass die Regierung den Klerus nicht antasten würde, nahmen die Massen die Sache in ihre eigenen Hände. Und das bestand nicht nur darin, die Kirchen niederzubrennen, sondern auch, den Priestern zu befehlen, die Dörfer zu verlassen, mit der Drohung der Todesstrafe, sollten sie zurückkehren. Aus unterwürfiger Loyalität der Regierung gegenüber diffamierten die Stalinisten den Kampf gegen den Klerus: »Denkt daran, dass das Niederbrennen von Kirchen und Klöstern der Konterrevolution nützt!« (*Inprecorr*, 1. August 1936, S. 928) Auf sie wurde genauso wenig gehört wie auf Azaña. In der Provinz Valencia, wo die Arbeiter die Konterrevolution jetzt so entscheidend zerschlagen haben, gab es im Juni kaum eine funktionierende Kirche.

Mit voller Kraft begannen die Massenaktionen jedoch erst nach einer Reihe von Ereignissen, die den Beginn einer Annäherung zwischen den Republikanern und den Reaktionären offenbarten. Fast alle Rechten stimmten für Barrios als Präsident der Cortes. Im März verlängerte Azaña die Pressezensur und den Ausnahmezustand, die vom vorherigen reaktionären Kabinett verfügt worden waren. Am 4. April, nur acht Tage bevor die ersten Kommunalwahlen seit 1931 abgehalten werden sollten, ordnete Azaña auf Verlangen der Reaktionäre eine unbestimmte Verschiebung an. Am Tag zuvor hielt Azaña eine Rede, in der er den Reaktionären versprach, er werde nicht über die vom Volksfrontprogramm gesetzten Grenzen hinausgehen, und er werde die Streiks und Landbesetzungen beenden. Die Rede wurde von der reaktionären Presse mit riesiger Freude begrüßt. Der Monarchist Calvo Sotelo erklärte: »Das waren die Bekundungen eines wahren Konservativen. Seine Achtungserklärung für Gesetz und Verfassung sollte auf die öffentliche Meinung einen guten Eindruck machen.« Der Sprecher der Organisation von Gil-Robles erklärte: »Ich unterstütze neunzig Prozent der Rede.« Am 15. April, als viele ökonomische Streiks weitergingen, verlangten die Rechten ein Ende »der Anarchie«. »Die Unruhestifter und Aufwiegler werden vernichtet«, versprach Minister Salvador im Namen des Kabinetts. Am selben Tag griff Azaña das Proletariat scharf an: »Die

Regierung wird das gesamte Verteidigungssystem ändern, um der Herrschaft der Gewalt ein Ende zu machen«, erklärte er. »Der Kommunismus würde den Tod Spaniens bedeuten!« Der Sprecher der katalanischen Grundbesitzer, Ventosa, war begeistert von ihm: »Azaña ist der einzige Mann, der in der Lage ist, dem Land Sicherheit und Verteidigung des Rechts zu bieten.« Dadurch ermutigt richteten am selben Tag Faschisten und Offiziere der Guardia Civil in einer Arbeiterstraße in Madrid ein Blutbad an.

Das war die Stimmung in der Regierung, als die CNT aus Protest gegen die faschistische Attacke am 17. April einen Generalstreik in Madrid ausrief. Die UGT war nicht aufgefordert worden, am Streik teilzunehmen, den sie zuerst, wie die Stalinisten, verurteilt hatte. Aber die Arbeiter kamen aus allen Werkstätten, Fabriken und öffentlichen Betrieben, nicht weil sie ihre Loyalität gegenüber ihren Organisationen geändert hätten, sondern weil sie kämpfen wollten, und nur die Anarchisten sie zum Kampf aufriefen. Als das gesamte Geschäftsleben Madrids dabei war, gelähmt zu werden, erklärten die Stalinisten immer noch »sie würden vielleicht später teilnehmen. Ihre gegenwärtige Entscheidung war, die Regierung Azaña soweit zu unterstützen, wie sie effektiv gegen die Reaktionäre vorgeht.« (*Daily Worker*, 18. April 1936) Als sich an jenem Abend der Streik auch ohne sie als gewaltiger Erfolg erwies, unterstützten ihn die UGT und die Stalinisten nachträglich, bevor er beendet wurde.

Die Bourgeoisie erkannte, dass der Generalstreik vom 17. April und die Welle ökonomischer Streiks, die er nach sich zog, sich zu einer proletarischen Offensive gegen den Kapitalismus und seine Agentur, die Regierung, entwickeln würde. Wie konnte man diese Offensive stoppen? Die Armee schlug vor, sie mit Gewalt zu zerschlagen. Aber selbst unter den Reaktionären gab es ernsthafte Zweifel, ob das jetzt schon möglich sei. Azaña hatte die weit bessere Lösung: Lasst die Arbeiterführer die Streiks beenden. Als Azaña im Mai zu den Klängen der »Internationale«, mit geballten Fäusten von den stalinistischen und sozialistischen Abgeordneten gesungen, die ihn gewählt hatten (die Reaktionäre stellten keinen Gegenkandidaten auf), als neuer Präsident Spaniens eingeführt worden war, forderte er Prieto auf, ein Koalitionskabinett zu bilden.

Prieto war mehr als bereit, Ministerpräsident zu werden. Aber das bloße Gerücht rief einen derartigen Sturm der Opposition in der Sozialistischen Partei hervor, dass er es nicht wagte anzunehmen. Caballero warnte Prieto, er dürfe nicht ohne Zustimmung der Partei das Amt antreten. Und hinter Caballero, und zweifellos links von ihm, stand die Mehrheit der Partei und der UGT.

Madrid, die stärkste der Parteiorganisationen, hatte im April ein neues Programm angenommen und legte es dem nationalen Parteitag im Juni zur Annahme vor. Das Programm erklärte, die Bourgeoisie könne die demokratischen Aufgaben der Revolution nicht erledigen, sie sei vor allem unfähig, die Agrarfrage zu regeln, und deshalb stünde die proletarische Revolution auf der Tagesordnung. Es hatte große Schwächen aufgrund vieler schwerer Irrtümer, speziell das immer noch herrschende Unverständnis der Rolle der Sowjets. Aber es kennzeichnete einen tiefgehenden Bruch mit dem Reformismus.

Logischerweise hätte dieses Programm, das von Caballero akzeptiert wurde, von einem entschiedenen Bruch mit der Volksfrontpolitik begleitet werden müssen. Zentristen lassen sich jedoch selten von Logik leiten. Mit der Erklärung, die Regierung »hat ihre Möglichkeiten noch nicht vollkommen ausgeschöpft« und die Einheit der Gewerkschaften sowie der Zusammenschluss der marxistischen Parteien müsse der Revolution vorausgehen, wies Caballero auch weiterhin die linken sozialistischen Abgeordneten an, abwechselnd die Regierung zu beschimpfen, sie jedoch in jeder entscheidenden Frage zu unterstützen. Trotz seiner häufigen rhetorischen Anbiederungen an die Stalinisten und obwohl er das linkssozialistische Organ *Claridad* unter seiner Kontrolle hatte, blieb *Claridad* dennoch ein täglicher Kontrast zu den Organen der Kommunistischen Partei und der rechten Sozialisten. *Claridad* enthüllte wirkungsvoll den betrügerischen Charakter des Agrarprogramms, zeigte, wie Prietos Lieblingsprojekt, die Bewässerungsarbeiten, die Großgrundbesitzer bereicherte, während die Bauern arm blieben, und brachte sogar Artikel, die die Bauernschaft aufriefen, die großen Ländereien zu besetzen. Gleichzeitig lobten die Stalinisten und die rechten Sozialisten regelmäßig die Agrarreform der Regierung Quiroga! Obwohl Caballero schließlich zugestimmt hatte, Azañas Präsidentschaft zu unterstützen, musste *Claridad* Javier Buenos' Artikel bringen, in dem Azaña als Kandidat der Rechten angeprangert wurde. Die revolutionären Elemente innerhalb der linken Sozialisten waren so stark, dass sie trotz Caballero zu Wort kamen.

In der Frage von Prietos Eintritt in die Regierung wagte es Caballero nicht, mit seiner revolutionären Anhängerschaft zu brechen. Gleichfalls wagte es jedoch auch Prieto nicht, die Frage dem nationalen Parteitag zur Entscheidung vorzulegen. Dort fand dann eine außergewöhnliche Kampagne statt, mit der Druck ausgeübt wurde, um die Partei dazu zu bewegen, Prieto Premier werden zu lassen. Fast jeder außerhalb der Sozialistischen Partei wollte Prieto in der Regierung haben. Die republikanische Presse verlangte ein Ende des Kampfs innerhalb der Partei – und seine Lösung durch Prietos Regierungseintritt. Barrios' »Republikanische Union«, die mittlerweile einen Großteil der Industriebourgeoisie repräsentierte, nachdem Lerroux' Radikale verschwunden waren, erklärte, sie wünsche einen sozialistischen Premier, und das solle Prieto sein. Miguel Maura, der die extrem rechten Industriellen und Großgrundbesitzer vertrat, forderte ein autoritäres Regime, wobei die Cortes suspendiert werden sollten und das Regime von »allen Republikanern und jenen Sozialisten, die nicht vom revolutionären Wahnsinn angesteckt sind«, durchgesetzt werden sollte. Die katalanische Regierung und ihre Anhänger, einschließlich der Stalinisten, verlangten den Eintritt der Sozialisten.

Die Stalinisten versuchten, die Unterstützung für diese reaktionäre Forderung sehr radikal klingen zu lassen. »Wenn die Regierung diesen Weg weitergeht (der falsche Weg von 1931), werden wir daran arbeiten, nicht die Volksfront zu brechen, sondern sie zu stärken und sie zu einer Lösung zu treiben, die eine Volksregierung von revolutionärem Typ bedeutet, die jene Dinge tun wird, die diese Regierung nicht verstanden hat oder nicht verstehen wollte.« (*Mundo Obrero*, 6. Juli 1936) Aber alles, was erforderlich war, um diese Regierung vollständig jener von 1931 gleichen zu lassen, war, proletarische Geiseln in sie aufzunehmen!

Selbst die POUM, die »Arbeiterpartei der Marxistischen Einheit«, fiel in den Chor mit ein. Gebildet aus einer Fusion so genannter Trotzkisten mit dem »Arbeiter- und Bauernblock«, einer halb-nationalistischen katalanischen Gruppe, hatte sie den

Volksfrontpakt unterzeichnet, dann ihre »Unabhängigkeit« von dem Pakt erklärt und das Konzept der Volksfront angegriffen, nur um die Volksfront bei den Kommunalwahlen erneut zu unterstützen und dann wieder ihre Unabhängigkeit zu erklären, als Azaña die Terminverschiebung anordnete. Sie wollte ihre Ablehnung, in die Sozialistische Partei einzutreten, wie Trotzki es vorgeschlagen hatte, rechtfertigen. Mit diesem Eintritt sollte sie ihre Kräfte – die selbst nach ihren eigenen Schätzungen nur einige Tausend zählten – auf die Seite des linken Flügels werfen. Sie weigerte sich jedoch, die tiefgreifende Bedeutung der Entwicklung des linken Flügels zu sehen. Tatsächlich leugnete sie in *La Batalla* vom 22. Mai, dass es irgendeinen wirklichen Unterschied zwischen dem linken und rechten Flügel gäbe. Diese falsche Einschätzung führte zu einer bedauernswerten Taktik: Zu einer Zeit, wo sich die linken Sozialisten mit dem rechten Flügel über diese Frage bekämpften, verlangte die POUM »eine authentische Regierung der Volksfront, mit der direkten (ministeriellen) Teilnahme der Sozialistischen und Kommunistischen Parteien« als ein Mittel, um »die demokratische Erfahrung der Massen zu vervollständigen« und die Revolution zu beschleunigen.

Dieser nahezu durchgängige Druck schwächte die Entschlossenheit der linken Sozialisten nicht. Woraufhin Prieto zu extremen Maßnahmen griff. Unter seiner Führung verschob das Nationale Exekutivkomitee den Parteitag von Juni auf Oktober. Er verbot *Claridad* und schnitt sie von den Parteigeldern ab. Er wies die Distriktkomitees an, anders denkende Fraktionen zu »reorganisieren« und führte eine Wahl-Farce durch zur Besetzung von offenen Stellen in der Exekutive, wobei die Stimmen des linken Flügels nicht gezählt wurden. Der linke Flügel verwahrte sich gegen diese Maßnahmen und erklärte, die Prieto-Führung habe das Vertrauen der Partei verloren.

Trotz aller Manöver von Prieto war klar, dass der linke Flügel die Massen hinter sich hatte. Caballero war mit überwältigender Mehrheit zum Sekretär der UGT wieder gewählt worden. Und hinter Caballero standen weit entschlossenere Elemente. Javier Bueno, ein Führer des asturischen Aufstands, sprach auf großen Versammlungen und verlangte nicht nur, dass mit der Politik Prietos Schluss gemacht werde, sondern auch mit der Caballeros. Beträchtliche Teile der Partei hatten sich geweigert, bei den Präsidentschaftswahlen die Volksfrontliste zu unterstützen und hatten rein sozialistische Listen aufgestellt. Während Caballeros nationale Politik in der UGT kaum besser war als die der Stalinisten, taten sich andere Führer, auf lokaler oder betrieblicher Ebene, mit der CNT in mächtigen und erfolgreichen Streiks zusammen. Ständige Komitees verbanden die beiden Gewerkschaften in den Häfen, auf den Schiffen und bei der Eisenbahn. Hafen- und Schiffsarbeiter gewannen dadurch nationale Streiks, und die Eisenbahnarbeiter hatten gerade für einen nationalen Streik gestimmt, als der Aufstand ausbrach. Die rückständigen Elemente der Partei aus der Bauernschaft waren erfahren genug, um zu wissen, was sie wollten. Zwei Tage nachdem Vidarte, Sekretär der Prieto-Führung, der *United Press* gegenüber entrüstet das Gerücht zurückgewiesen hatte, dass die sozialistische Bauernschaft von Badajoz das Land besetze, ergriffen 25 000 Bauernfamilien, sozialistisch geführt, Besitz von den großen Ländereien. Dasselbe passierte anderswo. Prietos Versuch, die revolutionäre Bedeutung der Besetzung dadurch zu verschleiern, dass er das Institut für Agrarreform veranlasste, seine Techniker hinzuschicken und die Besetzung zu legalisieren, ermutigte die linken Sozialisten nur, das Ganze zu wiederholen. Die unbeugsamen Bergarbeiter Asturiens, einst die Hochburg der Prieto-Gruppe, beteiligten sich jetzt an politischen Streiks gegen die Regierung. Am 13. Juni streikten 30 000 von ihnen und verlangten die Entlassung des Ministers für Arbeit und Landwirtschaft (Letzterer, Furies, war ein Liebling der Stalinisten!) und machten am 19. Juni ihre Drohung wahr, dass 90 000 Kumpel die Arbeit niederlegen würden. Es gelang der Regierung, sie am 23. Juni an die Arbeit zurückzubringen, aber am 6. Juli drohten sie und die Arbeiter von Oviedo der Regierung mit einem Generalstreik gegen die Entlassung des Gouverneurs von Asturien Bosque (Calvo Sotelo, Kopf der Reaktion, hatte von dem arbeiterfreundlichen Gouverneur ein beleidigendes Telegramm erhalten und erfolgreich auf dessen Entlassung bestanden). Die Bergarbeiter wiederholten ihre Forderung am 15. Juli und wären in den Streik getreten, wäre nicht der Aufstand ausgebrochen. Angesichts all dieser unmissverständlichen Anzeichen der revolutionären Stimmung des sozialistischen Proletariats, wagte es Prieto nicht, den Eintritt ins Kabinett zu riskieren.

Inzwischen erreichte die Streikwelle die Ausmaße einer revolutionären Krise. Wir können nur annähernd ihr Ausmaß andeuten. In jeder Stadt von nur einiger Bedeutung gab es während dieser fünf Monate mindestens einen Generalstreik. Nahezu eine Million befand sich am 10. Juni im Streik, eine halbe Million am 20. Juni, eine Million am 24. Juni, über eine Million während der ersten Juli-Tage. Die Streiks bezogen die städtischen wie die Landarbeiter mit ein. Letztere durchbrachen die traditionellen dörflichen Grenzen des Kampfs, indem sie beispielsweise einen fünfwöchigen Streik führten, der die Provinz Málaga und 125 000 Bauernfamilien erfasste.

El Socialista verurteilte diese Flut: »Das System ist wirklich anarchistisch und provoziert die Verärgerung der Rechten.« *Mundo Obrero* flehte die Arbeiter an, die Kämpfe werde sie in Kollision mit der Volksfrontregierung bringen. Diese Regierung und ihre Provinzgouverneure setzten in einem verzweifelten Versuch, die Offensive zu stoppen, die Guardia Civil gegen die Streikenden ein. Besonders extreme Schritte wurden gegen die CNT unternommen. Companys füllte die Gefängnisse von Barcelona mit Anarchisten. In Madrid wurden ihr Hauptquartier geschlossen und 180 von ihnen am 31. Mai bei einer Razzia ins Gefängnis geworfen. Am 4. Juni kündigte Minister Augusto Barcia an, dass, »falls die Syndikalisten weiterhin die Anordnungen des Arbeitsministeriums missachten, die Regierung vorschlägt, den Syndikalismus für gesetzeswidrig zu erklären«. Am 19. Juni schloss die Regierung das CNT-Hauptquartier erneut. Aber das war nicht mehr das Jahr 1931, als Caballero selbst den Angriff auf die CNT anführte! Die UGT solidarisierte sich jetzt mit ihren anarcho-syndikalistischen Genossen, und die Regierung musste zurücktreten.

Es entwickelten sich auch Streiks für politische Forderungen gegen die Regierung. Am 8. Juni wurde in Lerida ein Generalstreik ausgerufen, um die Regierung zur Erfüllung ihres Versprechens zu zwingen, die Arbeitslosen zu ernähren. Die Bergleute von Murcia gingen am 24. Juni in Streik und protestierten dagegen, dass die Regierung ihr Wahlversprechen zur Verbesserung der Lebensbedingungen nicht erfüllte. Am 2. Juli verlangte die

Föderation der Landarbeiter Andalusiens staatliche Mittel, um Ernteverluste auszugleichen. Die politischen Streiks in Asturien haben wir schon erwähnt. Am 8. Juli streikten die Schüler der katholischen Schulen von Barcelona und verlangten die Entlassung der Priester und die Einstellung von Laien als Lehrer. Auf einer Demonstration in Madrid am 14. Juli trugen die Arbeiter vergrößerte Fotografien von einem offiziellen Ball in der brasilianischen Botschaft, mit der Aufschrift: »Die republikanischen Minister amüsieren sich, während die Arbeiter sterben«. Dies sind nur einige Beispiele von den politischen Problemen, die die Massen aufwarfen. Wir sind sicher, dass sie nicht von Anhängern der Volksfront geführt wurden!

Weder *El Socialistas* Andeutungen, *Claridad* erhalte Geld von einer Bank katholischer Reaktionäre, noch die schmutzigen Verleumdungen von *Mundo Obrero*, die CNT sei mit faschistischen Gruppen im Bunde, noch die Unterdrückungsmaßnahmen der Regierung konnten die revolutionäre Entwicklung der linken Sozialisten, die wachsende Einheit zwischen der CNT und der UGT und die Flutwelle an Streiks aufhalten.

Genauso wenig wurde der Spielraum, den die Regierung den Faschisten zur Organisierung und Bewaffnung ließ, vom militanten Proletariat widerstandslos hingenommen. Sie überließen es *El Socialista* und *Mundo Obrera*, die Regierung anzuflehen, die Faschisten aufzuhalten. Die revolutionären Arbeiter boten den Faschisten auf der Straße die Stirn. Von Februar bis zur Julirevolte kamen bei diesen Straßenkämpfen pro Tag zwei Menschen ums Leben und sechs wurden verwundet. Das war in der Tat Bürgerkrieg, und die Faschisten erlitten die größten Verluste. Die tödlichen Schläge gegen die Moral der faschistischen Gruppen wappnete auch Tausende von Militante, um die Führung am 18. Juli zu übernehmen.

Schließlich führten die durch Streiks gewonnenen Lohn- und Arbeitszeitverbesserungen, denen keine Produktionssteigerung folgte – diese Möglichkeit wurde der spanischen Industrie durch die Weltwirtschaftskrise genommen – zu Preissteigerungen. Anfang Juli schätzte die Madrider Presse die Steigerung auf 20 Prozent in einem Monat. Die Arbeiter fühlten, dass sie betrogen worden waren und bereiteten sich auf noch entschlossenere

Streiks für noch entschlossenere Forderungen vor. (Die gleiche Entwicklung findet jetzt – Mitte September – in Frankreich statt!)

Die Reaktion – das heißt, der spanische Kapitalismus – hatte eine Zeit lang ihre ganzen Hoffnungen auf Azaña gesetzt. Als er sich als unfähig erwies, die Arbeiter aufzuhalten, verlagerten sich ihre Hoffnungen auf Prieto. Aber die linken Sozialisten verhinderten diese Lösung. Deshalb konnte es keine Hoffnung auf eine Wiederholung von 1931–1933 und eine friedliche Rückkehr der Reaktion geben. Die rechten Sozialisten und die Stalinisten waren nicht in der Lage, die revolutionäre Entwicklung des spanischen Proletariats zu verhindern. Nachdem sie sich bewaffnet und auf das Schlimmste vorbereitet hatten, riskierten es die Reaktionäre nicht, solange zu warten, bis die revolutionäre Welle sie überwältigte. Mit neunundneunzig Prozent des Offizierskorps, der Fremdenlegion und den Maurentruppen, sowie den meisten der fünfzig Provinzgarnisonen in seinen Händen, revoltierte der spanische Kapitalismus gegen den drohenden Untergang.

VIII.

Konterrevolution und Doppelherrschaft

1. Der Verrat der Volksfrontregierung

Azaña und die Volksfrontregierung reagierten auf die Konterrevolution, indem sie versuchten, sich mit ihr zu arrangieren.

Durch ihre Volksfrontpolitik hoffnungslos kompromittiert, versuchten die Stalinisten, diesen Verrat zu beschönigen, indem sie einen Unterschied zwischen »schwachen« Republikanern wie Barrios und »starken« wie Azaña erfanden. Die Wahrheit ist, dass Azaña federführend war bei dem Versuch, mit den faschistischen Generälen einen Kompromiss zu schließen, und sämtliche republikanischen Gruppen an seinem Schachzug beteiligt waren.

Hier sind die aus *El Socialista* und *Claridad* zusammengetragenen unbestreitbaren Tatsachen:

Am Morgen des 17. Juli gab General Franco, nachdem er Marokko erobert hatte, sein Manifest über Funk an die Garnisonen durch. Es wurde am Flottenstützpunkt nahe Madrid von einem loyalen Telefonisten aufgefangen und umgehend dem Marineminister gezeigt. Aber die Regierung machte die Neuigkeit nicht vor 9 Uhr des 18. bekannt. Und auch dann gab sie nur eine beruhigende Mitteilung heraus, Spanien stehe völlig unter der Kontrolle der Regierung. Zwei weitere Mitteilungen wurden von der Regierung später am Tag herausgegeben, die letzte um 15.15 Uhr, als die Regierung vollständige und eindeutige Informationen über das Ausmaß der Erhebung hatte, einschließlich der Besetzung von Sevilla. Doch diese letzte Mitteilung erklärte:

> »Die Regierung äußert sich noch einmal, um zu bekräftigen, dass auf der ganzen Halbinsel Ruhe herrscht.
> Die Regierung würdigt die Unterstützungsangebote, die sie erhalten hat [von den Arbeiterorganisationen], und erklärt, obwohl sie dankbar dafür ist, dass die beste Hilfe, die man der Regierung geben kann, darin besteht, das normale tägliche

> Leben aufrechtzuerhalten, um Gelassenheit und Vertrauen in die militärische Stärke des Staats zu demonstrieren.
> Dank der vorausschauenden Maßnahmen, die von den Behörden ergriffen wurden, könnte man denken, es habe eine breite Angriffsbewegung gegen die Republik begonnen. Sie hat auf der Halbinsel keine Unterstützung bekommen und hat nur Anhänger in einem Teil der Armee in Marokko gefunden ...
> Zusammen mit den üblichen Befehlen an die Streitkräfte in Marokko, die sich bemühen, der Erhebung Herr zu werden, erlauben uns diese Maßnahmen zu versichern, dass das Vorgehen der Regierung ausreichen wird, um die Normalität wiederherzustellen.« (*Claridad*, 18. Juli 1936)

Nachdem das Kabinett sich somit geweigert hatte, die Arbeiter zu bewaffnen, und seine verräterische Weigerung mit dieser unglaublich verlogenen Note gerechtfertigt hatte, begab sich das Kabinett Azañas in eine die ganze Nacht dauernde Konferenz. Dort ließ Azaña das Kabinett Quirogas, das aus Azañas Linken Republikanern bestand, zurücktreten. Zum Ministerpräsidenten ernannte er den früheren Leutnant von Lerroux, Martínez Barrios, den Führer der Republikanischen Unionspartei. Barrios und Azaña wählten ein »respektables« Kabinett aus Barrios' Leuten und rechten Republikanern außerhalb der Volksfront aus. Auch dieses Kabinett wurde dazu verpflichtet, die Bewaffnung der Arbeiter zu verweigern.

Statt die Arbeiter zu bewaffnen – ihre Alliierten in der Volksfront, die sie an die Macht gebracht hatten! – bereiteten sich Azaña und die Republikaner darauf vor, mit den Faschisten auf Kosten der Arbeiter Frieden zu schließen. Hätte Azaña seinen Plan ausgeführt, hätten die Faschisten Spanien erobert.

Aber genau in jenen Stunden, in denen sich die Minister im Präsidentenpalast zusammendrängten, war das Proletariat schon dabei, mobil zu machen. In Madrid selbst gab die Miliz der Sozialistischen Jugend ihren spärlichen Waffenvorrat aus, baute Barrikaden in strategisch wichtigen Straßen und um die Montaña-Kaserne herum, organisierte ihre Patrouillen von Haus zu Haus, um Reaktionäre gefangen zu nehmen, und hatte um Mitternacht die ersten Kasernen angegriffen. In Barcelona hatten die Militanten der CNT und der POUM (»Arbeiterpartei«), die sich an den Verrat desselben Präsidenten von Katalonien, Companys, vom Oktober 1934 erinnerten, am Nachmittag des 18. mehrere Waffendepots der Regierung gestürmt. Zu dem Zeitpunkt als die Garnison revoltierte, um ein Uhr am nächsten Morgen, hatten die bewaffneten Arbeiter die Truppen mit einem eisernen Ring umschlossen, bewaffneten eifrige Rekruten mit Ausrüstung, die sie den Faschisten abgenommen hatten und mit allem, was in den Kaufhäusern beschlagnahmt werden konnte. Später konfiszierte die Miliz die regulären Arsenale. Die asturischen Bergleute hatten eine Abteilung von 6000 Leuten für den Marsch auf Madrid ausgerüstet, bevor die Regierungskrise endgültig vorbei war. In Málaga, dem strategischen Hafen gegenüber von Marokko, hatten die erfinderischen Arbeiter, unbewaffnet, die reaktionäre Garnison mit einem Wall aus Häusern und Barrikaden umschlossen, die mit Benzin in Brand gesetzt worden waren. In Valencia bereiteten sich die Arbeiter, denen der Gouverneur von Madrid die Waffen verweigert hatte, darauf vor, den Truppen mit Barrikaden, Pflastersteinen und Küchenmessern entgegenzutreten – bis ihre Kameraden in der Garnison die Offiziere erschossen und die Waffen an die Arbeiter ausgaben. Mit einem Wort: Ohne die Regierung auch nur im Geringsten um Erlaubnis zu fragen, hatte das Proletariat einen Kampf bis zum bitteren Ende mit den Faschisten begonnen. Companys und Azaña sahen sich mit den ersten Regimentern der Roten Armee des spanischen Proletariats konfrontiert.

Der Plan von Azaña und Barrios für einen Handel mit den faschistischen Generälen brach zusammen, weil die Arbeiter ihn verhindert hatten. Und aus keinem anderen Grund! Nur dank ihres völligen Misstrauens gegenüber der Regierung waren die Massen in der Lage, ihren Verrat zu verhindern. Die unabhängige Mobilisierung, unter ihrer eigenen Führung, unter ihrem eigenen Banner – das allein verhinderte den Sieg des Faschismus.

So kam es, dass, Seite an Seite mit der noch von der Regierung gehaltenen formalen Macht, die »inoffizielle«, aber weit bedeutendere Macht des bewaffneten Proletariats entstand, die »Doppelherrschaft«, wie Lenin sie nannte. Die eine Macht, die von Azaña und Companys, war schon zu schwach, um die Existenz der anderen zu bedrohen. Die andere, die des bewaffneten

Proletariats, war noch nicht stark genug, sich noch nicht genug der Notwendigkeit bewusst, sich der Existenz der anderen zu entledigen. Das Phänomen der »Doppelherrschaft« hat alle proletarischen Revolutionen begleitet. Sie bedeutet, dass der Klassenkampf bald einen Punkt erreichen wird, wo die eine oder die andere der unumstrittene Herr werden muss. Es ist ein kritischer Balanceakt der Alternativen auf des Messers Schneide. Eine lange Periode des Gleichgewichts ist ausgeschlossen, entweder die eine oder die andere muss die Oberhand gewinnen!

Die Zerschlagung der Konterrevolution wird die Errichtung einer Arbeiter- und Bauernregierung unendlich viel wahrscheinlicher machen. Den Interessen der Bourgeoisie ist deshalb mit einem Sieg über die faschistischen Generäle nicht gedient: Die wirklichen Interessen des spanischen Kapitalismus liegen in einem Sieg der Konterrevolution oder, was dasselbe ist, in einem Kompromiss mit ihr. Deshalb verhielt sich die Volksfrontregierung in den ersten Tagen der Konterrevolution so verräterisch. Und deshalb verhielt sich die Volksfrontregierung auch danach verräterisch. Von bewaffneten Arbeitern umgeben, wagten es die Republikaner nicht, offen zum Feind überzulaufen. Aber ihre Politik, an der Front und im Hinterland, erlaubte der Konterrevolution einen Erfolg nach dem anderen. Das war die klare Bedeutung des Regierungswechsels nach dem Fall von Irun. Das zeigte sich hinreichend deutlich in der Presseerklärung eines Sprechers des Kabinetts Caballero, die

> »sich ausführlich mit der Verbesserung der Moral der Milizen durch die Annahme des Premierminister-Postens durch Largo Caballero in der letzten Woche beschäftigt hat.
> ›Sie wissen jetzt, dass sie intelligent geführt werden … Sie wissen, dass, wenn sie sterben, es nicht der Fehler eines planlosen und schwachen Führungsstabs sein wird, durch den sich die letzte Regierung auszeichnete.
> Wir werden jetzt in die Offensive gehen und die Rebellen dort angreifen, wo sie schwach sind, wo wir sie angreifen wollen, statt, wie vorher, dort anzugreifen, wo sie stark und in der Lage sind, uns zurückzuschlagen.‹« (*New York Times*, 7. September 1936)

Wenn eine solch vernichtende Anklage gegen die Regierung Azaña-Giral von denjenigen erhoben wird, die dem Proletariat erst noch erklären müssen, warum sie einer solchen Regierung erlaubt haben, die ersten sieben Wochen den Kampf zu führen, dann muss die ganze Wahrheit noch sehr viel schlimmer aussehen.

Die vordergründige Rechtfertigung für die Volksfront war, sie stelle die Unterstützung der Republikaner gegen den konterrevolutionären Faschismus sicher. Die Volksfront diente jedoch der entgegengesetzten Aufgabe: Sie hinderte das Proletariat daran, den republikanischen Politikern das Kleinbürgertum zu entreißen, das sein Los in allen siegreichen Revolutionen mit dem Proletariat verbindet, wenn es sieht, dass dieses sich entschieden zu einem neuen und besseren Leben in einer neuen sozialen Ordnung aufmacht. Die Volksfront ordnete sowohl das Kleinbürgertum als auch die proletarischen Massen der verräterischen Führung der bürgerlichen Politiker unter. Nur die Doppelherrschaft des Proletariats hat bis jetzt den Sieg der Reaktion verhindert.

2. Die Doppelherrschaft in Katalonien

Gerade in Katalonien, wo die Volksfront am schwächsten war, hat sich die Doppelherrschaft am entschiedensten entwickelt und die vier katalanischen Provinzen zur unbezwingbarsten Festung des Bürgerkriegs gemacht.

Die CNT und die FAI (Iberische Anarchistische Föderation), die fast das ganze katalanische Proletariat und einen Großteil der Bauernschaft anführen, gehörten nie zur Volksfront. Die POUM brach nach vielen Schwankungen letztendlich mit der Volksfront, machte eine scharfe Wendung nach links und wuchs in Katalonien in den zwei Monaten des Bürgerkriegs mit außerordentlicher Geschwindigkeit zu einer Massenpartei heran. Demnach sind in Katalonien die einzigen proletarischen Anhänger der Volksfront die UGT, die hier unvergleichlich schwächer ist als die CNT, und die stalinistische Organisation, die so genannte »Vereinigte Sozialistische Partei«. Weit entfernt davon, ihr Kampfvermögen zu schwächen, wie die Apologeten der Volksfront erklärt hatten, war es gerade diese relative Freiheit von bürgerlichen Fesseln, die es den katalanischen Massen ermöglichte, die Konterrevolution bei sich zu Hause zu besiegen und dem übrigen Spanien zu Hilfe zu kommen. Darin liegt die tiefgehende Lehre für jene, die noch immer an die Volksfront glauben!

Das katalanische Proletariat versteht, dass der Bürgerkrieg mit revolutionären Methoden geführt werden muss und nicht mit den Losungen der bürgerlichen Demokratie. Es versteht, dass der Bürgerkrieg nicht mit militärischen Mitteln allein geführt werden kann, sondern dass die politischen Mittel, die die großen Massen zum Handeln aufrütteln, den reaktionären Offizieren sogar die Armee nehmen kann. Es führt den Kampf, an der Front und im Hinterland, nicht durch Agenturen der Regierung, sondern durch Organe, die von den proletarischen Organisationen kontrolliert werden.

Das »Zentralkomitee der Antifaschistischen Milizen Kataloniens« leitet den Kampf. Die Anarchisten verfügen über drei Vertreter für die CNT und zwei für die FAI. Die UGT bekam trotz ihrer geringen Größe drei, um die Gründung ähnlicher Komitees an anderen Orten zu ermutigen. Die POUM erhielt einen, die Bauernorganisation einen und die Stalinisten einen Vertreter. Die linken bürgerlichen Parteien haben vier, was insgesamt fünfzehn macht. Tatsächlich wird das Zentralkomitee von der CNT, der FAI und der POUM beherrscht.

Denn diese haben ein Programm, das sich von dem Madrids so grundlegend unterscheidet, dass die UGT und die Stalinisten allein deshalb mitgezogen werden, weil sie fürchten, beiseite geschoben zu werden, und die linke Bourgeoisie, weil sie dem bewaffneten Proletariat ausgeliefert ist. Dieses Programm stimmt mit dem überein, das die Bolschewiki im August 1917 im Kampf gegen die Konterrevolution Kornilows aufgestellt haben:

Arbeiterkontrolle über die Produktion, was die größtmögliche Initiative und den Enthusiasmus des Proletariats weckt. Mobilisierung der bewaffneten Massen, unabhängig von der Kontrolle durch die Regierung. Wachsamkeit gegenüber dem Verrat der Regierung und kein Verzicht, nicht für einen Moment, auf schärfste Kritik an ihr. Und die Einbeziehung der Bauernschaft in den Kampf durch die einzige Losung, die die hungernde und rückständige Landbevölkerung beleben kann: Das Land denen, die es bebauen!

Sobald die Konterrevolution begann, übernahm die CNT das gesamte Transportwesen, die öffentlichen Versorgungsunternehmen und die großen Industriebetriebe. Die demokratische Kontrolle wird durch die Wahl von Fabrikkomitees sichergestellt, die auf dem Verhältniswahlrecht basieren. Derartige Komitees wurden auch errichtet, um die Produktion in den Werkstätten und Fabriken zu kontrollieren, die noch in Privatbesitz sind.

Die Lenkung des Wirtschaftslebens liegt nun in den Händen des »Wirtschaftsrats«, der, obwohl er noch mit der alten Ordnung verbunden ist, sich zumindest gezwungen sieht, über sozialistische Maßnahmen zu sprechen. Er besteht aus fünf Mitgliedern der Anarcho-Syndikalisten, einem der POUM, einem der UGT und einem der katalanischen Regierung. Am 19. August veröffentlichte er sein Programm, das beinhaltet: Kollektivierung der großen Ländereien, die von den Gewerkschaften der Landarbeiter geführt werden sollen, Kollektivierung der öffentlichen Versorgungsunternehmen, des Transportwesens, der Großindustrie, Kollektivierung von Betrieben, die von ihren Eigentümern verlassen wurden, Arbeiterkontrolle über die Banken bis zu ihrer Verstaatlichung, Arbeiterkontrolle aller Betriebe, die in Privatbesitz bleiben, Aufnahme von Arbeitslosen in die kollektivierte Landwirtschaft und Industrie, Elektrifizierung Kataloniens, Außenhandelsmonopol zum Schutz der neuen Wirtschaftsordnung.

Mitten im Bürgerkrieg demonstrieren die Fabrikkomitees die Überlegenheit proletarischer Produktionsmethoden. Das CNT-UGT-Komitee, das die Eisenbahnen und U-Bahnen leitet, berichtet, dass durch die Abschaffung der hohen Direktorengehälter, Ruhestandsgehälter und Verschwendungen zehntausende von Pesetas gespart, die Löhne der meisten Arbeiter angehoben worden sind, um die Angleichung der Löhne zu erreichen. Der Ausbau der Linien ist geplant, die Fahrpreise werden gesenkt, die Züge fahren nach Plan, und bald wird der Sechsstundentag eingeführt werden!

Die Metallbetriebe sind in Munitionswerke umgewandelt worden, die Automobilfabriken produzieren Panzerwagen und Flugzeuge. Die letzten Depeschen zeigen, dass die Madrider Regierung wegen dieses überaus wichtigen Kriegsmaterials in großem Maße von Katalonien abhängt. Ein beachtlicher Teil der Streitkräfte, die die Front bei Madrid verteidigen, wurde von der katalanischen Miliz dorthin entsandt.

Nur wenige erkennen die Bedeutung des erfolgreichen Kampfs, den die katalanische Miliz an der Saragossa-Huesca-Front führt. Nach den Plänen der faschistischen Generäle sollte Saragossa, der Sitz der Kriegsakademie und eine der größten Garnisonen, für das östliche Spanien das werden, was Burgos im Westen war. Aber die Schnelligkeit, mit der das katalanische Proletariat die katalanischen Garnisonen zerschlug und westwärts nach Aragon hineinmarschierte, vereitelte die faschistischen Pläne.

Die katalanische Miliz marschierte in Aragon als Armee der sozialen Befreiung ein. Sie konnte die Mobilität der reaktionären Armee lähmen, indem sie die Bauernschaft mobilisierte, wozu die Kräfte in Madrid nicht in der Lage waren. Bei der Ankunft in einem Dorf veranstalten die Milizkomitees die Wahl eines antifaschistischen Dorfkomitees, dem alle großen Ländereien sowie Saatgut, Vorräte, Vieh, Geräte, Traktoren usw. übergeben werden, die den Großgrundbesitzern und Reaktionären gehören. Das Dorfkomitee organisiert die Produktion auf der neuen Grundlage und bildet eine Dorfmiliz, um die Vergesellschaftungen durchzuführen und die Reaktion zu bekämpfen. Gefangenen Reaktionären wird vor der Generalversammlung des Dorfs der Prozess gemacht. Alle Eigentumsurkunden, Hypotheken- und Schulddokumente in den offiziellen Akten werden in einem Feuer vernichtet. Nachdem sie auf diese Weise die Welt des Dorfs umgestaltet haben, können die katalanischen Kolonnen vorwärts marschieren, mit der Gewissheit, dass jedes Dorf, das man so behandelt hat, eine Festung der Revolution ist!

Die katalanische Regierung besteht weiterhin, verabschiedet Dekrete, die die vom Proletariat unternommenen Schritte billigen, und tut so, als ob sie den Kampf führt. Die Madrider Regierung unterstützt diese Täuschung, indem sie sich mit Companys berät, aber dann alle Geschäfte mit den Miliz- und Fabrikkomitees abwickeln muss. Ende Juli machte Companys einen »schlauen« Versuch, sich die Macht zurückzuholen, indem er das katalanische Kabinett umbildete, wobei ihm drei Mitglieder der stalinistischen »Vereinigten Sozialistischen Partei« beitraten. Aber dieses Manöver scheiterte innerhalb weniger Tage. Die Anarcho-Syndikalisten setzten die Stalinisten davon in Kenntnis, dass sie ihren Eintritt ins Kabinett als Spaltung des proletarischen Blocks ansahen, und die Stalinisten waren gezwungen, aus dem Kabinett zurückzutreten. Der geringe Einfluss, den die Regierung auf Grund ihrer Vertretung im Wirtschaftsrat und im Zentralkomitee der Antifaschistischen Milizen noch hat, wird zweifellos immer mehr schwinden, wenn diese Organe, entsprechend dem Vorschlag der POUM, zu gewählten Komitees mit Delegierten aus der Miliz und den Fabriken erweitert werden.

Der revolutionäre Kurs des katalanischen Proletariats und die sich daraus ergebenden Erfolge in der Produktion und an der Front sind das vernichtendste Zeugnis für die Volksfrontpolitik, die in Madrid immer noch weitergeführt wird. Nur auf dem Weg, den das katalanische Proletariat eingeschlagen hat, können die spanischen Massen die Konterrevolution besiegen!

3. Das Madrider Regime

Während die katalanischen Arbeiter sich die Macht sicherten, die der Regierung aus den Händen geglitten war, waren die rechten Sozialisten und die Stalinisten eifrig dabei, die Macht in die Hände der Madrider Regierung zurückzulegen. Als Folge davon ist die Beziehung zwischen der Regierung und den proletarischen Organisationen fast das Gegenteil von dem, was in Katalonien herrscht.

Wir haben schon gesehen, wie verräterisch die Politik der Regierung Azaña-Giral war. Und dennoch traten die rechten Sozialisten und Stalinisten die ganze Macht genau an diese Regierung ab!

Es gibt nicht den kleinsten Unterschied zwischen der Perspektive der Bourgeoisie und diesen »Führern« der Arbeiter. Die Arbeitermiliz muss ihren Kampf auf die Verteidigung der Republik beschränken, das heißt, auf die Aufrechterhaltung des Kapitalismus, die loyale Unterstützung der bürgerlichen Regierung, und an Sozialismus ist gar nicht zu denken. Die Stalinisten veröffentlichten am 18. August ein Manifest, das von der bürgerlichen Presse aus sehr gutem Grund überschwänglich gelobt wurde: Es enthält nicht eine einzige soziale Forderung! Nicht ein Wort über Landbesetzungen, Freiheit für Marokko, Arbeiterkontrolle über die Produktion – nichts als erbärmliche Loyalität gegenüber der Bourgeoisie! Und das ist noch nicht alles. Die Stalinisten wollen sogar nach der Zerschlagung der Konterrevolution keinen Arbeiterstaat: »Es ist absolut falsch, dass die gegenwärtige Arbeiterbewegung die Errichtung einer proletarischen Diktatur zum Ziel hat, wenn der Krieg beendet ist«, erklärt der Anführer der Stalinisten, Jesús Hernández, am 10. August. »Man kann nicht sagen, wir hätten für unsere Teilnahme am Krieg ein gesellschaftliches Motiv. Wir Kommunisten sind die ersten, die diese Spekulation zurückweisen. Unsere einzige Motivation ist der Wunsch, die demokratische Republik zu verteidigen.« Alles Eigentum, das konfisziert wird, ist nur eine vorübergehende Verteidigungsmaßnahme, erklären die spanischen Stalinisten. (*Daily Worker*, 18. September 1936) Um zu erkennen, wie fremd dieser feige Unsinn dem Leninismus ist, muss man sich nur an Lenins ausdrückliche Anordnungen erinnern, die er mitten im Kampf gegen Kornilow gegen jegliche politische Unterstützung für die Regierung herausgab, und an sein Programm, die Konterrevolution dadurch zu bekämpfen, dass das Land beschlagnahmt und die Arbeiterkontrolle über die Produktion errichtet wird. Da sie den Großteil ihrer Anhängerschaft seit Februar unter Losungen der Volksfront rekrutiert hat, kann die stalinistische Partei sie für die schamloseste Unterwürfigkeit unter ein bürgerliches Regime benutzen, deren sich eine proletarische Partei je schuldig gemacht hat.

Die linken Sozialisten grenzten sich von der stalinistischen Position durch einen Leitartikel mit der Überschrift »Dialektik von Krieg und Revolution« ab:

> »Manche Leute sagen: ›Lasst uns zuerst den Faschismus zerschmettern, lasst uns den Krieg siegreich beenden, dann werden wir Zeit haben, um über Revolution zu sprechen und sie, wenn nötig, zu machen.‹ Jene, die das sagen, haben nicht reiflich über den gewaltigen dialektischen Prozess nachgedacht, der uns alle mitreißt. Der Krieg und die Revolution sind ein und dasselbe. Sie schließen sich nicht nur nicht aus oder behindern sich gegenseitig, sondern ergänzen und unterstüt-

> zen sich gegenseitig. Der Krieg braucht für seinen Erfolg die Revolution, genauso wie die Revolution den Krieg gebraucht hat ... Es ist die Revolution im Hintergrund, die den Sieg auf den Schlachtfeldern sicherer und beflügelter machen wird.« (*Claridad*, 22. August 1936)

Dieses korrekte Konzept, das den linken Sozialisten durch das Beispiel des katalanischen Proletariats eingeschärft wurde, erhält dann jedoch durch die Herausgeber von *Claridad* eine typisch zentristische Verzerrung, indem sie die Errungenschaften, die in Wirklichkeit die Arbeiter erkämpft haben, einfach der katalanischen Regierung zuschreiben. Der Leitartikel endet:

> »Der klare historische Weitblick, der sich bei den katalanischen Institutionen zeigt, verdient nichts als Lob. Sie haben Maßnahmen der Regierung verfügt, die die unauflösliche Beziehung zwischen Krieg und Revolution widerspiegeln. Das aufständische Kapital zu enteignen und es zu kollektivieren, ist der beste Weg, um für den Sieg zusammenzuarbeiten und aus dem Krieg die größtmöglichen sozialen Errungenschaften herauszuholen und auch um die wirtschaftliche Macht des Feindes zu zerstören ... In dieser Hinsicht und mit der Organisierung der Parteien und Gewerkschaften um die Regierung herum, um den Krieg und die Revolution gleichzeitig zu führen, ist Katalonien ein Fanal für Kastilien und das übrige Spanien.«

In keiner Frage ist der antiproletarische Charakter des stalinistischen Programms so deutlich geworden, wie in dem Moment, als die Regierung Azaña-Giral versuchte, eine neue Armee zu schaffen. Die Bourgeoisie erkannte, dass, trotz der Unterordnung der Arbeitermiliz unter das militärische Kommando des Generalstabs, die interne Struktur der Miliz, die in eigenständigen Abteilungen entsprechend den verschiedenen Parteien und Gewerkschaften organisiert war und von gewählten Arbeitern geführt wurde, jeden Versuch hoffnungslos machten, über sie eine tatsächliche bürgerliche Kontrolle sicherzustellen. Daraufhin verlangte die Regierung die Einberufung von zehntausend Reservesoldaten als separate Streitmacht unter direkter Regierungskontrolle. Das stalinistische Manifest vom 18. August unterstützte diesen konterrevolutionären Vorschlag, in Einklang mit dem Konzept der Miliz, die *Mundo Obrero* am 11. August verkündet hatte:

> »Nein. Keine Milizen, die von Parteien und Organisationen befehligt werden. Und auch keine Milizen der Parteien oder der Gewerkschaften. Sie sind Milizen, die ihre Grundlage in der Volksfront haben, die der Politik der Volksfront treu ergeben sind.«

»Einige Genossen wollen in der Schaffung der neuen Freiwilligenarmee so etwas wie eine Bedrohung für die Rolle der Milizen sehen«, erklärte *Mundo Obrero* am 21. August. Die Stalinisten leugneten eine solche Möglichkeit: »Um was es hier geht, ist die Miliz zu ergänzen und zu stärken, um ihr größere Effizienz zu verleihen und den Krieg schneller zu beenden.« Und sie schließt ihre Verteidigung des Vorschlags der Regierung: »Unsere Losung dafür ist heute wie gestern dieselbe. Alles für die Volksfront und alles durch die Volksfront.«

Diese durch und durch reaktionäre Position wurde von *Claridad* entlarvt. Das linke sozialistische Organ untersuchte die Gründe, die für die Schaffung der neuen Armee vorgebracht wurden. Es zeigte, dass die Behauptung, sie würde zusätzliche Kräfte zur Verfügung stellen, falsch ist, da ja »die Zahl der Männer, die jetzt Mitglied in den Milizen sind oder ihnen beizutreten wünschen, als praktisch unbegrenzt gelten kann«. Die Behauptung, die Reservesoldaten würden die militärische Erfahrung liefern, die den Milizen fehlt, wird durch die Tatsache widerlegt, dass diejenigen, »die bis jetzt den bewaffneten Streitkräften nicht beitreten wollten, nicht von derselben politischen und kämpferischen Begeisterung angetrieben werden, die die Milizionäre veranlasst hatte, sich freiwillig zu melden«. Nachdem sie die Vorwände für die neue Armee aus der Welt geschaffen hatten, folgerten die linken Sozialisten ganz unverblümt:

> »An eine andere Art von Armee zu denken, die diejenige ablösen soll, die tatsächlich kämpft und die in gewisser Weise ihre eigene revolutionäre Aktion kontrolliert, bedeutet, in konter-

revolutionären Begriffen zu denken. Und das hat Lenin dazu gesagt: ›… und jede Revolution, die den Staatsapparat zerstört, zeigt uns sehr deutlich, wie die herrschende Klasse die *ihr* dienenden besonderen Formationen bewaffneter Menschen zu erneuern sucht und wie die unterdrückte Klasse danach strebt, eine neue Organisation dieser Art zu schaffen, die fähig ist, nicht den Ausbeutern, sondern den Ausgebeuteten zu dienen.‹[5] Wir sind sicher, dass dieser konterrevolutionäre Gedanke, der so ohnmächtig sein würde, wie er untauglich ist, der Regierung nicht in den Sinn gekommen ist, aber die Arbeiterklasse und das Kleinbürgertum, die die Republik unter Einsatz ihres Lebens retten, dürfen diese zutreffenden Worte Lenins nicht vergessen und müssen dafür sorgen, dass die Massen und die Führung der bewaffneten Streitkräfte, die vor allem das Volk unter Waffen sein sollten, uns nicht aus den Händen gleiten.« (*Claridad*, 20. August 1936)

Nicht diejenigen, die das Ansehen der russischen Revolution usurpieren, nur um dann ihre Prinzipien im Dienste der Bourgeoisie zu verraten, nicht die Stalinisten, sondern die Avantgarde der linken Sozialisten unterrichtet das spanische Proletariat über das leninistische Konzept des Klassencharakters der Armee!

Die verschiedenen Konzepte über den Charakter des gegenwärtigen Kampfs geraten auch bei anderen Fragen in Konflikt. Die Anarcho-Syndikalisten, die POUM und die sozialistische Jugend, die in unterschiedlichem Maß die verräterische Rolle der Bourgeoisie erkennen, verlangen die Säuberung aller Institutionen von zweifelhaften Elementen und bestehen darauf, Waffen zurückzubehalten, um einem bürgerlichen Verrat vorzubeugen. Die Stalinisten hingegen haben dieselbe »breit angelegte« Definition von »Antifaschisten« wie die Republikaner und verbreiten die Parole: »Nicht eine Waffe, die uneingesetzt zurückgehalten wird!« Ihr Konzept von Antifaschisten ist in der Tat so breit, dass *Claridad* am 19. und 20. August protestierte, in der stalinistisch kontrollierten »Allianz antifaschistischer Schriftsteller« gebe es Konterrevolutionäre. Die verachtenswerte Kampagne der Bourgeoisie und der Stalinisten für die Entwaffnung der Nachhut wurde von CNT-Führer García Oliver in der *Solidaridad Obrera* sehr gut beantwortet, indem er die Argumentation geschickt gegen sie wandte: »Wir wollen, dass unsere Kameraden der Situation Rechnung tragen und eine Inventur des Kriegsmaterials machen, das sie kontrollieren, und danach sorgfältig untersuchen, was für sie unentbehrlich ist, um die revolutionäre Ordnung im Hinterland zu sichern, und um das weiter zu schicken, was sie nicht brauchen.«

Man kann den Charakter der Regierung Azaña-Giral zusammenfassen, indem wir eine sehr ernste Tatsache konstatieren: Sie hat auch weiterhin die Presse der Arbeiterorganisationen zensiert, deren Mitglieder an der Front starben. Selbst die unterwürfige *Mundo Obrero* lernte kennen, was die Volksfrontregierung ist: Ihre Ausgabe vom 20. August, in der ein Foto veröffentlicht wurde, das man für beanstandenswert hielt, wurde beschlagnahmt! *Claridad*, die täglich die Wundmale des Zensors trug, hat darüber berichtet. Die Stalinisten verheimlichten natürlich außerhalb von Spanien, dass es solche unerträglichen und schändlichen Bedingungen gibt.

4. Das Kabinett Caballero

Wir haben keinerlei Zweifel daran, dass der Eintritt Caballeros in die Regierung von großen Teilen des Proletariats mit der größten Freude begrüßt wurde. Er stand weit links von den Stalinisten und Prieto, und insbesondere die Miliz musste den Eindruck haben, dass Cabellero sie aus den Händen der verräterischen Republikaner befreit.

Wir haben im Augenblick keine Möglichkeit zu erfahren, wie viel von dieser Freude sich vor wenigen Tagen sehr schnell auflöste, als die republikanischen »Verteidiger« von San Sebastian die Stadt unversehrt dem Feind übergaben, nachdem sie die Anarcho-Syndikalisten vertrieben hatten. Und dieselben Republikaner, die sich daraufhin in das Bollwerk Bilbao zurückzogen, setzten die 40 000 Milizionäre so ein, dass der größte Teil der gegnerischen Armee von General Mola an die Front von Madrid und Saragossa geschickt wurde. Die Nordfront ist verraten worden, und das ist geschehen, seit Caballero die Regierung übernommen hat.

Was ist das Programm Caballeros? Er hat kein Wort verlauten lassen. Ist es ein »Minimal«-Programm, das heißt ein bürgerliches

Programm, das die fünf bürgerlichen Mitglieder seines Kabinetts zufriedenstellt? Ist es das Programm von Prieto und den Stalinisten, welches das bürgerliche Programm ist? Was ist der grundlegende Unterschied zwischen dem Kabinett Caballero und dem seines Vorgängers? Dass Caballero ehrlicher ist? Aber, wie Lenin ein für allemal gesagt hat, bisher hat niemand einen Gradmesser für Ehrlichkeit erfunden. Das Grundlegende ist das Programm. Wenn sich Caballeros Programm nicht von dem seines Vorgängers unterscheidet, wird auch die Art wie er den Kampf führt, nicht anders sein.

Das spanische Proletariat wird den Weg einschlagen müssen, auf dem das katalanische Proletariat zu marschieren begonnen hat. Es gibt keinen anderen Weg zum Sieg!

Wer sind die gemeinen Soldaten in Francos Armee, und warum desertieren so wenige aus ihren Reihen? Sie sind hauptsächlich Bauernsöhne, die ihren zweijährigen Dienst in der Armee ableisten. Sie können gewonnen, dazu bewegt werden zu desertieren, ihre Offiziere zu erschießen, indem man ihre Familien auf die Seite der Arbeiter gewinnt. Wie? Indem man ihnen hilft, das Land zu konfiszieren. Diese Losung hätte man nach dem Sieg vom 16. Februar aufstellen müssen. Dass dies nicht geschehen ist, erklärt, warum sich die südlichen Provinzen, einschließlich der Hochburg der Stalinisten, Sevilla, in den Händen der Faschisten befinden. »Was hat die Republik Euch zu essen gegeben?« Die Folge ist große Passivität unter den Bauern. Innerhalb der Territorien, die von ihnen kontrolliert werden, müssen die Arbeiter den Bauern bei der Besetzung und Verteilung der großen Ländereien helfen. Durch 10 000 Kanäle wird diese Tatsache, die die bäuerliche Welt verändert, in die von den Faschisten gehaltenen Provinzen getragen werden ... und die Bauernschaft wird in Massen zu den Antifaschisten stoßen: Francos Armee wird dahinschwinden.

Tausende von Arbeitern haben mit ihrem Leben bezahlt, weil ihre Organisationen nicht dafür gekämpft haben, das Land den Bauern zu geben. Weitere Tausende sterben, weil ihre Organisationen die Losung nach Freiheit für die spanischen Kolonien nicht aufgestellt haben. Und doch würde diese Losung und eine kühne Propagandakampagne in Marokko selbst jetzt noch die maurischen Legionen Francos sehr viel schneller zersetzen als Kugeln.

Katalonien hat gezeigt, welch gewaltige Aufgaben das Proletariat in der Produktion übernehmen wird, wenn es erst einmal die Fabriken kontrolliert. Und dennoch wurden in Madrid die Arbeiterkomitees, die anfangs die öffentlichen Dienstleistungsbetriebe und viele große Fabriken übernommen hatten, später der bürokratischen Verwaltung der Regierung unterstellt. Diese Beschränkungen werden auch nicht erleichtert, weil jetzt eine Abordnung der Sozialisten an der Regierung beteiligt ist. Bevor die Arbeiter nicht die Herren in den Fabriken sind, werden diese Fabriken nicht zu Festungen der Revolution werden.

Vor allem aber ist es untragbar, dass die Arbeiter schuften und sterben sollen, ohne die Richtung des Kampfs beeinflussen zu können. Caballero hat die Wiedereröffnung der Cortes für den 1. Oktober angekündigt. Das ist ein grausamer Scherz! Diese Cortes spiegeln die Stimmung im Volk nicht mehr wider, als das 19. dem 20. Jahrhundert ähnelt! Politisch gemessen, sind Ewigkeiten vergangen, seit die republikanische Bourgeoisie durch die Stimmen der Arbeiter am 16. Februar eine Mehrheit erhielt. Die einzig authentische Stimme des Volks wäre heute ein Nationaler Kongress aus gewählten Delegierten der Milizen, die kämpfen, der Arbeiter, die produzieren und transportieren, und der Bauern, die für die Nahrung sorgen. Nur solch ein Sowjet, der sich aus den Fabrik-, Miliz- und Dorfkomitees rekrutiert, ist heute berechtigt, für Spanien zu sprechen.

Jede dieser grundlegenden Notwendigkeiten der Revolution kann nur gegen den Willen der republikanischen Bourgeoisie verwirklicht werden. Das bedeutet, weit über die Volksfront hinauszugehen. Aber ein solcher »Bruch« wird nur für die verräterischen republikanischen Politiker und die vermögenden Kapitalisten einen »Verlust« bedeuten; der größte Teile des Kleinbürgertums wird sich auf die Seite der neuen sozialen Ordnung schlagen, wie er es in der russischen Revolution getan hat.

Caballeros Partner im Kabinett, die Stalinisten, haben ihre unversöhnliche Feindschaft gegenüber dem revolutionären Programm deutlich gemacht: »Die Losung heute heißt, alle Macht und Autorität der Volksfrontregierung.« (*Daily Worker*, 11. September 1936) Diese Losung bedeutet genau das, was sie sagt! Lenins Losung, »Alle Macht den Sowjets«, bedeutete keine

Macht für die Koalitionsregierung. Die stalinistische Losung bedeutet, keine Macht für die im Entstehen begriffenen Sowjets, die Fabrik-, Miliz- und Dorfkomitees. So wie der Stalinismus die deutsche Revolution der Aufrechterhaltung des Status quo in Europa opferte, so versucht er jetzt, die spanische Revolution der Aufrechterhaltung des französisch-sowjetischen Bündnisses zu opfern. Der Stalinismus will die Losung nach Freiheit für Marokko nicht aufstellen, weil das die französische Kolonialpolitik behindert. Der Stalinismus wird nicht von der Volksfront zur spanischen Revolution übergehen, weil das sofort die Revolution in Frankreich auf die Tagesordnung setzen würde. Und der Stalinismus ist, wie jede Bürokratie von zynischem Misstrauen in die Massen durchdrungen, deshalb zieht er in Frankreich einen starken bürgerlichen Verbündeten der Möglichkeit eines sowjetischen Frankreichs vor. Das Wesen der stalinistischen Politik ist: »Sozialismus in einem Land und in keinem anderen Land.« Die Stalinisten sind zu offenen, schamlosen Feinden der proletarischen Revolution geworden. Zum Glück für das Weltproletariat kontrolliert der Stalinismus in Spanien nicht die Kräfte, die er in Deutschland im Zaume gehalten hat – und das gerade deshalb, weil die Lehren aus Deutschland ins Bewusstsein des spanischen Proletariats gedrungen sind.

Für den proletarischen Sieg stehen großartige Kräfte zur Verfügung. Im Schmelztiegel des Bürgerkriegs werden sie zu einer einzigen revolutionären Partei zusammengeschweißt werden. Der Widerspruch zwischen der traditionell antipolitischen Theorie des Anarcho-Syndikalismus und seiner gegenwärtigen revolutionär-politischen Praxis wird seine gewerkschaftliche Organisationsform unweigerlich sprengen. Schon jetzt sind Tausende und Abertausende von CNT-Anhängern der POUM beigetreten. Diese Organisation, die die erfahrensten revolutionären Elemente im Lande zu ihren Kadern zählt, ist deutlich von ihrem zentristischen Kurs abgewichen,[6] aber ihre Hauptkräfte sind auf Katalonien und Valencia beschränkt. Wir können sicher sein, dass die wichtigsten Kader im übrigen Spanien, die Revolutionäre unter den Linkssozialisten, die sich lange an Caballeros Schwankungen gestört haben, sich dem revolutionären Strom anschließen werden. Selbst die unerfahrenen Kader der stalinistischen Organisation werden ihre besten Elemente der neuen revolutionären Partei zur Verfügung stellen. Die Revolution wird wie immer eine breitere Führung haben als die jeder Partei. Aber die gigantische Aufgabe, die sich stellt, wird die letztendliche Vereinigung der revolutionären Strömungen aller Parteien sein.

5. Spanien und Europa

Claridad hat eine Rubrik »Prophetische Texte«, bestehend aus wenigen Zeilen, jeden Tag verschieden, aus Trotzkis »Geschichte der Russischen Revolution« veröffentlicht. Dass *Claridad* Trotzki ausgewählt hat, ist kein Zufall. Es widerspiegelt den beherrschenden Gedanken der spanischen Revolutionäre: das Problem der europäischen Revolution. Wegen der technologischen Rückständigkeit und der Gefahr einer militärischen Intervention Hitlers und Mussolinis sind sich die spanischen Revolutionäre der unauflöslichen Beziehung zwischen ihrer und der Revolution in Europa, insbesondere in Frankreich, deutlich bewusst. Aus diesem Grunde wenden sie sich Trotzki zu, dem maßgebenden Sprecher des revolutionären Internationalismus.

Am 30. Juli, nur wenige Tage nachdem der Kampf begonnen hatte, beschäftigte sich Trotzki mit diesem Problem und mit der Bedeutung der spanischen Ereignisse für Frankreich. Seine Schlussworte sind schärfer als alle, die ich abschließend wählen könnte:

> »Natürlich, das Proletariat Spaniens wie Frankreichs will nicht vor Mussolini oder Hitler wehrlos dastehen. Doch um sich gegen sie zu verteidigen, muss es zuerst den Feind im eigenen Lande zerschmettern. Man kann die Bourgeoisie nicht stürzen, ohne das Offizierskorps zu zerschlagen. Man kann das Offizierskorps nicht schlagen, ohne die Bourgeoisie zu stürzen. In jeder siegreichen Konterrevolution haben die Offiziere eine ausschlaggebende Rolle gespielt. Jede siegreiche Revolution, wenn sie eine tieferen gesellschaftlichen Charakter besaß, vernichtete das Offizierskorps. So tat es die Große Französische Revolution am Ende des 18. Jahrhunderts, und so tat es die Oktoberrevolution von 1917.

Um sich zu dieser Maßnahme zu entschließen, muss man aufhören, vor der radikalen Bourgeoisie auf den Knien zu liegen. Es gilt, das wahre Bündnis der Arbeiter und Bauern zu schaffen, gegen die Bourgeoisie, auch gegen die radikale Bourgeoisie. Man muss sich der Kraft, der Initiative, dem Mut des Proletariats anvertrauen. Das Proletariat wird die Soldaten auf seine Seite zu ziehen wissen. Das wird das echte und nicht verfälschte Bündnis der Arbeiter, Bauern und Soldaten sein. Ein solches Bündnis wird jetzt im Feuer des Bürgerkriegs in Spanien geschaffen und erhärtet. Der Sieg des Volkes wird das Ende der Volksfront und den Beginn Sowjetspaniens bedeuten. Eine siegreiche soziale Revolution in Spanien wird unabwendbar auf das übrige Europa übergreifen. Für die faschistischen Henker in Italien und Deutschland ist sie weitaus furchtbarer als alle diplomatischen Verträge und alle Militärbündnisse.«[7]

Felix Morrow

Revolution und Konterrevolution in Spanien

I.

Warum die Faschisten revoltierten

Am Morgen des 17. Juli 1936 übernahm General Franco das Kommando über die Mauren und Legionäre von Spanisch Marokko und gab ein Manifest an die Armee und die Nation heraus, sich ihm bei der Errichtung eines autoritären Staats in Spanien anzuschließen. Innerhalb der nächsten drei Tage erklärten sich fast alle der 50 Garnisonen in Spanien, eine nach der anderen, für den Faschismus. Wesentliche Teile der Kapitalisten und Großgrundbesitzer, die schon an Francos Verschwörung teilgenommen hatten, flohen entweder vor oder nach der Erhebung in die von den Faschisten beherrschten Gebiete oder verließen Spanien. Es war sofort klar, dass diese Erhebung nichts mit den Pronunciamento-Bewegungen gemein hatte, durch die die spanische Armee so oft eine bürgerliche Fraktion gegen eine andere unterstützt hatte. Es war keine »Handvoll Generäle«, sondern die gesamte herrschende Klasse, die ihre bewaffneten Lakaien zu einem Angriff vor allem gegen die ökonomischen, politischen und kulturellen Organisationen der Arbeiterklasse führte.

Francos Programm ist in den Grundzügen mit dem Mussolinis und Hitlers identisch. Der Faschismus ist eine besondere Form der Reaktion, das Produkt der Periode des kapitalistischen Niedergangs. Um dies ganz zu begreifen, muss man das Franco-Regime nur mit dem der Monarchie vergleichen. Die letzten Leistungen Alfonsos bestanden aus einer blutigen Aneinanderreihung von Massakern an Bauern und Arbeitern, von Terror und Ermordungen proletarischer Führer. Doch neben den systematischen Repressionsmaßnahmen gestattete die Monarchie den ökonomischen und politischen Organisationen der Arbeiterklasse und den kommunalen und nationalen Organen der parlamentarischen Demokratie eine eingeschränkte Existenz. Selbst unter der Diktatur von Primo de Rivera (1923–1930) führten die Sozialistische Partei und die UGT eine legale Existenz. Tatsächlich war Largo Caballero, der Führer der UGT, unter Rivera Regierungsrat. Mit anderen Worten, selbst die reaktionäre Monarchie suchte einen Teil ihrer Massenunterstützung im organisierten Proletariat, durch die Vermittlung von reformistischen Führern wie Prieto und Caballero. In ähnlicher Weise gab es im Kaiserreich von Wilhelm und Franz Josef ein System von legalen Gewerkschaften und sozialdemokratischen Parteien. Selbst unter Zar Nikolaus gab es ein gewisses Maß an Legalität für Gewerkschaften, Genossenschaften und die Arbeiterpresse, in deren Rahmen die Bolschewiki arbeiten konnten, obwohl sie selbst illegal waren: Die *Prawda* hatte in den Jahren von 1912–1914 eine Verbreitung von 60 000 Exemplaren.

Im Gegensatz zu diesen reaktionären Regimen besteht das besondere Wesen des Faschismus in der Vernichtung ausnahmslos aller unabhängigen Organisationen der Arbeiterklasse. Für den niedergehenden Kapitalismus sind selbst die elementarsten Zugeständnisse an die Massen unmöglich. Eins nach dem anderen schlagen die kapitalistischen Länder, die in eine völlig ausweglose Situation geraten sind, den Weg zum Faschismus ein.

Italien, einer der »Sieger« des Weltkriegs, das eine schwach entwickelte Grundstoffindustrie hat, konnte mit den entwickelteren Ländern im imperialistischen Wettlauf um Märkte nicht konkurrieren. Stranguliert durch ihre ökonomischen Widersprüche gab es für Italiens Kapitalistenklasse nur einen Ausweg über die gebrochenen Knochen der Arbeiterorganisationen. Die Horden des »verrückt gewordenen Kleinbürgertums«, von Mussolini organisiert und uniformiert, zu Gangstern ausgebildet, wurden schließlich für die spezielle Aufgabe von der Leine gelassen, um die Arbeiterorganisationen zu zerschlagen.

Die Bourgeoisie greift nicht leichtfertig zum Faschismus. Die Nazi-Bewegung in Deutschland hatte bei ihrem Putsch von 1923 fast keine bürgerliche Unterstützung. Im folgenden Jahrzehnt bis 1932 sicherte sie sich nur von einigen wenigen Kapitalisten finanzielle Unterstützung. Die deutsche Bourgeoisie zögerte lange, bevor sie die Hilfe Hitlers akzeptierte. 15 Jahre lang zog sie es vor, sich auf die sozialdemokratischen Führer zu stützen. Aber auf dem Höhepunkt der Weltwirtschaftskrise konnte das technisch weit entwickelte Deutschland, das durch den Vertrag von Versailles in seinen imperialistischen Konflikten mit England und

Amerika behindert wurde, seine Krise vom kapitalistischen Standpunkt aus nur durch die Zerstörung der Arbeiterorganisationen, die ein Dreivierteljahrhundert lang bestanden hatten, zeitweilig »lösen«.

Faschismus ist jene besondere Form der kapitalistischen Herrschaft, zu der die Bourgeoisie schließlich Zuflucht nimmt, wenn das Weiterbestehen des Kapitalismus mit der Existenz von organisierten Arbeitern unvereinbar ist. Man greift auf den Faschismus zurück, wenn die Konzessionen, die ein Ergebnis der Aktivitäten von Gewerkschaften und politischen Arbeiterparteien sind, für die kapitalistischen Herrscher eine untragbare Last werden, folglich für die weitere Existenz des Kapitalismus unerträglich sind. An diesem Punkt gibt es für die Arbeiterklasse nur eine erbarmungslose Alternative: entweder Faschismus oder Sozialismus.

An diesem Punkt war der spanische Kapitalismus angekommen, als Franco putschte. Obwohl seine Bewegung die Überreste der spanischen feudalen Aristokratie integriert hat, ist sie von ihrem grundlegenden sozialen Charakter her nicht »feudaler« als die von Mussolini oder Hitler.

Der Hauptwirtschaftszweig Spaniens, die Landwirtschaft, befand sich in einer katastrophalen Lage – die Landwirtschaft machte mehr als die Hälfte des nationalen Einkommens, fast zwei Drittel der Exporte und einen Großteil der Steuereinkünfte der Regierung aus, und 70 Prozent der Bevölkerung lebte auf dem Land. Die Aufteilung des Lands war die schlechteste in Europa: Ein Drittel gehörte Großgrundbesitzern, deren Ländereien in einigen Fällen die Hälfte einer Provinz bedeckten; ein weiteres Drittel gehörte einer größeren Zahl von Besitzern, aber auch in Form von großen Ländereien; nur ein Drittel besaßen Bauern: Das meiste davon waren primitiv ausgerüstete Höfe, von fünf Hektar oder weniger außergewöhnlich trockenen, armen Landes, die nicht ausreichten, um ihre Familien zu ernähren und Tagelöhnerarbeit auf den großen Ländereien notwendig machten, um sich durchzuschlagen. So waren die meisten der fünf Millionen Bauernfamilien darauf angewiesen, die Pacht mit einem Teil der Ernte zu bezahlen oder sich auf den großen Ländereien zu verdingen.

Die spanische Landwirtschaft wurde mit primitiven Methoden betrieben. Ihr Ertrag pro Hektar war der niedrigste in Europa. Um die Produktivität zu erhöhen, müsste man Kapital in Maschinen und Kunstdünger, Beschäftigung von Technikern und die Umschulung der Bauern stecken. Vom Standpunkt der Großgrundbesitzer aus war es billiger, mit den primitiven Methoden auf Kosten der Bauernschaft weiterzumachen. Es gab in der jüngsten Zeit eine einzige Periode mit guten Erzeugerpreisen, die Kriegsjahre von 1914 bis 1918, die der spanischen Landwirtschaft zeitweilig Gelegenheit gaben, auf dem Weltmarkt Profit zu machen. Sie wurde, statt zur Verbesserung des Landes verwandt zu werden, von den Großgrundbesitzern über Hypotheken als Bargeld kapitalisiert. Als sie nach dem Krieg vom Weltmarkt vertrieben wurde, brach die spanische Landwirtschaft zusammen. Die allgemeine Agrarkrise, die der Weltkrise vorausging und dann ein Teil dieser Krise wurde, verschlimmert durch die Zollschranken, die von England und Frankreich gegen die spanische Landwirtschaft errichtet wurden, führte zu weit verbreiteter Arbeitslosigkeit und Hunger.

Genau am tiefsten Punkt der Krise, im Jahre 1931, gab das Entstehen der Republik der Gründung von Landarbeitergewerkschaften einen neuen Anstoß. Die daraus resultierenden Lohnerhöhungen erscheinen kläglich genug. Ein guter Lohn betrug sechs Peseten[1] pro Tag. Aber selbst das war für die Profite der spanischen Großgrundbesitzer in der Epoche des Niedergangs der europäischen Landwirtschaft eine tödliche Bedrohung. Die großen Landwirtschaftsflächen Südamerikas und Australiens lieferten Weizen und Fleisch zu Preisen nach Europa, die der europäischen Landwirtschaft einen unvergleichlich härteren Schlag versetzten, als die Erzeugnisse aus Nordamerika während der Epoche des aufsteigenden Kapitalismus. Deshalb war die Existenz von Landarbeitergewerkschaften und Bauernorganisationen mit dem Weiterbestehen des Landeigentümer-Kapitalismus unvereinbar.

Eine Atempause erhielten die Großgrundbesitzer während des bienio negro, den »zwei schwarzen Jahren« von September 1933 bis Januar 1936, als die reaktionären Regierungen Lerroux-Gil-Robles die Massen terrorisierten und die Oktoberrevolte von 1934 niederschlugen. Während dieser Periode fiel der Tageslohn auf dem Land auf zwei oder drei Peseten. Aber die Massen erholten sich bald wieder. Gil-Robles' Versuch, eine faschistische

Massenorganisation aufzubauen, schlug fehl, sowohl aufgrund seiner eigenen Unfähigkeit als auch unter den Schlägen der Arbeiter. Obwohl die Asturische Kommune vom Oktober 1934 durch die Mauren und Legionäre zerschlagen wurde, wurde sie zur Inspiration der Massen, und Lerroux–Gil-Robles machten im Februar 1936 lieber der Volksfront Platz, als auf einen noch entschiedeneren Angriff des Proletariats zu warten. Die Landarbeiter und Bauern bauten von Februar bis Juli noch beeindruckendere Gewerkschaften auf, und die prekäre Situation der Agrarprofite ließ die Großgrundbesitzer und ihre Verbündeten, die katholische Führungsspitze und die Banken, schnell zu den Waffen greifen, um die Arbeiterorganisationen zu zerstören.

Die Kapitalisten in der Industrie und im Transportwesen befanden sich gleichfalls in einer Sackgasse.

Der Zeitraum der Expansion der spanischen Industrie war kurz: 1898–1918. Gerade die Entwicklung der spanischen Industrie während der Kriegsjahre wurde zur Ursache weiterer Schwierigkeiten. Das Ende des Kriegs bedeutete, dass Spaniens Industrie, die noch in den Kinderschuhen steckte und von keiner starken Staatsmacht unterstützt wurde, im imperialistischen Wettbewerb um Märkte bald zurückfiel. Selbst Spaniens Binnenmarkt konnte für seine eigene Industrie nicht lange geschützt werden. Primo de Riveras Versuch, ihn durch unüberwindliche Zollschranken zu schützen, führte zu Vergeltungsmaßnahmen Frankreichs und Englands gegen die spanische Landwirtschaft. Die daraus resultierende Agrarkrise ließ den Binnenmarkt für die Industrie zusammenbrechen. 1931 hatte dieses Land mit 24 Millionen Einwohnern nahezu eine Million arbeitslose Arbeiter und Bauern, die Familien versorgen mussten; noch vor Ende 1933 betrug die Zahl anderthalb Millionen.

Mit dem Ende des bienio negro nahmen die ökonomischen Kämpfe der Arbeiter außergewöhnliche Ausmaße an. In dem Bewusstsein, dass sie sich von der Herrschaft Gil-Robles' durch eigene Kraft befreit hatten, warteten die Massen nicht darauf, dass Azaña seine Versprechen erfüllte. In den vier Tagen zwischen den Wahlen vom Februar 1936 und der eiligen Annahme der Präsidentschaft durch Azaña verwirklichten die Massen die Amnestie faktisch dadurch, dass sie die Gefängnistore öffneten. Die Arbeiter warteten auch nicht auf das Regierungsdekret und die Entscheidung über seine Verfassungsmäßigkeit, die vom Verfassungsgericht erst am 6. September kam, fast zwei Monate nach Francos Erhebung! – um die Arbeitsplätze derjenigen zurückzubekommen, die nach der Oktoberrevolte 1934 entlassen worden waren. Die Arbeiter nahmen die Entlassenen in die Firmen und Fabriken mit und ließen sie wieder arbeiten. Mit dem Generalstreik vom 17. April 1936 in Madrid begann dann eine große Massenbewegung, die oft politische Forderungen aufnahm, aber vorrangig für höhere Löhne und bessere Bedingungen geführt wurde.

Wir können den Umfang der großen Streikwelle nur grob skizzieren. Die Streiks erfassten sowohl die Städte als auch die Landkreise. In jeder Stadt und Provinz von Bedeutung gab es zwischen Februar und Juli 1936 mindestens einen Generalstreik. Fast eine Million streikten am 10. Juni, eine halbe Million am 20. Juni, eine Million am 24. Juni, mehr als eine Million während der ersten Juli-Tage.

Der spanische Kapitalismus konnte kaum hoffen, seine Probleme durch die Ausdehnung seiner Märkte für Industriegüter zu lösen. Dieser Weg wurde ihm von außen durch die großen imperialistischen Mächte versperrt. Im Inneren bestand die einzige Möglichkeit zu expandieren in der Schaffung einer wohlhabenden, grundbesitzenden Bauernschaft, aber das bedeutete die Aufteilung des Lands. Der städtische Kapitalist und der Großgrundbesitzer waren oft ein und dieselbe Person oder untereinander durch Familienbande verknüpft. In jedem Falle war die Krone des spanischen Kapitalismus, die Banken, untrennbar mit den Interessen der Grundbesitzer verbunden, deren Hypotheken sie besaßen. Dem spanischen Kapitalismus stand kein wirklicher Weg der Entwicklung offen. Aber er konnte seine Probleme vorübergehend auf eine Weise lösen: durch die Zerstörung der Gewerkschaften, die seine Profite gefährdeten.

Die bürgerliche Demokratie ist die Form des kapitalistischen Staats, die die Unterstützung der Arbeiter braucht, die durch die reformistischen Führer sichergestellt wird. Die Kapitalisten Spaniens kamen zu dem Schluss, dass die Demokratie untragbar sei, und das bedeutete, die bürgerliche Demokratie und der Reformismus in Spanien waren erledigt.

Mussolini erklärte, er habe Italien vor dem Bolschewismus gerettet. Unglücklicherweise ist die Wahrheit, dass die Nachkriegswelle der Arbeiterkämpfe schon zurückgeflutet war und so Mussolinis Machtergreifung erleichtert hat. Hitler sagte dasselbe zu einer Zeit, als die Arbeiter hoffnungslos gespalten und desorientiert waren. Franco brauchte denselben Mythos, um zu rechtfertigen, dass er zu den Waffen griff. Wahr war in Italien, Deutschland und jetzt in Spanien, dass die Demokratie nicht länger existieren konnte. Gerade die Tatsache, dass der Faschismus die Macht ergreifen musste, obwohl es keine unmittelbare Gefahr einer proletarischen Revolution gab, ist der überzeugendste Beweis, dass die Demokratie erledigt war.

Francos Erhebung ließ nur zwei Alternativen: Entweder würde der Faschismus siegen, oder die Arbeiterklasse, die die Bauernschaft um sich schart, indem sie ihr das Land gibt, würde den Faschismus zerstören und mit ihm den Kapitalismus, in dem er verankert ist.

Auf der Suche nach einer theoretischen Rechtfertigung für ihre Zusammenarbeit mit der liberalen Bourgeoisie erklären die Stalinisten und Sozialdemokraten, dass die Wurzeln des Faschismus in Spanien feudal sind. Für die Stalinisten ist dies eine völlig neue Theorie, die nur für diesen Fall zurechtgelegt wurde. Der spanische Faschismus ist nicht feudaler als der italienische. In beiden Ländern kann die Rückständigkeit der Industrie nicht innerhalb des kapitalistischen Rahmens überwunden werden, da keines von beiden in der Epoche schrumpfender Weltmärkte mit den entwickelten industriellen Ländern konkurrieren kann. Sie konnten nur eine vorübergehende Stabilisierung erreichen, indem sie ihre Arbeitskosten unter das europäische Niveau drückten, und dies verlangte die Zerschlagung aller Formen von Arbeiterorganisationen. Die spanische Landwirtschaft ist rückständig und »feudal« in ihren Arbeitsmethoden. Aber zwei Jahrhunderte lang ist Land, wie jede andere Ware, gekauft, verkauft und mit Hypotheken belastet worden. Folglich ist die Landfrage eine kapitalistische Frage.

Zur Erklärung des spanischen Bürgerkriegs greifen die Stalinisten vage auf den »Feudalismus« zurück und verleumden jeden als faschistischen Agenten, der es wagt, anderer Meinung zu sein. Stalinistische Journalisten, die außerhalb der Parteipresse schreiben, sind jedoch weniger glücklich dran. Sie müssen sich mit gewissen offensichtlichen Phänomenen beschäftigen. Wenn der Kampf ein Kampf gegen den Feudalismus ist, warum ist die Industriebourgeoisie dann auf der Seite Francos?

Der stalinistische Journalist Louis Fischer schreibt:

> »Eigentümlicherweise hat Spaniens kleine industrielle Klasse die reaktionäre Position der Großgrundbesitzer unterstützt. Die Industriellen hätten eine Landreform, die einen inländischen Markt für ihre Güter geschaffen hätte, willkommen heißen sollen. Aber sie glaubten, es sei mehr als Wirtschaft im Spiel. Sie fürchteten, die Überlassung des Lands an die Bauern werde den besitzenden Klassen die politische Macht rauben. Die Unternehmer, die die Republik dabei hätten unterstützen sollen, eine friedliche Revolution durchzuführen, die das Land reicher gemacht hätte, verbündeten sich tatsächlich mit den rückwärts gewandten Großgrundbesitzern, um jede Verbesserung und Reform zu verhindern.« (»The War in Spain«, veröffentlicht von *The Nation*)

Es kommt Fischer nicht in den Sinn, sich zu fragen, ob Großgrundbesitzer und Kapitalisten oft nicht ein und dieselbe Familie sind oder aus derselben kommen, oder ob der von den Banken abhängige Unternehmer nicht besorgt ist um die Hypotheken der Banken auf das Land. Aber selbst so, wie Fischer die Frage stellt, ist die Antwort klar. Der Unternehmer fürchtet die Schwächung der politischen Macht der besitzenden Klassen. Warum? Weil die Schwächung der Polizeimacht es den Arbeitern in seiner Fabrik erlaubt, sich zu organisieren und seine Profite zu schmälern. Fischers eigene schwerfällige Erklärung ist bezeichnend. Der spanische Faschismus ist nicht die Waffe des »Feudalismus«, sondern des Kapitalismus. Er kann von der Arbeiterklasse und der Bauernschaft erfolgreich bekämpft werden, und nur von ihnen.

II.

Die bürgerlichen »Verbündeten« in der Volksfront

Das Interesse der Arbeiterparteien und Gewerkschaften am Kampf gegen den Faschismus war klar: Ihre bloße Existenz stand auf dem Spiel. Wie Hitler und Mussolini vor ihm, würde Franco die Führung und die aktiven Kader ihrer Organisationen physisch zerstören und die Arbeiter in erzwungener Uneinigkeit halten, jeder als ein Atom der Gewalt des konzentrierten Kapitals ausgeliefert. Der Kampf gegen den Faschismus war deshalb nicht nur für die Massen der Arbeiter eine Frage auf Leben und Tod, sondern sogar für die reformistischen Führer der Arbeiter. Aber das ist nicht dasselbe, wie zu sagen, dass diese Führer wussten, wie man gegen den Faschismus kämpft. Ihr fatalster Irrtum war die Annahme, ihre bürgerlichen Verbündeten in der Volksfront wären ebenso dringend daran interessiert, gegen den Faschismus zu kämpfen.

In den Wahlen vom 16. Februar 1936 hatten sich Azañas Republikanische Linke, Martínez Barrios Republikanische Union und Companys' Katalanische Linke mit den kommunistischen und sozialistischen Parteien und der UGT fest verbündet – mit dem stillschweigenden Einverständnis der Anarchisten, deren Massen für die gemeinsamen Listen stimmten. Auch die Baskischen Nationalisten hatten sich angeschlossen. Diese vier bürgerlichen Gruppen fanden sich deshalb am 17. Juli auf der anderen Seite der Barrikaden gegenüber der Großbourgeoisie. Konnte man sich darauf verlassen, dass sie beim Kampf gegen den Faschismus loyal mitmachen würden?

Wir sagten nein, weil kein wesentliches Interesse der liberalen Bourgeoisie durch die Faschisten bedroht war. Die Arbeiter liefen Gefahr, ihre Gewerkschaften zu verlieren, ohne die sie hungern würden. Mit welchem vergleichbaren Verlust war die liberale Bourgeoisie konfrontiert? Zweifellos würden die professionellen Politiker in einem totalitären Staat andere Beschäftigung finden müssen, die liberale bürgerliche Presse würde untergehen (falls wir einräumen, dass die bürgerlichen Politiker und Journalisten nicht vollständig zu Franco überliefen). Italien wie Deutschland haben gezeigt, dass der Faschismus sich weigert, sich mit individuellen demokratischen Politikern zu versöhnen; einige werden eingesperrt, andere müssen emigrieren. Aber all dies sind nur kleinere Unannehmlichkeiten. Die elementare Schicht der liberalen Bourgeoisie macht weiter wie vor Beginn des Faschismus. Wenn sie nicht an den speziellen Vergünstigungen teilhaben, die der faschistische Staat den Kapitalisten gewährt, die sich vor dem Sieg den Faschisten angeschlossen haben, so nutzen sie doch die Vorteile niedriger Löhne und eingeschränkter Sozialleistungen. Sie müssen nur in demselben Maß wie alle anderen Kapitalisten auch die von den Faschisten erzwungenen Abgaben leisten, an die Partei oder die Regierung. Sie sind der hohe Preis, die der Kapitalismus für die Dienste des Faschismus zahlt. Die liberale Bourgeoisie Spaniens musste nur nach Deutschland oder Italien sehen, um beruhigt in die Zukunft zu blicken. Während die Gewerkschaftsbürokraten vernichtet wurden, hat die liberale Bourgeoisie ausreichend Spielraum gefunden, in den sie sich integrieren kann. Hier wirkt ein Klassenkriterium: Der Faschismus ist in erster Linie der Feind der Arbeiterklasse. Deshalb ist es absolut falsch und verhängnisvoll anzunehmen, die bürgerlichen Elemente in der Volksfront seien essenziell daran interessiert, einen ernsthaften Kampf gegen den Faschismus zu führen.

Zweitens beruhte unser Beweis, dass Azaña, Barrio, Companys und ihresgleichen keine loyalen Verbündeten der Arbeiterklasse sein können, nicht bloß auf einer deduktiven Analyse, sondern auf konkreter Erfahrung – der Vorgeschichte dieser Helden. Da die Sozialisten und Stalinisten in der Volksfront die Wahrheit über ihre Verbündeten unterdrückt haben, müssen wir dieser Frage etwas Platz einräumen.

Von 1931 bis 1934 nannte die Kommunistische Internationale Azaña einen Faschisten, was sicherlich falsch war, obwohl es zutreffend seine systematische Unterdrückung der Massen beschrieb. Noch im Januar 1936 sagte die Kommunistische Internationale über ihn:

> »Die Kommunistische Partei kennt die Gefahr, die von Azaña ausgeht, genauso gut wie die Sozialisten, die mit ihm zusam-

> mengearbeitet haben, als er an der Macht war. Sie weiß, dass er ein Feind der Arbeiterklasse ist … Aber sie weiß auch, dass die Niederlage der CEDA (Gil-Robles) automatisch ein gewisses Maß an Befreiung von der Unterdrückung mit sich bringen würde, zumindest für einige Zeit.« (*Inprecorr*, Jg. 15, S. 762)

Der letzte Satz ist ein Eingeständnis, dass die Unterdrückung aus der Richtung Azañas selbst kommen wird. Und sie kam, wie José Diaz, der Sekretär der Kommunistischen Partei, kurz vor Ausbruch des Bürgerkriegs zuzugeben gezwungen war:

> »Die Regierung, die wir in dem Maße loyal unterstützen, wie sie das Volksfrontabkommen erfüllt, ist eine Regierung, die das Vertrauen der Arbeiter zu verlieren beginnt; und ich sage der linken republikanischen Regierung, dass ihr Weg der falsche Weg des April 1931 ist.« (*Mundo Obrero*, 6. Juli 1936)

Man muss sich den »falschen Weg des April 1931« in Erinnerung rufen, um zu erkennen, was für ein Eingeständnis die Stalinisten hier machen nach all ihren Versuchen, zwischen der Koalitionsregierung von 1931 und der Volksfrontregierung von 1936 einen Unterschied zu machen. Die Koalition von 1931 hatte den Bauern Land versprochen und gab es ihnen nicht, weil das Land nicht aufgeteilt werden konnte, ohne den Kapitalismus zu unterminieren. Die Koalition von 1931 hatte den Arbeitern die Arbeitslosenunterstützung verweigert. Als Kriegsminister hatte Azaña die reaktionäre Offizierskaste der Armee nicht angerührt und das berüchtigte Gesetz in Kraft gesetzt, wonach jede Kritik an der Armee durch Zivilpersonen eine Staatsbeleidigung war. Als Premier hatte Azaña den großen Reichtum und die Macht der Kirchenhierarchie intakt gelassen. Azaña hatte Marokko in den Händen der Legionäre und Maurensöldner gelassen. Nur gegen die Arbeiter und Bauern war Azaña hart gewesen. Die Geschichte von 1931 bis 1933 ist die Geschichte der Unterdrückungsmaßnahmen seiner Regierung gegen die Arbeiter und Bauern. An anderer Stelle[2] habe ich diese Geschichte ausführlich erzählt.

Als Führer der Volksfrontregierung von Februar bis Juli 1936 erwies sich Azaña, wie *Mundo Obrero* zugab, als nicht besser.

Wiederum wies seine Regierung die Idee der Landaufteilung zurück und schlug die Bauernschaft nieder, als diese versuchte, es sich zu nehmen. Wiederum behielt die Kirche die volle Kontrolle über ihren großen Reichtum und ihre Macht. Wiederum blieb Marokko in den Händen der Fremdenlegionäre, bis sie es schließlich am 17. Juli vollständig übernahmen. Wiederum wurden Streiks für illegal erklärt, ein abgewandeltes Kriegsrecht verhängt und Arbeiterdemonstrationen und -versammlungen aufgelöst. Es genügt darauf hinzuweisen, dass in den kritischen letzten Tagen nach der Ermordung des faschistischen Führers Calvo Sotelo die Hauptquartiere der Arbeiterklasse geschlossen wurden. Am Tag vor dem faschistischen Coup erschien die Arbeiterpresse mit klaffenden weißen Lücken, dort wo die Regierungszensur Leitartikel und Artikelteile herausgenommen hatte, die vor dem Staatsstreich warnten!

In dem verzweifelten Versuch, die Streikbewegung aufzuhalten, wurden in den letzten drei Monaten vor dem 17. Juli Hunderte von Streikenden in Massen eingesperrt, lokale Generalstreiks für illegal erklärt und regionale Hauptquartiere der UGT und CNT jeweils wochenlang geschlossen.

Für das vernichtendste Zeugnis über seine Person sorgte Azañas Haltung gegenüber der Armee. Ihre Offizierskaste war bis ins Mark illoyal gegenüber der Republik. Diese verhätschelten Lieblinge der Monarchie hatten seit 1931 jede Gelegenheit ergriffen, blutige Rache an den Arbeitern und Bauern zu üben, auf die die Republik sich stützte. Die Gräueltaten, die sie bei der Niederschlagung der Oktoberrevolte von 1934 verübten, waren so fürchterlich, dass die strafrechtliche Verfolgung der Verantwortlichen eines von Azañas Wahlversprechen war. Aber in den folgenden Monaten machte er nicht einem einzigen Offizier den Prozess. Mola, der Leiter für öffentliche Sicherheit in Madrid unter der Diktatur Berenguer – Mola, der gleich nach Alfonso geflüchtet war, während die Straßen vom Schrei der Massen »Abajo Mola« widerhallten – dieser Mola wurde von Azaña wieder in seinen Generalsrang in der Armee eingesetzt und war, trotz seiner engen Verbindung zu Gil-Robles im bienio negro, Militärkommandeur von Navarra zur Zeit der faschistischen Revolte. Und er wurde Chefstratege der Franco-Armee. Franco, Goded,

Queipo de Llano – alle hatten eine ähnlich verabscheuenswürdige Geschichte der Illoyalität gegenüber der Republik, und doch überließ Azaña die Armee ihrer Kontrolle. Mehr noch, er verlangte, die Massen sollten sich ihnen unterwerfen.

Oberst Julio Mangada, der jetzt in den antifaschistischen Streitkräften kämpft und der von diesen Generälen wegen seiner republikanischen Gesinnung vor ein Kriegsgericht gestellt und aus der Armee vertrieben worden war, ist Zeuge für die Tatsache, dass er Azaña, Martínez Barrio und andere republikanische Führer wiederholt von den Plänen der Generäle unterrichtet hat. Im April 1936 veröffentlichte Mangada eine sorgfältig dokumentierte Broschüre, die nicht nur die faschistische Verschwörung enthüllte, sondern überzeugend bewies, dass Präsident Azaña über die Verschwörung in vollem Umfang informiert war, als seine Regierung der Armee am 18. März 1936 auf Verlangen des Generalstabs einen Persilschein ausstellte. In Bezug auf »beharrlich kursierende Gerüchte, was die Gesinnung der Offiziere und Untergebenen in der Armee betrifft, hat die Regierung der Republik die ungerechten Angriffe mit Kummer und Entrüstung zur Kenntnis genommen, denen die Offiziere der Armee ausgesetzt gewesen sind«. Azañas Kabinett wies diese Gerüchte nicht nur zurück, indem sie die militärischen Verschwörer als »weit entfernt von jeglichem politischen Kampf, treue Diener der verfassungsmäßigen Macht und Bürgen des Gehorsams gegenüber dem Volkswillen« beschrieb, sondern darüber hinaus erklärte, dass »nur ein krimineller und quälender Wunsch, sie [die Armee] zu untergraben, die Beleidigungen und Angriffe in Wort und Schrift erklären könne, die gegen sie gerichtet wurden«. Und schließlich: »Die Regierung der Republik richtet das Gesetz gegen jene und wird es gegen jene anwenden, die an einer solch unpatriotischen Haltung festhalten.«

Kein Wunder, dass die reaktionären Führer Azaña priesen. Am 3. April 1936 hielt Azaña eine Rede, in der er den Reaktionären versprach, er werde die Streiks und Landbesetzungen stoppen. Calvo Sotelo lobte ihn: »Das war die Äußerung eines wahren Konservativen. Seine Erklärung der Achtung vor Gesetz und Verfassung sollte auf die öffentliche Meinung einen guten Eindruck machen.« »Ich unterstütze 90 Prozent der Rede«, erklärte der

Sprecher der Organisation von Gil-Robles. »Azaña ist der einzige Mann, der in der Lage ist, dem Lande Sicherheit und die Verteidigung sämtlicher gesetzlicher Rechte zu bieten«, erklärte Ventosa, Sprecher der katalanischen Landbesitzer. Sie lobten Azaña, weil er die nötige Vorarbeit für sie leistete.

Obwohl die Armee bereit war, im Mai 1936 zu revoltieren, zweifelten viele Reaktionäre daran, ob dies jetzt schon möglich wäre. Azaña drängte ihnen seine Lösung auf: Lasst die reformistischen Führer die Streiks stoppen. Sein Angebot wurde angenommen. Miguel Maura, der die extrem rechten Industriellen und Grundbesitzer repräsentierte, verlangte eine starke Regierung aus »allen Republikanern und jenen Sozialisten, die nicht vom revolutionären Wahnsinn angesteckt sind«. Nachdem Azaña auf den Präsidentenstuhl gehoben worden war, bot er daher das Ministerpräsidentenamt dem rechten Sozialisten Prieto an. Die Stalinisten, die Katalanische Esquerra, die Republikanische Union von Barrio wie auch die reaktionäre Bourgeoisie unterstützten Azañas Kandidaten.

Die linken Sozialisten jedoch hinderten Prieto daran anzunehmen. Für die reaktionäre Bourgeoisie wäre eine Amtszeit Prietos als Ministerpräsident zumindest eine Atempause gewesen, um sich weiter vorzubereiten. Als sie das nicht sicherstellen konnte, stürzte sie sich in den Bürgerkrieg.

Das war die Bilanz von Azañas Republikanischer Linken. Die der anderen bürgerlich liberalen Parteien war, wenn überhaupt, schlimmer. Companys' Katalanische Esquerra hatte Katalonien seit 1931 regiert. Ihr katalanischer Nationalismus diente dazu, die rückständigeren Schichten der Bauern im Zaum zu halten, während Companys die Armee gegen die CNT einsetzte. Am Vorabend der Oktoberrevolte von 1934 hatte er die CNT in einen halblegalen Status versetzt und Hunderte ihrer Führer ins Gefängnis geworfen. Gerade diese Situation hatte die CNT zu der unklugen Weigerung veranlasst, sich der Revolte gegen Lerroux-Gil-Robles anzuschließen. Sie erklärte, Companys wäre ein genauso großer Tyrann. Companys, der vor der Wahl stand, die Arbeiter zu bewaffnen oder sich Gil-Robles zu unterwerfen, hatte Letzteres gewählt.[3]

Was die Republikanische Union von Martínez Barrio anging, so war sie nichts anderes als die wiederbelebten Überbleibsel von Gil-Robles' Verbündeten, Lerroux' Radikalen. Barrio selbst war Lerroux' Oberleutnant gewesen und hatte als einer der Premierminister im bienio negro gedient, während der er eine anarchistische Erhebung im Dezember 1933 mit großer Grausamkeit niederschlug. Scharfsichtig hatte er das sinkende Schiff der Radikalen verlassen, als klar wurde, dass die Zerschlagung der Oktoberrevolte von 1934 die Massen nicht aufgehalten hatte, und er gab 1935 sein Debüt als »Antifaschist«, indem er eine Petition für die Amnestie von politischen Gefangenen unterschrieb. Als Lerroux nach einem Finanzskandal stürzte, wandten sich seine Anhänger Barrio zu.

Die vierte bürgerliche Partei, die Baskischen Nationalisten, hatten eng mit den extremen Reaktionären des übrigen Spaniens zusammengearbeitet, bis Lerroux versuchte, alte Privilegien der Provinzen einzuschränken. Die katholischen Baskischen Nationalisten, angeführt von den Großgrundbesitzern und Kapitalisten der vier baskischen Provinzen, hatten Gil-Robles bei der Zerschlagung der Asturischen Kommune vom Oktober 1934 unterstützt. Von Anfang an war ihnen in ihrer Allianz mit den Arbeiterorganisationen unbehaglich. Dass sie nicht gleich auf die andere Seite der Barrikade überliefen, kann man aus der Tatsache erklären, dass die Biscaya-Region eine traditionelle Einflusssphäre des anglo-französischen Imperialismus war, und sie deshalb zögerten, ein Bündnis mit Hitler und Mussolini einzugehen.

Das waren also die »loyalen«, »vertrauenswürdigen«, »ehrenwerten« Verbündeten der stalinistisch-reformistischen Führer im Kampf gegen den Faschismus. Wenn die liberale Bourgeoisie sich schon in Friedenszeiten geweigert hatte, das Land, die Kirche oder die Armee anzurühren, weil sie nicht die Grundlagen des Privateigentums untergraben wollte, war es dann vorstellbar, dass die liberale Bourgeoisie nun, mit Waffen in der Hand, loyal einen Krieg gegen die Reaktion bis zum bitteren Ende unterstützen würde? Falls die Armee Francos vernichtet würde, was würde mit der liberalen Bourgeoisie geschehen, welche letzten Endes ihre Privilegien nur durch die Armee aufrechterhalten hatte? Genau wegen dieser Überlegungen schritten die Franco-Streitkräfte forsch voran, da sie es als selbstverständlich betrachteten, dass Azaña und Companys gefügig sein würden. Genau aufgrund dieser Überlegungen versuchten Azaña und die liberale Bourgeoisie, sich mit Franco zu arrangieren.

Kompromittiert durch ihre Volksfrontpolitik haben die Stalinisten und die Reformisten mit der liberalen Bourgeoisie gemeinsame Sache gemacht, um gegenüber der Außenwelt beinahe vollständig die nackten Tatsachen zu unterdrücken, die den Verrat enthüllen, dessen Azaña und seine Bundesgenossen sich in den ersten Tagen der Revolte schuldig gemacht hatten. Aber hier sind die unbestreitbaren Tatsachen:

Am Morgen des 17. Juli 1936 gab General Franco, nachdem er Marokko in seine Gewalt gebracht hatte, sein Manifest über Funk an die spanischen Garnisonen durch, worin er sie anwies, die Städte zu besetzen. Francos Anweisungen wurden im Marineamt nahe bei Madrid von einem loyalen Telegrafisten aufgefangen und umgehend dem Marineminister Giral gezeigt. Aber die Regierung machte die Neuigkeit vor dem Morgen des 18. keineswegs bekannt, und auch dann gab sie nur eine beruhigende Mitteilung heraus:

> »Die Regierung erklärt, dass die Bewegung ausschließlich auf bestimmte Städte des Protektorats [Marokko] begrenzt ist, und dass niemand, absolut niemand auf der Halbinsel [Spanien] zu solch einem absurden Unternehmen beigetragen hat.«

Später an jenem Tag, um 3 Uhr nachmittags, als die Regierung umfangreiche und eindeutige Informationen über das Ausmaß der Erhebung hatte, einschließlich der Besetzung von Sevilla, Navarra und Saragossa, gab sie eine Mitteilung heraus, die besagte:

> »Die Regierung äußert sich noch einmal, um zu bekräftigen, dass auf der ganzen Halbinsel Ruhe herrscht.
> Die Regierung würdigt die Unterstützungsangebote, die sie erhalten hat [von den Arbeiterorganisationen], und erklärt, obwohl sie dankbar dafür ist, dass die beste Hilfe, die man der Regierung geben kann, darin besteht, das normale tägliche Leben aufrechtzuerhalten, um Gelassenheit und Vertrauen in die militärische Stärke des Staats zu demonstrieren.
> Dank der vorausschauenden Maßnahmen, die von den Behörden ergriffen wurden, könnte man denken, es habe eine breite

Angriffsbewegung gegen die Republik begonnen. Sie hat auf der Halbinsel keine Unterstützung bekommen und hat nur Anhänger in einem Teil der Armee in Marokko gefunden … Zusammen mit den üblichen Befehlen an die Streitkräfte in Marokko, die sich bemühen, der Erhebung Herr zu werden, erlauben es uns diese Maßnahmen zu versichern, dass das Vorgehen der Regierung ausreichen wird, um die Normalität wiederherzustellen.« (*Claridad*, 18. Juli 1936)

Diese unglaublich verlogene Mitteilung wurde herausgegeben, um die Weigerung der Regierung, die Arbeiter zu bewaffnen, wie es die Gewerkschaften verlangt hatten, zu rechtfertigen. Aber das war nicht alles. Um 17.20 Uhr und wieder um 19.20 Uhr gab die Regierung ähnliche Mitteilungen heraus, wovon die Letztere erklärte: »In Sevilla … gab es Rebellionen durch militärische Elemente, die von den Streitkräften im Dienste der Regierung zurückgeschlagen wurden.« Sevilla war da schon fast einen ganzen Tag in den Händen von Queipo de Llano.

Nachdem es die Arbeiter über die wirkliche Lage belogen hatte, begab sich das Kabinett in eine die ganze Nacht dauernde Konferenz. Azaña ließ Premier Casares Quiroga, ein Mitglied seiner eigenen Partei, zurücktreten, und ersetzte ihn durch den »ehrbareren« Barrio. Die Nacht wurde damit zugebracht, bürgerliche Führer außerhalb der Volksfront aufzuspüren, die man veranlassen konnte, ins Kabinett einzutreten. Mit dieser rechten Zusammenstellung versuchte Azaña fieberhaft, mit den militärischen Führern Kontakt aufzunehmen und sich mit ihnen zu einigen. Die faschistischen Führer hielten jedoch diese Angebote für ein sicheres Zeichen ihres Siegs und verweigerten Azaña irgendeine Art von gesichtswahrendem Kompromiss. Sie verlangten, dass die Republikaner einer offenen Militärdiktatur Platz machen sollten. Selbst als Azaña und seinen Ministern dies bekannt wurde, unternahmen sie keine Schritte, um Widerstand zu organisieren. In der Zwischenzeit schöpfte Garnison nach Garnison, die von der Lähmung der Regierung benachrichtigt wurden, Mut und entfaltete das Banner der Rebellion.

So marschierten die Rebellen zwei entscheidende Tage lang voran, während die Regierung sie flehentlich ersuchte, ihr

Gesicht zu retten. Sie unternahm nichts, um die Auflösung der rebellierenden Regimenter zu erklären, um die Soldaten vom Gehorsam gegenüber ihren Offizieren für befreit zu erklären. Die Arbeiter, die sich an das bienio negro und das Schicksal des Proletariats in Italien und Deutschland erinnerten, forderten lautstark Waffen. Selbst die reformistischen Führer klopften an die Tür des Präsidentenpalastes und ersuchten Azaña und Giral dringend, die Arbeiter zu bewaffnen. In der Umgebung der Garnisonen hatten die Gewerkschaften den Generalstreik ausgerufen, um die Rebellion lahm zu legen. Aber verschränkte Arme würden nicht genügen, um der Armee entgegenzutreten. Grimmige Stille umhüllte die Montaña-Kaserne in Madrid. In Übereinstimmung mit dem Aufstandsplan warteten die Offiziere dort darauf, dass die Garnisonen in der Umgebung von Madrid die Stadt erreichten, wo sie ihre Kräfte vereinigen wollten. Azaña, Giral und ihre Kollegen warteten hilflos auf den drohenden Schlag.

Und in der Tat, hätte es anders sein können? Das Lager von Franco erklärte: Wir, die ernstzunehmenden Herren des Kapitals, die wahren Sprecher der bürgerlichen Gesellschaft, sagen euch, dass die Demokratie ein Ende haben muss, wenn der Kapitalismus leben soll. Entscheide dich, Azaña, zwischen Demokratie und Kapitalismus. Was war tiefer verwurzelt in Azaña und der liberalen Bourgeoisie? Ihre »Demokratie« oder ihr Kapitalismus? Sie gaben ihre Antwort durch ihre Verneigungen vor den voranmarschierenden Reihen des Faschismus.

Am Nachmittag des 18. Juli gaben die wichtigsten Verbündeten der Bourgeoisie unter den Arbeitern, die Nationalen Komitees der Sozialistischen und Kommunistischen Partei, eine gemeinsame Erklärung heraus:

> »Dies ist ein schwieriger Moment, aber er ist keineswegs hoffnungslos. Die Regierung ist sicher, dass sie genügend Ressourcen hat, um den verbrecherischen Vorstoß zu überwinden ... Im Falle, dass die Ressourcen der Regierung nicht ausreichen, hat die Republik das feierliche Versprechen der Volksfront, die hinter sich das gesamte spanische Proletariat vereinigt, gelassen und entschlossen in den Kampf einzugreifen, sobald

> ihr Eingreifen verlangt wird … Die Regierung befiehlt und die Volksfront gehorcht.«

Aber die Regierung gab das Signal nie!
Glücklicherweise warteten die Arbeiter nicht darauf.

III.

Die Revolution vom 19. Juli

Das Proletariat von Barcelona verhinderte die Kapitulation der Republik vor den Faschisten. Am 19. Juli stürmten sie, fast ohne Waffen, erfolgreich die ersten Kasernen. Am nächsten Tag, um zwei Uhr nachmittags, waren sie die Herren von Barcelona.

Es ist kein Zufall, dass die Ehre, den bewaffneten Kampf gegen den Faschismus initiiert zu haben, dem Proletariat von Barcelona gebührt. Als Hauptseehafen und Industriezentrum Spaniens, das in sich und den umliegenden Industriestädten Kataloniens nahezu die Hälfte des spanischen Industrieproletariats konzentriert, ist Barcelona immer die revolutionäre Avantgarde gewesen. Der parlamentarische Reformismus der sozialistisch geführten UGT hat hier nie richtig Fuß fassen können. Die vereinigten sozialistischen und stalinistischen Parteien (die PSUC) hatten am 19. Juli weniger Mitglieder als die POUM. Die Arbeiter waren fast vollständig in der CNT organisiert, deren Leiden und Verfolgungen sowohl unter der Monarchie wie unter der Republik ihre Massen mit einer militanten antikapitalistischen Tradition erfüllt hatten, obwohl deren anarchistische Philosophie ihnen keine systematische Führung gab. Aber bevor diese Philosophie ihre tragische Unzulänglichkeit enthüllen sollte, markierte die CNT in ihrem erfolgreichen Kampf gegen die Streitkräfte von General Goded einen historischen Höhepunkt.

Wie in Madrid weigerte sich auch die katalanische Regierung, die Arbeiter zu bewaffnen. Abgesandten der CNT und der POUM, die Waffen forderten, wurde lächelnd mitgeteilt, sie könnten jene vom Boden aufsammeln, die von verwundeten Asalto-Garden fallengelassen worden waren.

Aber die CNT und die POUM durchsuchten am Nachmittag des 18. Sportartikelgeschäfte nach Gewehren, Baufirmen nach Dynamitstäben und faschistische Wohnungen nach versteckten Waffen. Mit der Unterstützung einiger weniger wohlgesonnener Asalto-Garden hatten sie ein paar Regale mit Regierungsgewehren beschlagnahmt. (Die revolutionären Arbeiter hatten seit 1934 gewissenhaft einige Gewehre und Pistolen gesammelt.) Das – und so viele Kraftwagen, wie sie finden konnten – war alles, was die Arbeiter hatten, als die faschistischen Offiziere am Morgen des 19. um 5 Uhr begannen, mit Militäreinheiten aus den Kasernen zu marschieren.

Vereinzelte Gefechte an Pflastersteinbarrikaden führten am Nachmittag zu einem allgemeinen Gefecht. Und hier machten politische Waffen die überlegene Bewaffnung der Faschisten mehr als wett. Heroische Arbeiter traten vor die Linien, um sich an die Soldaten zu wenden, damit diese erfahren sollten, warum sie ihre Arbeiterkameraden niederschossen. Sie fielen unter Gewehr- und Maschinengewehrfeuer, aber andere nahmen ihren Platz ein. Hier und da begann ein Soldat vorbeizuschießen. Bald wandten sich kühnere gegen ihre Offiziere. Irgendein namenloses militärisches Genie – vielleicht starb er dann – ergriff die Gelegenheit, und die Masse der Arbeiter stand auf und stürmte nach vorn. Die ersten Kasernen waren eingenommen. General Goded wurde an jenem Nachmittag gefangen genommen. Mit den Waffen aus den Arsenalen räumten die Arbeiter in Barcelona auf. Innerhalb weniger Tage befand sich ganz Katalonien in ihren Händen.

Zur gleichen Zeit machte das Proletariat von Madrid mobil. Die Linkssozialisten verteilten ihren dürftigen Waffenvorrat, den sie vom Oktober 1934 hinübergerettet hatten. In strategisch wichtigen Straßen und um die Montaña-Kaserne herum wurden Barrikaden errichtet. Gruppen von Arbeitern suchten nach reaktionären Führern. Am Morgen des 19. nahmen die ersten Milizpatrouillen ihren Platz ein. Um Mitternacht wechselte man die ersten Schüsse mit den Kasernen. Aber erst am nächsten Tag, als die wichtige Nachricht aus Barcelona kam, wurden die Kasernen gestürmt.

Auch Valencia wurde bald vor den Faschisten gerettet. Da ihnen der von Azaña ernannte Gouverneur Waffen verweigerte, bereiteten sich die Arbeiter darauf vor, den Truppen mit Barrikaden, Pflastersteinen und Küchenmessern entgegenzutreten – bis ihre Kameraden in der Garnison die Offiziere erschossen und Waffen an die Arbeiter ausgaben.

Die asturischen Bergleute, Kämpfer der Oktoberkommune von 1934, rüsteten eine Abteilung von 5000 Männern mit Sprengstoff für einen Marsch auf Madrid aus. Sie kam dort am 20. an, kurz nachdem die Kasernen eingenommen waren, und übernahm den Wachdienst auf den Straßen.

In Málaga, dem strategischen Hafen gegenüber von Marokko, hatten die erfindungsreichen Arbeiter, die zunächst unbewaffnet waren, die reaktionäre Garnison mit einem Wall von Häusern und Barrikaden eingeschlossen, die mit Benzin in Brand gesteckt worden waren.

Mit einem Wort, ohne die Regierung im Geringsten um Erlaubnis zu fragen, hatte das Proletariat mit den Faschisten einen Krieg bis zum bitteren Ende angefangen. Die Initiative war der republikanischen Bourgeoisie aus den Händen geglitten.

Der größte Teil der Armee stand aufseiten der Faschisten. Ihr musste eine neue Armee gegenübergestellt werden. Alle Arbeiterorganisationen gingen daran, Miliztruppen zu organisieren, sie auszurüsten und an die Front zu schicken. Die Regierung hatte keinen direkten Kontakt mit den Arbeitermilizen. Die Organisationen legten ihre Bedarfsanforderungen und Lohnlisten der Regierung vor, die Vorräte und Gelder aushändigte, die die Organisationen an die Milizen verteilten. Diejenigen Offiziere, die im Lager der Republikaner blieben, wurden den Milizen als »Techniker« zugeteilt. Ihre militärischen Vorschläge wurden den Milizionären durch die Arbeiteroffiziere übermittelt. Die Zivil- und Asalto-Garden, die der Regierung treu blieben, verschwanden bald von den Straßen. In der vorherrschenden Atmosphäre war die Regierung gezwungen, sie an die Front zu schicken. Ihre polizeilichen Pflichten wurden von Arbeiterpolizei und Milizionären übernommen.

Die Matrosen, traditionell radikaler als die Soldaten, retteten einen Großteil der Flotte, indem sie ihre Offiziere erschossen. Gewählte Matrosenkomitees übernahmen die Kontrolle der republikanischen Flotte und stellten Kontakt mit den Arbeiterkomitees an Land her.

Bewaffnete Arbeiterkomitees ersetzten die Zollbeamten an den Grenzen. Ein Gewerkschaftsbuch oder ein rotes Parteibuch war für die Einreise in das Land besser als ein Pass. Es gelang nur wenigen Reaktionären, durch die Absperrung der Arbeiter hinauszukommen.

Die revolutionär-militärischen Maßnahmen wurden von revolutionär-ökonomischen Maßnahmen gegen den Faschismus begleitet. Warum dies geschah, wo doch der welthistorische Plan nur die »Verteidigung der Republik« verlangte, müssen die stalinistischen Demokraten erst noch erklären.

Ganz speziell traf dies auf Katalonien zu, wo sich innerhalb einer Woche nach dem 19. Juli das Transportwesen und die Industrie fast vollständig in den Händen von CNT-Arbeiterkomites, oder, wo Arbeiter zu beiden gehörten, gemeinsamen CNT-UGT-Komitees befanden. Systematisch übernahmen die Gewerkschaftskomitees die Produktion, stellten die Ordnung wieder her und beschleunigten die Produktion für den Kriegsbedarf. Über nationale Industrien, die aus Barcelona stammten, weitete sich derselbe Prozess nach Madrid, Valencia, Alicante, Almeria und Málaga aus, obwohl er dort nie so umfassend durchgesetzt wurde wie in Katalonien. In den baskischen Provinzen jedoch, wo die Großbourgeoisie sich für die demokratische Republik erklärt hatte, blieb sie Herr in den Fabriken. Ein UGT-CNT-Komitee übernahm die Verwaltung des gesamten Transportwesens in Spanien. Bald darauf gingen Fabrikdelegationen ins Ausland, um Export und Import zu organisieren.

Die Bauern brauchte man nicht dazu drängen, das Land zu übernehmen. Seit 1931 hatten sie versucht, es zu besetzen. Aber Casas Viejas, Castilblanco, Yeste waren bekannte Namen von Dörfern, in denen die Bauern von Azañas Truppen niedergemetzelt worden waren, weil sie das Land besetzt hatten. Jetzt konnte Azaña sie nicht aufhalten. Als die Nachrichten aus den Städten eintrafen, verteilten sich die Bauern über das Land. Ihre Sensen und Äxte kümmerten sich um jeden Regierungsbeamten oder republikanischen Grundbesitzer, der unvernünftig genug war, ihnen den Weg zu versperren. In vielen Orten, wo sich anarchistische und linkssozialistische Lehren ausgebreitet hatten, organisierten sich Bauern direkt in Kollektiven. Bauernkomitees übernahmen die Versorgung der Milizen und der Städte, wobei sie direkt an die Proviantkomitees, Miliztruppen und die Gewerkschaften lieferten oder verkauften.

Überall erwiesen sich die bestehenden Regierungsformen und Arbeiterorganisationen als Mittel zur Organisierung des Kriegs und der Revolution als ungenügend. Jeder Bezirk, jede Stadt und jedes Dorf schuf sein Milizkomitee, um die Massen zu bewaffnen und an den Waffen auszubilden. Die CNT-UGT-Fabrikkomitees, die alle Arbeiter, einschließlich der bisher unorganisierten führten, erreichten einen größeren Umfang als die bestehenden Gewerkschaftsorganisationen. Die alten Stadtverwaltungen verschwanden und wurden meist durch von allen akzeptierte Komitees ersetzt, die alle antifaschistischen Parteien und Gewerkschaften repräsentierten. Aber darin tauchten selten Politiker der Esquerra und der Republikanischen Linken auf. Sie wurden durch Arbeiter und Bauern ersetzt, die, obwohl sie den republikanischen Parteien noch treu blieben, der Führung der fortgeschritteneren Arbeiter folgten, die mit ihnen zusammenarbeiteten.

Das wichtigste dieser neuen Machtorgane war das »Zentralkomitee der Antifaschistischen Milizen Kataloniens«, das am 21. Juli ins Leben gerufen wurde. Von seinen 15 Mitgliedern waren fünf Anarchisten der CNT und der FAI, und diese beherrschten das Zentralkomitee. Die UGT stellte drei Mitglieder, trotz ihrer zahlenmäßigen Schwäche in Katalonien, aber die Anarchisten hofften, hierdurch ähnliche Komitees anderswo anzuregen. Die POUM stellte eins, die Bauernunion (Rabassaires) eins und die Stalinisten (PSUC) eins. Die bürgerlichen Parteien stellten vier Mitglieder.

Anders als eine Koalitionsregierung, die faktisch auf der alten Staatsmaschinerie beruht, stützte sich das von den Anarchisten dominierte Zentralkomitee auf die Arbeiterorganisationen und Milizen. Die Esquerra und jene, die ihr am nächsten standen, die Stalinisten und die UGT – machten vorerst nur mit. Die Dekrete des Zentralkomitees waren das einzige Gesetz in Katalonien. Companys gehorchte ihren Bedarfs- und Finanzanordnungen widerspruchslos. Vermutlich hatte es als Zentrum zur Organisierung der Milizen begonnen und musste zwangsläufig mehr und mehr Regierungsfunktionen übernehmen. Bald gründete es ein Ressort für die Arbeiterpolizei, dann ein Vorratsressort, dessen Wort in den Fabriken und Hafenstädten Gesetz war.

In den Monaten, in denen das Zentralkomitee existierte, waren seine militärischen Feldzüge unauflöslich mit revolutionären

Maßnahmen verbunden. Das wird deutlich bei seinem Kampf in Aragon, in das die katalanischen Milizen innerhalb von fünf Tagen hineinmarschierten. Sie eroberten Aragon als eine Armee der sozialen Befreiung. Es wurden antifaschistische Dorfkomitees errichtet, denen man alle großen Ländereien, Getreide, Vorräte, Vieh, Werkzeuge usw. übergab, die den Großgrundbesitzern und Reaktionären gehörten. Daraufhin organisierte das Dorfkomitee die Produktion auf der neuen Grundlage, meist in Kollektiven, und bildete eine Dorfmiliz, um die Vergesellschaftung durchzuführen und die Reaktion zu bekämpfen. Gefangengenommene Reaktionäre wurden zur Aburteilung vor die Generalversammlung des Dorfs gestellt. Alle Dokumente über Rechtsansprüche auf Grundbesitz, Hypotheken und Schuldendokumente in den offiziellen Akten wurden einem Freudenfeuer übergeben. Nachdem sie auf diese Weise die Welt des Dorfs umgestaltet hatten, konnten die katalanischen Abteilungen vorwärts marschieren, in der sicheren Gewissheit, dass jedes Dorf, das so behandelt worden war, eine Festung der Revolution war!

Von den Stalinisten ist viel bösartige Propaganda über die angebliche Schwäche der militärischen Aktivitäten der Anarchisten verbreitet worden. Die hastige Bildung von Milizen und die Organisierung der Kriegsindustrie gerieten zwangsläufig wahllos in vollkommen ungewohnte Hände. Aber in jenen ersten Monaten machten die Anarchisten, sekundiert von der POUM, viel von ihrer militärischen Unerfahrenheit durch ihre kühne soziale Politik wett. Im Bürgerkrieg ist die Politik die entscheidende Waffe. Dadurch, dass sie die Initiative übernahmen, die Fabriken besetzten und die Bauernschaft ermutigten, das Land zu übernehmen, zerschlugen die Massen der CNT die katalanischen Garnisonen. Dadurch, dass sie in Aragon als soziale Befreier einmarschierten, rüttelten sie die Bauernschaft dazu auf, die Bewegungsfreiheit der faschistischen Streitkräfte einzuschränken. Nach den Plänen der Generäle sollte Saragossa, Sitz der Kriegsakademie und vielleicht die größte der Armeegarnisonen, für das östliche Spanien das werden, was Burgos im Westen wurde. Stattdessen wurde Saragossa von den ersten Tagen an bewegungsunfähig gemacht.

Um das Zentralkomitee der Milizen scharten sich zahlreiche Komitees der Fabriken, Dörfer, für Vorrat, Ernährung, Polizei usw. in der Form von gemeinsamen Komitees der verschiedenen antifaschistischen Organisationen, die faktisch eine größere Autorität ausübten als ihre einzelnen Bestandteile. Nach der ersten Flutwelle der Revolution enthüllten die Komitees natürlich ihre grundlegende Schwäche: Sie waren auf dem gegenseitigen Einvernehmen der Organisationen gegründet, aus denen ihre Mitglieder kamen, und nach den ersten Wochen gewann die Esquerra, unterstützt von den Stalinisten, ihren Mut zurück, und machte ihr eigenes Programm deutlich. Die CNT-Führer begannen Konzessionen zu machen, die schädlich waren für die Revolution. Von diesem Zeitpunkt an hätten die Komitees nur fortschrittlich funktionieren können, wenn man die Methode des gegenseitigen Einvernehmens aufgegeben und die Methode von Mehrheitsentscheidungen durch demokratisch gewählte Delegierte aus den Milizen und Fabriken angenommen hätte.

Auch die Regionen von Valencia und Madrid entwickelten ein Netzwerk von vereinigten antifaschistischen Milizkomitees, Arbeiterpatrouillen, Fabrikkomitees und Distriktkomitees, um die Reaktionäre in den Städten auszumerzen und die Miliz an die Front zu schicken.

So waren Seite an Seite mit den offiziellen Regierungen von Madrid und Katalonien überwiegend von Arbeitern kontrollierte Organe entstanden, durch die die Massen den Kampf gegen den Faschismus organisierten. Größtenteils vollzog sich der militärische, wirtschaftliche und politische Kampf unabhängig von der Regierung und tatsächlich trotz ihr.

Wie müssen wir ein solches Regime charakterisieren? Im Wesentlichen war es mit dem Regime identisch, dass in Russland von Februar bis November 1917 bestand – ein Regime der Doppelherrschaft. Die eine Macht, die von Azaña und Companys, ohne eigene Armee, Polizei oder andere bewaffnete Kräfte, war schon zu schwach, um die Existenz der anderen zu bedrohen. Die andere, die des bewaffneten Proletariats, war sich noch nicht genug der Notwendigkeit bewusst, auf die Existenz der Macht von Azaña und Companys zu verzichten. Dieses Phänomen der Doppelherrschaft hat alle proletarischen Revolutionen begleitet. Es zeigt an, dass der Klassenkampf bald einen Punkt erreichen wird, wo entweder die eine oder die andere der unbestrittene

Herr werden muss. Es ist eine kritische Balance auf des Messers Schneide. Eine lange Periode von Gleichgewicht ist ausgeschlossen; die eine oder die andere muss bald die Oberhand gewinnen! Die »Revolution vom 19. Juli« war unvollständig, aber dass es eine Revolution war, wird dadurch bestätigt, dass sie ein Regime der Doppelherrschaft geschaffen hat.

IV.

Hin zu einer Koalition mit der Bourgeoisie

In jeder anderen Periode der Doppelherrschaft – Russland von Februar bis November 1917, Deutschland von 1918 bis 1919 sind die wichtigsten – bestand die bürgerliche Regierung nur weiter, weil Repräsentanten der reformistischen Arbeiterorganisationen in sie eingetreten sind, die damit zur Hauptstütze für die Bourgeoisie wurden. Die Menschewiki und Sozialrevolutionäre verteidigten die Provisorische Regierung nicht nur innerhalb der Sowjets, sondern saßen auch mit den bürgerlichen Ministern in der Regierung. Ebert und Scheidemann verfügten über eine Mehrheit in den Arbeiter- und Soldatenräten, saßen aber gleichzeitig in der Regierung. In Spanien jedoch trat sieben kritische Wochen lang kein Arbeitervertreter ins Kabinett ein.

Nicht dass die Bourgeoisie sie dort nicht haben wollte oder dass die Arbeiterführer nicht verfügbar oder willens gewesen wären! Am Abend des 19. Juli, als die volle Bestätigung der Eroberung Barcelonas durch die Arbeiter eintraf, gab Azaña schließlich den Versuch auf, ein »Friedenskabinett« unter Barrio zu bilden. Giral wurde Premier. Azaña und Giral baten Prieto und Caballero, dem Kabinett beizutreten. Prieto war mehr als willens. Caballero lehnte Girals Vorschlag ab, und Prieto wagte es nicht, ohne ihn einzutreten.

In Katalonien nahm Companys während der letzten Juli-Tage drei stalinistische Führer ins Kabinett auf. Aber innerhalb von drei Tagen wurden sie durch die Forderung der Anarchisten zum Rücktritt gezwungen, die ihren Eintritt als Störung der führenden Rolle des Zentralkomitees der Milizen verurteilten.

So blieben die bürgerlichen Regierungen sieben Wochen lang von den Massen isoliert, ohne Schutz durch reformistische Minister. Das Verhalten der Republikaner steigerte ihr Ansehen auch nicht gerade. Die feigeren Beamten flohen nach Paris. Die *Solidaridad Obrera* der CNT veröffentlichte Tag für Tag eine »Galerie berühmter Männer« der Republikaner, die geflohen waren. Die

Regierung besaß eine der größten Goldreserven, abgesehen von denen der großen imperialistischen Mächte – mehr als 600 Millionen Dollar –, unternahm aber während dieser ersten beiden Monate nichts, um im Ausland Waffen zu kaufen. Sie lobte Frankreichs Versuche, eine »Nichteinmischung« zu organisieren. Sie protestierte gegen die Besetzung der Fabriken durch die Arbeiter und ihre Organisierung der Kriegsproduktion. Sie verurteilte die Distriktkomitees und Arbeiterpatrouillen, die das Hinterland von Reaktionären säuberten.

Das bürgerliche katalanische Regime, angeführt von dem listigen Companys (er war Anwalt der CNT gewesen und hatte ausgeprägte Kenntnisse über die Arbeiterbewegung), das auf einer weit intensiveren revolutionären Welle schwamm als das in Madrid, benahm sich sehr viel klüger als Azaña-Giral. In den ersten roten Wochen genehmigte es kritiklos alle von den Arbeitern unternommenen Schritte. Aber es war in Barcelona sogar noch mehr isoliert, als es das Madrider Kabinett war.

Den Regierungen in Madrid und Barcelona fehlte das unentbehrliche Instrument der Souveränität: die bewaffnete Macht. Die reguläre Armee stand aufseiten Francos. Die reguläre Polizei führte keine wirklich unabhängige Existenz mehr, nachdem sie in der Flut der bewaffneten Arbeiter aufgegangen war. Obwohl selbst ihrer Polizei beraubt, von denen die meisten entweder freiwillig oder unter dem Druck der Arbeiter an die Front geschickt worden waren, betrachtete die Madrider Bourgeoisie mit Misstrauen den offiziellen Status, der der Arbeiterführung der Milizen von der katalanischen Regierung zugestanden worden war. Die taktvolle Erklärung, die der Esquerra-Führer Jaume Miravitlles gab, spricht Bände:

> »Das Zentralkomitee der Milizen wurde drei oder vier Tage nach Beginn der [Umsturz-]Bewegung ins Leben gerufen, mangels jeglicher regulärer öffentlicher Macht, und als es in Barcelona keine Armee gab. Andererseits gab es keine Zivil- oder Asalto-Garden mehr. Denn sie alle hatten zusammen mit den Kräften des Volks so ausdauernd gekämpft, dass sie jetzt einen Teil derselben Masse bildeten und mit dieser vermischt geblieben sind. Unter diesen Umständen gingen Wochen vorüber,

ohne dass es möglich gewesen wäre, die versprengten Kräfte der Asalto- und Zivil-Garden wieder zu vereinigen und neu zu gruppieren.« (*Heraldo de Madrid*, 4. September 1936)

Tatsache ist aber: Trotz der Entstehung der Doppelmacht, trotz des Umfangs der Macht des Proletariats in den Milizen und trotz ihrer Kontrolle des wirtschaftlichen Lebens, blieb der Arbeiterstaat embryonal, atomisiert, verstreut in den verschiedenen Miliz- und Fabrikkomitees und lokalen antifaschistischen Verteidigungskomitees, die von den verschiedenen Organisationen gemeinsam gebildet wurden. Er wurde niemals in nationalen Soldaten- und Arbeiterräten zentralisiert, wie es in Russland 1917, in Deutschland von 1918 bis 1919 gewesen war. Nur wenn die Doppelherrschaft derartige organisatorische Ausmaße annimmt, wird die Alternative zwischen dem herrschenden Regime und einer neuen revolutionären Ordnung, in der die Räte zur Staatsform werden, auf die Tagesordnung gesetzt. Die spanische Revolution erhob sich nie bis zu diesem Punkt, trotz der Tatsache, dass die wirkliche Macht des Proletariats weit größer war, als die von den Arbeitern in der deutschen Revolution ausgeübte Macht, oder, tatsächlich, als jene, die die russischen Arbeiter vor dem November ausübten. Lokal und in jeder Milizeinheit regierten die Arbeiter, aber an der Spitze gab es nur die Regierung! Für dieses Paradoxon gibt es eine einfache Erklärung: Es gab in Spanien keine revolutionäre Partei, die bereit war, die Organisierung von Sowjets kühn und zielstrebig voranzutreiben.

Aber ist nicht das Versäumnis, Organe zum Sturz der Bourgeoisie zu schaffen, weit entfernt davon, die Rolle der Klassenkollaboration mit der Bourgeoisie zu akzeptieren? Keineswegs. In einer revolutionären Periode stehen die Alternativen auf des Messers Schneide: entweder die eine oder die andere. Jeder Tag entspricht einem Jahrzehnt in Friedenszeiten. Der »Realismus« von heute wird zum Weg der Kollaboration mit der Bourgeoisie von morgen. Der Bürgerkrieg tobt. Die liberale Bourgeoisie bietet an, im Kampf gegen die Faschisten zusammenzuarbeiten. Es ist offensichtlich, dass die Arbeiter ihre Hilfe annehmen sollten. Was sind die Grenzen einer solchen Zusammenarbeit? Die »sektiererischen« Bolschewiki zogen im Kampf gegen Kornilow äußerst scharfe Grenzen. Vor allem sammelten sie die Macht in den Händen der Sowjets.

In der größten Hitze des Kampfs gegen die Konterrevolution Kornilows im September 1917, als Kerenski und die anderen bürgerlichen Minister in der Koalitionsregierung natürlich nach der Zerschlagung Kornilows riefen, genauso wie Azaña und Companys gegen Franco wetterten, warnten die Bolschewiki die Arbeiter, die Provisorische Regierung sei unfähig und nur die Sowjets könnten Kornilow schlagen. In einem außerordentlichen Brief an das Zentralkomitee der Bolschewiki geißelte Lenin jene, die »zum Standpunkt der Vaterlandsverteidigung oder ... zur *Unterstützung* der Provisorischen Regierung abgleiten ... Wir werden kämpfen, wir kämpfen gegen Kornilow, *ebenso wie die Truppen* Kerenskis, aber wir unterstützen Kerenski nicht«, sagte Lenin, »sondern entlarven seine Schwäche. Das ist ein Unterschied. Das ist ein recht feiner, aber überaus wesentlicher Unterschied, den man nicht vergessen darf.« Und es gab nicht die geringste Überlegung, mit der Eroberung der Staatsmacht zu warten, bis der Kampf gegen Kornilow vorbei war. Im Gegenteil, erklärte Lenin, »dass die Ereignisse uns morgen schon an die Macht bringen können, die wir dann nicht wieder aus der Hand geben werden«.[4] Lenin war bereit, mit Kerenski in einer militärisch-technischen Verbindung zusammenzuarbeiten. Aber mit dieser schon vorhandenen Vorbedingung: mit den Massen, organisiert in demokratisch gewählten Klassenorganen, in denen die Bolschewiki um die Mehrheit kämpfen konnten.

Ohne die Entwicklung von Sowjets – Arbeiterräten – war es unvermeidlich, dass selbst die Anarchisten und die POUM unweigerlich in eine Zusammenarbeit mit der Regierung der Bourgeoisie hineinschlittern würden. Denn was heißt es in der Praxis, sich zu weigern, mitten im Bürgerkrieg Sowjets aufzubauen? Es bedeutet, das Recht der liberalen Bourgeoisie anzuerkennen, den Kampf zu beherrschen, d. h. seine sozialen und politischen Grenzen zu diktieren.

So kam es, dass alle Arbeiterorganisationen, ohne Ausnahme, sich immer mehr der liberalen Bourgeoisie annäherten. In den Wochen dazwischen gewannen Azaña und Companys ihre Fassung wieder, da sie sahen, dass die Angriffe der Arbeiter nicht mit dem Sturz der Staatsmacht enden würden. Azaña versammelte alle hinter den Linien gefangenen Offiziere, die sich für die Republik erklärten. Zunächst konnten die Offiziere mit den Milizen nur über die Milizkomitees in Kontakt treten. Aber die bolschewistische Methode, das Fachwissen der Offiziere auszunutzen, ohne ihnen Macht über die Soldaten zu geben, kann nur auf dem Höhepunkt des Übergangs von der Doppelherrschaft zum Arbeiterstaat oder von einem Sowjetregime angewandt werden. Nach und nach drängten die Offiziere ans direkte Kommando.

Die Kontrolle der Regierung über die Staatsfinanzen und die Banken – die Arbeiter, einschließlich der Anarchisten, hatten vor den Banken Halt gemacht und nur eine Art von Arbeiterkontrolle eingeführt, die kaum aus mehr bestand, als Auszahlungen an Faschisten zu verhindern und Darlehen an kollektivierte Fabriken zu unterstützen – gab ihr einen machtvollen Hebel in die Hand. Damit unterstützte sie eine beträchtliche Anzahl ausländischer Unternehmen (die nicht besetzt worden waren), setzte Regierungsrepräsentanten in den Fabriken ein, griff in den Außenhandel ein und schuf Raum für das schnelle Wachstum von kleinen Fabriken, Werkstätten und Händlern, die von der Kollektivierung verschont geblieben waren. Madrid kontrollierte die Goldreserven und benutzte sie in Katalonien als unwiderlegbares Argument in Fällen, in denen sich Companys als machtlos erwies. Unter dem heutigen Kapitalismus beherrscht das Finanzkapital die Produktion und das Transportwesen. Dieses Gesetz der Ökonomie wurde nicht dadurch außer Kraft gesetzt, dass die Arbeiter die Fabriken und Eisenbahnen besetzt hatten. Alles, was die Arbeiter mit der Besetzung dieser Unternehmen getan hatten, war, sie in Kooperative der Produzenten umzuwandeln, die immer noch den Gesetzen der kapitalistischen Wirtschaft unterlagen. Bevor sie von diesen Gesetzen befreit werden konnten, hätte die gesamte Industrie und das Land, zusammen mit dem Bankkapital und den Gold- und Silberreserven Eigentum eines Arbeiterstaats werden müssen. Aber dies verlangt den Sturz des bürgerlichen Staats. Die Manipulationen des Finanzkapitals, um die Arbeiterbewegung in Schach zu halten, sind eine Phase des spanischen Kampfs, die das sorgfältigste und detaillierteste Studium verdient und zweifellos neue Einsichten in die Natur des bürgerlichen Staats bringen wird. Diese Waffe wurde in ihrer vollen Kraft erst viel später eingesetzt, aber selbst in den ersten sieben Wochen ermöglichte ihr vorsichtiger Einsatz es dem Regime, viel verlorenen Boden wiedergutzumachen.

In den allerersten Wochen kehrte die Regierung, die sich vorsichtig vorantastete, zum Einsatz eines der von den Arbeitern meist gehassten Instrumente der Staatsmacht zurück, der Pressezensur. Sie wurde insbesondere deswegen gehasst, weil die Regierung sie während der letzten Tage vor dem faschistischen Aufstand einsetzte, als sozialistische und anarchistische Warnungen vor dem unmittelbar bevorstehenden Bürgerkrieg zensiert wurden. Azaña beeilte sich, der Presse zu versichern, dass die Zensur auf militärische Nachrichten beschränkt werde. Aber das war nur eine Brücke zur allgemeinen Zensur. Die uneingeschränkten Anhänger der Volksfront, die Stalinisten und Prieto-Sozialisten, stimmten ohne Murren zu. Ein unerwünschter Artikel in der stalinistischen *Mundo Obrero* vom 20. August führte zum Verbot der Ausgabe. Caballeros *Claridad* stimmte mürrisch zu. Die Anarchisten und die POUM folgten. Nur das Madrider Organ der anarchistischen Jugend verwehrte dem Zensor den Zutritt. Aber die Zensur war kein separates Problem: Sie würde unweigerlich das Vorrecht der Staatsmacht sein.

Im August trat die CNT der baskischen »Verteidigungsjunta« bei, die gar keine militärische Organisation, sondern eine regionale Regierung war, in der die Partei der baskischen Großbourgeoisie die Ämter für Finanzen und Industrie innehatte. Über dieses erste Mal in der Geschichte, bei dem Anarchisten an einer Regierung teilnahmen, wurde von der anarchistischen Presse ohne Erklärung berichtet. Der POUM bot sich eine außergewöhnliche Gelegenheit, die CNT-Arbeiter dafür zu gewinnen, für einen Arbeiterstaat zu kämpfen, aber die POUM stellte die baskische Regierung nicht zur Debatte, und die POUM in Valencia verhielt sich genauso.

Die »Volksexekutive« mit bürgerlicher Beteiligung, wurde in Valencia als Regionalregierung gebildet, und hier trat die POUM ebenfalls bei. In jenen Tagen verlangte das Zentralorgan der POUM, *La Batalla*, in Madrid und Barcelona eine reine Arbeiterregierung: Der Widerspruch zwischen dieser Losung und dem Vorgehen in Valencia wurde ohne Kommentar übergangen.

Das Zentralkomitee der katalanischen Milizen, das innerhalb von zwei Tagen nach dem Aufstand als militärisches Zentrum gegründet wurde, begann ebenfalls in wirtschaftlichen Fragen mit der Bourgeoisie zusammenzuarbeiten. Die Umwandlung des Zentralkomitees in eine Körperschaft demokratisch gewählter Delegierter aus den Fabriken und Milizeinheiten hätte ihm mehr Macht und Autorität gegeben und gleichzeitig die Rolle der Bourgeoisie auf ihre wirkliche Stärke in den Milizen und Fabriken reduziert. Das war der einzige Ausweg aus dem Dilemma. Aber die CNT war dem Problem gegenüber blind, und die POUM verhielt sich still.

Schließlich wurde am 11. August auf Initiative Companys der Wirtschaftsrat gegründet, um das Wirtschaftsleben zu zentralisieren. Trotz der Köderung mit einem radikalen Wirtschaftsprogramm, ging es hier um die Frage einer unverhüllten gesellschaftlich-wirtschaftlichen Zusammenarbeit unter der Vorherrschaft der Bourgeoisie. Doch die CNT und die POUM traten ihm bei.

So eroberte sich die Bourgeoisie auf jedem Gebiet ihr Terrain zurück. So wurden die Arbeiter Schritt für Schritt zu einer Regierungskoalition mit der Bourgeoisie geführt.

Um diesen Prozess klar zu verstehen, müssen wir jetzt die politischen Konzeptionen der Arbeiterorganisationen genauer untersuchen.

V.

Die politischen Tendenzen in der spanischen Arbeiterklasse

Die rechten Sozialisten

Prieto, Negrín und Besteiro hielten hartnäckig an der Theorie fest, Spanien habe eine ausgedehnte Periode kapitalistischer Entwicklung vor sich. Besteiro und andere hatten sich dadurch diskreditiert, dass sie die Arbeiter verurteilten, die im Oktober 1934 zu den Waffen gegriffen hatten. Aber Prieto, Negrín und ihre wichtigsten Partner hatten sich in den asturischen Kämpfen und im Generalstreik wenigstens genauso gut verhalten wie Caballero, ohne jedoch ihre politische Perspektive zu ändern. Trotz der Opposition von links hatten sie die Partei in die Koalition vom Februar 1936 geführt. Die linken Sozialisten hatten jedoch Prietos Eintritt ins Kabinett verhindert. Prieto hatte klar darauf hingewiesen, dass er bereit sei, mit Azañas Republikanischer Linken zu fusionieren, falls der linke Flügel die Kontrolle über die Partei bekommen sollte. In den Monaten vor dem Bürgerkrieg war er so weit gegangen, sich Azaña bei der Verurteilung der Streikepidemie anzuschließen. In ihren politischen Konzepten waren die rechten Sozialisten in der Tat einfach kleinbürgerliche Republikaner, die im Kampf gegen die Monarchie korrekt erkannt hatten, dass man die Massenunterstützung nur durch eine sozialistische Färbung bekommen konnte. In der 1931 eröffneten Arena der Republik hatte die erste Prüfung sie als Blutsbrüder Azañas entlarvt.

Prieto selbst war ein baskischer Industrieller von beträchtlichem Reichtum. Seine Zeitung *El Liberal* in Bilbao war eines der einflussreichsten Organe innerhalb der Bourgeoisie. Jahrzehnte von Klassenkollaboration hatten ihm das volle Vertrauen der baskischen Bourgeoisie verschafft. Mehr als jede andere Persönlichkeit stellte Prieto das Bindeglied dar, dass die katholischen, engstirnigen baskischen Kapitalisten, Azañas kosmopolitische und zynische Intellektuelle und die stalinistischen Kräfte vereinte. Abgebrüht, skrupellos und fähig, besaß Prieto keine der subjektiven Ängste der skandinavischen und britischen Labour-Party-Führer. Er erkannte die volle Bedeutung der Politik, die von Stalin zu Beginn des Bürgerkriegs eingeschlagen wurde, und begrüßte danach die stalinistischen Sprecher als ideologische Brüder.

Die Stalinisten

Das politische Programm des Stalinismus im Jahre 1936 schien ganz anders zu sein als die ultralinken Beschimpfungen Azañas, Prietos, Caballeros und der Anarchisten als »Faschisten« und »Sozialfaschisten« im Jahr 1931. Doch die grundlegende Politik blieb dieselbe. 1936 wie 1931 wünschten die Stalinisten keine proletarische Revolution in Spanien.

Walter Duranty, inoffizieller Apologet des Kreml, beschrieb dessen Haltung im Jahre 1931 folgendermaßen:

> »Der erste sowjetische Kommentar über die Ereignisse in Spanien erscheint heute im Leitartikel der *Prawda*, aber das Organ der Russischen Kommunistischen Partei scheint über die Aussichten eines revolutionären Kampfs, den man im Gefolge von Alfonsos Sturz eindeutig erwartet, nicht allzu sehr zu jubeln … Der unerwartet pessimistische Ton der *Prawda* … kann vielleicht durch die Sorge der Sowjets erklärt werden, dass die Ereignisse in Spanien den europäischen Frieden während der gegenwärtigen kritischen Periode des Fünf-Jahres-Plans stören könnten. Zu Recht oder zu Unrecht glaubt man hier, der Friede Europas hänge buchstäblich am seidenen Faden, die Anhäufung von Waffen und nationalem Hass sei viel größer als vor dem Krieg und mache die gegenwärtige Situation nicht weniger gefährlich als im Frühling 1914, und ein spanisches Feuerwerk könnte leicht eine allgemeine Feuersbrunst hervorrufen.« (*New York Times*, 17. Mai 1931)

> »Paradox genug, scheint es, als ob Moskau von diesem Umstand nicht hoch beglückt ist – in der Tat kann man fast sagen, dass, falls die spanische Revolution ›einen Ausschlag

> nach links nimmt‹, wie Moskau es jetzt erwartet, Moskau mehr in Verlegenheit gerät, als zufrieden ist …
> Denn erstens ist die Sowjetunion angesichts der Kriegsgefahr außergewöhnlich und vielleicht in unangebrachter Weise nervös und ›sieht mit Sorge‹ jedem Ereignis, gleichgültig wo, entgegen, das den europäischen Status Quo erschüttern könnte … Zweitens ist der Politik des Kremls heute der Erfolg des sozialistischen Aufbaus in Russland wesentlich wichtiger als die Weltrevolution …« (*New York Times*, 18. Mai 1931)

1931 hatte der Kreml sein Ziel durch eine Politik der Nichtzusammenarbeit mit den übrigen proletarischen Parteien erreicht. Die Kommunisten wurden auf diese Weise von der Massenbewegung durch die Spaltung der Gewerkschaften, die Ablehnung der Einheitsfront der Organisationen und die Angriffe auf andere Arbeiterversammlungen usw. isoliert. 1931 hatte der Kreml nichts anderes gewollt als die Aufrechterhaltung des Status Quo in Europa. 1936 hatte die Kommunistische Internationale jedoch eine neue Perspektive angenommen, der durch den Siebten Kongress konkrete Form angenommen hatte. Der neue Kurs bestand darin, den Status Quo solange wie möglich aufrechtzuerhalten, diesmal nicht bloß durch das Verhindern von Revolutionen, sondern durch aktive Klassenzusammenarbeit mit der Bourgeoisie in den »demokratischen Ländern«. Diese Kollaboration sollte dazu dienen, im Fall eines Kriegsausbruchs, Russland, England und Frankreich zu Alliierten zu machen. Der Preis, den Russland für eine Allianz mit dem anglo-französischen Imperialismus zu zahlen anbot, war die Unterordnung des Proletariats unter die Bourgeoisie. »Sozialismus in einem Land« hatte seine volle Bedeutung als »kein Sozialismus anderswo« enthüllt.

Lenin und die Bolschewiki waren Realisten genug, dem sowjetischen Staat zu erlauben, Konflikte zwischen verschiedenen kapitalistischen Mächten selbst dahin gehend auszunutzen, im Kriegsfall die eine gegen die andere auszunutzen. Noch grundlegender für ihre revolutionäre Politik war jedoch der Grundsatz, was immer die militärischen Bündnisse der Sowjets sein mögen, das Proletariat in jedem Lande die unabänderliche Pflicht habe, gegen ihre »eigene« Bourgeoisie im Krieg zu kämpfen, sie im Lauf des Kriegs zu stürzen und durch eine revolutionäre Arbeiterregierung zu ersetzen, die der einzige wirkliche Alliierte der Sowjetunion ist.

Diese fundamentale Lehre des Marxismus wurde vom Siebten Kongress der Kommunistischen Internationale verworfen. Die französische Kommunistische Partei verkündete bereits offen ihre Bereitschaft, ihre Bourgeoisie im kommenden Krieg zu unterstützen. Und dennoch hatte Englands Distanziertheit den französisch-sowjetischen Pakt weitgehend zunichtegemacht. Selbst unter Blum hatte der Pakt noch nicht zu Konferenzen zwischen den beiden Generalstäben geführt. Der spanische Bürgerkrieg gab dem Kreml die Gelegenheit, den französischen und englischen Imperialisten ein für alle Mal zu beweisen, dass der Kreml nicht vorhabe, Revolutionen zu ermutigen, ja sogar bereit war, die Führung bei der Zerschlagung einer Revolution zu übernehmen, die dennoch begonnen hatte.

In den ersten Tagen des Bürgerkriegs erkannten offensichtlich nicht einmal alle ausländischen stalinistischen Korrespondenten in Barcelona, dass die Komintern sich in der Tat die Aufgabe gestellt hatte, diese fast vollendete Revolution zunichtezumachen. Am 22. Juli erschien der Londoner *Daily Worker* mit folgendem Leitartikel: »In Spanien kämpften Sozialisten und Kommunisten im bewaffneten Kampf Schulter an Schulter, um ihre Gewerkschaften und politischen Organisationen zu verteidigen, die spanische Republik zu schützen und die demokratischen Freiheiten zu verteidigen, um zu einer Spanischen Sowjetischen Republik vorangehen zu können.« Und ihr Vertreter in Barcelona, Frank Pitcairn, telegrafierte am selben Tage: »Rote Miliz schlägt Faschisten nieder, Triumph in Barcelona.« »Die vereinten Kräfte der Arbeiterklasse haben schon die Oberhand gewonnen. In den Straßen hier patrouillieren mit bewaffneten Arbeitern besetzte Wagen, die die Ordnung und Disziplin aufrechterhalten. Die Vorbereitungen schreiten voran, um eine ständige Arbeitermiliz zu organisieren.«

Die spanischen Stalinisten jedoch schlossen sich Prieto und Azaña bei deren Appellen an die Arbeiter an, kein Eigentum zu beschlagnahmen. Die Stalinisten waren die ersten, die ihre Presse der Zensur unterwarfen. Sie waren die ersten, die die Auflösung der Arbeitermilizen verlangten, und die ersten, die ihre Milizionäre Azañas Offizieren unterstellten. Der Bürgerkrieg war noch keine zwei Monate alt, als sie eine mörderische Kampagne gegen die POUM und die anarchistische Jugend begannen – was die Regierung erst ein Jahr später wagte. Die Stalinisten verlangten nicht nur für die Periode des Bürgerkriegs die Unterordnung unter die Bourgeoisie, sondern auch für die Zeit danach. »Es ist absolut falsch«, erklärte Jesus Herandez, Herausgeber der Zeitschrift *Mundo Obrero* (6. August 1936), »dass die gegenwärtige Arbeiterbewegung die Errichtung einer proletarischen Diktatur zum Ziel hat, wenn der Krieg beendet ist. Man kann nicht sagen, wir hätten für unsere Teilnahme am Krieg ein gesellschaftliches Motiv. Wir Kommunisten sind die ersten, die diese Spekulation zurückweisen. Unsere einzige Motivation ist der Wunsch, die demokratische Republik zu verteidigen.«

L'Humanité, das Organ der französischen Kommunistischen Partei, veröffentlichte Anfang August folgende Stellungnahme:

> »Das Zentralkomitee der Kommunistischen Partei Spaniens bittet uns, als Erwiderung auf fantastische und tendenziöse Berichte, die von gewissen Zeitungen veröffentlicht werden, die Öffentlichkeit darüber zu informieren, dass das spanische Volk nicht für die Errichtung einer Diktatur des Proletariats kämpft, sondern nur ein Ziel kennt: die Verteidigung der republikanischen Ordnung und die Achtung des Eigentums.«

Im weiteren Verlauf der Monate nahmen die Stalinisten einen noch entschiedeneren Standpunkt gegen alles andere außer dem kapitalistischen System ein. José Diaz, »geliebter Führer« der spanischen Partei, erklärte auf einer Plenarsitzung des Zentralkomitees am 5. März 1937:

> »Wenn zu Beginn die verschiedenen verfrühten Versuche zur ›Verstaatlichung‹ und ›Kollektivierung‹, die das Ergebnis eines unklaren Verständnisses vom Charakter des gegenwärtigen Kampfs waren, vielleicht durch die Tatsache gerechtfertigt werden konnten, dass die Großgrundbesitzer und die Unternehmer ihre Ländereien und Fabriken verlassen hatten und es um jeden Preis notwendig war, die Produktion weiterzufüh-

> ren, so können sie jetzt im Gegensatz dazu überhaupt nicht gerechtfertigt werden. Zum gegenwärtigen Zeitpunkt, wo es eine Volksfrontregierung gibt, in der alle gegen den Faschismus kämpfenden Kräfte repräsentiert sind, sind solche Dinge nicht nur nicht wünschenswert, sondern absolut unzulässig.« (*Communist International*, Mai 1937)

Da sie erkannten, dass die Gefahr einer proletarischen Revolution vor allen Dingen von Katalonien ausging, konzentrierten die Stalinisten in Barcelona enorme Mittel. Da sie dort praktisch keine eigene Organisation hatten, rekrutierten sie die konservativen Arbeiterführer und kleinbürgerlichen Politiker durch eine Fusion der Kommunistischen Partei von Katalonien mit der katalanischen Sektion der Sozialistischen Partei, der »Sozialistischen Union« (einer auf Katalonien beschränkten nationalistischen Organisation) und »Català Proletari«, einer Abspaltung von der bürgerlichen Esquerra. Der Zusammenschluss, die »Vereinigte Sozialistische Partei von Katalonien« (PSUC), schloss sich der Kommunistischen Internationale an. Sie hatte zu Beginn des Bürgerkriegs nur einige tausend Mitglieder, aber unbegrenzte Geldmittel und Horden von Komintern-Funktionären. Sie übernahm die vor dem Aus stehende katalanische Sektion der UGT und rekrutierte, als die Generalitat die Zwangsmitgliedschaft aller Beschäftigten in der Gewerkschaft anordnete, die rückständigsten Arbeiter und Angestellten, die diese ehrbare Institution der radikalen CNT vorzogen. Aber die größte Massenbasis der Stalinisten in Katalonien war ein Zusammenschluss von Händlern, kleinen Geschäftsleuten und Unternehmern, die Federación Catalana de Gremios y Entidades de Pequeños Comerciantes e Industriales (GEPCI; Katalanischer Verband der Zünfte und Gilden von Kleinhändlern und Industriellen), die im Juli zur Gewerkschaft umgetauft und der katalanischen UGT angeschlossen wurde. Die so genannte katalanische Sektion agierte in vollständiger Unabhängigkeit vom nationalen Exekutivkomitee der UGT, das unter der Kontrolle Caballeros stand. Daraufhin rekrutierte die PSUC als bedeutendster und energischster Verteidiger der Bourgeoisie stark in der katalanischen Esquerra.

Im übrigen Spanien verfolgten die Stalinisten einen ähnlichen Kurs. Von Anfang an beschuldigten die Landwirtschaftsgewerkschaft der CNT und die Bauern- und Landarbeiterföderation der UGT – die beide die Kollektivierung des Landes unterstützten – die Stalinisten der Organisierung separater »Gewerkschaften« der reicheren Bauern, die sich gegen die Kollektive stellten. Die stalinistische Partei wuchs schneller als jede andere Organisation, denn sie öffnete ihre Türen weit. Zweifelhafte bürgerliche Elemente strömten ihr zu, um Schutz zu suchen. Schon am 19. und 20. August 1936 beschuldigte Caballeros Organ, *Claridad*, die stalinistische »Allianz antifaschistischer Schriftsteller«, Reaktionären Zuflucht zu gewähren.[5]

Als nach drei langen Monaten des Boykotts schließlich in der dritten Oktoberwoche die ersten sowjetischen Flugzeuge und Gewehre ankamen – nachdem die Kommunistische Partei sich bis dahin in der Defensive befunden hatte und unfähig war, der scharfen Kritik der POUM an Stalins Weigerung, Waffen zu schicken, etwas entgegenzusetzen – erfuhr die Kommunistische Partei einen sagenhaften Auftrieb. Fortan waren ihre Vorschläge unauflöslich mit der Drohung verbunden, Stalin werde keine Flugzeuge und Waffen mehr schicken. Botschafter Rosenberg in Madrid und Valencia und Generalkonsul Antonow-Owsejenko in Barcelona hielten politische Reden, in denen sie unmissverständlich darauf hinwiesen, wem sie den Vorzug gaben. Als Owsejenko auf der Novemberfeier des Jahrestags der Russischen Revolution in Barcelona (bei einer Parade, an der alle bürgerlichen Parteien teilnahmen!), seine Rede mit »lang lebe das katalanische Volk und sein Held, Präsident Companys« beendete, ließ man die Arbeiter nicht im Zweifel darüber, welcher Klasse der Kreml seine Zustimmung gab.[6]

Wir haben die stalinistische Politik nur insoweit ausreichend skizziert, um sie ins gesamte Bild einzuordnen. Wir werden sehen, wie sie im darauf folgenden Jahr immer offener, skrupelloser und konterrevolutionärer wird.

Caballero: Die linken Sozialisten und die UGT

Largo Caballero gehört derselben Generation an wie Prieto. Beide waren unter der Monarchie ins mittlere Alter gekommen und nahmen sich den rechten Flügel der deutschen Sozialdemokraten zum Vorbild. Als Führer der UGT hatte Caballero die Unterdrückung der anarchistisch geführten CNT durch Primo de Rivera stillschweigend akzeptiert. Mehr noch, er hatte sie gebilligt, indem er vom Diktator ein Staatsratsamt annahm. Er war dem Koalitionskabinett von 1931 bis 1933 als Arbeitsminister beigetreten und hatte bei einem Gesetz Pate gestanden, das Riveras gemischte Zwangsschlichtungskammern zur Beilegung von Streiks fortführte. »Wir werden die Zwangsschlichtung einführen. Die Arbeiterorganisationen, die sich ihr nicht unterwerfen, werden für ungesetzlich erklärt«, äußerte er am 23. Juli 1931. Während seiner Amtszeit als Minister war es ungesetzlich, für politische Forderungen oder ohne eine 10 Tage im Voraus erfolgte schriftliche Benachrichtigung des Arbeitgebers zu streiken. Keine Gewerkschafts- oder andere Arbeiterversammlung durfte ohne die Anwesenheit von Polizeizeugen abgehalten werden. Seite an Seite mit Prieto hatte Caballero die Unterdrückungsmaßnahmen gegen die landhungrigen Bauern und Tausende politische Verhaftungen verteidigt.

Nach dem Zusammenbruch der Koalition von 1931 bis 1933 entwickelte sich zuerst in der Sozialistischen Jugend ein starker linker Flügel, der eine Neuorientierung der Partei verlangte. Im Jahre 1934 sprach sich Caballero unerwarteterweise dafür aus. Er hatte, so sagten seine Freunde, Marx und Lenin zum ersten Mal gelesen, nachdem er aus der Regierung entfernt worden war. Dennoch traf Caballeros Gruppe keine ernsthaften Vorbereitungen auf die Erhebung vom Oktober 1934. In Madrid, ihrer wichtigsten Hochburg, ging die Erhebung nie über einen Generalstreik hinaus. Als er der Anstiftung zum Aufstand angeklagt wurde, sprach man ihn frei – Caballero leugnete die Vorwürfe.

Offiziell gegen Koalitionen und für die proletarische Revolution, stimmte Caballero nichtsdestotrotz der Wahlkoalition vom Februar 1936 zu und unterstützte Azañas Kabinett in den Cortes in allen grundlegenden Fragen. Tatsächlich vertrat Caballero die Position, seine Rolle als Arbeitsminister in der Koalition von 1931–1933 nicht zu wiederholen, sondern Azaña lieber von außerhalb des Kabinetts zu unterstützen, wodurch er die Freiheit besaß, Kritik zu üben. Das war kaum revolutionäre Unversöhnlichkeit. Es war nur eine Form kritischer Loyalität, die für das bürgerliche Regime keine Bedrohung darstellte. Während der Streikwelle von Februar bis Juli (1936) zog sich Caballero sowohl von der CNT wie aus den eigenen Reihen wegen der Unterbindung von Streiks scharfe Kritik zu. Als glühender Verfechter der Fusion der Sozialistischen und Kommunistischen Partei war er wesentlich für den Zusammenschluss der sozialistischen und stalinistischen Jugend verantwortlich. Er hatte sein Ansehen beim linken Flügel der Partei jedoch wiedergewonnen, weil er an der Spitze des Kampfs stand, Prieto daran zu hindern, die Ministerpräsidentschaft zu übernehmen. In dem darauffolgenden Kampf verbot Prietos Exekutive die *Claridad* (Caballeros Zeitung), organisierte die Parteidistrikte um, die für Caballero waren, und verschob den Parteitag auf unbestimmte Zeit. Es wäre zur Spaltung gekommen, aber der Bürgerkrieg kam dazwischen, und, um ein Bild der Eintracht zu zeigen, hatten die Caballero-Kräfte Prieto das nationale Zentrum der Partei überlassen.

Auf dem Höhepunkt der Arbeiterbewegung während der ersten Wochen des Bürgerkriegs geriet Caballero in scharfen Konflikt mit dem Block von Azaña, Prieto und den Stalinisten. So lange die Disziplin in den Kasernen, die Leitung der Versorgung, die Beherbergung und die Lohnlisten in den Händen der Arbeiterorganisationen lagen und die Milizen Diskussionen über politische Fragen frei organisierten, konnte die bürgerlich-militärische Kaste keine Hoffnung haben, sich eine wirkliche Vorherrschaft zu sichern. Folglich verlangte die Regierung, vorsichtig die Fühler ausstreckend, die Einberufung von 10 000 Reservesoldaten als separate Streitmacht unter direkter Regierungskontrolle. Die Stalinisten verteidigten den Vorschlag. »Einige Genossen wollten in der Schaffung der neuen Freiwilligenarmee so etwas wie eine Bedrohung für die Rolle der Milizen zu sehen«, erklärte *Mundo Obrero* am 21. August. Die Stalinisten leugneten die bloße Möglichkeit und schlossen: »Unsere Losung dafür ist heute wie gestern dieselbe: Alles für die Volksfront und alles durch die Volksfront.«

Diese durch und durch reaktionäre Position wurde durch das UGT-Organ *Claridad* eindrucksvoll entlarvt:

> »An eine andere Art von Armee zu denken, die diejenige ablösen soll, die tatsächlich kämpft und die in gewisser Weise ihre

> eigene revolutionäre Aktion kontrolliert, bedeutet, in konterrevolutionären Begriffen zu denken. Und das hat Lenin dazu gesagt: ›... und jede Revolution, die den Staatsapparat zerstört, zeigt uns sehr deutlich, wie die herrschende Klasse die *ihr* dienenden besonderen Formationen bewaffneter Menschen zu erneuern sucht und wie die unterdrückte Klasse danach strebt, eine neue Organisation dieser Art zu schaffen, die fähig ist, nicht den Ausbeutern, sondern den Ausgebeuteten zu dienen.‹[7] Wir ... müssen dafür sorgen, dass die Massen und die Führung der bewaffneten Streitkräfte, die vor allem das Volk unter Waffen sein sollten, uns nicht aus den Händen gleiten.« (*Claridad*, 20. August 1936)

Trotzdem näherten sich Caballero und der Rest der linken sozialistischen Führung in jenen kritischen frühen Wochen Azaña, Prieto und den Stalinisten an. Die Doppelherrschaft erwies sich als schwerfällige und unangemessene Methode zur Organisierung des Kampfs gegen die faschistischen Kräfte. Es stellten sich unerbittlich nur zwei Alternativen: entweder einer Koalitionsregierung beitreten oder die bürgerliche Macht durch eine Arbeiterregierung ersetzen.

Hier zeigten jedoch die programmatischen Fehler ihre fürchterlichen praktischen Folgen. Im April 1936 hatte die führende Gruppe der linken Sozialisten, die Madrider Organisation, ein neues Programm angenommen, das sich für die Diktatur des Proletariats aussprach. Welche organisatorische Form sollte sie annehmen? Luis Araquistáin, Caballeros Theoretiker, behauptete, Spanien brauche keine Sowjets. Im April-Programm wurde folglich das Konzept aufgenommen, dass »das Organ der proletarischen Diktatur die Sozialistische Partei sein wird«. Aber die linken Sozialisten waren durch Prietos Parteitagsverschiebung daran gehindert worden, die formelle Kontrolle über die Partei zu übernehmen und hatten von einem weiteren Kampf um die Kontrolle Abstand genommen, als der Bürgerkrieg ausbrach. Darüber hinaus musste sie, gemäß ihrem Programm, warten, bis die Partei die Mehrheit des Proletariats umfasste. Dieses programmatische Versagen, durch Arbeiterräte (Sowjets), in denen Sozialisten, Kommunisten, Anarchisten, die POUM usw. sich mit den tiefsten

Schichten der Massen vereinten, für gemeinsame Aktionen zu sorgen, diese entstellte Vorstellung von den Lehren der Russischen Revolution, war ein verhängnisvoller Fehler der linken Sozialisten, und ausgerechnet in Spanien mit seiner anarchistischen Tradition. Sie erklärten genau das, was die Anarchistenführer sowohl den Kommunisten wie den revolutionären Sozialisten vorgeworfen hatten, unter der proletarischen Diktatur zu verstehen.

Der Weg zur proletarischen Diktatur lag klar vor dem Proletariat. Erforderlich war jetzt, dass die Fabrikkomitees, Milizkomitees, Bauernkomitees einen demokratischen Charakter erhielten, indem sie von allen Arbeitern in jedem Bereich gewählt wurden. Diese gewählten Delegierten mussten in Dorf-, Stadt- und Regionalräten zusammengebracht werden, und diese wiederum würden gewählte Delegierte in den nationalen Kongress entsenden. Sicher würde die Form der Sowjets nicht aus sich selbst heraus das ganze Problem lösen. Eine reformistische Mehrheit im Exekutivkomitee würde die Übernahme der Staatsmacht ablehnen. Aber die Arbeiter könnten in den Sowjets dennoch ihre natürlichen Kampforgane finden, bis die wirklich revolutionären Elemente in den verschiedenen Parteien sich zusammenschließen würden, um eine revolutionäre Mehrheit im Kongress zu erringen und einen Arbeiterstaat zu errichten.

Der Weg lag klar vor dem Proletariat, aber nicht zufällig war das Programm für diesen Weg nicht das Erbe der linken Sozialisten. Caballero würde kritisieren, schimpfen, verurteilen, aber er bot keine Alternative zur Koalition mit der Bourgeoisie. Schließlich wurde er ihr Führer.

CNT-FAI: Die Nationale Konföderation der Arbeit und die Iberische Anarchistische Föderation

Die Anhänger Bakunins hatten in Spanien ältere Wurzeln als die Marxisten. Die CNT war in ihrer Führung traditionell anarchistisch gewesen. Für kurze Zeit hatte die Flut der Oktoberrevolution die CNT erfasst. 1921 hatte sie einen Delegierten zum Komintern-Kongress gesandt. Die Anarchisten hatten dann zu organisierter Fraktionsarbeit gegriffen und sie zurückerobert. Auch wenn er seine traditionelle Beschimpfung politischer Parteien fortsetzte, so hatte der spanische Anarchismus von da an in der FAI dennoch einen hoch zentralisierten Parteiapparat, mit der er die CNT kontrollierte.

Von Alfonso und Primo de Rivera derart gnadenlos verfolgt, dass sie sich sogar eine Zeit lang auflöste, verfügte die CNT von 1931 an über eine unbestreitbare Mehrheit in den Industriezentren Kataloniens und über starke Bewegungen anderswo. Nach Beginn des Bürgerkriegs war sie zweifellos größer als die UGT (von deren größten Sektionen einige in faschistischem Gebiet lagen).

Bisher war der Anarchismus in der Geschichte der Arbeiterklasse nie im großen Maßstab erprobt worden. Nun, da er große Massen führte, sollte er einer endgültigen Prüfung unterworfen werden.

Der Anarchismus hat sich konsequent geweigert, den Unterschied zwischen dem bürgerlichen und dem Arbeiterstaat anzuerkennen. Selbst in den Tagen Lenins und Trotzkis verurteilte der Anarchismus die Sowjetunion als Ausbeuterregime. Gerade das Unvermögen zwischen einem bürgerlichen und einem proletarischen Staat zu unterscheiden, hatte die CNT schon in der Zeit der Schonfrist für die Revolution von 1931 zu derselben Art opportunistischer Irrtümer geführt, wie sie immer von Reformisten gemacht werden – die auch, auf ihre Weise, keine Unterscheidung zwischen bürgerlichen und Arbeiterstaaten machen. Überwältigt von den »Rauchschwaden der Revolution«, hatte die CNT die bürgerliche Republik wohlwollend begrüßt: »Unter einem Regime der Freiheit ist die unblutige Revolution eher möglich, ist sie leichter möglich als unter der Monarchie.« (*Solidaridad Obrera*, 23. April 1931) Bis zum Oktober 1934 schwenkte sie um auf das gleichermaßen falsche Extrem, sich zu weigern, mit den Republikanern und Sozialisten beim bewaffneten Kampf gegen Gil-Robles zusammenzuarbeiten (mit der rühmlichen Ausnahme der regionalen CNT-Organisation in Asturien).

Jetzt, in den weit mächtigeren Rauchschwaden der »Revolution vom 19. Juli«, wo die gewohnten Grenzlinien zwischen Bourgeoisie und Proletariat vorübergehend verwischt waren, führte die traditionelle Weigerung der Anarchisten, zwischen einem bürgerlichen und einem Arbeiterstaat zu unterscheiden, sie langsam, aber eindeutig in das Kabinett eines bürgerlichen Staats.

Die falschen anarchistischen Lehren über die Natur des Staats hätten sie, so mag es scheinen, dazu führen sollen, eine Teilnahme an der Regierung in jedem Fall abzulehnen. Da sie jedoch schon die katalanische Industrie und die Milizen leiteten, befanden sich die Anarchisten in der untragbaren Situation, die notwendige verwaltungsmäßige Koordinierung und Zentralisierung der Arbeit ablehnen zu müssen, die sie schon begonnen hatten. Ihre Anti-Staats-Einstellung »als solche« musste über Bord geworfen werden. Was tatsächlich übrig blieb und letztendlich eine Katastrophe auslöste, war ihr Unvermögen, den Unterschied zwischen einem Arbeiter- und einem bürgerlichen Staat zu erkennen.

Die Klassenkollaboration liegt in der Tat im Zentrum der anarchistischen Philosophie versteckt. In den Zeiten der Reaktion ist sie durch den anarchistischen Hass auf die kapitalistische Unterdrückung verborgen. Aber in einer revolutionären Periode der Doppelherrschaft muss sie an die Oberfläche kommen. Denn dann bietet der Kapitalist lächelnd an, beim Aufbau der neuen Welt teilzunehmen. Und der Anarchist, der gegen »alle Diktaturen«, einschließlich der Diktatur des Proletariats, ist, wird vom Kapitalisten bloß verlangen, er soll seine kapitalistische Einstellung ablegen, dem er natürlich zustimmt, um so besser die Zerschlagung der Arbeiterklasse vorzubereiten.

Es gibt im Anarchismus einen zweiten fundamentalen Lehrsatz, der in dieselbe Richtung weist. Seit Bakunin hatten die Anarchisten die Marxisten beschuldigt, die Bedeutung der Staatsmacht überzubewerten, und hatten dies als bloße Widerspiegelung der Besessenheit des kleinbürgerlichen Intellektuellen mit einträglichen Verwaltungsposten charakterisiert. Der Anarchismus ruft die Arbeiter auf, dem Staat den Rücken zu kehren und sich um die Kontrolle der Fabriken als der wirklichen Quelle der Macht zu bemühen. Wenn die letztendlichen Quellen der Macht (Eigentumsbeziehungen) gesichert sind, wird die Staatsmacht zusammenbrechen, um niemals mehr ersetzt zu werden. Deshalb waren die spanischen Anarchisten nicht imstande zu verstehen, dass es nur der Zusammenbruch der Staatsmacht mit dem Überlaufen der Armee zu Franco gewesen war, der es ihnen ermöglicht hatte, die Fabriken zu besetzen, und dass Companys und seine Verbündeten, sollte ihnen die Gelegenheit gegeben werden,

den bürgerlichen Staat wieder zu errichten, den Arbeitern die Fabriken schon bald wieder wegnehmen würden. Berauscht von ihrer Kontrolle über die Fabriken und die Milizen, nahmen die Anarchisten an, der Kapitalismus sei in Katalonien bereits verschwunden. Sie sprachen von der »neuen, sozialen Wirtschaft«, und Companys war nur allzu sehr bereit, so zu sprechen wie sie, denn es machte sie blind und nicht ihn.

Die POUM

Hier ergab sich selbst für eine kleine revolutionäre Partei eine ungewöhnliche Gelegenheit. Sowjets können nicht nach Belieben aufgebaut werden. Sie können nur in einer Periode der Doppelherrschaft, der revolutionären Erhebung organisiert werden. Aber in einer Periode, die nach ihnen verlangt, kann eine revolutionäre Partei ihre Bildung trotz der Opposition der mächtigsten reformistischen Parteien voranbringen. In Russland versuchten die Menschewiki und Sozialrevolutionäre, speziell nach dem Juli, die Stärke der Sowjets in die Regierung abzuleiten. Sie versuchten ihr Wirken oder die Bildung neuer Sowjets zu verhindern, aber ohne Erfolg, trotz der Tatsache, dass diese Reformisten in den Sowjets immer noch die Mehrheit hatten. In Deutschland versuchte die sozialdemokratische Führung sogar noch entschiedener, die Bildung von Arbeiter- und Soldatenräten zu verhindern, da sie die russischen Lehren frisch vor Augen hatte. In Spanien wäre die direkte Feindschaft der Stalinisten und Prietos, die »theoretische« Opposition Caballeros und der Anarchisten erfolglos gewesen, denn die grundlegenden Bausteine der Sowjets waren schon da, in den Fabrik-, Miliz- und Bauernkomitees, und diese mussten nur demokratisiert und an den entsprechenden Orten zusammengebracht werden. Ein einziges Beispiel: Wenn in den von der POUM kontrollierten Industriestädten wie Lerida oder Gerona Delegierte, die in jeder Fabrik und jedem Betrieb gewählt wurden, sich mit Delegierten der Arbeiterpatrouillen und Milizen verbunden hätten, um ein Arbeiterparlament zu gründen, das als herrschende Körperschaft der Region fungiert, dann hätte das Katalonien entflammt und überall den gleichen Prozess in Gang gesetzt.

Die POUM war die einzige Organisation, die geeignet schien, die Aufgabe zu übernehmen, Sowjets zu schaffen. Ihre Führer waren die Gründer der kommunistischen Bewegung in Spanien. Sie hatte jedoch grundlegende Schwächen. Ihre Mehrheit kam aus dem Arbeiter- und Bauernblock Maurins, dessen Kader mit Stalin in der Periode von 1924–1928 zusammengearbeitet hatten, als die Kommunistische Partei Chinas in den bürgerlichen Kuomintang-»Block der vier Klassen« geschickt wurde und Landarbeiter- und »Zwei-Klassen«-Parteien »der Arbeiter und Bauern« (ein Fantasiename für einen Block mit Reformisten und der liberalen Bourgeoisie) gegründet wurden – mit einem Wort, sie waren an dem ganzen opportunistischen Kurs jener verhängnisvollen Jahre beteiligt. Maurín und seine Anhänger hatten nicht wegen dieser grundlegenden Fragen mit der Kommunistischen Internationale gebrochen, sondern wegen anderer Probleme – der katalanischen nationalen Frage usw. –, als sich die Kommunistische Internationale 1929 den doppelten Gewerkschaften, dem »Sozialfaschismus« usw. zuwandte. Überdies war die Fusion der Maurín-Leute mit der von Andrés Nin und Juan Andrade geführten ehemaligen Kommunistischen Linken (Trotzkisten) eine prinzipienlose Vereinigung. Das vorhergehende Versäumnis von Nin und Andrade, sich scharf von der Ideologie Maurins abzugrenzen, war jahrelang Gegenstand einer Auseinandersetzung mit der Internationalen Linken Opposition gewesen. Bei diesem Zusammenschluss hatten die kommunistischen linken Elemente ein »gemeinsames« Programm angenommen, das einfach aus Maurins alten Konzepten bestand, von denen Trotzki schon im Juni 1931 gesagt hatte:

> »Alles, was ich in meiner letzten Arbeit, ›Die spanische Revolution und die ihr drohenden Gefahren‹, gegen die offizielle Politik der Kommunistischen Internationale in der spanischen Frage geschrieben habe, trifft auf die Katalanische Föderation zu … [Die Plattform] stellt einen ›Kuomintangismus‹ reinsten Wassers, auf spanische Verhältnisse übertragen, dar. Vorstellungen und Methoden, welche die Opposition unerbittlich bei der Kominternpolitik in China bekämpfte, finden in diesem Dokument ihren verheerendsten Ausdruck … Ein falscher Aus-

> gangspunkt während einer Revolution nimmt im Laufe der Ereignisse unvermeidlich die Gestalt einer Niederlage an.«[8]

Die ersten Früchte der Vereinigung waren nicht gerade beruhigend gewesen. Nachdem man monatelang gegen eine Koalition mit der Bourgeoisie zu Felde gezogen war, war die POUM über Nacht der Wahlkoalition vom Februar 1936 beigetreten. Sie distanzierte sich nach der Wahl von der Koalition, forderte aber genau am Vorabend des Bürgerkriegs (*La Batalla*, 17. Juli 1936), »eine authentische Regierung der Volksfront, mit direkter [ministerieller] Beteiligung der sozialistischen und kommunistischen Parteien« als Mittel, um »die demokratischen Erfahrungen der Massen zu vervollständigen« und die Revolution zu beschleunigen – eine völlig falsche Losung, die nichts mit der bolschewistischen Methode gemeinsam hatte, die Notwendigkeit des Arbeiterstaats und die Unmöglichkeit der Reform des bürgerlichen Staats dadurch aufzuzeigen, dass man die Reformisten zwingt, die Regierungsgewalt ohne die bürgerlichen Minister zu übernehmen.

Trotzdem hatten viele die Hoffnung, die POUM werde die Führung bei der Organisierung der Sowjets übernehmen. Nin stand jetzt an der Spitze der Partei. Er war während der ersten Jahre der Russischen Revolution in Russland gewesen, ein Führer der Roten Gewerkschaftsinternationale. Würde er nicht gegen den Provinzialismus der Maurín-Kader Widerstand leisten? Die POUM-Arbeiter, die politisch besser geschult waren als die Anarchisten, spielten bei der Besetzung des Lands und der Fabriken eine große Rolle, die in den ersten revolutionären Wochen in gar keinem Verhältnis zu ihrer Zahl stand. Von einer Partei mit etwa 8000 Mitgliedern am Vorabend des Bürgerkriegs wuchs die POUM sehr schnell, obwohl sie in erster Linie eine katalanische Organisation blieb. In den ersten Monaten vervierfachte sie ihre Mitgliederzahl. Ihr Einfluss wuchs sogar noch schneller, was die Tatsache zeigt, dass sie mehr als 10 000 Milizionäre unter ihr Banner rekrutierte.

Die POUM wurde jedoch von der wachsenden Welle der Koalitionen verschlungen. Die theoretischen Voraussetzungen dafür existierten schon in der Ideologie Mauríns, der Nin mit der

Fusion zugestimmt hatte. Die Führung der POUM klammerte sich an die CNT. Statt mit den Anarcho-Reformisten mutig um die Führung der Massen zu kämpfen, suchte Nin nach einer trügerischen Stärke, indem er seine eigene Identität aufgab. Die POUM schickte ihre Militanten in die kleinere und heterogenere katalanische UGT, statt um die Führung der Millionen in der CNT zu kämpfen. Sie organisierte POUM-Milizen und schränkte damit ihren Einfluss ein, statt ihre Kräfte in die riesigen CNT-Kolonnen zu schicken, wo die maßgeblichen Teile des Proletariats bereits versammelt waren. *La Batalla* berichtete über die Tendenz der CNT-Gewerkschaften, kollektiviertes Eigentum als ihr eigenes zu behandeln. Sie griff die anarcho-syndikalistischen Theorien, die diese Tendenz hervorbrachten, jedoch niemals an. Im darauf folgenden Jahr gab es keinen einzigen prinzipiellen Angriff auf die anarcho-reformistische Führung, noch nicht einmal, als die Anarchisten die Vertreibung der POUM aus der Generalitat stillschweigend billigten. Weit davon entfernt, zur geschlossenen Aktion mit der CNT zu führen, erlaubte dieser falsche Kurs der CNT-FAI-Führung, der POUM völlig ungestraft den Rücken zu kehren.

In den Tagen von Marx und Engels und in den ersten revolutionären Jahren der Kommunistischen Internationale war eine schwache nationale Führung mehr als einmal durch ihre internationalen Mitarbeiter korrigiert worden. Aber die internationalen Verbündeten der POUM standen rechts von der spanischen Partei. Das »Internationale Komitee der revolutionären sozialistischen Einheit« – in der Hauptsache die englische ILP und die deutsche SAP – veröffentlichte am 17. August 1936 ein Manifest an das spanische Proletariat, das nicht ein einziges Wort der Kritik an der Volksfront enthielt! Die SAP sollte bald selbst zur Volksfronttheorie überlaufen, während die ILP die Kommunistische Partei in einer »Vereinigungskampagne« mit offenen Armen begrüßte. Das waren die ideologischen Brüder, für die Nin und Andrade sich vom »Trotzkismus«, der Bewegung für die Vierte Internationale, losgesagt hatten. Es ist allerdings wahr, die Gruppen der Vierten Internationale waren im Vergleich zu den reformistischen Parteien Europas kleine Organisationen. Aber sie boten der POUM die seltenste und kostbarste Form der Hilfe: eine folgerichtige marxistische Analyse der spanischen Ereignisse und ein revolutionäres Programm, um den Faschismus zu besiegen. Nin war »praktischer« und verzichtete auf die Chance, die spanische Revolution zu führen.

VI.

Das Programm der Koalitionsregierung von Caballero

Ist es zu diesem späten Zeitpunkt noch notwendig zu erklären, dass das Kabinett aus drei Caballero-, drei Prieto-Leuten, zwei Stalinisten und fünf bürgerlichen Ministern, das am 4. September 1936 gebildet wurde, eine bürgerliche Regierung war, ein typisches Kabinett der Klassenzusammenarbeit?

Offensichtlich ist es immer noch notwendig, denn noch am 9. Mai 1937 wurde diese Regierung in einer Resolution des Nationalen Exekutivkomitee der Sozialistischen Partei der USA als »eine provisorische Revolutionsregierung« charakterisiert.

Bei der Übergabe des Amts des Premierministers sagte Giral:

> »Ich bleibe als Minister im Kabinett, um zu demonstrieren, dass die neue Regierung eine Verstärkung der alten von dem Augenblick an ist, in dem der Präsident der zurücktretenden Regierung weiterhin einen Teil der neuen bildet.«

Caballero fasste sein Regierungsprogramm vor den Cortes hinreichend prägnant zusammen:

> »Diese Regierung wurde gebildet, wobei wir alle, die wir sie bilden, zuvor auf die Verteidigung unserer Prinzipien und speziellen Tendenzen verzichtet haben, um in einem einzigen Streben vereint zu bleiben: Spanien in seinem Kampf gegen den Faschismus zu verteidigen.« (*Claridad*, 1. Oktober 1936)

Sicherlich, Caballero hatte seine Prinzipien aufgegeben, aber nicht die Bourgeoisie und die Stalinisten. Denn die gemeinsame Basis, auf der sie sich mit Caballero verbündeten, um die Regierung zu bilden, war die Fortsetzung der alten bürgerlichen Ordnung.

Die programmatische Erklärung des neuen Kabinetts enthielt nichts, was die vorige Regierung nicht hätte unterschreiben können. Punkt II ist ihre Kernaussage:

> »Das Programm des Kabinetts bedeutet im Wesentlichen den festen Entschluss, den Sieg über die Rebellion durch die Koordinierung der Kräfte des Volks und durch die erforderliche Einheit der Aktion zu sichern. Dem ist jedes andere politische Interesse untergeordnet. Die ideologischen Differenzen werden beiseitegelegt, da es gegenwärtig keine andere Aufgabe geben kann, als die Zerschlagung des Aufstands sicherzustellen.« (*Claridad*, 5. September 1936)

Nicht ein Wort über das Land! Nicht ein Wort über die Fabrikkomitees! Und »als Vertreter des Volks« riefen diese »Demokraten« die früheren Cortes zusammen, die am 16. Februar aufgrund des Wahlbündnisses gewählt worden waren, die der Bourgeoisie auf der gemeinsamen Kandidatenliste eine Mehrheit gegeben hatten!

Einige Wochen bevor er das Amt des Premierministers antrat, hatte Caballero (in der *Claridad*) dagegen gewettert, die Revolution vom Krieg zu trennen. Er hatte gegen die Verdrängung der Milizen protestiert. Jetzt wurde er der Führer beim Wiederaufbau des bürgerlichen Staats. Was war geschehen?

Wir müssen nicht darüber spekulieren, was in seinem Kopf vorgeht. Die sichtbare Veränderung, die sich in *Claridad* widerspiegelt, war, dass Caballero, statt sich auf die Arbeiterklasse Spaniens und die Hilfe der internationalen Arbeiterklasse zu stützen, jetzt seine Hoffnungen darauf setzte, die Hilfe der »großen Demokratien«, des anglo-französischen Imperialismus zu gewinnen.

Am 2. September hatte Prieto in einem Interview mit der Agentur Havas erklärt, er sei »erfreut, dass die französische Regierung die Initiative bei den Vorschlägen zur Nichteinmischung übernommen habe«, obwohl, »sie nicht den vollen Wert gehabt hatte, den Frankreich ihr zu geben wünscht«. »Es wird für Frankreich mit jedem Tag dringender, mit großer Energie daran zu arbeiten, Gefahren für alle abzuwenden.«

»Warum tut die CNT so, als hätten wir es mit einer vollendeten Revolution zu tun?«, beklagte sich *El Socialista*:

»Unsere geografischen Bedingungen sind keineswegs die des riesigen Russlands. Und wir müssen das Verhalten der uns umgebenden Staaten berücksichtigen, um unser eigenes Verhalten zu bestimmen. Wir sollten uns nicht ausschließlich auf die geistige Kraft oder die Vernunft verlassen, sondern darauf zu wissen, wie man auf vier verzichtet, um einhundert zu gewinnen. Wir hoffen immer noch, dass die Einschätzung der spanischen Ereignisse durch bestimmte Demokratien sich ändern wird, und es wäre ein Jammer, eine Tragödie, diese Möglichkeiten aufs Spiel zu setzen, indem wir die Geschwindigkeit der Revolution erhöhen, was gegenwärtig zu keiner positiven Lösung führt.« (*El Socialista*, 5. Oktober 1936)

Die klassischen Sozialdemokraten der Prieto-Schule konnten auf diese Weise ganz offen das sagen, was der »spanische Lenin«, Caballero, und die Ex-Leninisten, die Stalintern, vertuschen mussten: Sie biederten sich beim anglo-französischen Imperialismus an, indem sie die Revolution erdrosselten. Noch am 24. August hatte Caballero gehofft, Hitlers Unnachgiebigkeit werde die Bildung des Nichteinmischungskomitees vereiteln. Aber mit Hitlers »Embargo« auf Waffenlieferungen zu diesem Zeitpunkt und der sowjetischen Erklärung, dass es sich dem anschließt, war klar, dass die spanische Blockade von langer Dauer sein würde. Die Frage stellte sich sehr zugespitzt: Entweder gegen die Nichteinmischungsblockade kämpfen und Blum und die Sowjetunion anprangern, weil sie sie unterstützten oder die stalinistische Perspektive akzeptieren, Frankreich und England schrittweise von der Blockade abzubringen, indem man ihnen die bürgerliche Seriosität und Stabilität der spanischen Regierung demonstrierte. In anderen Worten, entweder die Perspektive der proletarischen Revolution und die Notwendigkeit akzeptieren, das internationale Proletariat zu mobilisieren, um Spanien zu helfen und die Revolution nach Frankreich auszubreiten oder die Klassenkollaboration in Spanien und im Ausland akzeptieren. Als die Wahl unausweichlich wurde, entschied sich Caballero für die Letztere. Innerhalb weniger Tage war sein Genosse Alvarez del Vayo unterwegs, um vor den Imperialisten im Völkerbund auf dem Boden zu kriechen.

Caballero verstand sehr gut, dass es notwendig war, den Massen ein Programm des sozialen Umbaus anzubieten, wollte man sie zu allerhöchsten Anstrengungen aufrütteln. Ein Rundschreiben von Caballeros Kriegsministerium an die politischen Kommissare an der Front betont:

> »Es ist notwendig, die Kämpfer, die das republikanische Regime mit ihrem Leben verteidigen, zu überzeugen, dass bei Beendigung des Kriegs die Organisierung des Staats tiefgreifend verändert werden wird. Von der gegenwärtigen werden wir zu einer Struktur übergehen, die sozial, ökonomisch und juristisch ganz dem Nutzen der arbeitenden Massen dienen wird. Wir sollten versuchen, den Geist der Truppe mit solchen Konzepten durch einfache und leicht verständliche Beispiele zu erfüllen.« (*Gaceta de la Republica*, 17. Oktober 1936)

Aber die Massen, so hoffte Caballero vermutlich, könnten mit Worten begeistert werden, während die nüchternen Imperialisten England und Frankreich nur mit Taten zufrieden sein würden.

Die Bauernschaft zum Kampf aufzurütteln, damit sie ihre besten Söhne für den Krieg hergab, nicht als mürrische, demoralisierte Wehrpflichtige, sondern als mutige Soldaten, um die Nahrung und Textilien aufzubringen, die notwendig waren, um die Armee und die Nachhut zu ernähren und zu kleiden – das konnte nur erreicht werden, wenn man das Land den Bauern gab. Wenn man das Land denen, die es bebauen, gab, wenn man das Land als nationalen Besitz dem arbeitenden Bauern zur Nutzung übergab. Propaganda für Freiheit usw. ist völlig unzureichend. Dies sind nicht die amerikanischen oder französischen Bauern, die schon etwas Land besitzen, genug um zu leben, ohne hungrig zu sein:

> »Das Elend ist immer noch entsetzlich in Estremadura, Albacete, Andalusien, Cáceres und Ciudad Real. Es ist keinesfalls eine Redensart, wenn gesagt wird, dass Bauern vor Hunger sterben. Es gibt Dörfer in Las Hurdes, in la Mancha, wo die Bauern aus absoluter Verzweiflung nicht länger revoltieren. Sie essen Wurzeln und Früchte. Die Ereignisse in Yeste [Landbesetzungen] sind Hungerdramen. In Navas de Estena, etwa

30 Meilen entfernt von Madrid, sind Gabeln und Betten unbekannt. Die Hauptmahlzeit der Dorfbewohner besteht aus einer Suppe, die aus Brot, Wasser, Öl und Essig gemacht wird.«

Dies sind nicht die Worte eines trotzkistischen Agitators, sondern das unfreiwillige Zeugnis eines stalinistischen Funktionärs (*Inprecorr*, 1. August 1936). Wie kann man ernsthaft hoffen, solche Niederungen aufzurütteln, außer durch eine Maßnahme, die sie von einer neuen Ära überzeugen kann: ihnen das Land zu geben. Kann man von ihnen erwarten, dass sie »die Republik verteidigen« – die Republik Azañas, die sie wie Hunde niederschoss, weil sie das Land besetzt oder Getreide gelagert hatten?

Jetzt hatten die Bauern und Landarbeiter Land beschlagnahmt – noch nicht überall – hatten aber immer noch keine Zusage, dass die Regierung dies nicht bloß als vorläufige Maßnahme für den Krieg erlaubte, die sie danach wieder zurücknehmen würde. Was die Bauern wollten, war ein allgemeiner Erlass, der das Land in ganz Spanien verstaatlichte, der es jenen, die es bebauen, zur Nutzung übergab, so dass kein Wucherer es ihnen jemals wieder wegnehmen konnte. Ebenso wollten die Ackerbauern die Macht, sich ihren Landbesitz zu sichern, und das konnte nur eine Regierung von ihrem eigenen Fleisch und Blut sein – eine Arbeiter- und Bauernregierung.

Erfordert es große Einsicht, um zu erkennen, welche Auswirkungen solch ein Landdekret auf die faschistischen Kräfte haben würde? Nicht nur auf die landhungrigen Bauern in den faschistischen Gebieten, sondern vor allem unter den Bauernsöhnen, die die Reihen der faschistischen Armeen bildeten und die von ihren Offizieren über die Gründe für den Konflikt belogen wurden. Einige wenige Flugzeugladungen Flugblätter, abgeworfen über der faschistischen Front, die das Landdekret ankündigen, wäre eine Armee von einer Million Mann wert. Keine andere Maßnahme vonseiten der Republikaner könnte mehr Demoralisierung und Zersetzung in die faschistischen Kräfte hineintragen.

Aber 30 Jahre als »verantwortlicher Führer« hatten zu tiefe Spuren hinterlassen. Die inneren Kräfte der Massen waren für Caballero zu lange ein Grund zur Sorge und Furcht gewesen, etwas das er zügeln und in sichere Grenzen kanalisieren musste.

Das Landdekret vom 7. Oktober 1936 billigte nur die Aufteilung von Ländereien, die bekannten Faschisten gehörten. Andere reiche Grundbesitzer, Bauernausbeuter usw. blieben unangetastet. Die erwachten Hoffnungen der Bauernschaft wurden erstickt.

Die UGT-Arbeiter in den Fabriken, Betrieben und Eisenbahnen gründeten ihre Fabrikkomitees und übernahmen die Firmen. Was würde Caballero ihnen zu sagen haben? In Valencia und Madrid intervenierte die Regierung schnell und setzte Regierungsdirektoren als Leitung ein, die die Fabrikkomitees auf Routinearbeiten beschränkten. Ein umfassendes Dekret über die Industrie wurde erst am 23. Februar 1937 angenommen (ausgefertigt unter dem Namen von Juan Peiró, dem anarchistischen Industrieminister). Es gab den Arbeitern keine Sicherheit in Bezug auf die zukünftige Ordnung in der Industrie und führte die rigorose Intervention vonseiten der Regierung ein. »Arbeiterkontrolle« erwies sich dem Begriff nach als nicht viel mehr als ein Kollektivvertrag, wie er beispielsweise in Betrieben existiert, in denen die Vereinigte Textilarbeitergewerkschaft in Amerika das Sagen hat, d. h., es war überhaupt keine Maßnahme der Arbeiterkontrolle.

Caballero hatte das Kabinett Giral für den Aufbau einer Armee außerhalb der Arbeitermilizen und wegen des Wiederaufbaus der alten Guardia Civil verurteilt. (Die großartige »Caballero«-Einheit an der Madrider Front hatte in ihrer unzensierten Zeitung den direkten Widerstand gegen den Vorschlag Girals verlangt.) Jetzt stellte sich Caballero mit seinem Prestige voll hinter die Pläne Girals. Die Wehrpflichterlasse folgten den traditionellen Formen, ließen keinen Raum für Soldatenkomitees. Das bedeutete die Erneuerung der bürgerlichen Armee, mit der obersten Macht in den Händen der Militärkaste.

Freiheit für Marokko? Es kamen Delegationen von Arabern und Mauren zur Regierung und baten inständig um einen Entscheid. Die Regierung tat nichts. Der gefürchtete Abd el-Krim, der von Frankreich ins Exil geschickt worden war, sandte ein Gesuch an Caballero, sich bei Blum für ihn zu verwenden, damit man ihm erlaubt, nach Marokko zurückzukehren, um einen Aufstand gegen Franco zu führen. Caballero fragte nicht, und Blum erlaubte es nicht. Spanisch-Marokko aufzurütteln, könnte die imperialistische Herrschaft in ganz Afrika bedrohen.

So widersetzten sich Caballero und seine stalinistischen Verbündeten entschlossen den revolutionären Methoden des Kampfs gegen den Faschismus. Rechtzeitig, Ende Oktober, kam ihre Belohnung: Ein Minimum an Kriegsmaterial von Stalin. In den folgenden Monaten kam mehr Material, speziell nach großen Niederlagen: Nach der Einkesselung Madrids, nach dem Fall Málagas, nach dem Fall Bilbaos; genug Material, um die Republikaner für den Augenblick zu retten, aber niemals genug, um es ihnen zu erlauben, eine wirklich anhaltende Offensive zu führen, die zu einem totalen Zusammenbruch Francos führen könnte.

Was war die politische Logik hinter diesem sorgfältigen Auf- und Zudrehen des Materialhahns? Wenn es eine Frage der begrenzten Ressourcen Sowjetrusslands gewesen wäre, so erklärt das z. B. noch nicht, warum sämtliche Flugzeuge, die Spanien bekommen sollte, nicht für einen entscheidenden Kampf in einer bestimmten Zeit konzentriert werden konnten. Die Erklärung für den Hahn ist nicht technisch, sondern politisch. Es wurde genug geliefert, um eine frühzeitige Niederlage der Republikaner und den daraus resultierenden Zusammenbruch des sowjetischen Prestiges in der internationalen Arbeiterklasse zu verhindern. Und dies stimmte im Grunde mit der anglo-französischen Politik überein, die keinen sofortigen Sieg Francos wünschte. Es wurde aber nicht genug geliefert, um ein siegreiches Ende zu erleichtern, aus dem – wenn das Gespenst Francos einmal verschwunden war – ein Sowjetspanien entstehen konnte.

So sah das Programm der »provisorischen revolutionären Regierung« Caballeros aus. Mit dem Eintritt der CNT-Minister am 4. November 1936 wurde diesem Programm nichts hinzugefügt oder daraus gestrichen. Bis dahin hatten die »großen Demokratien« die Gelegenheit gehabt, die CNT in der katalanischen Regierung, die am 26. September gebildet worden war, zu beobachten, um über die »Vertrauenswürdigkeit« dieser Anarchisten beruhigt zu sein.

Es gab nur einen ärgerlichen Punkt: der anarchistisch kontrollierte Verteidigungsrat von Aragon, der das Territorium umfasste, das den Faschisten von den katalanischen Milizen an der Aragon-Front entrissen worden war, hatte einen furchterregenden Ruf als erzrevolutionäre Körperschaft. Der Preis von vier Kabinettssitzen für die CNT bedeutete eine gewisse Beschwichtigung für Aragon. Folglich traf sich der Rat von Aragon am 31. Oktober mit Caballero. »Der Zweck unseres Besuches war«, erklärte der Präsident des Rats, Joaquín Ascaso, »dem Regierungsoberhaupt unseren Respekt zu zollen und ihm unsere Verbundenheit mit der Regierung des Volks zu versichern. Wir sind bereit, alle Gesetze zu akzeptieren, die sie verabschiedet, und wir bitten den Minister unsererseits um die Hilfe, die wir brauchen. Der Rat von Aragon setzt sich aus Elementen der Volksfront zusammen, so dass alle Kräfte, die die Regierung unterstützen, in ihm vertreten sind.« »Gespräche mit Präsident Azaña, mit Präsident Companys und mit Largo Caballero«, fügte eine Erklärung der Generalitat vom 4. November hinzu, »haben jeglichen Verdacht ausgeräumt, der darüber entstanden sein könnte, dass die gebildete Regierung [in Aragon] von extremistischem Charakter sei, keine Beziehung zu den anderen Regierungsorganen der Republik habe und der Regierung Kataloniens feindlich gesinnt sei.« An diesem Tag nahmen die Anarchisten ihre Sitze in Caballeros Kabinett ein.

VII.

Das Programm der katalanischen Koalitionsregierung

Am 7. September 1936 hatte Nin in einer Rede, in der er die Madrider Koalition mit der Bourgeoisie kritisierte, die Losung aufgestellt: »Nieder mit den bürgerlichen Ministern« und die Menge hatte vor Begeisterung getobt. Aber am 18. September veröffentlichte *La Batalla* eine Resolution des Zentralkomitees der POUM, die die Bildung von Koalitionen akzeptierte:

> »Das Zentralkomitee ist jetzt, wie schon immer, der Meinung, dass diese Regierung ausschließlich aus Vertretern der Arbeiterparteien und Gewerkschaftsorganisationen bestehen muss. Aber wenn diese Ansicht von den anderen Arbeiterorganisationen nicht geteilt wird, sind wir bereit, die Frage offen zu lassen; und das besonders deshalb, weil die [katalanische] linke republikanische Bewegung ungemein volkstümlich ist – was sie von der spanischen linken republikanischen Bewegung radikal unterscheidet – und die bäuerlichen Massen und die Teile der Arbeiter, auf die sie sich stützt, sich unter dem Einfluss der proletarischen Parteien und Organisationen definitiv in Richtung auf die Revolution zu bewegen. Das Entscheidende sind das Programm und die politische Vorherrschaft des Proletariats, die garantiert sein muss. Über einen Punkt darf es keinen Zweifel geben: Die neue Regierung muss sich zu uneingeschränkten Prinzipien bekennen und ihre Absicht bekräftigen, den Drang der Massen in revolutionäre Legalität zu überführen, und ihn im Sinne der sozialistischen Revolution zu lenken. Was die proletarische Vorherrschaft angeht, so wird die absolute Mehrheit der Arbeitervertreter sie völlig sicher machen.«

Die Führung der Esquerra, abgebrühte bürgerliche Politiker, die 20 bis 30 Jahre Kampf gegen das Proletariat hinter sich hatten, wurden so von der POUM über Nacht in eine Bewegung verwandelt, die »ungemein volkstümlich ist«. Und diesem Taschenspielertrick fügte die POUM das bis dahin unbekannte strategische Prinzip hinzu, dass der Weg, die nach links strebenden Arbeiter und Bauern in der Esquerra zu gewinnen, darin bestünde, mit ihren bürgerlichen Führern in einer Regierung zusammenzuarbeiten!

»Aber die Arbeiterklasse kann nicht die fertige Staatsmaschinerie einfach in Besitz nehmen und diese für ihre eigenen Zwecke in Bewegung setzen«,[9] erklärte Marx. Dies war die große Lehre aus der Pariser Kommune: »... nicht mehr wie bisher die bürokratisch-militärische Maschinerie aus einer Hand in die andre zu übertragen, sondern sie zu *zerbrechen*, und dies ist die Vorbedingung jeder wirklichen Volksrevolution auf dem Kontinent. Dies ist auch der Versuch unsrer heroischen Pariser Parteigenossen.«[10] Wodurch sollte die zerschlagene Staatsmaschinerie ersetzt werden? Zu dieser Frage, der Grundfrage der Revolution, wurde die dürftige Erfahrung der Kommune durch Lenin und Trotzki in vollem Umfang weiterentwickelt. Der Parlamentarismus musste zerstört werden. An seine Stelle rücken die Arbeiterkomitees in den Fabriken, die Bauernkomitees auf dem Land, die Soldatenkomitees in der Armee, die in lokalen, regionalen und schließlich nationalen Sowjets zentralisiert werden. Auf diese Weise gründet sich der neue Staat, ein Arbeiterstaat, auf eine industrielle Vertretung, was der Bourgeoisie automatisch das Wahlrecht entzieht, ausgenommen wenn sie, nach der Konsolidierung der Arbeitermacht individuell eine produktive Arbeit aufnehmen und ihr gestattet wird, an der Wahl der Sowjets teilzunehmen. Zwischen dem alten bürgerlichen Staat und dem neuen Arbeiterstaat liegt ein Abgrund, über den hinweg die Bourgeoisie nicht an die Macht zurückkehren kann, außer sie stürzt den Arbeiterstaat.

Es war dieser grundlegende Lehrsatz, das Wesen der in einem Jahrhundert revolutionären Kampfs angehäuften Erfahrung, den die POUM missachtete, indem sie in die Generalitat eintrat.[11] Sie erhielt ihren Ministerposten aus der Hand von Präsident Companys. Das neue Kabinett setzte nur die Arbeit des alten fort und konnte, wie das alte, entlassen und durch ein reaktionäreres ersetzt werden. Hinter der schützenden Deckung des POUM-

CNT-PSUC-Esquerra-Kabinetts würde die Bourgeoisie die revolutionäre Offensive überstehen, ihre versprengten Kräfte sammeln und im richtigen Moment mit Hilfe der Reformisten wieder voll an die Macht zurückkehren. Dazu war es für die Bourgeoisie noch nicht einmal notwendig, sich am Kabinett zu beteiligen. In Deutschland, Österreich, England hatte es »reine Arbeiter«-Kabinette gegeben, die es der Bourgeoisie auf diese Weise ermöglicht hatten, kritische Situationen zu überstehen und dann die Arbeiterminister rauszuschmeißen.

Bevor der alte Staat der Bourgeoisie zerstört ist, kann der Arbeiterstaat, die Diktatur des Proletariats, nicht existieren. Er kann nur durch das direkte, politische Eingreifen der Massen, durch die Fabrik- und Dorfräte (Sowjets) zu dem Zeitpunkt errichtet werden, an dem von der Arbeiterpartei oder den Arbeiterparteien, die fest entschlossen sind, den bürgerlichen Staat zu stürzen, in den Sowjets die Mehrheit ausgeübt wird. Das war der grundlegende theoretische Beitrag Lenins. Gerade diese Auffassung wurde jedoch von der POUM revidiert. In derselben Rede, in der Nin die Entlassung der bürgerlichen Minister forderte, entwickelte er eine Auffassung, die nur zur Aufrechterhaltung des bürgerlichen Staats führen konnte:

> »Diktatur des Proletariats. Ein weiteres Konzept, das Gegenstand von Meinungsverschiedenheiten mit den Anarchisten ist. Die proletarische Diktatur bedeutet, dass die Macht von der Arbeiterklasse ausgeübt wird. In Katalonien können wir behaupten, dass die Diktatur des Proletariats bereits besteht. (Beifall) … Vor ein paar Tagen veröffentlichte die FAI ein Manifest, welches erklärt, dass sie gegen alle Diktaturen kämpfen wird, von welcher Partei auch immer sie ausgeübt werden. Wir stimmen mit ihnen überein. Die Diktatur des Proletariats kann nicht von einem einzelnen Teil des Proletariats ausgeübt werden, sondern nur von allen, absolut allen. Keine Arbeiterpartei und kein Gewerkschaftszentrum hat das Recht, eine Diktatur auszuüben. Die hier Anwesenden sollen wissen, dass, falls die CNT oder die Kommunistische Partei oder die Sozialistische Partei die Diktatur einer Partei errichten wollen, wir ihnen die Stirn bieten würden. Die Diktatur des Proletariats

muss von allen ausgeübt werden.« (*La Batalla*, 8. September 1936)

Die Diktatur des Proletariats als einer Staatsform, die auf der breiten Grundlage eines Netzwerks aus Arbeiter-, Bauern- und Soldatenräten überall in der Industrie, auf dem Land und dem Schlachtfeld beruht, ersetzte Nin hier durch ein völlig anderes Konzept: eine Übereinkunft zwischen den Spitzengremien der Arbeiterorganisationen, um gemeinsam die Regierungsverantwortung zu übernehmen. Das ist falsch und hat überhaupt nichts mit der marxistischen Konzeption der proletarischen Diktatur gemeinsam! Wie könnte die proletarische Diktatur gemeinsam mit den stalinistischen Demokraten und Sozialdemokraten ausgeübt werden, die für die bürgerliche Demokratie eintraten? Wie könnten Parteiübereinkünfte der Ersatz für das notwendige gewaltige Netzwerk der Arbeiterräte sein?

Die leninistische Voraussage, dass jede wirkliche Revolution Organe der Doppelherrschaft hervorbringt, war am 19. Juli bestätigt worden: die Milizkomitees, die Versorgungskomitees, Arbeiterpatrouillen usw. usf. Die leninistische Strategie verlangte die Zentralisierung der Organe der Doppelherrschaft in einem nationalen Zentrum und die Übernahme der Staatsmacht durch dieses Zentrum. Die Auflösung der Organe der Doppelherrschaft, wie in Deutschland 1919, wurde von Lenin »die Liquidierung der Revolution« genannt.

Beunruhigende Erinnerungen daran veranlassten die POUM-Führer bei der Ankündigung ihres Eintritts in die Generalitat folgendermaßen zu schließen:

> »Wir befinden uns in einem Übergangsstadium, in dem die Macht der Ereignisse uns genötigt hat, direkt im Rat der Generalitat mitzuarbeiten, zusammen mit anderen Arbeiterorganisationen ... Aus den Komitees der Arbeiter, Bauern und Soldaten, auf deren Bildung wir drängen, wird die direkte Vertretung der neuen proletarischen Macht entstehen.«

Aber dies war der letzte Schwanengesang der Komitees der Doppelherrschaft. Denn einer der ersten Schritte des neuen Kabinetts der Generalitat bestand darin, sämtliche revolutionären Komitees aufzulösen, die am 19. Juli entstanden waren.

Das Zentralkomitee der Milizen wurde aufgelöst und seine Befugnisse den Ministerien für Verteidigung und Innere Sicherheit übertragen. Die lokalen Milizen und antifaschistischen Komitees, die ihrer Zusammensetzung nach fast ausnahmslos proletarisch waren und welche die Städte und Dörfer regiert hatten, wurden aufgelöst und durch Stadt- und Gemeindeverwaltungen ersetzt, die sich im gleichen Verhältnis wie das Kabinett zusammensetzten (Esquerra 3, CNT 3, PSUC 2, Bauern-Union, POUM und Acció Catalana, die rechte bürgerliche Organisation, je 1). Um ganz sicher zu sein, dass kein revolutionäres Organ übersehen worden war, wurde dann ein zusätzlicher Erlass verabschiedet, der es verdient, vollständig zitiert zu werden:

> »Artikel 1. In ganz Katalonien werden die lokalen Komitees aufgelöst, welchen Namen oder Titel sie auch immer tragen mögen, genau wie all jene lokalen Organismen, die entstanden sein mögen, um die subversive Bewegung niederzuschlagen, mit kulturellen, ökonomischen und allen anderen Arten von Zielen.
> Artikel 2. Widerstand gegen ihre Auflösung wird als ein faschistischer Akt angesehen, und die Anstifter werden den Tribunalen der Volksjustiz übergeben.« (Erlassen am 9. Oktober 1936)

Die Auflösung der Komitees markierte den ersten großen Vormarsch der Konterrevolution. Sie beseitigte die aufkeimende Sowjetgefahr und ermöglichte es dem bürgerlichen Staat, in jedem Bereich seine Macht wieder zu erlangen, die ihm am 19. Juli aus den Händen geglitten war. Vollständig desorientiert, machte die POUM keinen Versuch, ihren früheren Aufruf zu Komitees mit ihrer Zustimmung zu deren Auflösung zwei Wochen später in Einklang zu bringen. Auf der anderen Seite blieb der traditionelle Hebel der Bourgeoisie, das Parlament, in deren Händen. Denn die POUM bekam als Gegenleistung für ihre Teilnahme an der Regierung noch nicht einmal einen Erlass, der das Parlament auflöste. Im Gegenteil. Die Finanzerlasse des neuen Kabinetts enthielten die übliche Klausel, die einen Rechenschaftsbericht an das katalanische Kabinett verlangte. Das Parlament ist tot, versicherte die POUM den Arbeitern, aber die Regierung, in der sie saß, sagte das nicht. Sicherlich, im Gegensatz zu Caballero wagte Companys es mehrere Monate nicht, das Parlament einzuberufen. Aber dieses Rechtsinstrument der bürgerlichen Herrschaft blieb intakt. Die Versammlung der parlamentarischen Abordnung am 9. April 1937, während einer Regierungskrise, schüchterte die CNT so ein, dass sie in die Regierung zurück gezwungen wurde. Und nach den Mai-Tagen, nachdem er die Arbeiter besiegt hatte, berief Companys das Parlament ein, von dem die POUM geschworen hatte, es wäre tot!

Ein noch wichtigerer Schritt zur Konsolidierung der Macht des bürgerlichen Staats erfolgte am 27. Oktober 1936: Ein Dekret zur Entwaffnung der Arbeiter:

> »Artikel 1. Alle Langwaffen (z. B. Gewehre, Maschinengewehre usw.), die sich in den Händen von Bürgern befinden, sind innerhalb von acht Tagen nach Veröffentlichung dieses Erlasses den Gemeindeverwaltungen auszuhändigen oder von diesen einzuziehen. Diese Waffen werden in den Artilleriehauptquartieren und im Verteidigungsministerium in Barcelona deponiert, um für die Front eingesetzt zu werden.
> Artikel 2. Mit dem Ende der erwähnten Periode werden jene, die solche Waffen zurückbehalten, als Faschisten betrachtet und mit der Härte abgeurteilt werden, die ihr Verhalten verdient.« (*La Batalla*, 28. Oktober 1936)

Die POUM und die CNT veröffentlichten dieses Dekret ohne ein einziges Wort der Erklärung gegenüber ihren Anhängern!

Damit war der bürgerliche Staat gerettet. Die POUM, die man während der kritischen Monate benutzt hatte, wurde im Zuge einer Kabinettsumbildung am 12. Dezember 1936 aus der Regierung geworfen. Die CNT mit ihrer großen Anhängerschaft wurde länger benutzt, insbesondere deshalb, weil sie sich immer weiter der Herrschaft der Bourgeoisie anpasste. Sie wurde deshalb erst im Juli des nächsten Jahres hinausgeworfen. Aber die Macht, die die Regierung sich mit Hilfe der POUM und der CNT aneignen konnte, blieb in den Händen der Regierung.

Das Wirtschaftsprogramm der Koalition

Außer mit der »Arbeitermehrheit« rechtfertigte die POUM ihren Eintritt mit der »sozialistischen Orientierung« des Wirtschaftsprogramms der Regierung. Dieses Argument war absolut verlogen, denn der revolutionäre Marxismus hat immer klar herausgestellt, dass die notwendige Voraussetzung für eine sozialistische Wirtschaft die Diktatur des Proletariats ist.

Die Bolschewiki waren 1917 sogar bereit, auf der Grundlage des Arbeiterstaats, für eine Zeit lang das Weiterbestehen von Privatindustrie in bestimmten Bereichen zuzulassen, eingeschränkt durch die Arbeiterkontrolle der Produktion. Genau in jenen Bereichen des wirtschaftlichen Lebens, in denen die Bolschewiki zuerst handelten, unternahm die katalanische Koalition jedoch nichts: Verstaatlichung der Banken und des Landes.

Selbst im rückständigen Spanien, wie auch anderswo, beherrscht das Finanzkapital alle anderen Kapitalformen. Doch alles, wozu die Koalition in Punkt 8 ihres Wirtschaftsprogramms ihre Zustimmung gab, war: »Arbeiterkontrolle der Bankunternehmen bis zum Zustandekommen der Verstaatlichung des Bankwesens.« In der Praxis bedeutete »Arbeiterkontrolle« nur zu verhindern, dass Gelder an faschistische Sympathisanten und Unbefugte ausgezahlt wurden. Das Wörtchen »bis« verschob die Verstaatlichung der Banken auf unbestimmte Zeit – nichts wurde jemals in dieser Richtung unternommen. Wie die nächsten Monate zeigten, bedeutete dieser gewaltige Hebel, dass die kollektivierten Betriebe jenen ausgeliefert waren, die die Kredite zurückhalten konnten. Genau auf diese Weise sollte der bürgerliche Staat die ökonomische Macht der Arbeiterklasse Monat für Monat reduzieren.

Die Bolschewiki hatten das Land verstaatlicht und seine Kontrolle den lokalen Sowjets übertragen: Das bedeutete das Ende des Privateigentums am Grundbesitz. Der Bauer musste den Kollektiven nicht beitreten; er war jedoch nicht länger dazu in der Lage, Land zu kaufen und zu verkaufen, und kein Gläubiger konnte es in seinen Besitz bringen.[12]

Das »radikale« katalanische Programm, »die Kollektivierung großer Ländereien und die Achtung des kleinen Landbesitzes«, kaschierte eine reaktionäre Perspektive: Land konnte immer noch gekauft und verkauft werden. Was noch wichtiger war: Laut dem katalanischen Autonomiestatut hatte die Zentralregierung das letzte Wort bei Wirtschaftsfragen, die ganz Spanien betrafen. Und sie hatte nur die Beschlagnahmung von Ländereien in faschistischem Besitz genehmigt. Die Koalition »ignorierte« die Widersprüchlichkeit zwischen den beiden Erlassen. Die POUM hatte nicht genug Gespür dafür, um den Widerspruch ans Licht zu bringen und die Zentralregierung zu zwingen, das katalanische Dekret formell anzuerkennen oder die Generalitat dazu zu veranlassen, seine volle Autonomie in ökonomischen Fragen zu erklären. Das bedeutete: Wenn die Bourgeoisie erst ihre Stärke zurückgewonnen hatte, würde der Madrider Landerlass sich durchsetzen.

Am 24. Oktober wurde ein langer und verworrener Erlass verkündet, der die Auffassung der Regierung über »die Kollektivierung der Großbetriebe, des öffentlichen Dienstes und des Transportwesens« konkretisierte. Vor ihrem Eintritt in die Regierung hatte die POUM die industrielle »Kollektivierung« kritisiert, indem sie darauf hinwies, dass die Gewerkschaften und sogar die Arbeiter in einzelnen Fabriken, diese als ihren eigenen Besitz behandelten. Der »syndikalistische Kapitalismus« machte aus den Fabriken lediglich eine Form von Kooperative der Produzenten, in denen die Arbeiter die Profite teilten. Aber die Industrie konnte nur als nationale Einheit effizient funktionieren, zusammen mit dem gesamten Bankwesen und einem Außenhandelsmonopol. Jetzt akzeptierte die POUM die »Kollektivierung«, die nicht mehr war als eine Produzentenkooperative, obwohl eine wirkliche Planung ohne Banken- und Handelsmonopol unmöglich war. Die versprochene »Kontrolle des Außenhandels« wurde niemals verwirklicht. Der Vorschlag der POUM, in den Erlass eine »Industrie- und Kreditbank von Katalonien« einzufügen, »um die Erfordernisse und den Bedarf der kollektivierten Industrie zu berücksichtigen«, wurde abgelehnt. So wurden die Grundlagen geschaffen, die von den Arbeitern besetzten Industrien zu zerstückeln.

Ein weiterer tödlicher Schlag für die »kollektivierten« Fabriken war die Entschädigungsvereinbarung mit den früheren Besitzern. Entgegen der allgemein verbreiteten Ansicht ist die Frage der Entschädigung von konfisziertem Eigentum für revolutionäre Marxisten nicht von vornherein ausgeschlossen. Lenin bot an, eine teilweise Entschädigung zu vereinbaren, falls die Bourgeoisie keinen

Widerstand leisten würde. Die POUM folgerte korrekt, dass die spanische Bourgeoisie entweder schon zu Franco übergelaufen war, oder – wie im republikanischen Gebiet – nichts anderes tun konnte, außer »die Gelegenheit wahrzunehmen zu arbeiten oder, wenn sie arbeitsunfähig war, Sozialversicherung unter denselben Bedingungen wie die Arbeiter zu beziehen«. (Die Frage der Entschädigung von ausländischen Kapitalisten stand nicht zur Debatte, da alle richtigerweise zustimmten, dies müsste anerkannt werden; aber unter dem Deckmantel dieser abstrakt-korrekten Formel sollte die Regierung die Ausländer bald »entschädigen« – indem sie ihnen ihre Fabriken zurückgab!) Der Rest der Koalition, einschließlich der Anarchisten, wies den Vorschlag der POUM zurück. Weder wurden eindeutige Entschädigungsnormen vereinbart, noch oblag die Entschädigung – wie dies beim ausländischen Kapital der Fall war – der Regierung. Stattdessen wurde »das inventarisierte Guthaben jeder beliebigen Firma dem Anspruchsberechtigten [früherer Besitzer] ›als soziale Entschädigung‹ gutgeschrieben« und »die Entschädigung für spanische Eigentümer wird bis zu einer späteren Entscheidung aufgeschoben«. Auf gut deutsch heiß das, dass mit den Entschädigungen die kollektivierten Unternehmen belastet würden, d. h., die beteiligten Arbeiter. Der genaue Betrag wurde für einen späteren Zeitpunkt offengelassen. Mit der Wiederherstellung der bürgerlichen Macht würde die Bourgeoisie den Unternehmen in Arbeiterhand Abgaben zugunsten der früheren Besitzer zumuten, die nach einem einzigen Kriterium bestimmt würden, nämlich in welchem Ausmaß sie es wagen konnte, den Arbeitern die zwangsweise Zahlung von Zinsen für die Kapitalschulden aufzubürden. Falls die Regierung stark genug werden würde, würden die früheren Besitzer, genau wie vorher, weiterhin ihre Coupons schneiden und ihre Dividenden erhalten. Die POUM bezeichnete diese Frage korrekt als »grundlegend«, blieb aber trotzdem in der Koalitionsregierung.

Der Kollektivierungserlass sah vor, dass in jeder Fabrik ein Regierungsagent als Teil des Fabrikrats eingreifen sollte. In allen Unternehmen mit mehr als 500 Beschäftigten musste der Direktor durch die Regierung bestätigt werden. Einmal von den Arbeitern in der Fabrik gewählt, blieb der Fabrikrat, außer bei ausgesprochenem Pflichtversäumnis, für zwei Jahre im Amt. Dadurch wurde die politische Zusammensetzung des Rats »eingefroren« und einer revolutionären Partei unmöglich gemacht, die Kontrolle in den Fabriken zu gewinnen. Die Generalräte, die einen ganzen Industriezweig umfassten, waren sogar noch weniger flexibel, da acht von zwölf Mitgliedern durch die Führung von UGT und CNT ernannt wurden und in ihnen Regierungsvertreter den Vorsitz führten. Diese Maßnahmen, die gewährleisteten, dass es keine »Revolte von unten« gab, wurden von allen, einschließlich der POUM, gebilligt.

Es ist doch wohl offensichtlich, dass das Wirtschaftsprogramm der Generalitat lediglich einige der von den Arbeitern schon gemachten Errungenschaften akzeptierte und sie mit einer Reihe politischer und ökonomischer Maßnahmen kombinierte, die diese Errungenschaften letztendlich vernichten würden? Doch dafür und für einen Sitz im Kabinett verkaufte die POUM ihre Chance, die spanische Revolution zu führen. Durch ihre Blankovollmacht für das Regierungsprogramm offenbarte die CNT den völligen Bankrott des Anarchismus als Weg zur sozialen Revolution.[13]

Die internationale Politik der Koalition

Wie ihre Ebenbilder in Madrid erwarteten die Esquerra und die PSUC vom Völkerbund und den »großen Demokratien« Unterstützung. Die CNT war auch nicht viel besser. Nach dem Sturz der Regierung Caballero erklärte Juan Peiró naiverweise, man habe der CNT versichert, das gemäßigte Regierungsprogramm wäre nur für das Ausland bestimmt gewesen.[14]

Das erklärt zweifellos, warum die CNT keine Delegationen ins Ausland schickte, um unter den Arbeitern zu agitieren.

Auch die POUM wurde das Opfer dieser opportunistischen Politik. Trotz ihres abstrakt korrekten Verständnisses der reaktionären internationalen Rolle der Sowjetbürokratie und ihrer Kritik an der Ablehnung Stalins, Spanien während der ersten drei kritischen Monate Waffen zu verkaufen, war die POUM nicht imstande, die Tatsache zu verstehen, dass die sowjetische Note vom 7. Oktober 1936 – »wenn die Verletzung des Abkommens nicht umgehend unterbunden wird, wird sie sich von jeder Verpflichtung befreit betrachten, die sich aus der Übereinkunft ergibt« – nicht bedeutete, das Nichteinmischungs-Komitee zu verlassen, und keinesfalls genügend Waffenlieferungen garantierte, um das Blatt zu wenden. »Es gibt keinen Zweifel daran, dass der jüngste Schritt der sowjetischen Regierung, den Nichteinmischungs-Vertrag zu brechen, von außerordentlicher politischer Bedeutung sein wird. Es ist vermutlich das bedeutendste politische Ereignis seit Beginn des Bürgerkriegs«, erklärte *La Batalla*. Und was noch schlimmer war, die Perspektive der POUM war, dass der französische Imperialismus Waffen senden würde: »Wie wird die französische Regierung auf diese neue Situation reagieren? Wird sie ihre neutrale Haltung beibehalten? Das würde äußerste Unbeliebtheit und Schande bedeuten. Blum würde unter allgemeiner Verachtung die Macht verlieren … Wir glauben nicht, dass Léon Blum einen solchen groben Fehler begehen würde. Wenn er einsieht, dass das einzige Hindernis bei der Korrektur seiner Politik die Haltung der sowjetischen Regierung war, sollte die Veränderung der Letzteren eine völlige Veränderung in Blums Politik veranlassen.« (*La Batalla*, 11. Oktober 1936) Hier, wie überall, hatte die POUM ihre Orientierung verloren. Es ist durchaus kein Zufall, dass sie während ihrer Monate in der Regierung keine Delegationen ins Ausland schickte, um unter den fortgeschrittenen Arbeitern zu agitieren.

VIII.

Die Wiederbelebung des bürgerlichen Staats September 1936 bis April 1937

Die wirtschaftliche Konterrevolution

In den acht Monaten, nachdem die Arbeitervertreter den Kabinetten von Madrid und Barcelona beigetreten waren, wurden die proletarischen Errungenschaften im wirtschaftlichen Bereich nach und nach beschnitten. Durch die Kontrolle der Staatskasse und der Banken war die Regierung in der Lage, den Arbeitern ihren Willen aufzuzwingen, indem mit Kreditentzug gedroht wurde.

In Katalonien, dem Hauptindustriezentrum, entwickelte sich der Prozess langsamer, aber mit demselben Ergebnis. Etwa 58 Finanzdekrete der Generalitat beschränkten im Januar massiv den Handlungsspielraum der kollektivierten Fabriken. Am 3. Februar wagte es die Generalitat zum ersten Mal, die Kollektivierung einer Industrie für illegal zu erklären – der für Milchprodukte. Während der Regierungskrise im April annullierte die Generalitat die Arbeiterkontrolle über den Zoll, indem sie sich weigerte, das Eigentum der Arbeiter an Material zu bestätigen, das exportiert worden war und in ausländischen Lagerhallen auf Antrag der früheren Besitzer festgehalten wurde. Von da an waren die Fabriken und landwirtschaftlichen Kollektive, die Waren exportierten, von der Regierung abhängig.

Comorera, der Führer der PSUC, hatte das Versorgungsministerium am 15. Dezember übernommen, als die POUM aus dem Kabinett geworfen worden war. Am 7. Januar verfügte er die Auflösung der Arbeiterversorgungskomitees, die Nahrungsmittel bei den Bauern gekauft hatten. In diese Lücke strömten die Spekulanten und Händler der GEPCI – im Besitz von UGT-Ausweisen! – und die daraus resultierende Hortung und der Anstieg der Lebensmittelpreise führten zu weit verbreiteter Unterernährung. Jede Familie erhielt Lebensmittelkarten, aber die Vorräte waren nicht entsprechend der Anzahl von Personen verteilt, die von den einzelnen Depots versorgt wurden. In den Arbeitervorstädten von Barcelona standen den ganzen Tag über lange Schlangen. Die Vorräte waren oft erschöpft, bevor das Ende der Schlangen erreicht war, während es in den bürgerlichen Vierteln Überfluss gab. Die privat betriebenen Restaurants hatten genügend Vorräte für diejenigen, die den Preis bezahlen konnten. Milch war für Arbeiterkinder unerreichbar, konnte aber in den Restaurants gekauft werden. Obwohl Brot (zu einem Festpreis) oft nicht zu bekommen war, konnte Kuchen (freier Preis) immer gekauft werden. Am 6. Jahrestag der Republik (14. April, von der FAI, CNT und POUM boykottiert) wurden die Demonstrationen der Esquerra und der Stalinisten von Frauendemonstrationen gegen die Nahrungsmittelpreise überschattet. Doch die Stalinisten machten sich selbst ihre Verbrechen politisch zunutze. Man gab den Massen zu verstehen, dass sie bei Mitgliedschaft in der PSUC und UGT bessere Rationen bekommen würden. Anonyme Klebezettel machten die kollektivierten Bauernhöfe und das kollektivierte Transportwesen für den Preisanstieg verantwortlich.

Vicente Uribe, stalinistischer Landwirtschaftsminister, spielte hier dieselbe Rolle, die ein stalinistischer Landwirtschaftsminister im Wang-Jingwei-Regime von 1927 in Wuhan bei der Bekämpfung der Bauern gespielt hatte. Uribes Ministerium löste Kollektive auf, organisierte frühere Großgrundbesitzer, denen ihre Ländereien als staatliche »Mitverwalter« zurückgegeben wurden, und hinderte die Kollektive daran, ihre Produkte ohne die Einschaltung eines Zwischenhändlers zu verkaufen.

Eine nationale Kampagne für »Staatskontrolle« und »Kommunalisierung« der Industrie schuf die Grundlage dafür, den Fabrikkomitees jegliche Kontrolle zu entreißen.

Die ökonomische Konterrevolution kam voran, aber vergleichsweise langsam. Denn der bürgerlich-stalinistische Block verstand, was die Anarchisten nicht taten, dass die notwendige Voraussetzung für die Zerstörung der wirtschaftlichen Errungenschaften der Arbeiter die Zerschlagung der Arbeitermilizen und -polizei und die Entwaffnung der Arbeiter in der Nachhut war. Aber Gewalt allein reichte nicht aus, um dieses Ziel zu erreichen. Die Gewalt musste mit Propaganda verbunden sein.

Die Zensur

Um den Erfolg ihrer eigenen Propaganda zu erleichtern, griff der bürgerlich-reformistische Block durch die Regierung zur systematischen Einschränkung der Presse und der Radiosendungen von CNT, FAI und POUM.

Die POUM war das Hauptopfer. Noch während sie in der Generalitat war, boykottierte der katalanische *Hoja Oficial* (Amtsblatt) jede Erwähnung von POUM-Versammlungen und Radiosendungen. Am 26. Februar verbot die Generalitat eine CNT-POUM-Großversammlung in Tarragona. Am 5. März wurde *La Batalla* eine Geldstrafe von 5000 Pesetas auferlegt und eine Sonderausgabe wegen Missachtung des Militär-Zensors zurückgewiesen. Am 14. März wurde *La Batalla* für vier Tage ausgesetzt, dieses Mal ganz offen wegen eines politischen Artikels. Gleichzeitig verweigerte die Generalitat der POUM die Benutzung der offiziellen Radiostation für Rundfunksendungen. Die Tageszeitungen der POUM in Lerida, Gerona usw. wurden ständig schikaniert.

Die tödlichsten Schläge wurden der POUM in dieser Zeit jedoch außerhalb Kataloniens versetzt. Die stalinistisch kontrollierte Madrider Verteidigungsjunta verbot die *POUM*, eine Wochenzeitung, im Januar für immer. Dieselbe Behörde sperrte und beschlagnahmte am 10. Februar die Druckmaschinen von *El Cambatiente Roja*, der Tageszeitung der POUM-Miliz, sperrte kurz darauf die Radio-Station der POUM und schloss sie im April für immer. Die Junta weigerte sich auch, der POUM-Jugend (Juventud Comunista Iberica) die Veröffentlichung von *La Antorcha* zu erlauben, wobei die offizielle Verbotserklärung zynisch feststellte, dass »die JCI keine Presse braucht«. *Juventud Raja*, das Organ der POUM-Jugend in Valencia, wurde im März strengster politischer Zensur unterworfen. Das einzige unbehelligte POUM-Organ war *El Comunista* in Valencia, die Wochenzeitung des bösartig anti-trotzkistischen, halb-stalinistischen rechten Flügels.

Ein weiteres wichtiges Arbeitsfeld unter den Massen wurde der POUM versperrt, als die Rote Hilfe der POUM auf Verlangen der PSUC aus dem Ständigen Hilfskomitee für Madrid ausgeschlossen wurde. Die CNT stimmte dieser kriminellen Handlung im Namen der Einheit zu, die im April auf das ganze Land ausgedehnt wurde, als die Rote Hilfe der POUM von der Teilnahme an der Madrider Woche ausgeschlossen wurde.

Dieser skizzenhafte Überblick über die Ächtung von POUM-Aktivitäten durch die Regierung vor dem Mai widerlegt die stalinistische Behauptung, die POUM sei wegen ihrer Teilnahme an den Mai-Ereignissen verfolgt worden.

Die Zensur gegen die POUM wurde von Kabinetten durchgeführt, in denen CNT-Minister saßen. Nur die anarchistische Jugend, Juventud Libertaria, protestierte öffentlich dagegen. Aber auch die CNT-Presse wurde systematisch schikaniert. Gibt es in der Geschichte irgendein anderes Beispiel dafür, dass sich Kabinettsminister der Unterdrückung ihrer eigenen Presse beugen?

Die Tageszeitung der FAI, *Nosotros*, in Valencia wurde am 27. Februar wegen eines Artikels, der Caballeros Kriegspolitik angriff, unbefristet verboten. Am 26. März verbot die baskische Regierung *CNT del Norte*, verhaftete die Redaktion und das CNT-Regionalkomitee – und übergab die Druckmaschinen der baskischen Kommunistischen Partei. Mehrere Ausgaben der *CNT* und *Castilla Libre*, beide aus Madrid, wurden vom 11. bis 18. April unterdrückt. *Nosotros* wurde am 16. April erneut ausgesetzt.

Zensur und Suspendierung waren formelle Maßnahmen. Mindestens genauso effektiv waren die »informellen« Maßnahmen, bei denen es CNT-, FAI- und POUM-Zeitungspaketen »misslang«, an der Front anzukommen oder Wochen später eintrafen. In der Zwischenzeit wurden riesige Auflagen der stalinistischen und der bürgerlichen Presse, die vom Zensor unangetastet waren und immer befördert wurden, kostenlos an die CNT-, UGT- und POUM-Milizen verteilt. Die Radiostationen der Regierung standen den Nelkens und Pasionarias immer zu Diensten. Fast all die so genannten politischen Kommissare an der Front waren Stalinisten und bürgerliche. Auf diese Weise ergänzte Betrug die nackte Gewalt.

Die Polizei

In den ersten Monaten nach dem 19. Juli befanden sich die Polizeiaufgaben fast vollständig in den Händen der Arbeiterpatrouillen in Katalonien und der »Milizen der Nachhut« in Madrid und

Valencia. Aber die Gelegenheit, die bürgerliche Polizei für immer aufzulösen, wurde verpasst.

Unter Caballero wurde die Guardia Civil in Nationale Republikanische Garde umgetauft. Ihre Überreste und die Asalto-Garden wurden allmählich von der Front abgezogen. Diejenigen, die zu Franco übergelaufen waren, wurden durch neue Leute mehr als ersetzt.

Der außergewöhnlichste Schritt in der Wiederbelebung der bürgerlichen Polizei war das wuchernde Anwachsen der bis dahin kleinen Zolltruppe, der Carabineros unter Finanzminister Negrín, die zu einer schwer bewaffneten Prätorianergarde von 40 000 Leuten wurde.[15]

Am 28. Februar wurde den Carabineros verboten, einer politischen Partei oder einer Gewerkschaft anzugehören oder ihre Massenversammlungen zu besuchen. Derselbe Erlass wurde danach auf die Zivil- und Asalto-Garden ausgedehnt. Das bedeutete, dass man die Polizei gegenüber der Arbeiterklasse vollständig isolierte. Die hoffnungslos desorientierten anarchistischen Minister stimmten dieser Maßnahme mit der Begründung zu, dass sie die stalinistische Anwerbung stoppen werde!

Bis April hatte man die Milizen in Madrid und Valencia schließlich aus allen Polizeiaufgaben hinausgedrängt.

In der proletarischen Festung Kataloniens traf diese Entwicklung auf den entschiedenen Widerstand der CNT-Massen. Außerdem gab es dort einen »unglücklichen Zwischenfall«, der den bürgerlichen Plan abbremste. Es stellte sich heraus, dass der oberste Polizeichef für ganz Katalonien, vom Kabinett ernannt – Andreu Revertés – einer der Rädelsführer bei einem Komplott zur Ermordung der CNT-Führer, der Errichtung eines unabhängigen Kataloniens und eines separaten Friedensschlusses mit Franco war.[16] Seine Entlarvung stärkte die Position der Arbeiterpatrouillen, die hauptsächlich von der CNT bestückt wurden.

Doch dann wurden die Patrouillen von innen angegriffen. Die PSUC befahl ihren Mitgliedern, sich aus ihnen zurückzuziehen (die meisten von ihnen taten es nicht und wurden aus der PSUC ausgeschlossen). Auch die Esquerra zog sich aus den Patrouillen zurück. Danach wurden sämtliche gängigen stalinistischen Diffamierungsmethoden gegen die Patrouillen gerichtet und das am lautesten, als die Patrouillen PSUC- und GEPCI-Geschäftsleute wegen Hortung und Geschäftemacherei mit Nahrungsmitteln verhafteten.

Am 1. März vereinigte ein Erlass der Generalitat die gesamte Polizei in einer einzigen staatlich kontrollierten Truppe, deren Mitgliedern die Mitgliedschaft in Gewerkschaften und Parteien verboten war und die nach Dienstalter ausgewählt wurden. Dies bedeutete, dass die Arbeiterpatrouillen abgeschafft und ihre Mitglieder aus der vereinigten Polizei ausgeschlossen wurden. Offenbar stimmten die CNT-Minister für den Erlass. Aber der folgende Protest der katalanischen Massen veranlasste die CNT, sich der POUM anzuschließen, die erklärte, dass sie sich weigern würde, sich ihm zu beugen. Am 15. März versuchte der Minister für öffentliche Ordnung, Jaime Ayguade, dennoch erfolglos, die Arbeiterpatrouillen in den Außenbezirken von Barcelona mit Gewalt zu unterdrücken. Dies war eine der Fragen, die zur Auflösung des katalanischen Kabinetts am 27. März führten. Aber es änderte sich nichts, als das neue Kabinett, wieder mit CNT-Ministern, am 16. April zusammentrat. Ayguade fuhr mit seinen Versuchen fort, die Patrouillen zu entwaffnen, während die CNT-Minister im Kabinett saßen und sich ihre Zeitungen damit begnügten, die Arbeiter vor Provokationen zu warnen.

Die Liquidierung der Milizen

Es konnte natürlich so lange keine Hoffnung darauf geben, ein wieder stabiles bürgerliches Regime zu errichten, solange sich die Organisierung und Verwaltung der bewaffneten Streitkräfte in den Händen der Gewerkschaften und Arbeiterparteien befand, die der Madrider und der katalanischen Regierung Lohnlisten und Beschlagnahmungen vorlegten und zwischen den Milizen und den Regierungen standen.

Die Stalinisten versuchten schon früh mit »gutem Beispiel« voranzugehen, indem sie ihre Milizen der Kontrolle der Regierung übergaben und halfen, das Salutieren, die Vorrangstellung der Offiziere hinter den Linien usw. einzuführen. »Keine Diskussion, keine Politik in der Armee«, heulte die stalinistische Presse, wobei sie natürlich keine Diskussion oder Politik der Arbeiterklasse meinte.

Das Beispiel blieb auf die CNT-Massen ohne Wirkung. Mindestens ein Drittel der bewaffneten Streitkräfte waren CNT-Mitglieder, die die von der Regierung geschickten Offiziere argwöhnisch betrachteten, sie auf den Status von »Technikern« verwiesen und ihnen die Einmischung in das soziale und politische Leben der Milizen verwehrten. Die POUM hatte 10 000 Milizionäre, die sich genauso verhielten. Die POUM druckte die Originaldienstvorschrift der Roten Armee von Trotzki, um sie an die Milizen zu verteilen; darin war ein demokratisches inneres Regime und politisches Leben in der Armee vorgesehen. Die stalinistische Kampagne für die Eliminierung des inneren demokratischen Lebens der Milizen, unter der Losung des »Vereinigten Kommandos«, wurde durch die einfache und nicht zu beantwortende Frage gekontert: Warum macht ein vereinigtes Kommando die Wiederherstellung des alten Kasernenregimes und die Vorrangstellung einer bürgerlichen Offizierskaste notwendig?

Aber die Regierung setzte sich schließlich durch. Die im September und Oktober mit Zustimmung der CNT und der POUM verabschiedeten Militarisierungs- und Mobilisierungsdekrete schrieb die Einberufung regulärer Regimenter nach dem alten militärischen Kodex vor. Eine systematische Auswahl von Kandidaten für die Offiziersschulen verschaffte der Bourgeoisie und den Stalinisten das Übergewicht. Und sie suchten die Männer für die neuen Regimenter aus.

Als die ersten Abteilungen der neuen Armee bereit waren und an die Front geschickt wurden, spielte die Regierung sie gegen die Milizen aus, indem sie die Umgestaltung der Milizen nach dem gleichem Muster verlangte. Bis März hatte die Regierung an der stalinistisch kontrollierten Madrider Front ihr Ziel weitgehend erreicht. An der Aragon- und Levante-Front, die hauptsächlich von CNT-, FAI- und POUM-Milizen besetzt waren, bereitete die Regierung die Auflösung der Milizen durch eine skrupellose, systematische Politik der Verweigerung von Waffen vor. Erst nach einer Umgestaltung, so gab man den Milizen zu verstehen, würden sie ausreichend Waffen für eine Offensive an diesen Frontabschnitten erhalten. Dennoch sorgte die bloße Masse der CNT-Milizen dafür, dass die Regierung ihre Ziele erst nach den Mai-Tagen erreichte, als Azañas Ex-Kriegsminister, General Pozas, die Aragon-Front übernahm.

Letzten Endes war der endgültige Erfolg der Regierung jedoch nicht so sehr auf ihre eigenen Anstrengungen als vielmehr auf den politisch falschen Charakter der CNT-POUM-Forderung nach einem »Vereinigten Kommando unter Kontrolle der Arbeiterorganisationen« zurückzuführen.

Die Stalinisten und ihre »parteilosen« Publizisten vom Schlage eines Louis Fischer und Ralph Bates haben bei der Kontroverse zwischen der POUM-CNT und der Regierung über die Reorganisierung der Armee die Tatsachen bewusst verdreht. Die Stalinisten stellen es so dar, als ob die POUM-CNT die lose organisierten Milizen beibehalten wollten im Gegensatz zu einer effektiv zentralisierten Armee. Das ist eine frei erfundene Lüge, wie man an tausend Artikeln in der POUM-CNT-Presse aus jener Zeit nachweisen kann, die eine disziplinierte Armee unter einem zentralen Kommando verlangen. Die wirkliche Frage war: Wer wird die Armee kontrollieren? Bourgeoisie oder Arbeiterklasse? Obendrein warfen nicht nur die POUM und die CNT diese Frage auf. Das UGT-Organ, *Claridad*, lehnte Girals ursprünglichen Plan für eine Spezialarmee ab und erklärte: Wir »müssen dafür sorgen, dass die Massen und die Führung der bewaffneten Streitkräfte, die vor allem das Volk in Waffen sein sollten, nicht unseren Händen entgleiten«. (20. August 1936)

Das war das eigentliche Problem. Die Bourgeoisie setzte sich durch, weil die UGT, POUM und die CNT-FAI den heillosen Fehler begingen, eine proletarisch kontrollierte Armee in einem bürgerlichen Staat anzustreben. Sie waren so sehr für Zentralisierung und vereinigtes Kommando, dass sie für die Regierungserlasse stimmten, die in den folgenden Monaten dazu dienten, jegliche Kontrolle der Arbeiter über die Armee zu eliminieren. Die Zustimmung der UGT, POUM und CNT zu diesen Dekreten war nicht das geringste ihrer Verbrechen gegen die Arbeiterklasse.

Ihre Losung für ein zentralisiertes Kommando unter Kontrolle der Arbeiterorganisationen war falsch, weil sie keine Methode lieferte, wie dieses Ziel erreicht werden sollte. Die Forderung, die vom ersten Tag des Kriegs an hätte aufgestellt werden müssen, war der Zusammenschluss aller Milizen und der wenigen noch vorhandenen Regimenter zu einer einzigen Streitmacht, mit der demokratischen Wahl von Soldatenkomitees in jeder Einheit, die in einer nationalen Wahl von Soldatendelegierten zu einem nationalen Rat zusammengefasst werden. Bei der Einberufung neuer Regimenter, wären deren Soldatenkomitees den lokalen und nationalen Räten beigetreten. Auf diese Weise hätte die bürgerliche Kontrolle über die bewaffneten Streitkräfte durch die Einbeziehung der bewaffneten Massen in das tägliche politische Leben effektiv verhindert werden können.

Die POUM hatte eine wunderbare Gelegenheit, die Wirksamkeit dieser Methode zu demonstrieren. An der Aragon-Front besaß sie acht Monate lang die direkte organisatorische Kontrolle über 9000 Milizionäre. Sie hatte die einmalige Möglichkeit, diese politisch zu erziehen, unter ihnen Soldatenkomitees zu wählen, um ein Beispiel für die übrigen Milizen zu setzen und dann den Zusammenschluss zu verlangen, bei dem ihre ausgebildeten Kräfte ein mächtiges Gärungsmittel gewesen wären. Nichts wurde unternommen. Die POUM-Presse brachte Geschichten über Vertreter der Aragon-Front, die sich auf einem Kongress trafen. Diese Versammlungen waren nichts anderes als Zusammenkünfte von Beauftragten des nationalen Büros. In Wirklichkeit verbot die POUM die Wahl von Soldatenkomitees. Warum? Neben anderen Gründen war es die Tatsache, dass der Widerstand gegen die opportunistische Politik der POUM in den Mannschaften weit verbreitet war, und die Bürokratie fürchtete, dass die Bildung der Komitees die notwendige Arena bieten würde, in der die Linke Opposition siegen könnte.

Die einfache, konkrete Losung von gewählten Soldatenkomitees war der einzige Weg, um die proletarische Kontrolle über die Armee zu sichern. Diese Losung konnte darüber hinaus nur eine Übergangsmaßnahme sein. Denn eine Armee unter Arbeiterkontrolle konnte nicht unbegrenzt Seite an Seite mit dem bürgerlichen Staat existieren. Wenn der bürgerliche Staat weiterhin existierte, würde er zwangsläufig die Arbeiterkontrolle über die Armee zerstören.

Die Befürworter der Arbeiterkontrolle in der POUM, CNT und UGT stellten weder die konkrete Losung auf, noch hatten sie irgendein Programm, um den bürgerlichen Staat zu ersetzen. Ihre grundlegende Orientierung verurteilte deshalb ihren Widerstand gegen die bürgerliche Herrschaft über die Armee zur Hilflosigkeit.

Die Entwaffnung der Arbeiter in der Nachhut

In den revolutionären Tagen, die dem 19. Juli 1936 folgten, hatten die Regierungen in Madrid und Katalonien notgedrungen die Bewaffnung der Arbeiter, die sich bereits selbst bewaffnet hatten, geduldet. Die Arbeiterorganisationen wurden ermächtigt, an ihre Mitglieder Waffenscheine auszugeben. Für die Arbeiter war es nicht nur eine Frage, sich vor den konterrevolutionären Vorstößen der Regierung zu schützen, sondern der tagtäglichen Notwendigkeit, die Bauernkomitees gegen Reaktionäre zu schützen, die Fabriken, Eisenbahnen, Brücken usw. gegen faschistische Banden zu sichern, die Küste vor Überfällen zu schützen, Faschisten-Nester aufzustöbern.

Im Oktober kam das erste Entwaffnungsdekret, das die Ablieferung aller Gewehre und Maschinengewehre an die Regierung vorsah. Es wurde in der Praxis so ausgelegt, dass es den Arbeiterorganisationen weiterhin erlaubte, Lizenzen für Langwaffen an Betriebswachen und Bauernkomitees auszugeben. Aber es schuf einen verhängnisvollen Präzedenzfall.

Am 15. Februar befahl die Zentralregierung das Einsammeln aller Langwaffen wie auch aller Kurzwaffen, die ohne Erlaubnis getragen wurden. Am 12. März befahl das Kabinett den Arbeiterorganisationen, von ihren Mitgliedern große und kleine Waffen einzusammeln und sie innerhalb von 48 Stunden zu übergeben. Diese Anordnung wurde am 17. April unmittelbar auf Katalonien angewandt. Nationale Republikanische Garden begannen offiziell damit, Arbeiter, die sie auf den Straßen Barcelonas antrafen, zu entwaffnen. 300 Arbeiter – CNT-Mitglieder, die Waffenlizenzen ihrer Organisation besaßen – wurden während der letzten April-Woche auf diese Weise von der Polizei entwaffnet.

Der Vorwand, die Waffen würden an der Front gebraucht, war eine unverschämte Lüge, wie jeder Arbeiter mit seinen eigenen Augen sehen konnte. Denn während die Arbeiter ihrer Gewehre und Revolver beraubt wurden, von denen sich einige seit den

Tagen der Monarchie im Besitz der CNT befanden, wurden die Städte in großem Umfang mit den wieder aufgebauten Polizeitruppen ausgestattet, die bis zu den Zähnen mit neuen russischen Gewehren, Maschinengewehren, Artillerie und Panzerwagen bewaffnet waren.

Unterdrückungsmethoden außerhalb der Gesetze: die spanische GPU

Am 17. Dezember 1936 erklärte die *Prawda*, Stalins persönliches Organ: »Was Katalonien angeht, so hat die Säuberung von Trotzkisten und Anarcho-Syndikalisten begonnen; sie wird mit derselben Energie durchgeführt werden, mit der sie in der UdSSR betrieben wurde.«

Die »legalen Methoden« gingen jedoch zu langsam voran. Sie wurden durch organisierte Terrorbanden ergänzt, die mit privaten Gefängnissen und Folterkammern ausgerüstet waren, die »Präventorien« genannt wurden. Die großen Helden, die man für diese Arbeit anheuerte, spotteten jeder Beschreibung: ehemalige Mitglieder der faschistischen CEDA, kubanische Gangster, Bordellbesitzer, Passfälscher und Sadisten.[17] Durch die kleinbürgerliche Zusammensetzung der KP hervorgebracht und durch ihr konterrevolutionäres Programm geschult, bewiesen diese organisierten Banden der spanischen GPU gegenüber den Arbeitern die Grausamkeit von Hitlers Bluthunden, denn wie diese waren sie darauf dressiert, die Revolution auszurotten.

Rodriguez, CNT-Mitglied und Spezialkommissar für die Gefängnisse, beschuldigte im April ausdrücklich José Cazorla, Mitglied des stalinistischen Zentralkomitees und Polizeichef unter der Madrider Junta, und Santiago Carillo, ein weiteres Mitglied des ZK, dass sie Arbeiter, die von Cazorla verhaftet, aber durch Volkstribunale freigesprochen worden waren, illegal festhielten, und »die erwähnten freigesprochenen Personen in geheime Gefängnisse bringen oder sie in kommunistische Milizbataillone auf vorgeschobene Positionen schicken, um sie als ›Festungen‹ zu benutzen.« Die CNT verlangte vergeblich eine formelle Untersuchung ihrer Vorwürfe. Erst als bewiesen war, dass Cazorlas Bande als Nebenbeschäftigung mit Gangstern arbeitete, die einflussreiche

Faschisten ohne offizielle Zustimmung aus dem Gefängnis entließen, wurde Cazorla entfernt. Er wurde einfach durch Carillo, einen anderen Stalinisten, ersetzt, und die illegale GPU und ihre Privatgefängnisse machten weiter wie bisher.

»Es wird allmählich klar, dass die jüngst in Madrid entdeckten Tscheka-Organisationen[18] … direkt mit ähnlichen Zentren verbunden sind, die unter einer zentralen Führung und nach einem vorgefassten Plan im nationalen Maßstab arbeiten«, schrieb *Solidaridad Obrera* am 25. April 1937. Am 8. April hatte die CNT, bewaffnet mit Beweisen, schließlich die Verhaftung einer Bande von Stalinisten in Murcia und die Absetzung des Zivilgouverneurs erzwungen, weil er Privatgefängnisse und Folterkammern unterhielt. Am 15. März waren 16 CNT-Mitglieder in Villanueva de Alcardete in der Provinz Toledo von Stalinisten ermordet worden. Der CNT-Forderung nach Bestrafung setzte *Mundo Obrero* als Verteidigung entgegen, die Mörder seien revolutionäre Antifaschisten. Die folgende gerichtliche Untersuchung stellte fest, dass eine nur aus Stalinisten bestehende Bande, einschließlich der KP-Bürgermeister von Villanueva und Villamayor, die als »Verteidigungskomitee« agierten, politische Gegner ermordet, geplündert, Abgaben erpresst und die schutzlosen Frauen des Gebiets vergewaltigt hatte. Fünf der Stalinisten wurden zum Tode verurteilt, acht weitere zu Gefängnis.

Das organisierte Gangstertum der spanischen GPU ist vor den Gerichtshöfen der spanischen Regierung bewiesen worden. Wir beschränken uns hier auf juristisch festgestellte Vorfälle. Aber die CNT-Presse ist mit Hunderten von Beispielen angefüllt, in denen die »legale« Konterrevolution durch die GPU in Spanien ergänzt wurde.

IX.

Die Konterrevolution und die Massen

Es wäre eine Verleumdung der sozialistisch und anarchistisch geführten Massen zu glauben, sie seien über den Vormarsch der Konterrevolution nicht bestürzt gewesen. Unzufriedenheit ist jedoch nicht genug. Es ist notwendig, auch den Ausweg zu kennen. Ohne eine entschiedene, gut entwickelte Strategie, um die Konterrevolution zurückzuschlagen und die Massen an die Staatsmacht zu führen, kann die Unzufriedenheit unendlich anwachsen und sich nur in sporadischen, verzweifelten Ausbrüchen äußern, die zur Niederlage verurteilt sind. Mit anderen Worten, die Massen brauchen eine revolutionäre Führung.

Insbesondere in den Reihen der CNT und der FAI war die Unzufriedenheit gewaltig. Sie sickerte in Hunderten von Artikeln und Briefen in der anarchistischen Presse durch. Obwohl die anarchistischen Minister in Valencia und der Generalitat für die Regierungsdekrete stimmten oder sich ihnen ohne öffentlichen Protest unterwarfen, wagte es ihre Presse nicht, die Regierungspolitik direkt zu verteidigen. In dem Maße wie die Unterdrückungsmaßnahmen der Regierung zunahmen, so nahm auch der Druck der CNT-Arbeiter auf ihre Führung zu.

Am 27. März zogen sich die CNT-Minister aus der katalanischen Regierung zurück. Die darauf folgende Regierungskrise dauerte drei ganze Wochen. »Wir können die Revolution nicht der Einheit opfern«, erklärte die CNT-Presse. »Keine weiteren Konzessionen an den Reformismus.« »Die Einheit wurde bisher auf der Basis unserer Zugeständnisse aufrechterhalten.« »Wir können nicht weiter nachgeben.«

Was die CNT-Führung genau in dem Moment vorschlug, war ein Rätsel. Companys ließ sehr geschickt die Luft aus ihren Argumenten – mit einer Zusammenfassung des Regierungskurses seit Dezember, worin er aufzeigte, dass die CNT-Minister allem zugestimmt hatten – der Entwaffnung der Arbeiter, der Armeemobilisierung und den Reorganisierungsdekreten, der Auflösung der

Arbeiterpatrouillen usw. Hört mit diesem Unsinn auf und kehrt an die Arbeit zurück, sagte Companys. Und tatsächlich waren die CNT-Minister bereit, am Ende der ersten Woche zurückzukehren. In diesem Augenblick verlangten die Stalinisten jedoch eine weitere Kapitulation: Die Organisationen, die Minister stellten, sollten eine gemeinsame Erklärung unterschreiben, mit der sie sich verpflichteten, eine vorgegebene Reihe an Aufgaben zu erfüllen. Die CNT-Minister protestierten, dass die übliche Regierungserklärung nach der Einführung des neuen Kabinetts genügen würde – der stalinistische Vorschlag hätte die CNT-Minister vor den Massen vollkommen entblößt dastehen lassen. So zog sich die Regierungskrise noch zwei weitere Wochen hin.

Darauf eröffnete sich dann ein kleiner Nebenschauplatz, der auf nichts anderes als eine Arbeitsteilung hinauslief, durch die die CNT-Führer stärker denn je an die Generalitat gebunden wurden. Companys versicherte der CNT, er stimme mit ihr und nicht mit den Stalinisten überein. Er bot seine Dienste an, die Stalinisten zu »zwingen«, ihre Forderung aufzugeben. Zur selben Zeit verteidigte Premier Tarradellas, Companys' Leutnant, die Verwaltung der Kriegsindustrie (die von der CNT geleitet wurde) gegen einen Angriff im PSUC-Organ *Treball*, den er als »unbegründetste Lüge« bezeichnete. Für diese kleinen Dienste gab die CNT Companys auf unterwürfigste Weise die bedingungslose politische Unterstützung:

> »Wir erklären öffentlich, dass die CNT an der Seite des Präsidenten der Generalitat, Louis Companys, steht, dem wir welche Hilfen auch immer gewährt haben, die für die Lösung der politischen Krise nötig waren. Wir halten zum Präsidenten, der, ohne irgendeine Art von unterwürfigem Lob – ein Vorgehen, das mit der Moral unserer revolutionären Bewegung unvereinbar ist – weiß, dass er auf unseren tiefsten Respekt und unsere ernsthafteste Unterstützung zählen kann.« (*Solidaridad Obrera*, 15. April 1937)

Es gelang Companys natürlich, die Stalinisten davon zu überzeugen, ihre Forderung nach einem Pakt fallen zu lassen, und am 16. April war die Regierungskrise »gelöst«. Wie sein Vorläufer verschaffte das neue Kabinett der Bourgeoisie und den Stalinisten eine Mehrheit und unterschied sich natürlich in nichts von dem vorhergehenden.

Die Massen der CNT konnten nicht so »flexibel« sein. Sie verfügten über eine heroische Tradition des Kampfs gegen den Kapitalismus bis auf den Tod. Umso nachdrücklicher fand die Neubelebung des bürgerlichen Staats auf ihrem Rücken statt. Inflation und unkontrollierte Preismanipulationen durch die Geschäftsleute, die zwischen der Bauernschaft und den städtischen Massen »vermittelten«, führten jetzt zu steilen Preisanstiegen. Zu dieser Zeit sind die Preissteigerungen das Leitmotiv des gesamten Lebens. In der Presse wird laufend über dieses Problem berichtet. Die Lebensbedingungen der Massen wurden täglich unerträglicher, und die CNT-Führer zeigten ihnen keinen Ausweg.

Viele Stimmen riefen zur Rückkehr zur traditionellen apolitischen Haltung der CNT auf. »Keine Regierungen mehr!« Lokale CNT-Zeitungen brachen die Disziplin und wiederholten dieses Thema. Dies war der Ratschlag der gedankenlosen Verzweiflung.

Weit bedeutsamer war der Aufstieg der Freunde Durrutis. Im Namen des zum Märtyrer gewordenen Führers erhob sich eine Bewegung, die die Notwendigkeit des politischen Lebens begriffen hatte, die Kollaboration mit der Bourgeoisie und den Reformisten jedoch ablehnte. Die Freunde Durrutis hatten sich organisiert, um der CNT-Bürokratie die Führung zu entreißen. In den letzten April-Tagen klebten sie überall in Barcelona Plakate mit ihren Losungen – offener Bruch mit der CNT-Führung. Diese Losungen enthielten die wesentlichen Punkte eines revolutionären Programms: alle Macht der Arbeiterklasse und demokratische Organe der Arbeiter, Bauern und Frontkämpfer als Ausdruck der Arbeitermacht.

Die Freunde Durrutis sorgten für eine tief greifende Gärung in der anarchistischen Bewegung. Am 1. April hatte ein Manifest der anarchistischen Jugend Kataloniens (*Ruta*, 1. April 1937) »die Vereinigte Sozialistische Jugend [Stalinisten] verurteilt, die als erste die Aufwertung von Azañas Ansehen unterstützte – das in den ersten Tagen der Revolution so tief gefallen war, als er aus dem Land zu fliehen versuchte – und die an die Vereinigte Katholische Jugend und selbst jene appelliert hatte, die mit dem Faschismus sympathisierten«. Es brandmarkte den bürgerlich-stalinistischen Block, weil er »offen alle Pläne der englischen und französischen Regierung, die spanische Revolution zu umzingeln, unterstützt«. Es verurteilte die konterrevolutionären Überfälle auf Verlage und Radiostationen der POUM in Madrid. Es machte deutlich, dass »der Front von Aragon Waffen verweigert werden, weil sie eindeutig revolutionär ist, um danach in der Lage zu sein, die Kolonnen, die an jener Front operieren, mit Schmutz zu bewerfen«. »Die Zentralregierung boykottiert die katalanische Wirtschaft, um uns zu zwingen, auf unsere revolutionären Errungenschaften zu verzichten.« »Die Söhne des Volks werden an die Front geschickt, aber die uniformierten Kräfte werden für konterrevolutionäre Zwecke in der Nachhut behalten.« »Sie haben an Boden gewonnen für eine Diktatur – nicht die proletarische! – sondern die bürgerliche.«

Das Manifest grenzte die anarchistische Jugend klar von den CNT-Ministern ab und schloss: »Wir sind fest entschlossen, nicht für die Verbrechen und den Verrat verantwortlich zu sein, die gegen die Arbeiterklasse verübt werden … Wir sind bereit, falls notwendig, zum Untergrundkampf gegen die Verräter, gegen die Tyrannen des Volks und die erbärmlichen politischen Krämer zurückzukehren.« Ein Artikel in derselben Ausgabe der *Ruta* erklärte: »Erlaubt nicht, dass gewisse Genossen mit beschwichtigenden Worten zu uns kommen. Wir werden unseren Kampf nicht aufgeben. Die Dienstwagen und die sitzende Lebensweise der Bürokratie schüchtern uns nicht ein.« Und das von der offiziellen Organisation der anarchistischen Jugend!

Eine Umgruppierung findet jedoch nicht innerhalb eines Tages oder eines Monats statt. Die CNT hatte eine lange Tradition, und die Unzufriedenheit ihrer Massen würde sich nur in langsamem Tempo zu einem organisierten Kampf um eine neue Führung und ein neues Programm entwickeln. Dies traf besonders deshalb zu, weil keine revolutionäre Partei existierte, um diese Entwicklung voranzubringen.

Die Antwort der POUM auf die Konterrevolution

Ein Abgrund öffnete sich zwischen den CNT-Führern und den Massen innerhalb der CNT-Bewegung. Würde die POUM in die

Bresche springen und sich an die Spitze der militanten Massen stellen?

Dass in den Reihen der CNT eine breite Tendenz existierte, zur traditionellen apolitischen Haltung zurückzukehren, war eine vernichtenden Kritik der POUM, die nichts unternommen hatte, diese Arbeiter für ein revolutionäres politisches Leben zu gewinnen. Auch ohne Unterstützung der POUM-Führung kristallisierte sich in den Freunden Durrutis und in der anarchistischen Jugend eine ernsthafte revolutionäre Strömung heraus. Wenn die POUM jemals unabhängig von der CNT-Führung hätte losschlagen sollen, so war dies der Moment!

Die POUM tat nichts dergleichen. Im Gegenteil, in der Regierungskrise vom 26. März bis zum 16. April machte sie deutlich, dass sie aus ihrer früheren Mitwirkung in der Generalitat überhaupt nichts gelernt hatte. Das Zentralkomitee verabschiedete eine Resolution, die erklärte:

> »Es ist eine Regierung vonnöten, die die Bestrebungen der Massen in bestimmte Bahnen lenkt und auf alle Probleme eine radikale und konkrete Lösung gibt durch die Schaffung einer neuen Ordnung, die der Garant der Revolution und des Siegs an der Front sein würde. Diese Regierung kann nur eine Regierung sein, die aus Vertretern aller politischen und gewerkschaftlichen Organisationen der Arbeiterklasse gebildet wird und die als unmittelbare Aufgabe die Verwirklichung des folgenden Programms vorschlagen würde.« (*La Batalla*, 30. März 1937)

Das vorgeschlagene 15-Punkte-Programm ist kein schlechtes Programm – für eine revolutionäre Regierung. Aber die Absurdität, es einer Regierung vorzuschlagen, die per Definition die Stalinisten und die Esquerra-kontrollierte Union der Rabassaires (unabhängige Bauern) einschließt, wird sofort durch den letzten Punkt des Programms deutlich: die Einberufung eines Kongresses von Delegierten der Gewerkschaften, Bauern und Frontkämpfer, der wiederum eine ständige Arbeiter- und Bauernregierung wählt.

Sechs Monate lang hatte die POUM erklärt, die Stalinisten organisierten die Konterrevolution. Wie konnte dann die POUM vorschlagen, mit ihnen in der Regierung und bei der Einberufung des Kongresses zusammenzuarbeiten? Aus diesem Vorschlag konnten die Arbeiter nur folgern, dass die Charakterisierung der Stalinisten durch die POUM im Wesentlichen fraktionelles Geschwätz war, und würden von nun an keine Vorwürfe der POUM gegen die Stalinisten mehr als ernst gemeint ansehen.

Und Companys und seine Esquerra? Ein neues Kabinett musste ein Mandat von Companys erhalten, und die POUM schlug nicht vor, dieses Gesetz zu missachten. War es denkbar, dass Companys einer Regierung zustimmen würde, die solch einen Kongress einberufen würde? Auch hier konnten die Massen nur den Schluss ziehen, dass die Erklärung der POUM über die zwangsläufig konterrevolutionäre Rolle der Esquerra Companys' nicht ernst gemeint war.

Tatsächlich konnten die Arbeiter nicht merken, dass die POUM dem Kongress eine grundlegende Bedeutung beimaß. Weit wichtiger schien der Eintritt der POUM in die Generalitat. *La Batalla* (vom 30. März) veröffentlichte nebeneinander zwei Beiträge mit der Überschrift: »Bilanz zweier Regierungsperioden«. Die eine mit der Überschrift: »Die Regierung, an der die POUM teilnahm«, die andere: »Die Regierung, an der die POUM nicht teilnahm«. Die Regierung vom 26. September bis zum 12. Dezember wird schwärmerisch als eine Periode des revolutionären Aufbaus beschrieben. So weigerte sich die POUM immer noch zu verstehen, wie die Regierung, an der sie teilgenommen hatte, die ersten riesigen Schritte zur Erneuerung des bürgerlichen Staats unternommen hatte. Aus dieser Bilanz konnte der Arbeiter nur einen logischen Schluss ziehen: Alles was notwendig war, war, dass die POUM wieder in die Regierung aufgenommen werden sollte.

Der Vorschlag der POUM war in der Tat nichts als eine schamhafte Umschreibung für eine Rückkehr zur Regierung vom 26. September. Dies wird durch *Adelante* (vom 13. April), die POUM-Zeitung aus Lerida, bestätigt, die offener von einer Regierung schreibt, in der die Arbeiterorganisationen den ersten Platz und die Bourgeoisie den zweiten Platz einnehmen werden. Die gesamten Lehren aus acht Monaten waren für die POUM-Führung vergebens gewesen!

Wir werden uns den von der POUM vorgeschlagenen Kongress mit Delegierten der Gewerkschaften, Bauern und Frontkämpfern etwas näher anschauen. Es klingt »fast« wie Sowjets; und tatsächlich wurde er genau deshalb vorgeschlagen, um den unruhigen linken Flügel der POUM irrezuführen. Aber er hatte absolut nichts mit der leninistischen Konzeption der Sowjets zu tun.

Man darf niemals vergessen – was die Stalinisten endgültig begraben haben –, dass die Sowjets nicht als Organe der Staatsmacht beginnen. Sie entstehen 1905 und 1917, in Deutschland und Österreich 1918, vielmehr als mächtige Streikkomitees und Vertretungsorgane der Massen, um mit den unmittelbaren konkreten Problemen und mit der Regierung fertig zu werden. Lange bevor sie die Staatsmacht ergreifen können, bestehen sie weiter als Verteidigungsorgane für die täglichen Interessen der Arbeiter. Lange bevor die Arbeiter-, Bauern- und Soldatendeputierten sich in einem gemeinsamen nationalen Kongress vereinigen, müssen die Stadt-, Dorf-, Regimentssowjets gebildet werden, die später in einem nationalen Organ vereinigt werden. Der Weg, um zu solch einem Kongress zu kommen, besteht darin, mit der Wahl von Fabrik-, Bauern- und Frontkämpferkomitees dort zu beginnen, wo immer man den Arbeitern nahe bringen kann, mit ihren eigenen Komitees zu arbeiten. Das Beispiel einiger weniger Komitees in einigen wenigen Fabriken und Regimentern wird die Massen für dieses Modell gewinnen – die demokratischste Vertretungsmethode, die die Menschheit kennt. Nur dann kann man einen nationalen Kongress als Griff nach der Macht organisieren.

Zu diesem Zeitpunkt wird der Kongress darüber hinaus zwangsläufig eine Widerspiegelung des politischen Niveaus der Massen sein, wenn auch eine genauere als jedes andere Organ. Wenn die stalinistischen, anarchistischen und anderen reformistischen Organisationen immer noch mächtig sind, dann wird der Kongress ihre Politik widerspiegeln. Mit einem Wort, das Sowjetmodell hat nichts mit Zauberei zu tun: Es ist lediglich die Form der politischen Vertretung der Massen, die Veränderungen am genauesten und am schnellsten reflektiert und darauf reagiert.

Die bloße Einberufung des Kongresses würde die grundlegende politische Aufgabe der POUM nicht lösen: den Stalinisten und Anarchisten die politische Führung der Mehrheit der Arbeiterklasse zu entreißen. Der Kongress würde die politischen Gedanken und Bestrebungen der Massen konzentrieren wie kein anderes Organ. Er würde die Arena bereitstellen, in der die revolutionäre Partei die Unterstützung der Arbeiterklasse gewinnen kann – aber nur im schärfsten Kampf gegen die falsche Politik der Reformisten aller Schattierungen.

Wäre es der POUM-Führung mit dem vorgeschlagenen Kongress ernst gewesen, so hätte sie nicht die Regierung gebeten, ihn einzuberufen, sondern hätte umgehend versucht, Komitees zu wählen, wo immer dies möglich war. Aber die POUM wählte derartige Komitees nicht einmal in den Fabriken und Milizen, die unter ihrer Kontrolle standen. Ihre 10 000 Milizionäre wurden bürokratisch von Funktionären kontrolliert, die vom Zentralkomitee der Partei ernannt worden waren, die Wahl von Soldatenkomitees war ausdrücklich verboten. Als das interne Leben der Partei intensiver wurde und die Arbeiter des linken Flügels einen neuen Kurs verlangten, wurde die Kontrolle der Führung über die Fabriken und Milizionäre immer bürokratischer. Das war wohl kaum ein Beispiel, das die Arbeiter anderswo dazu begeistern konnte, gewählte Komitees zu bilden!

Das Sowjetmodell gründet sich direkt auf die Fabriken, mit direkter Vertretung aus jeder Fabrik am Ort. Das sorgt für direkten Kontakt mit den Fabriken und ermöglicht es den Sowjets, sich durch Abberufung und Neuwahlen selbst zu erneuern und die Verzögerung der politischen Entwicklung auf ein Minimum zu reduzieren. Diese Eigenschaft der Sowjets ermöglicht es den Revolutionären auch, mit den Fabriken direkt, ohne das Eingreifen der Gewerkschaftsbürokraten, zu kommunizieren. Doch genau in diesem grundlegenden Merkmal unterscheidet sich der von der POUM vorgeschlagene Kongress vom Sowjetmodell: Die POUM schlägt eine Vertretung für die Gewerkschaften vor. Das war lediglich ein weiteres Zugeständnis an die Vorurteile der CNT-Führung, die die Gewerkschaften, und nicht die viel breiteren Arbeiter-, Bauern- und Soldatensowjets, als die leitende Kraft in der Industrie in einer sozialistischen Gesellschaft begreift und die – nebenbei bemerkt! – es ablehnt, dass die Revolutionäre die Arbeiter in den Fabriken erreichen.

So war das utopische Projekt der POUM ein Schwindel, eine Fälschung, die dazu verurteilt war, auf dem Papier zu existieren – ein leeres Zugeständnis an den linken Flügel.

In den Dokumenten der POUM sucht man vergeblich nach einer systematischen Verteidigung ihres opportunistischen Kurses. Man findet nur hier und da einen Abschnitt, von dem man annehmen könnte, er sei der Keim einer neuen Theorie. Nin beispielsweise schien zu denken, dass die einzig wahre Form der Diktatur des Proletariats auf der Führung durch mehr als eine Arbeiterpartei basieren muss:

> »Die Diktatur des Proletariats ist nicht jene Russlands, denn das ist eine Diktatur einer Partei. Die reformistischen Arbeiterparteien in den Sowjets arbeiteten für den bewaffneten Kampf gegen die Bolschewiki, und das schuf die Umstände für die Machtübernahme durch die bolschewistische Partei. In Spanien kann niemand an die Diktatur einer Partei denken, sondern nur an eine Regierung der vollen Arbeiterdemokratie ...« (*La Batalla*, 23. März 1937)

Auf diese Weise tilgt Nin die Sowjetdemokratie der ersten Jahre nach der Oktoberrevolution und die Geschichte des Prozesses der Reaktion, die sich aus der Isolation der Revolution von Europa ergab, was schließlich in Russland nicht zur Diktatur einer Partei, sondern zur Diktatur einer Bürokratie führte. Wenn man seine Worte ernst nimmt, dann könnte es in Spanien keine Diktatur des Proletariats geben, ganz egal wie groß der Einfluss der POUM werden würde, wenn nicht andere Organisationen (FAI und CNT) damit einverstanden wären, dafür zu arbeiten. Wenn sie das nicht tun, ist Spanien zur kapitalistischen Herrschaft verurteilt! So rationalisierte Nin seine Weigerung, die Rockschöße der CNT-Führer loszulassen.

Der Haken an der Sache ist, dass Nin die leninistische Konzeption der Sowjets aufgegeben hat. Und das tat er sehr deutlich:

> »In Russland gab es keine demokratische Tradition. Es gab dort keine Tradition der Organisierung und des Kampfs im Proletariat. Wir haben das. Wir haben Gewerkschaften, Parteien, Publikationen. Ein System der Arbeiterdemokratie.

> Man versteht deshalb, warum in Russland die Sowjets eine solche Bedeutung erlangten. Die Sowjets waren eine spontane Schöpfung, die 1905 und 1917 einen durch und durch politischen Charakter annahmen. Unser Proletariat hatte je doch seine Gewerkschaften, seine Parteien, seine eigenen Organisationen. Aus diesem Grunde haben sich die Sowjets bei uns nicht gebildet.« (»Die grundlegenden Probleme der Macht«, *La Batalla*, 27. April 1937)

Wenn sie sich einmal auf einen falschen, opportunistischen Kurs eingelassen haben, bauen Revolutionäre politisch in erschreckendem Tempo ab. Wer hätte wenige Jahre zuvor geglaubt, dass Nin in der Lage sein würde, diese Sätze von sich zu geben? Die gewaltige »Tradition an Organisation und Kampf«, die das russische Proletariat in der Revolution von 1905 ansammelte, durch deren Studium und Analyse sich die Kader entwickelten, die die Oktoberrevolution machten, »entgeht« ihm. Was war am Sowjetmodell besonders russisch? 1918 erhoben sich die Sowjets in Ländern mit einer weit reicheren proletarischen Tradition als Spanien – in Deutschland und Österreich. Und in der Tat, was waren die Fabrikkomitees, die Milizkomitees, die Dorfkomitees, die Arbeiterversorgungskomitees, die Arbeiterpatrouillen, die Untersuchungskomitees usw. usf., die in Spanien im Juli 1936 rasch anwuchsen – waren dies nicht die Grundsteine, die nur eine tiefere Politisierung und Koordinierung, eine direktere Vertretung der Massen statt der Organisationen verlangten, um die Sowjetmacht aufzubauen? Nins Rationalisierung ist erbärmlich; sie überzeugt nicht für einen Moment. Im September hatte er sich den Stalinisten und der Bourgeoisie angeschlossen, um die Doppelherrschaft der Sowjets als »unnötige Verdoppelung« ausdrücklich abzuschaffen – und neun Monate später konnte er sagen, »die Sowjets haben sich bei uns nicht entwickelt«.

Auf diese Weise bildete die POUM-Führung das hintere Ende der CNT. Anstatt sich die Lehren des Leninismus anzueignen, denunzierten sie ihn als … Trotzkismus. Warum nennen die Stalinisten uns Trotzkisten? – dies ist die immerwährende Beschwerde der POUM-Führung. Das Folgende aus einem Artikel von Gorkin ist typisch:

> »Trotzki gibt jedenfalls nicht die Grundlage dafür ab, dass wir Trotzkisten genannt werden. Im Jahre 1931 veröffentlichte er zwei Artikel über den damaligen Arbeiter- und Bauern-Block und seinen Führer Maurín. Für ihn [Trotzki] war unsere politische Linie eine ›Mischung aus kleinbürgerlichen Vorurteilen, Ignoranz, provinzieller ›Wissenschaft‹ und politischer Gaunerei‹ ...
> Mit dem spanischen Bürgerkrieg haben wir wieder einmal gesehen, wie sich das Sektierertum Trotzkis offenbarte ... Der heutige Repräsentant der Vierten Internationale in Spanien zog, innerhalb von zwei Stunden nach seiner Ankunft und nachdem er eine Viertelstunde mit uns gesprochen hatte, ein im Voraus vorbereitetes Programm aus der Tasche, das uns Ratschläge in Bezug auf die Taktik gab, die wir anwenden sollten. Wir rieten ihm höflich, einen Spaziergang durch Barcelona zu machen und die Situation ein wenig besser zu studieren. Dieser Bürger ... ist das perfekte Symbol des Trotzkismus: von sektiererischem Doktrinismus und großer Selbstzufriedenheit, sicher, dass er den revolutionären Stein der Weisen besitzt.« (*La Batalla*, 24. April 1937)

Dieses provinzielle Spießertum, das Erbe Mauríns, war nicht nur von Trotzki kritisiert worden. Nin selbst hatte im August 1931 erklärt, die größte Gefahr für den Arbeiter- und Bauernblock wäre Mauríns Verachtung der Lehren der Russischen Revolution. Als er Mauríns Erbe antrat, übernahm Nin jedoch diese Tradition provinzieller Blindheit.

Nicht alle, die mit Nin im Jahre 1931 übereingestimmt hatten, folgten ihm in seiner Abkehr vom Leninismus. Die Madrider Sektion der POUM, die am meisten von der bürgerlich-stalinistischen Unterdrückung abbekam, nahm mit überwältigender Mehrheit ein oppositionelles Programm an, das sich auf den leninistischen Kurs gründete. Die Hauptsektion der Partei, Barcelona, stimmte am 15. April 1937 für die sofortige Organisierung von Sowjets. Nin und Gorkin nahmen ihre Zuflucht zu bürokratischen Maßnahmen, um das Wachsen des linken Flügels zu verhindern. Abtrünnige wurden von der Front unter Bewachung zurückgebracht und ausgestoßen. Fraktionen waren verboten. Wichtiger als die Unterdrückungsmaßnahmen durch die Führung waren die der Regierung, die natürlich am heftigsten jene Arbeiter trafen, die sich an der Front und in den Fabriken auszeichneten. Die linken Arbeiter der POUM – die Ausgeschlossenen, konstituierten sich als spanische Bolschewiki-Leninisten (Anhänger der Vierten Internationale), stellten engen Kontakt mit den anarchistischen Arbeitern, insbesondere mit den »Freunden Durrutis«, her. Aber die Neugruppierung ging zu langsam voran. Bevor die revolutionären Kräfte sich zusammenschließen und das Vertrauen der Massen gewinnen, ihre Unzufriedenheit in das positive Streben nach der Macht verwandeln, die objektive Strategie der Führung an die Stelle der subjektiven Verzweiflung der Massen setzen konnten, hatte sich die Verbitterung der führungslosen Arbeiter schon Luft gemacht: Am 3. Mai wurden die Barrikaden errichtet.

X.

Die Mai-Tage: Barrikaden in Barcelona

Noch mehr als vor dem Bürgerkrieg war Katalonien das Hauptwirtschaftszentrum Spaniens; und diese wirtschaftlichen Kräfte befanden sich jetzt in den Händen der Arbeiter und Bauern (so dachten sie). Hier war die gesamte Textilindustrie Spaniens angesiedelt. Ihre Arbeiter lieferten jetzt Kleidung und Decken für die Armeen und die Zivilbevölkerung und die lebenswichtigen Exportgüter. Da die Eisen- und Stahlwerke Bilbaos praktisch vom übrigen Spanien abgeschnitten waren, hatten die Metall- und Chemiearbeiter Kataloniens mit dem heldenhaftesten Eifer eine große Kriegsindustrie geschaffen, um die antifaschistischen Armeen auszurüsten. Die Landwirtschaftskollektive, die die größten Ernten in der spanischen Geschichte einbrachten, ernährten die Armeen und die Städte und lieferten Zitrusfrüchte für den Export. Die CNT-Seeleute transportierten die Exporte, die Spanien im Ausland Kredite verschafften, aus dem Land, und brachten die kostbarsten Ladungen für den Kampf gegen Franco mit heim. Die Massen der CNT hielten die Aragon- und die Teruel-Front; sie hatten Durruti und die Elite ihrer Milizen geschickt, um Madrid gerade noch rechtzeitig zu retten. Mit einem Wort, das katalanische Proletariat war das Rückgrat der antifaschistischen Kräfte und wusste es.

Und was noch wichtiger ist, seine Macht war nach dem 19. Juli 1936 selbst von Companys anerkannt worden. Der katalanische Präsident hatte sich in den Juli-Tagen an die CNT-FAI gewandt und erklärt:

> »Ihr seid immer massiv verfolgt worden aber ich, der ich einst mit euch war, sah mich mit großem Schmerz später durch die politischen Realitäten gezwungen, euch zu bekämpfen und zu verfolgen. Heute seid ihr die Herren der Stadt und Kataloniens, weil ihr allein die faschistischen Soldaten bezwungen habt. Ich hoffe Ihr werdet es nicht geschmacklos finden, wenn ich

> euch daran erinnere, dass euch die Hilfe einiger weniger oder vieler Männer meiner Partei und der Garden nicht gefehlt hat … Ihr habt gesiegt, und alles steht in eurer Macht. Wenn ihr mich als Präsident nicht braucht oder wollt, sagt es mir jetzt, und ich werde ein weiterer Soldat im antifaschistischen Kampf werden. Wenn ihr mir dagegen glaubt, wenn ich sage, dass ich dem siegreichen Faschismus dieses Amt nur als Leiche überlassen würde, so kann ich euch vielleicht mit meinen Parteigenossen und meinem Namen und Prestige dienen.«

Folglich waren die Sorge und die Wut der katalanischen Massen angesichts der konterrevolutionären Angriffe die Gefühle von befreiten Menschen und Herren ihres eigenen Schicksals, die erneut Gefahr liefen versklavt zu werden. Unterwerfung ohne Kampf war ausgeschlossen!

Am 17. April 1937 – dem Tag, nachdem die CNT-Minister der Generalitat wieder beigetreten waren – kam eine Truppe von Carabineros in Puigcerdà an und verlangte, dass die dortigen CNT-Arbeiterpatrouillen ihnen die Kontrolle über den Zoll übergeben sollten. Während Spitzenfunktionäre der CNT nach Puigcerdà eilten, um eine friedliche Lösung zu vereinbaren – d. h., um die Arbeiter zur Übergabe der Grenzkontrolle zu drängen – wurden Asalto- und Zivilgarden nach Figueras und in andere Städte überall in der Provinz entsandt, um den Arbeiterorganisationen die Kontrolle über die Polizei zu entreißen. Gleichzeitig gingen die Asalto-Garden in Barcelona dazu über, Arbeiter, sobald sie sie auf den Straßen sahen, zu entwaffnen. Während der letzten April-Woche meldeten sie 300 Arbeiter, die sie auf diese Weise entwaffnet hatten. Jede Nacht fanden Zusammenstöße zwischen den Arbeitern und den Garden statt. Wagenladungen von Garden entwaffneten einzelne Arbeiter. Die Arbeiter rächten sich. Arbeiter, die sich nicht unterwerfen wollten, wurden erschossen. Daraufhin wurden wieder Garden abgeschossen.

Am 25. April wurde Roldán Cortada, ein PSUC-Gewerkschaftsführer, in Molins de Llobregat ermordet. Wer ihn ermordet hat, ist bis heute nicht bekannt. Die CNT verurteilte den Mord und schlug eine Untersuchung vor. Die POUM wies darauf hin, dass Cortada bezeichnenderweise vor der Fusion ein Anhänger Caballeros und dafür bekannt war, dass er die von den Stalinisten angeheizte Pogromstimmung missbilligte. Aber die PSUC beutete die Situation voll aus und prangerte die »unkontrollierbaren«, die »geheimen faschistischen Agenten« usw. an. Am 27. April erschienen die Repräsentanten der CNT und der POUM bei Cortadas Begräbnis – und sahen eine Demonstration der konterrevolutionären Kräfte. Dreieinhalb Stunden lang marschierte der »Begräbniszug« – PSUC, Regierungssoldaten und Polizei versammelten sich von nah und fern und bis an die Zähne bewaffnet – durch die Arbeiterviertel von Barcelona. Es war eine Kampfansage und die CNT-Massen ignorierten sie nicht. Am nächsten Tag entsandte die Regierung eine Strafexpedition nach Molins de Llobregat, nahm die anarchistischen Führer dort fest und brachte sie in Handschellen nach Barcelona zurück. In jener und der darauf folgenden Nacht entwaffneten sich die CNT und die PSUC-Asalto-Garden gegenseitig auf den Straßen. In den Arbeitervorstädten wurden die ersten Barrikaden errichtet.

Die Carabineros, verstärkt und vereint mit den örtlichen PSUC-Truppen, griffen die Arbeiterpatrouillen in Puigcerdà an. Antonio Martin, ein Bürgermeister und CNT-Führer, der überall in Katalonien bekannt war, wurde von den Stalinisten erschossen.

Der 1. Mai, der älteste und kostbarste proletarische Feiertag, nahte: Die Regierung verbot alle Versammlungen und Demonstrationen in ganz Spanien.

In jenen letzten April-Tagen erfuhren die Arbeiter von Barcelona auf den Seiten der *Solidaridad Obrera* zum ersten Mal, was ihren Genossen in Madrid und Murcia durch die stalinistische GPU angetan worden war.

* * *

Die Telefónica, das Hauptgebäude der Telefongesellschaft, das den belebtesten Platz Barcelonas beherrscht, war am 19. Juli 1936 von faschistischen Truppen besetzt worden, nachdem es ihnen von den Asalto-Garden übergeben worden war, die die Regierung dorthin geschickt hatte. Die CNT-Arbeiter hatten viele Genossen verloren, als sie es zurückeroberten. Umso teurer war es ihnen, es zu behalten. Seit dem 19. Juli wehte die rote und schwarze Flagge der CNT, für die Arbeiter überall in der Stadt sichtbar, von seinem Turm. Seit dem 19. Juli war die Vermittlung von einem CNT-UGT-Komitee erledigt worden, zusammen mit einer im Gebäude stationierten Regierungsdelegation. Die Belegschaft gehörte fast ausschließlich der CNT an, und bewaffnete CNT-Wachen verteidigten es gegen faschistische Überfälle.

Die Kontrolle über die Telefónica war ein konkretes Beispiel der Doppelherrschaft. Die CNT war in der Lage, Regierungsgespräche mitzuhören. Der bürgerlich-stalinistische Block würde in Katalonien niemals Herr sein, solange es den Arbeitern möglich war, den Regierungskräften die telefonische Koordination abzuschalten.

Am Montag, den 3. Mai um 15.00 Uhr, kamen drei Lastwagenladungen voll Asalto-Garden unter dem persönlichen Kommando des Kommissars für Öffentliche Ordnung, Salas, einem PSUC-Mitglied, bei der Telefónica an.[19] Die Wachen auf den unteren Fluren wurden überrascht und entwaffnet. Aber auf halbem Weg nach oben verhinderte ein Maschinengewehr die weitere Besetzung. Salas rief zusätzliche Garden herbei. Anarchistische Führer baten ihn eindringlich, sich aus dem Gebäude zurückzuziehen. Er weigerte sich. Die Neuigkeiten verbreiteten sich wie ein Lauffeuer in den Fabriken und Arbeitervorstädten.

Innerhalb von zwei Stunden, um 17.00 Uhr, strömten die Arbeiter in die lokalen Zentren der CNT-FAI und der POUM, bewaffneten sich und bauten Barrikaden. Seit den Kerkern der Rivera-Diktatur bis heute besitzt die CNT-FAI durchgängig ihre lokalen Verteidigungskomitees, die über eine Tradition lokaler Eigeninitiative verfügte. Soweit es in der kommenden Woche eine Führung gab, ging sie von diesen Verteidigungskomitees aus. In der ersten Nacht gab es fast überhaupt keine Schusswechsel, denn die Arbeiter waren eindeutig stärker als die Regierungstruppen. In den Arbeitervorstädten übergaben viele von der Regierungspolizei, denen nicht nach Kampf zumute war, ihre Waffen friedlich. Lois Orr, ein Augenzeuge, schrieb:

> »Am nächsten Morgen (Dienstag, 4. Mai) beherrschten die bewaffneten Arbeiter den größten Teil von Barcelona. Der

> gesamte Hafen und mit ihm die Montjuïc-Festung, die den Hafen und die Stadt mit ihren Kanonen beherrscht, wurde von den Anarchisten gehalten; sämtliche Vororte der Stadt waren in ihren Händen; und die Regierungstruppen waren, außer einige isolierte Barrikaden, vollständig in der Minderheit und im Zentrum der Stadt, dem bürgerlichen Viertel, konzentriert, wo sie leicht von allen Seiten eingeschlossen werden konnten, wie die Rebellen am 19. Juli 1936.«

CNT-, POUM- und andere Berichte erhärten diese Tatsache. Montagnacht übergaben die Zivilgarden ihre Waffen an die Arbeiter in Lerida, wie auch in Hostafrancs. Hauptquartiere der PSUC und der Estat Català in Tarragona und Gerona wurden von POUM- und CNT-Militanten als »Präventivmaßnahme« besetzt. Diese offensichtlichen Schritte waren nur der Anfang von dem, was getan werden konnte, denn die Massen Kataloniens standen in überwältigender Mehrheit hinter dem Banner der CNT. Die formelle Einnahme von Barcelona, die Bildung einer revolutionären Regierung hätte über Nacht zur Macht der Arbeiterklasse geführt. Dass dies das Ergebnis gewesen wäre, wird weder von den CNT-Führern noch von der POUM ernsthaft bestritten.[20]

Deshalb forderten die linken Fraktionen in der CNT und der POUM, Teile der anarchistischen Jugend, die Freunde Durrutis und die Bolschewiki-Leninisten die Übernahme der Macht durch die Arbeiter durch den Aufbau demokratischer Verteidigungsorgane (Sowjets). Am 4. Mai gaben die Bolschewiki-Leninisten das folgende Flugblatt heraus, das auf den Barrikaden verteilt wurde:

> LANG LEBE DIE REVOLUTIONÄRE OFFENSIVE
> Keine Kompromisse. Entwaffnung der republikanischen Nationalgarde und der reaktionären Asalto-Garden. Dies ist der entscheidende Moment. Das nächste Mal wird es zu spät sein. Generalstreik in allen Industriezweigen, ausgenommen jene, die mit der Fortführung des Kriegs verbunden sind, bis zum Rücktritt der reaktionären Regierung. Nur die proletarische Macht kann den militärischen Sieg sichern.
> Vollständige Bewaffnung der Arbeiterklasse.
> Lang lebe die Einheit der Aktion von CNT-FAI-POUM.

Lang lebe die revolutionäre Front des Proletariats.
Komitees zur revolutionären Verteidigung in den Betrieben, Fabriken, Bezirken.
Bolschewiki-Leninisten, Spanische Sektion (für die Vierte Internationale)

Die Flugblätter der Freunde Durrutis, die »eine revolutionäre Junta, vollständige Entwaffnung der Asalto-Garden und der republikanischen Nationalgarden« forderten und die die POUM freudig begrüßten, weil sie sich den Arbeitern auf den Barrikaden anschloss, beurteilten die Situation auf ähnliche Art und Weise wie die Bolschewiki-Leninisten. Sie hielten sich noch an die Disziplin ihrer Organisationen und machten keine unabhängige Propaganda, die linke Fraktion der POUM und der CNT sowie die anarchistische Jugend stimmten jedoch in der Perspektive mit den Bolschewiki-Leninisten überein.

Sie hatten zweifellos Recht. Kein Verteidiger der CNT- und der POUM-Führer hat gegen die Machtergreifung irgendein Argument angeführt, das einer Analyse standhält. Keiner von ihnen wagt zu bestreiten, dass die Arbeiter in Katalonien leicht die Macht hätten ergreifen können. Sie führen drei Hauptargumente an, um ihre Kapitulation zu verteidigen: dass die Revolution isoliert, auf Katalonien beschränkt und dort von außen niedergeschlagen worden wäre; dass die Faschisten in diesem Augenblick in der Lage gewesen wären, durchzubrechen und zu siegen; dass England und Frankreich die Revolution durch direkte Intervention zerschlagen hätten. Wir wollen diese Argumente genau untersuchen:

1. Isolierung der Revolution: Die einleuchtendste, radikalste Form, die diesem Argument gegeben wurde, ist die, die auf einer Analogie mit der »bewaffneten Demonstration« vom Juli 1917 in Petrograd basiert. »Im Juli 1917 beschlossen selbst die Bolschewiki nicht, die Macht zu ergreifen, sie beschränkten sich auf die Defensive, und führten aus der Schusslinie mit so wenig Opfern wie möglich.« Pikanterweise sind die POUM, die ILP, die Anhänger Piverts und andere Apologeten, die dieses Argument benutzen, gerade diejenigen, die die »sektiererischen Trotzkisten« ständig daran erinnert haben, dass »Spa-

nien nicht Russland ist«, und dass deshalb die bolschewistische Politik nicht anwendbar ist.

Die trotzkistische, d. h. die bolschewistische Analyse der spanischen Revolution, basierte jedoch immer auf den konkreten Bedingungen Spaniens. 1931 warnten wir, dass sich der schnelle Rhythmus der Entwicklung Russlands im Jahr 1917 in Spanien nicht wiederholen würde. Im Gegenteil, wir benutzten damals die Analogie mit der großen Französischen Revolution, die, im Jahre 1789 beginnend, eine Reihe von Stationen durchlief, bevor sie 1793 ihren Höhepunkt erreichte. Gerade weil wir Trotzkisten geschichtliche Ereignisse nicht schematisieren, können wir die Analogie mit dem Juli 1917 nicht ernst nehmen.

Die bewaffnete Demonstration brach in Petrograd nur vier Monate nach der Februarrevolution los, nur drei Monate nachdem Lenins Aprilthesen der Bolschewistischen Partei eine revolutionäre Richtung gegeben hatten. »Die erdrückende Mehrheit der Bevölkerung des riesigen Landes hatte kaum begonnen, sich von den Illusionen des Februar zu befreien. An der Front stand eine Armee von 12 Millionen, die eben von den ersten Gerüchten über die Bolschewiki erreicht wurde. Unter diesen Bedingungen hätte ein isolierter Aufstand des Petrograder Proletariats dessen unweigerliche Niederschlagung mit sich gebracht. Es hieß, Zeit zu gewinnen. Diese Lage bestimmte die Taktik der Bolschewiki.«[21]

In Spanien jedoch kam der Mai 1937 nach sechs vollen Jahren der Revolution, in denen die Massen des gesamten Lands gewaltige Erfahrungen gesammelt hatten. Die demokratischen Illusionen von 1931 hatten sich erledigt. Wir können Aussagen von CNT-, POUM- und sozialistischen Führern anführen, dass die wieder aufpolierten demokratischen Illusionen der Volksfront niemals die Massen ergriffen – sie stimmten im Februar 1936 nicht für die Volksfront, sondern gegen Gil-Robles und für die Freilassung der politischen Gefangenen. Immer wieder hatten die Massen gezeigt, dass sie bereit waren, bis zum Ende zu gehen: die zahlreichen von den Anarchisten angeführten bewaffneten Kämpfe, die Landbesetzungen im Verlauf der sechs Jahre, die Oktoberrevolte 1934, die asturische Kommune, die Besetzung der Fabriken und des Landes nach dem 19. Juli! Die Analogie mit Petrograd im Juli 1917 ist kindisch. 12 Millionen russische Soldaten, die mit der bolschewistischen Propaganda noch kaum in Berührung gekommen waren, standen zur Verfügung, um 1917 gegen Petersburg eingesetzt zu werden. Aber in Spanien besaß mehr als ein Drittel der bewaffneten Streitkräfte CNT-Mitgliedskarten, nahezu ein weiteres Drittel UGT-Ausweise, die meisten von ihnen linke Sozialisten oder unter deren Einfluss. Selbst einmal angenommen, die Revolution würde sich nicht sofort nach Madrid und Valencia ausbreiten. Das ist aber etwas vollständig anderes, als zu behaupten, dass die Regierung in Valencia Truppen gefunden hätte, um mit ihnen die Arbeiterrepublik von Katalonien zu zerschlagen! Unmittelbar nach den Mai-Ereignissen zeigten die UGT-Massen ihre entschiedene Feindschaft gegenüber Unterdrückungsmaßnahmen gegen das katalanische Proletariat. Das war ein Grund, warum Caballero die Regierung verlassen musste. Umso mehr hätten sie nicht gegen eine siegreiche Arbeiterrepublik eingesetzt werden können. Nicht einmal die stalinistischen Reihen hätten zu diesem Zweck eine Massenarmee bereitgestellt: Es ist eine Sache, rückständige Arbeiter und Bauern dazu zu bewegen, ihren Kampf auf einen Kampf für die demokratische Republik zu beschränken. Es ist etwas vollkommen anderes, sie dazu zu bringen, eine Arbeiterrepublik zu zerschlagen. Jeder Versuch des bürgerlich-stalinistischen Blocks, eine proletarische Truppe zusammenzuziehen, hätte lediglich die Ausdehnung des Arbeiterstaats auf das ganze republikanische Spanien beschleunigt.

Wir können jedoch noch mehr als das versichern: dass das Beispiel Kataloniens anderswo sofort befolgt worden wäre. Was der Beweis dafür ist? Der bürgerlich-stalinistische Block wurde, obwohl er versuchte, die bürgerliche Republik zu festigen, durch die revolutionäre Stimmung dennoch gezwungen, die Losung aufzustellen: »Lasst uns Franco zuerst erledigen und die Revolution danach machen.« Es war eine schlaue Losung, gut ausgedacht, um die Massen im Zaum zu halten. Aber schon die Tatsache, dass die Konterrevolution diese Losung nötig hatte, zeigt, dass sie ihre Hoffnungen auf den

Sieg über die Revolution nicht auf die Zustimmung der Massen, sondern auf deren verbitterte Duldung gründete. Zähneknirschend sagten die Massen: »Wir müssen warten, bis wir Franco erledigt haben, dann werden wir der Bourgeoisie und ihren Lakaien den Rest geben.« Diese zweifelsohne weit verbreitete Stimmung wäre angesichts des katalanischen Beispiels verschwunden. Dieses Beispiel hätte mit dem Gefühl – »wir müssen warten« – Schluss gemacht.

Außerdem hätte das Beispiel Kataloniens nicht nur das republikanische Spanien beeinflusst. Denn ein Arbeiter-Spanien hätte einen revolutionären Krieg gegen den Faschismus geführt, der die Reihen Francos eher durch politische als durch militärische Waffen zersetzt hätte. Alle politischen Waffen gegen den Faschismus, die die Volksfront einzusetzen nicht erlaubt hatte und die nur von einer Arbeiterrepublik eingesetzt werden konnten, würden jetzt Franco die Stirn bieten. Trotzki schrieb wenige Tage nach dem 19. Juli:

> »Der Bürgerkrieg wird bekanntlich nicht nur mit militärischen, sondern auch mit politischen Waffen geführt. Auf rein militärischem Gebiet ist die spanische Revolution viel schwächer als der Feind. Ihre Stärke liegt darin, dass sie große Massen auf die Beine zu bringen vermag. Sie kann sogar den reaktionären Offizieren ihr Heer abnehmen; dazu muss sie nur ernst und kühn das Programm der sozialen Umwälzung aufstellen.
>
> Es gilt zu verkünden, dass Boden, Fabriken und Betriebe nunmehr von den Kapitalisten ans Volks übergehen. Es gilt, tatkräftig an die Verwirklichung dieses Programms in den Provinzen zu schreiten, wo die Macht in den Händen der Arbeiter ist. Die faschistische Armee würde der Wirkung dieses Programms keine 24 Stunden widerstehen: Die Soldaten würden ihre Offiziere an Händen und Füßen gefesselt dem nächstbesten Stab der Arbeitermiliz ausliefern. Doch die bürgerlichen Minister können ein solches Programm nicht zulassen. Sie bremsen die soziale Revolution und lassen die Arbeiter und Bauern lieber zehnmal mehr Blut vergießen.«[22]

Trotzkis Voraussage erwies sich als allzu wahr. Die Volksfrontregierung fürchtete die Revolution mehr als Franco. Deshalb betrieb sie keine Propaganda, die sich an die Bauern in Francos Armee und hinter seinen Linien befanden. Die Regierung weigerte sich vollkommen, diesen Bauern das Land zu versprechen, und dieses Versprechen hätte keine Wirkung gehabt, sofern die Regierung nicht tatsächlich die Übergabe des Lands an die Bauernkomitees in ihren eigenen Regionen erlassen hätte. Vor dort hätten sich die Neuigkeiten über tausend Wege zu den Bauern im übrigen Spanien ausgebreitet. Die Regierung fürchtete die Revolution mehr als Franco. Deshalb hatte sie alle Vorschläge (einschließlich der Abd el-Krims und anderer Mauren) zurückgewiesen, in Marokko die Revolution voranzutreiben, indem sie Marokkos Unabhängigkeit erklärte. Weil sie die Revolution mehr fürchtete als Franco, wandte sich die Regierung an das internationale Proletariat, es solle »seine« Regierungen dazu bewegen, Spanien zu helfen – sie wandte sich jedoch niemals an das internationale Proletariat, Spanien trotz und gegen seine Regierungen zu helfen. Wir sind keine Doktrinäre. Wir rufen nicht jeden Tag die Revolution aus. Wir urteilen von unserer konkreten Analyse der Bedingungen in Spanien im Mai 1937 aus: Wäre die Arbeiterrepublik in Katalonien errichtet worden, so wäre sie nicht isoliert oder zerschlagen worden. Sie hätte sich schnell auf das übrige Spanien ausgebreitet.

2. Die Faschisten wären durchgebrochen: Die zweite Rechtfertigung dafür, die Macht in Katalonien nicht zu übernehmen, überschneidet sich mit der ersten, weil sie implizit die Wirkung der Machtübernahme auf Francos Truppen leugnet.[23]
   Während sie zugeben, dass eine proletarische Revolution sich im Mai auf das ganze republikanische Spanien ausgedehnt hätte, behaupten die CNT-Führer: »Es ist offensichtlich, dass man die Verteidigungsbewegung, wenn wir es gewollt hätten, in eine rein anarchistische Bewegung verwandeln könnte. Das ist alles ganz gut und schön, aber … die Faschisten hätten diese Umstände zweifellos ausgenutzt, um alle Widerstandslinien zu durchbrechen.« (García Oliver)[24]
   Obwohl sie sich angeblich mit der unmittelbaren Situation im Mai in Katalonien beschäftigt, geht es in dieser Argumenta-

tion tatsächlich um etwas viel Grundsätzlicheres: Es ist ein Argument gegen die Machtübernahme der Arbeiterklasse im Verlauf des Bürgerkriegs.

Das war auch die Politik der POUM. Das Zentralkomitee war der Ansicht, wenn die Regierung sich weigern sollte, ihr eigenes Todesurteil zu unterschreiben, indem sie eine Konstituierende Versammlung (Kongress der Soldaten-, Bauern- und Gewerkschaftsdelegierten) einberuft, dann wäre es falsch, der Regierung die Macht mit Gewalt zu entreißen.

> »Es glaubte, die Arbeiter würden rechtzeitig gegen die Konterrevolution protestieren, die die Regierung organisierte, und die Forderung nach einer solchen Konstituierenden Versammlung werde so stark werden, dass die Regierung gezwungen wäre, dem nachzugeben. Es war der Ansicht, ein Aufstand wäre falsch und nicht ratsam, bevor die Faschisten geschlagen waren, und es gab in seinen Reihen Meinungsverschiedenheiten darüber, ob ein Aufstand selbst dann überhaupt notwendig wäre.«[25]

Mit anderen Worten, CNT und POUM forderten, dass die Regierung den Sozialismus einführen sollte. Aber wenn die Regierung nicht einwilligen sollte, dann musste man zumindest bis nach dem Krieg warten. In der Praxis lief dies auf eine verdeckte Anpassung an die bürgerlich-stalinistische Losung hinaus – »Lasst uns erst Franco erledigen und danach die Revolution machen.«

Die Taktik der POUM und CNT zu warten, bis Franco beseitigt war, bedeutete konkret das Todesurteil für die Revolution. Denn, wie wir schon klar gemacht haben, war die bürgerlich-stalinistische Losung des »Wartens« darauf ausgelegt, die Massen aufzuhalten, bis der bürgerliche Staat die Oberhand hatte. Genau aus diesem Grund hatten der bürgerlich-stalinistische Block und seine anglo-französischen Alliierten überhaupt nicht die Absicht, Franco zu erledigen oder (was eher wahrscheinlich ist) mit ihm einen Waffenstillstand zu schließen, bevor die Konterrevolution ihre Macht im republikanischen Spanien gefestigt hatte.

Wir haben kritisch beleuchtet, wie die Volksfront und ihre Regierung es ablehnte, revolutionäre Propaganda zu treiben, um Francos Truppen zu zersetzen. Aber auch auf dem Gebiet der rein militärischen Auseinandersetzung bekämpfte die Regierung Franco nicht überzeugend. Genauer gesagt, es gibt keine Trennlinie zwischen den politischen und militärischen Aufgaben im Bürgerkrieg. Da die Regierung die Revolution mehr fürchtete als Franco, zog sie massive Kräfte ausgesuchter Soldaten und Polizisten in den Städten zusammen und zog so Männer und Waffen ab, die an der Front gebraucht wurden. Da sie die Revolution mehr fürchtete als Franco, verfolgte die Regierung eine verschleppende Kriegsstrategie, die zu keiner entscheidenden Lösung führen konnte, während die Konterrevolution zu Ende geführt wurde. Da sie die Revolution mehr fürchtete als Franco, ordnete die Regierung die asturischen und baskischen Arbeiter dem Kommando der verräterischen baskischen Bourgeoisie unter, die bald darauf die Nordfront aufgeben sollte. Da sie die Revolution mehr fürchtete als Franco, sabotierte die Regierung geradewegs die Aragon- und Levante-Front, die von der CNT gehalten wurde. Da sie die Revolution mehr fürchtete als Franco, gab die Regierung faschistischen Agenten (Asensio, Villalba usw.) die Gelegenheit, republikanische Festungen an Franco zu verraten (Badajoz, Irun, Málaga).[26]

Die Konterrevolution fügte der Moral der antifaschistischen Truppen fürchterliche Schläge zu. »Warum sollten wir im Kampf gegen Franco sterben, wenn unsere Genossen von der Regierung erschossen werden?« Diese Stimmung, die für den Kampf gegen den Faschismus so gefährlich war, war nach den Mai-Tagen weit verbreitet und schwer zu bekämpfen.

Auf diese Art und Weise machte die Regierungspolitik das militärische Vordringen Francos leichter. Die Errichtung einer Arbeiterrepublik hätte diesem gesamten Verrat, der Sabotage und Zerrüttung der Moral ein Ende gesetzt. Mit dem Instrument der staatlichen Planung würde die Arbeiterrepublik sich die kompletten materiellen und moralischen Ressourcen des republikanischen Spaniens zunutze machen, wie kein kapitalistisches Regime es tun könnte.

Weit entfernt davon, den Faschisten den Durchbruch zu ermöglichen, konnte nur die Arbeitermacht zum Sieg über Franco führen.

3. Die drohende Gefahr der Intervention: Die CNT bezog sich geheimnisvoll auf englische und französische Kriegsschiffe, die am 3. Mai im Hafen auftauchten, und auf Pläne für die Landung anglo-französischer Truppen. »Im Falle eines Siegs des freiheitlichen Kommunismus wäre er einige Zeit später durch die Intervention der kapitalistischen und demokratischen Mächte zerschlagen worden.« (García Oliver)
Die Hinweise der CNT auf bestimmte Kriegsschiffe und auf ein spezielles Komplott, verschleiert bewusst den grundlegenden Charakter des Problems: Jede soziale Revolution muss sich mit der Gefahr einer kapitalistischen Intervention konfrontieren. Die Russische Revolution musste sowohl einen kapitalistisch finanzierten Bürgerkrieg als auch eine direkte imperialistische Intervention überstehen. Die ungarische Revolution wurde durch eine Intervention wie auch durch ihre eigenen Fehler niedergeschlagen. Als die deutschen und österreichischen Sozialdemokraten jedoch die Stabilisierung ihrer bürgerlichen Republiken rechtfertigten, weil die alliierten Mächte gegen sozialistische Staaten intervenieren würden, verurteilten revolutionäre Sozialisten und Kommunisten – und Anarchisten – auf der ganzen Welt die Kautskys und Bauers als Verräter, und das zu Recht.
Das österreichische und das deutsche Proletariat, erklärten die Revolutionäre damals, muss der Möglichkeit einer Niederlage angesichts einer anglo-französischen Intervention Rechnung tragen, weil Revolutionen dieser Gefahr immer gegenüberstehen. Und auf jenen hypothetischen Moment zu warten, an dem die Alliierten zu beschäftigt sein würden, um einzugreifen, bedeute, den für die Revolution günstigen Moment zu verpassen. Aber die Sozialdemokraten setzten sich durch … und endeten in den Konzentrationslagern Hitlers und Schuschniggs.
Weder CNT- noch POUM-Kreise wagen zu behaupten, es habe irgendeine besondere Situation gegeben, die die kapitalistische Intervention im Mai 1937 drohender erscheinen ließ als

zu einer anderen Zeit. Die Apologeten weisen lediglich auf die Interventionsgefahr hin, ohne eine spezifische Analyse anzuführen. Wir fragen: War die Intervention im Mai 1937 gefährlicher als zum Beispiel zur Zeit der Revolution vom April 1931? Alle Vorteile arbeiteten für die Arbeiter im Mai 1937. 1931 war das europäische Proletariat durch die Weltkrise vollkommen am Boden zerstört. Wenn die deutschen Arbeiter auch noch nicht durch ihre Führer – ohne Kampf – an Hitler verraten waren, so war das französische Proletariat so inaktiv, als sei es durch einen Diktator vollkommen ausgelaugt. Frankreich, das an Spanien angrenzt, ist für Spanien entscheidend. Und im Mai 1937 begann das französische Proletariat das zweite Jahr des Aufruhrs, das mit dem revolutionären Streik vom Juni 1936 eröffnet wurde. Es ist undenkbar, dass die Millionen sozialistischer und kommunistischer Arbeiter Frankreichs, die bereits wütend waren über die Neutralität und nur mit größten Schwierigkeiten von ihren Führern im Zaum gehalten werden konnten, eine kapitalistische Intervention in Spanien erlauben würden, sei es nun durch die französische oder irgendeine andere Bourgeoisie. Die Verwandlung des Kampfs in Spanien aus einem Kampf zur Aufrechterhaltung der bürgerlichen Republik zu einem Kampf für die soziale Revolution würde das französische, belgische und englische Proletariat sogar noch mehr anfeuern, als es die russische Revolution getan hatte – denn diesmal wäre die Revolution vor ihrer eigenen Tür!

Was würde die Bourgeoisie angesichts eines Proletariats in Alarmbereitschaft tun? Die französische Bourgeoisie würde die Grenzen nach Spanien öffnen, nicht zum Zweck der Intervention, sondern für den Handel, was das neue Regime in die Lage versetzt, Vorräte zu beschaffen – oder sofort mit einer Revolution zu Hause konfrontiert zu sein. Die spanische Arbeiterrepublik würde nicht, wie Caballero und Negrín, die »Nichteinmischung« unterstützen und begünstigen! England, unwiderruflich an das Schicksal Frankreichs gefesselt, würde von der Intervention sowohl durch das gesamte Gewicht Frankreichs wie durch seine eigene Arbeiterklasse zurückgehalten werden, für die die iberische Revolution eine neue Epoche eröffnen würde. Portugal wäre zu Hause mit einer sofortigen Revolution konfrontiert. Deutschland und Italien würden natürlich versuchen, ihre Hilfe für Franco zu verstärken. Aber die anglo-französische Politik müsste weiterhin folgender Linie folgen: weder ein sozialistisches Spanien noch ein Hitler-Mussolini-Spanien. In der Hoffnung, möglicherweise beide Seiten zu schwächen, wäre der anglo-französische Imperialismus gezwungen, die italienisch-deutsche Intervention in Grenzen zu halten, um die Achse Rom-Berlin daran zu hindern, das Mittelmeer zu beherrschen.

Uns muss man am allerwenigsten erzählen, was alle kapitalistischen Mächte gemeinsam haben und gemeinsam versuchen, nämlich jede Gefahr einer sozialen Revolution zu vernichten. Trotzdem ist klar, dass zwei Faktoren, die die russische Revolution vor der Zerstörung durch die Intervention retteten, im Mai 1937 wirksam waren: Im Jahre 1917 brachte die von der Revolution beflügelte Weltarbeiterklasse die Intervention zum Stillstand, während die Imperialisten ihre Differenzen nicht ausreichend beilegen konnten, um sich auf einen einheitlichen Plan zur Zerschlagung der Arbeiterrepublik zu einigen. Da das europäische Proletariat wieder Aufwind hatte, würden die Imperialisten versuchen, das spanische Feuer auf eigene Gefahr zu löschen.

Ja, in erster Linie rufen wir die Arbeiter der Welt zu Hilfe! Ihr Stalinisten, für die die Massen längst nichts anderes mehr sind als Opfervieh, das ihr auf dem Altar der Allianz mit den demokratischen Imperialisten anbietet. Ihr Bürokraten, eure Verachtung für die Massen, auf deren Rücken ihr steht, lässt euch vergessen, dass eben diese Massen die Oktoberrevolution und den siegreichen Bürgerkrieg führten, von deren moralischen Ansehen und materiellen Mitteln ihr immer noch lebt, die unter eurer inkompetenten Misswirtschaft zusammenschrumpfen! Wir wissen, dass ihr nicht gern daran erinnert werdet, dass die Weltarbeiterklasse die Sowjetunion in den Jahren 1919 bis 1922 vor den Imperialisten rettete. Die revolutionären Fähigkeiten des Proletariats sind ein Faktor, den ihr zu hassen und zu fürchten begonnen habt, weil er eure Privilegien bedroht.

Nicht wir, sondern die Stalinisten halten eine friedliche Koexistenz von kapitalistischen und Arbeiterstaaten für möglich. Der europäische Kapitalismus könnte die Existenz eines sozialistischen Spanien sicherlich nicht unbegrenzt ertragen. Aber die konkrete Lage war im Mai 1937 ausreichend günstig, um einem Spanien der Arbeiter zu ermöglichen, sein internes Regimes aufzubauen und sich darauf vorzubereiten, Widerstand gegen den Imperialismus zu leisten, indem man die Revolution auf Frankreich und Belgien ausweitete und dann einen revolutionären Krieg gegen Deutschland und Italien führte, unter Bedingungen, die die Revolution in den faschistischen Ländern beschleunigen würden. Dies ist die einzige Perspektive der Revolution in Europa in dieser Periode vor dem nächsten Krieg, ob die Revolution nun in Spanien oder Frankreich beginnt. Wer diese Perspektive nicht akzeptiert, lehnt die sozialistische Revolution ab.

Risiken? »Die Weltgeschichte wäre allerdings sehr bequem zu machen, wenn der Kampf nur unter der Bedingung unfehlbar günstiger Chancen aufgenommen würde«, schrieb Marx, als die Pariser Kommune noch existierte. Scharfsichtig sah er den »entscheidend ungünstigen Zufall ... in der Anwesenheit der Preußen in Frankreich und ihrer Stellung dicht vor Paris. Das wussten die Pariser sehr gut. Das wussten aber auch die bürgerlichen Kanaillen von Versailles. Ebendarum stellten sie die Pariser in die Alternative, den Kampf aufzunehmen oder ohne Kampf zu erliegen. Die Demoralisation der Arbeiterklasse in dem letztren Fall wäre ein viel größres Unglück gewesen als der Untergang einer beliebigen Anzahl von ›Führern‹. Der Kampf der Arbeiterklasse mit der Kapitalistenklasse und ihrem Staat ist durch den Pariser Kampf in eine neue Phase getreten. Wie die Sache auch unmittelbar verlaufe, ein neuer Ausgangspunkt von welthistorischer Wichtigkeit ist gewonnen.«[27] Berneri hatte Recht gehabt. Zermalmt zwischen den Franco-Preußen und Versailles-Valencia, hätte die Kommune von Katalonien eine Flamme entzünden können, um die Welt zu erleuchten. Und unter Bedingungen, die so unvergleichlich günstiger waren als die der Kommune von Paris!

Wir haben so ernsthaft wie möglich versucht, die Gründe zu analysieren, die die zentristische Führung angeführt hat, warum sie gegen die Konterrevolution keinen Kampf um die Macht geführt hat. Da sie Zentristen und keine dreisten Reformisten sind, haben sie versucht, ihre Kapitulation mit Hinweisen auf die »spezielle«, »spezifische« Situation in Spanien im Mai 1937 zu rechtfertigen, aber ohne uns genaue Einzelheiten zu liefern. Bei näherer Untersuchung haben wir herausgefunden, dass die Hinweise auf das Spezifische, wie das bei solchen Alibis immer üblich ist, falsch sind und einen prinzipiellen Rückzug vom revolutionären Weg vertuschen. Nicht einzelne Fehler, sondern prinzipielle Differenzen, Differenzen der Welt- und Klassenperspektive, trennen die Revolutionäre sowohl von den reformistischen wie den zentristischen Führern.

Am Dienstagmorgen, den 4. Mai, fühlten sich die bewaffneten Arbeiter auf den Barrikaden überall in Barcelona wie am 19. Juli 1936 wieder als Herren ihrer Welt. Wie am 19. Juli versteckten sich die verängstigten bürgerlichen und kleinbürgerlichen Elemente in ihren Häusern. Die PSUC-geführten Gewerkschafter blieben passiv. Nur ein Teil der Polizei, die bewaffneten Garden der PSUC und die bewaffneten Rowdys der Estat Català befanden sich auf den Regierungsbarrikaden. Diese Barrikaden waren auf das Stadtzentrum beschränkt, umgeben von den bewaffneten Arbeitern. Auf die Lage der Dinge weist Companys erste Radioansprache hin: eine Erklärung, dass die Generalitat für die Provokation bei der Telefónica nicht verantwortlich war. Angeführt von ihren örtlichen Verteidigungskomitees und unterstützt von Gruppen der POUM, FAI und der anarchistischen Jugend, war jeder Außenbezirk der Stadt fest unter der Kontrolle der Arbeiter. Montagnacht gab es fast keinen Feuerwechsel, so vollständig war die Arbeiterkontrolle. Alles was noch nötig war, um die Vorherrschaft zu errichten, war eine vom Zentrum geleitete Koordination und gemeinsame Aktion … Im Zentrum, der Casa CNT, verboten die Führer jegliche Aktion und befahlen den Arbeitern, die Barrikaden zu verlassen.[28]

Nicht die Organisierung der bewaffneten Massen interessierte die CNT-Führer. Was sie beschäftigte, waren endlose Verhandlungen mit der Regierung. Das war ein Spiel, das der Regierung perfekt in den Kram passte: Die führerlosen Massen auf den Barrikaden dadurch zurückzuhalten, indem man sie mit Hoffnungen irreführte, dass eine vernünftige Lösung gefunden werde. Das

Treffen im Palast der Generalitat zog sich bis sechs Uhr morgens hin. Dadurch bekamen die Regierungstruppen eine ausreichende Atempause, um die Regierungsgebäude zu befestigen und, wie es die Faschisten im Juli getan hatten, die Kirchtürme zu besetzen.

Um 11 Uhr am Dienstagmorgen trafen sich die Funktionäre, nicht um die Verteidigung zu organisieren, sondern um ein neues Komitee für die Verhandlung mit der Regierung zu wählen. Jetzt wandte Companys einen neuen Trick an. Natürlich können wir zu einer gütlichen Einigung kommen; wir sind alle Antifaschisten usw. usw., sagten Companys und Premier Tarradellas – aber wir können die Verhandlungen solange nicht weiterführen, wie die Straßen nicht frei sind von bewaffneten Männern. Worauf das Regionalkomitee der CNT den Dienstag an den Mikrofonen verbrachte und die Arbeiter von den Barrikaden abberief: »Wir appellieren an euch alle, eure Waffen niederzulegen. Denkt an unser großes, gemeinsames Ziel … Über allem anderen, Einheit! Legt eure Waffen nieder. Nur eine Losung: Wir müssen uns anstrengen, den Faschismus zu schlagen!« *Solidaridad Obrera* besaß die Unverschämtheit, mit der Geschichte über den Angriff auf die Telefónica am Montag auf Seite 8 zu erscheinen – bloß um die Milizionäre an der Front, an die Hunderttausende von Exemplaren gingen, nicht zu alarmieren. Die errichteten Barrikaden wurden nicht erwähnt, und es gab keine Anweisung außer: »Bleibt ruhig«. Um 5 Uhr kamen die Delegationen der nationalen Komitees der UGT und CNT aus Valencia an und gaben gemeinsam einen Appell an das »Volk« heraus, die Waffen niederzulegen. Vázquez, nationaler Sekretär der CNT, schloss sich Companys bei seinem Appell übers Radio an. Die Nacht wurde mit neuen Unterhandlungen verbracht – die Regierung war jederzeit bereit, Vereinbarungen zu treffen, die beinhalteten, dass die Arbeiter die Barrikaden verlassen! –, die eine Einigung über ein provisorisches Viererkabinett hervorbrachten: mit je einem Vertreter der CNT, der PSUC, der Bauernunion und der Esquerra. Die Verhandlungen wurden durch Aufforderungen an maßgebende CNT-Führer unterbrochen, dorthin zu gehen, wo sich die Arbeiter in der Offensive befanden, wie in Collblanc, wo die Arbeiter von der Besetzung der Kasernen abgehalten werden mussten. In der Zwischenzeit kamen andere Aufrufe – vom Hauptquartier der

Lederarbeiter, der Gewerkschaft der Mediziner, dem örtlichen Zentrum der anarchistischen Jugend – die das Regionalkomitee aufforderten, Hilfe zu schicken, die Polizei hatte angegriffen.

Mittwoch: Weder die zahlreichen Radioansprachen, der gemeinsame Appell der UGT-CNT, noch die Bildung eines neuen Kabinetts hatte die bewaffneten Arbeiter von den Barrikaden weggebracht. Auf den Barrikaden zerrissen anarchistische Arbeiter die *Solidaridad Obrera* und erhoben die Fäuste und Gewehre gegen die Radios, als Montseny dazu ermahnte, die Barrikaden aufzulösen. Sie war eilends aus Valencia herbeigerufen worden, als Vázquez und García Oliver erfolglos geblieben waren. Die lokalen Verteidigungskomitees berichteten der Casa CNT: Die Arbeiter wollen nicht ohne Bedingungen gehen. Sehr schön, geben wir ihnen Bedingungen. Die CNT verbreitete übers Radio die Vorschläge, die sie der Regierung machte: Die Feindseligkeiten werden eingestellt, jede Partei behält ihre Positionen bei, die Polizisten und Zivilisten, die aufseiten der CNT kämpfen (d. h. Nichtmitglieder), ziehen sich ganz und gar zurück, die verantwortlichen Komitees werden sofort informiert, wenn die Abmachung irgendwo gebrochen wird. Einzelne Schüsse werden nicht beantwortet, die Verteidiger der Gewerkschaftsquartiere bleiben passiv und warten auf weitere Informationen. Die Regierung verkündete bald ihr Einverständnis mit den Vorschlägen der CNT, und warum auch nicht? Das einzige Ziel der Regierung bestand darin, den Kampf der Massen zu beenden, um ihren Widerstand umso besser für immer zu brechen. Außerdem verpflichtete das »Abkommen« die Regierung zu nichts. Die Kontrolle der Telefónica, die Entwaffnung der Massen blieben – nicht zufällig – unerwähnt. Dem Abkommen folgten während der Nacht Anweisungen der örtlichen CNT und UGT (Letztere stalinistisch kontrolliert, nicht zu vergessen), an die Arbeit zurückzukehren. »Die antifaschistischen Organisationen und Parteien haben in ihrer Sitzung im Palast der Generalitat den Konflikt gelöst, der diese unnormale Situation geschaffen hat«, erklärte das gemeinsame Manifest. »Diese Ereignisse haben uns gelehrt, dass wir von jetzt an herzliche und kameradschaftliche Beziehungen etablieren müssen, deren Mangel wir während der letzten Tage alle tief bedauert haben.« Trotzdem blieben die Barrikaden, wie Souchy zugibt, Mittwochnacht voll besetzt.

Aber am Donnerstagmorgen wies die POUM ihre Mitglieder an, die Barrikaden, von denen sich noch viele unter Beschuss befanden, zu verlassen. Am Dienstag hatte das Manifest der Freunde Durrutis, die bis dahin der POUM kühl gegenübergestanden hatten, die Tatsache, dass sich die POUM an den Barrikaden beteiligt hatte, als Beweis dafür begrüßt, dass sie eine »revolutionäre Kraft« sei. *La Batalla* von Dienstag hatte sich auf die Theorie beschränkt, dass es während des Bürgerkriegs keinen Sturz der Regierung durch einen Aufstand geben sollte, hatte aber zur Verteidigung der Barrikaden, zur Entlassung von Salas und Ayguade und zur Zurücknahme der Dekrete über die Auflösung der Arbeiterpatrouillen aufgerufen. Obwohl dieses Programm sehr beschränkt war, unterschied es sich doch von den Aufrufen des CNT-Regionalkomitees, die Barrikaden zu verlassen, derart scharf, dass das Ansehen der POUM bei den anarchistischen Massen einen Sprung nach oben machte. Die POUM hatte die einmalige Gelegenheit, sich an die Spitze der Bewegung zu setzen.

Stattdessen legte die POUM-Führung ihr Schicksal erneut in die Hände der CNT-Führung. Sie machte vor den Augen der Massen keine öffentlichen Vorschläge zu gemeinsamen Aktionen an die CNT, die der beginnenden Rebellion ein Ziel für weitere Schritte gegeben hätten, die von den CNT-Führern gefordert werden müssten. Ein ganzes Jahr lang hatte die POUM, kriecherisch ehrerbietig gegenüber den CNT-Führern, nicht einen einzigen Einheitsfront-Vorschlag dieser besonderen Art gemacht – aber eine Konferenz mit dem CNT-Regionalkomitee hinter den Kulissen. Was auch immer die Vorschläge der POUM waren, sie wurden zurückgewiesen. »Ihr stimmt nicht zu?« Dann werden wir weiter nichts sagen. Und tatsächlich hatte *La Batalla* am nächsten Morgen (5. Mai) nicht ein Wort zu sagen über die Vorschläge der POUM an die CNT, über das feige Verhalten der CNT-Führer, über ihre Weigerung die Verteidigung zu organisieren usw.[29] Stattdessen: »Das Proletariat von Barcelona hat einen Teilkampf gegen die Konterrevolution gewonnen.« Und 24 Stunden später: »… Da die konterrevolutionäre Provokation zurückgeschlagen worden ist, ist es notwendig, die Straßen zu verlassen. Arbeiter, kehrt an die Arbeit zurück.« (*La Batalla*, 6. Mai 1937)

Die Massen hatten den Sieg über die Konterrevolution gefordert. Die CNT-Bürokraten hatten sich geweigert zu kämpfen. Die Zentristen der POUM überbrückten die Kluft zwischen den Massen und den Bürokraten dadurch – dass sie ihnen versicherten, der Sieg sei bereits errungen worden!

Die Freunde Durrutis hatten sich am Mittwoch an die Spitze gekämpft, indem sie die CNT-Arbeiter aufforderten, die Rückzugsbefehle der Casa CNT zurückzuweisen und den Kampf um die Arbeitermacht fortzusetzen. Sie hatten die Zusammenarbeit der POUM wärmstens willkommen geheißen. Die Massen waren noch auf den Barrikaden. Die POUM, die in Katalonien wenigstens 30 000 Arbeiter umfasste, konnte die Waage nach der einen oder nach der anderen Seite zum Ausschlag bringen. Ihre Führung brachte die Waage Richtung Kapitulation zum Ausschlag.

Ein weiterer schrecklicher Schlag für die kampfbereiten Arbeiter: Das Regionalkomitee der CNT übergab der gesamten Presse – die stalinistische und bürgerliche eingeschlossen – eine öffentliche Verurteilung der Freunde Durrutis als Agents provocateurs; sie wurde am Donnerstagmorgen natürlich überall an prominenter Stelle veröffentlicht. Die POUM-Presse verteidigte die linken Anarchisten nicht gegen diese üble Verleumdung.

* * *

Der Donnerstag war voller Beispiele für den »Sieg«, in dessen Namen die POUM die Arbeiter aufrief, die Barrikaden zu verlassen.

Am Morgen wurde der zerschmetterte Körper von Camillo Berneri dort gefunden, wo er von den PSUC-Garden hingeworfen worden war, die den gebrechlichen Mann in der Nacht zuvor in seiner Wohnung gefangen genommen hatten. Berneri, geistiger Führer des italienischen Anarchismus seit dem Tode Malatestas, Führer der Ancona-Revolte von 1914, den Klauen Mussolinis entronnen, hatte die Reformisten (einschließlich der CNT-Führer) in seinem einflussreichen Organ, *Guerra di Classe*, bekämpft. Die stalinistische Politik hatte er in vier Worten beschrieben: »Sie riecht nach Noske.« In eindringlichen Worten hatte er sich Moskau widersetzt: »Zerschmettert zwischen den Preußen und Versailles, entflammte die Kommune von Paris ein Feuer, das die Welt erhellte. Daran mögen sich die Generäle Godeds aus Moskau erinnern.« Den Massen der CNT hatte er erklärt: »Das Dilemma ›Krieg oder Revolution‹ hat überhaupt keine Bedeutung mehr. Das einzige Dilemma ist: entweder Sieg über Franco, dank des revolutionären Kriegs oder Niederlage.« Wie außerordentlich wahr war seine Gleichsetzung von Noske und den Stalinisten! Wie Noske, der Sozialdemokrat, Rosa Luxemburg und Karl Liebknecht hatte verschleppen und töten lassen, so hatten die Stalinisten-Demokraten Camillo Berneri ermordet.

Ehrt unseren Genossen Camillo Berneri. Lasst uns seiner gedenken mit der Liebe, die wir für unseren Karl und unsere Rosa in uns tragen. Genossen, während ich schreibe, muss ich einfach weinen, weinen für Camillo Berneri. Die Liste unserer Märtyrer ist so lang wie das Leben der Arbeiterklasse. Glücklich waren diejenigen unter ihnen, die im Kampf gegen den offenen Klassenfeind, mitten in der Schlacht mit den Kameraden neben ihnen fielen. Das Fürchterlichste von allem ist es, allein durch den Dolchstich jener zu sterben, die sich selbst Sozialisten oder Kommunisten nennen. So wie Karl und Rosa starben, wie unsere Genossen in den Hinrichtungszellen des sibirischen Exils ihr Leben lassen. Der Tod Camillo Berneris war eine besondere Qual. Er starb durch die Hand von »Marxisten-Leninisten-Stalinisten«, während seine engsten Freunde, Montseny, García Oliver, Peiró, Vázquez, das Proletariat von Barcelona seinen Henkern auslieferte. Donnerstag, 6. Mai 1937. Lasst uns diesen Tag in Erinnerung behalten.

Führer der Regierung und der Anarchisten waren am Mittwoch nach Lerida gereist, um eine handverlesene Truppe aus 500 POUM- und CNT-Soldaten aufzuhalten, die mit leichter Artillerie aus Huesca heraneilten. Vertreter aus Valencia und der Generalitat hatten versprochen, wenn die Arbeitertruppen nicht weiter vorrückten, würde die Regierung nicht versuchen, weitere ihrer Truppen nach Barcelona zu bringen. Aufgrund dieses Versprechens und des Drängens der anarchistischen Führer hatte die Arbeitertruppe angehalten. Am Donnerstag kamen jedoch Telefonanrufe von CNT-Militanten aus Städten entlang der Straße Valencia–Barcelona: 5000 Asalto-Garden sind auf dem Weg. Sollen wir sie aufhalten? fragten die CNT-Arbeiter. Die CNT-Führer befahlen, die Garden durchzulassen, sandten den in Lerida wartenden Arbeitertruppen keinerlei Nachricht und unterdrückten die Meldung, dass die Garden sich auf dem Weg befanden.

Am Donnerstag um drei Uhr befahl die Casa CNT ihren Wachen, die Telefónica zu räumen. Die Regierung und die CNT hatten ein Abkommen getroffen: Beide Seiten sollten ihre bewaffneten Kräfte abziehen. Sobald die CNT-Wachen abgezogen waren, besetzte die Polizei das gesamte Gebäude und brachte Regierungsanhänger hinein, um den technischen Dienst von den CNT-Arbeitern zu übernehmen. Ihr habt Euer Versprechen gebrochen, beklagte sich die CNT bei der Regierung. Die Generalitat antwortete: Vollendete Tatsachen kann man nicht zurücknehmen. »Wären die Arbeiter in den Außenbezirken sofort über diese Entwicklung unterrichtet worden«, gibt der CNT-Sprecher Souchy zu, »so hätten sie sicherlich darauf bestanden, härtere Maßnahmen zu ergreifen, und wären zum Angriff übergegangen.« Also unterdrückten die ultra-demokratischen, anarchistischen Führer der CNT einfach die Meldungen!

Unter der Befehlsgewalt der Casa CNT hatten die Telefonarbeiter während der Kämpfe alle Gespräche vermittelt: revolutionäre und konterrevolutionäre. Als sie von der Regierung übernommen worden war, wurden die Ortsgruppen der FAI und CNT vom Zentrum abgeschnitten.

Durch die Straßen, durch die die Arbeiter auf Anweisung der CNT-UGT zur Arbeit kamen und gingen, durchsuchten Polizei- und PSUC-Garden die Passanten, zerrissen CNT-Ausweise und verhafteten CNT-Militante.

Um vier Uhr wurde der Hauptbahnhof von Barcelona, der sich seit dem 19. Juli in den Händen der CNT befand, von PSUC- und Asalto-Garden mit Maschinengewehren und Handgranaten angegriffen. Die kleine CNT-Truppe, die ihn bewachte, versuchte telefonisch Hilfe herbeizuholen ... Um vier Uhr stellte sich General Pozas beim Verteidigungsministerium von Katalonien (ein CNT-Ministerium) vor und informierte seine Minister-Genossen höflich darüber, dass der Posten des katalanischen Verteidigungsministeriums aufgehört hatte zu existieren, dass die katalanischen Armeen jetzt die 4. Brigade der spanischen Armee mit Pozas als Armeechef wären. Das Kabinett in Valencia hatte diese Entscheidung auf der Grundlage der Militärdekrete für ein vereinigtes Kommando getroffen, das von den CNT-Ministern unterschrieben worden war. Selbstverständlich übergab die CNT die Kontrolle an Pozas.

Furchtbare Nachrichten aus Tarragona. Mittwochmorgen war eine große Polizeitruppe erschienen und hatte die Telefonvermittlung besetzt. Die CNT hatte daraufhin um die unvermeidliche Konferenz gebeten. Während die Verhandlungen sich hinzogen, bewaffneten sich die Republikaner und die Stalinisten. Am nächsten Tag überfielen sie die Hauptquartiere der anarchistischen Jugend. Daraufhin verlangte die CNT eine weitere Konferenz, auf der sie darüber informiert wurde, dass die Generalitat ausdrücklich Anweisung gegeben hatte, die anarchistischen Organisationen zu zerstören, falls sie ihre Waffen nicht ablieferten. (Erinnern wir uns daran, dass diese Anweisung von einer Regierung kam, in der anarchistische Minister saßen.) Die CNT-Vertreter willigten ein, ihre Waffen abzuliefern, wenn die Regierung alle Verhafteten freiließe, die Polizei- und PSUC-Garden durch reguläre Soldaten ersetze und den CNT-Mitgliedern und ihren Hauptquartieren garantiere, dass sie nicht weiter angegriffen würden.

Hauptmann Barbeta, der Vertreter der Regierung, stimmte natürlich zu. Die CNT legte ihre Waffen nieder, und während der Nacht besetzten die Asalto-Garden die CNT-Gebäude und töteten ca. 20 Anarchisten, unter ihnen Pedro Rua, den Schriftsteller aus Uruguay, der gekommen war, um gegen den Faschismus zu kämpfen und zum Kommandant der Milizen aufgestiegen war. Casa CNT stellte fest, dies sei »ein Bruch des Ehrenworts, das die Behörden am Abend zuvor gegeben hatten«. Nicht ein Wort davon wurde in der Zwischenzeit den Massen von Barcelona mitgeteilt, obwohl Casa CNT-FAI stündlich über die Entwicklungen Bescheid wusste.[30]

Donnerstag, 18 Uhr: Nachricht eingegangen bei Casa CNT: Die erste Abteilung aus Valencia, 1500 Asalto-Garden, war auf dem Weg nach Barcelona in Tortosa angekommen. Casa CNT hatte die Mitteilung vorausgeschickt, sich ihnen nicht entgegenzustellen, alles sei geregelt usw. Die Asalto-Garden besetzten in Tortosa alle Gebäude der CNT-FAI und der anarchistischen Jugend, verhafteten alle, die sie fanden, und nahmen einige in Handschellen mit in die Gefängnisse von Barcelona.

Die Massen wussten nichts von den Ereignissen in Tarragona, Tortosa, der Telefónica, von Pozas und dem Anrücken der Valencia-Garden. Aber die Angriffe auf Arbeiter auf den Straßen, auf dem Bahnhof, die erneuten Schusswechsel bei den Barrikaden trieben viele, die gegangen waren, dazu, zu den Barrikaden zurückzukehren.

Als Reaktion auf diese sich überstürzenden Ereignisse vom Donnerstag »schickte« die Casa CNT, »eine neue Delegation zur Regierung, um herauszufinden, was sie zu tun beabsichtige« (Souchy). Aber ohne abzuwarten, was man erfahren würde, gab sie ein neues beruhigendes Manifest heraus. Während die Barrikaden noch widerhallten, erklärte Casa CNT:

> »Jetzt, da wir zur Normalität zurückgekehrt sind und die für den Gewaltausbruch Verantwortlichen aus den öffentlichen Ämtern entlassen worden sind, wo alle Arbeiter an ihre Arbeit zurückgekehrt sind und Barcelona wieder ruhig ist ... arbeiten die CNT und die FAI weiterhin loyal wie in der Vergangenheit mit allen politischen und gewerkschaftlichen Teilen der antifaschistischen Front zusammen. Der beste Beweis dafür ist, dass die CNT weiter mit der Zentralregierung, der Regierung der Generalitat und allen Kommunalverwaltungen zusammenarbeitet ... Die Presse der CNT rief zur Ruhe auf und forderte die Bevölkerung auf, an die Arbeit zurückzukehren. Die Meldungen, die über Radio an die Gewerkschaften und Verteidigungskomitees verbreitet wurden, waren immer nur Appelle zur Ruhe.
>
> Ein weiterer Beweis, dass die CNT die antifaschistische Front nicht brechen wollte und nicht gebrochen hat, ist, dass die Vertreter der CNT von Katalonien der neuen Regierung der Generalitat, als diese am 5. Mai gebildet wurde, jede Hilfe angeboten haben und der Sekretär der CNT der Regierung beigetreten ist ...
>
> Die Mitglieder der CNT, die den Verteidigungsrat (Ministerium) der Generalitat kontrollierten, gaben all ihren Truppen

den Befehl, auf keiner der beiden Seiten in den Konflikt einzugreifen. Und sie sorgten auch dafür, dass ihre Befehle ausgeführt wurden.
Das Verteidigungskomitee der CNT gab auch Befehle an jeden Bezirk von Barcelona aus, dass niemand von dort zum Zentrum kommen sollte, um die Provokationen zu beantworten. Auch diese Befehle wurden befolgt, weil tatsächlich niemand zum Zentrum kam, um die Provokationen zu beantworten.
… Es gab viele Fallen, die man der CNT bis zum Schluss stellte, aber die CNT blieb fest in ihrer Haltung und ließ sich nicht provozieren …«

Donnerstagabend: Die PSUC und Asalto-Garden setzten ihre Razzien, Verhaftungen und Schießereien fort. Also … entsandte die Casa CNT-FAI eine neue Delegation zur Regierung mit neuen Vorschlägen zur Beilegung der Feindseligkeiten: Alle Gruppen sollten sich verpflichten, ihre bewaffneten Garden und Patrouillen von den Barrikaden zurückzuziehen, alle Gefangenen sollten freigelassen werden, keine Vergeltungsmaßnahmen.

Meldung aus Tarragona und Reus: »Mitglieder der PSUC und der Estat Català nutzen die Anwesenheit einiger Asalto-Garden aus [!], die dort auf ihrem Weg nach Barcelona durchkommen, und benutzen ihren vorübergehenden Vorteil dazu, die Arbeiter zu entwaffnen und zu töten« (Souchy).

»Die CNT versuchte, von der Regierung in Valencia und Barcelona das Versprechen zu erhalten, dass die Asalto-Garden nicht sofort [!] in die Stadt einziehen, sondern außerhalb der Stadtgrenzen festgehalten werden, bis die Situation sich geklärt hätte … Sie waren etwas skeptisch, was die Versicherungen anbetraf, die anrückenden Truppen würden sich gegenüber den Arbeitern loyal verhalten.« Aber jener Skeptizismus (wann ist er entstanden?) wurde von den CNT-Ministern in den Kabinetten von Valencia und Katalonien nicht geteilt, die dafür gestimmt hatten, dass die Zentralregierung die Kontrolle über die öffentliche Ordnung in Katalonien übernimmt. Das Ministerium für Öffentliche Ordnung Kataloniens hatte deshalb am 5. Mai aufgehört zu existieren.

Die Nacht vom 6. auf den 7. Mai: »Immer wieder boten die Anarchisten Verhandlungen an, erpicht darauf, den Konflikt zu beenden.« Die Regierung war natürlich immer bereit zu verhandeln, während ihre Truppen der Arbeiterklasse unter dem von der Casa CNT bereitgestellten Deckmantel das Rückgrat zerbrachen. Die in der Nähe wohnenden anarchistischen Arbeiter hatten sich versammelt, um Tortosa und Tarragona zu verteidigen. Um vier Uhr informierte das Provinzkomitee – die Führung der CNT in Katalonien außerhalb von Barcelona – Casa CNT-FAI, dass sie bereit seien, die Garden aus Valencia aufzuhalten. »Nein, das dürft ihr nicht«, sagte Casa CNT. Um 5.15 Uhr trafen die Regierung und Casa CNT eine weitere Vereinbarung: Waffenstillstand, alle verlassen die Barrikaden, beide Parteien geben ihre Gefangenen frei, die Arbeiterpatrouillen nehmen ihre Aufgaben wieder wahr ... Wieder gab das Regionalkomitee den Arbeitern über Radio bekannt: »Da wir eine Übereinkunft erreicht haben ... möchten wir euch mitteilen ... die Durchsetzung von vollständigem Frieden und Ruhe ... Behaltet jene Ruhe und Geistesgegenwart ...«

Freitag: Entsprechend den Befehlen von Casa CNT-FAI begannen einige Arbeiter, die Barrikaden niederzureißen. Aber die Barrikaden der Asalto-Garden, Estat Català und der PSUC blieben unversehrt. Die Asalto-Garden entwaffneten die Arbeiter systematisch. Und wieder kehrten die Arbeiter zu den Barrikaden zurück, als sie sahen, dass die Regierungstruppen die Offensive fortsetzen – gegen den Willen der CNT wie auch der POUM. Aber Enttäuschung und Entmutigung setzten ein: Viele der anarchistischen Arbeiter hatten bis zuletzt den Glauben an Casa CNT-FAI behalten, andere hatten, als ihr Glaube schwand, auf der Suche nach einer Führung auf die POUM-Arbeiter geblickt, bis diese angewiesen wurden, die Barrikaden zu verlassen. Die Freunde Durrutis und die Bolschewiki-Leninisten waren in der Lage, die Arbeiter für Donnerstag- und Freitagnacht auf die Barrikaden zurückzubringen, waren aber nicht stark genug, nicht ausreichend in diesen Massen verwurzelt, um sie für einen langen Kampf zu organisieren.

Die Valencia-Garden rückten Freitagnacht ein. Sie besetzten sofort die Presse und nahmen die Führer der Freunde Durrutis fest. Gruppen von Garde-Leuten patrouillierten in allen Straßen, um die Arbeiter einzuschüchtern. »Die Regierung der Generalitat hat den Aufstand mit den eigenen Truppen unterdrückt«, verkündete Companys. Seht her, schrien die CNT-Führer, ihr wusstet, dass es kein Aufstand war, ihr habt es selbst gesagt. – »Wir müssen die Unkontrollierbaren ausrotten«, antwortete Companys …

Das Versprechen, die Gefangenen freizulassen, wurde nicht eingehalten; im Gegenteil, Massenverhaftungen begannen. Ein weiteres Versprechen war: keine Vergeltungsmaßnahmen. Aber in den nächsten Wochen kam es zu brutalen Vergeltungsmaßnahmen gegen Städte und Vororte, die es gewagt hatten, Widerstand zu leisten. Selbstverständlich behielt die Regierung die Kontrolle über die Telefónica – deshalb hatte sie ja den Kampf begonnen. Die Kontrolle über die Polizei lag nun in Valencia – sie sollte bald den Stalinisten übergeben werden! Das Verteidigungsministerium und die Armee von Katalonien waren in den Besitz Valencias übergegangen – sie sollten bald unter die Kontrolle Prietos kommen. Die Arbeiterpatrouillen sollten in Kürze aufgelöst werden, unter Anwendung von Ayguades Dekret über die öffentliche Ordnung. Die katalanische Autonomie hatte aufgehört zu existieren, als die bewaffneten Truppen Valencias hereinströmten. Ayguade, von dem die CNT sagte, er sei »entlassen«, sollte eine Woche später nach Valencia gehen, um in der Zentralregierung als Repräsentant der Generalitat zu sitzen … in der die CNT auch weiterhin saß.

Nachdem die Asalto-Garden in Barcelona eingerückt waren, beschwerte sich *La Batalla*: »Das ist eine Provokation. Mit einer Machtdemonstration versuchen sie, unseren Sieg in eine Niederlage zu verwandeln.« Und weinerlich: »Es war die POUM, die empfohlen hat, den Kampf einzustellen, die Straßen zu verlassen und zur Arbeit zurückzukehren; sie hat – niemand kann das bezweifeln – am meisten dazu beigetragen, die Situation wieder zu normalisieren.« Die Zahmheit des POUM-Lamms rettete es jedoch nicht vor dem Wolf. Wahrhaftig bedauernswerte Politiker, die Sieg und Niederlage nicht unterscheiden können!

»Wir haben uns geistig und physisch nicht stark genug gefühlt, um die Führung der Massen bei der Organisierung des Widerstands zu übernehmen«, hatte am Dienstag ein Mitglied der zentralen Exekutive der POUM zu Charles Orr gesagt. Deshalb … rationalisierten sie ihre Unfähigkeit zu einem »Sieg«, um zu rechtfertigen, dass sie den Kampf beendeten.

Angenommen, die POUM hätte sich ungeachtet der CNT an die Spitze gesetzt und hätte versucht, die Arbeiter wenigstens zu einem wirklichen Waffenstillstand zu führen, das heißt, dass die Arbeiter in den Straßen und in den Fabriken bewaffnet geblieben wären, bereit, jeder weiteren Offensive Widerstand zu leisten. Angenommen, selbst das wäre nicht zustande gekommen und die Arbeiter wären durch bloße Waffengewalt besiegt worden. »Im schlimmsten Fall«, erklärte die Opposition in der POUM, »hätte man ein zentrales Verteidigungskomitee organisieren können, das sich auf die direkte Vertretung von den Barrikaden gründete. Dazu hätte es genügt, zunächst ein Treffen aus Delegierten jeder POUM-Barrikade und jeder CNT-Barrikade abzuhalten, um ein provisorisches Zentralkomitee zu benennen. Am Dienstagnachmittag arbeitete das örtliche POUM-Komitee in diese Richtung. Aber bei der zentralen Führung stieß dies nicht auf Begeisterung.« Ein solches zentrales direkt in den Massen wurzelndes Komitee wäre zumindest in der Lage gewesen, Widerstand gegen die nachfolgenden Razzien, Verhaftungen, Unterdrückung der Presse und das Verbot der Freunde Durrutis und der POUM zu organisieren.

Sicherlich hätte der Versuch, den Widerstand zu organisieren, nicht zu mehr Opfern geführt, als die Kapitulation gefordert hatte: 500 Tote und 1500 Verwundete, fast alle, nachdem die CNT am Dienstagnachmittag mit dem Rückzug begann. Weitere Hunderte wurden während der »Säuberungen« in den folgenden Wochen getötet und verwundet, dann die »Entsorgung« der POUM- und der anarchistischen Truppen, indem man sie in den nächsten Wochen ohne Luftunterstützung und Artillerie in die Schusslinien schickte. Nin, Mena und andere POUM-Führer wurden ermordet, Tausende und Zehntausende in der nachfolgenden Periode ins Gefängnis geworfen. Die Kapitulation forderte mindestens so viele Opfer, wie es Kampf und Niederlage getan hätten.

Die Opposition innerhalb der POUM – und das ist keine trotzkistische Opposition – hatte mehr als Recht, als sie in ihrem Bulletin vom 29. Mai sagte:

> »Dieser Rückzug, angeordnet ohne Bedingungen, ohne dass man die Kontrolle über die öffentliche Ordnung erlangt hatte,

> ohne die Garantie von Arbeiterpatrouillen, ohne praktische Organe der Arbeiter-[einheits-]front, ohne eine zufriedenstellende Erklärung für die Arbeiterklasse, und indem man alle kämpfenden Elemente, Revolutionäre und Konterrevolutionäre, in einen Sack steckte, ist eine der größten Kapitulationen und Verrätereien an der Arbeiterbewegung.«

Die eiserne Logik der Politik ist unerbittlich. Der falsche Kurs führt seine Anhänger in Tiefen, von denen sie sich nichts träumen ließen. Entschlossen, die Politik der Zusammenarbeit mit dem bürgerlichen Staat fortzuführen, opferte die anarchistische Führung – es scheint erst gestern gewesen zu sein, dass diese Leute sich der Monarchie bis auf den Tod widersetzten – das Leben und die Zukunft ihrer Anhänger auf die feigste Art und Weise. An den Rockschößen der CNT hängend, jagten die POUM-Führer die Arbeiter von den Barrikaden, die noch unter Beschuss standen. Sie hätten ein Jahr zuvor am allerwenigsten von sich geglaubt, so tief fallen zu können ... Führer, die die Arbeiter so betrogen haben wie diese, sind für die revolutionäre Bewegung unwiderruflich verloren. Sie können nicht umkehren und ihre fürchterliche Mitschuld zugeben ... Aber sie sind auch Mitleid erregend, denn am Tag nach ihrem Verrat wird die so gestärkte Bourgeoisie auch auf sie verzichten.

Wir wollen den Apologeten der POUM noch einen anderen Aspekt in Erinnerung rufen, wo ihre Analogie mit Petersburg im Juli 1917 nicht standhält. Dem Scheitern der »bewaffneten Demonstration« folgte eine brutale Jagd auf die Bolschewiki: Trotzki wurde eingesperrt, Lenin und Sinowjew verbargen sich, die bolschewistischen Zeitungen wurden unterdrückt. Die Parole wurde verbreitet: Die Bolschewiki sind deutsche Agenten. Innerhalb von vier Monaten hatten die Bolschewiki jedoch die Oktoberrevolution durchgeführt. Ich schreibe sechs Monate nach den Mai-Tagen und die POUM ist immer noch zerschmettert, tot. Die Analogie hält an diesem Punkte nicht stand, weil der Unterschied darin besteht: Die Bolschewiki setzten sich furchtlos an die Spitze der Juli-Bewegung und wurden so zu Fleisch und Blut der Massen, während die POUM den Massen den Rücken kehrte, und die Massen umgekehrt keine Neigung verspürten, die POUM zu retten.

XI.

Die Entlassung Largo Caballeros

Die Niederlage des katalanischen Proletariats kennzeichnete eine neue Stufe beim Vormarsch der Konterrevolution. Bis dahin hatte sich die Reaktion unter dem Deckmantel der Zusammenarbeit mit den CNT- und UGT-Führern und vom September bis Dezember in der Generalitat sogar mit den POUM-Führern entwickelt. Dadurch war die Kluft zwischen dem offen bürgerlichen Programm des bürgerlich-stalinistischen Blocks und den revolutionären Bestrebungen der Massen durch die Zentristen[31] verschleiert worden. Jetzt war der Moment für den bürgerlich-stalinistischen Block gekommen, sich der Zentristen zu entledigen.

Der Vorgang ist in der neueren Geschichte durchaus bekannt. Wenn Schläge gegen die Linke die Rechte genügend gestärkt haben, dann ist diese in der Lage, sich gegen die Zentristen zu wenden, deren Dienste bis dahin zur Zerschlagung der Linken unentbehrlich waren. Das Ergebnis der Unterdrückung der revolutionären Arbeiter ist eine Regierung weit rechts von dem Regime, das sie unterdrückt hat. Das war das Ergebnis der blutigen Unterdrückung der Spartakisten durch Noske und Scheidemann im Jahre 1919. Das war die Folge der »Stabilisierung« Österreichs durch Renner und Bauer. Jetzt war es an den spanischen Zentristen, den Preis dafür zu zahlen, die Zerschlagung des katalanischen Proletariats unterstützt zu haben.

Der erste Punkt auf der Rechnung, die die Stalinisten dem Kabinett in Valencia vorlegten, war die vollständige Unterdrückung der POUM. Warum die POUM? Wie alle Renegaten verstehen die Stalinisten die Dynamik der revolutionären Entwicklung besser als ihre Verbündeten, die schon immer Reformisten gewesen sind. Trotz ihrer schwankenden Politik hatte die POUM in ihren Reihen viele revolutionäre Kämpfer für die Interessen des Proletariats. Selbst die Führer der POUM, nicht bereit für die Revolution, würden doch gezwungen sein, sich der nackten Konterrevolution zu widersetzen. Stalin hat begriffen, dass selbst die Kapitulanten, die Sinowjews und Kamenews, am Tag, an dem die Massen rebellieren, eine Gefahr sein werden. Stalins Rezept ist: Radiere jeden möglichen Brennpunkt, jede fähige Persönlichkeit aus, um die sich die Massen scharen können. Dieses blutige Rezept, das schon in den August- und Januar-Prozessen in Moskau benutzt wurde, wurde jetzt auf Spanien und die POUM angewandt.

Die linken Sozialisten fuhren vor Schreck zusammen. Eins ihrer Organe, *Adelante* (aus Valencia), erklärte im Leitartikel vom 11. Mai 1937:

> »Falls die Regierung Caballero die Unterdrückungsmaßnahmen durchführen sollte, zu der die spanische Sektion der Kommunistischen Internationale anzustiften versucht, so würde sie sich der Regierung Gil-Robles' oder Lerroux' angleichen; sie würde die Einheit der Arbeiterklasse zerstören und uns der Gefahr aussetzen, den Krieg zu verlieren und die Revolution zugrunde zu richten … Eine Regierung, die sich in ihrer Mehrheit aus Vertretern der Arbeiterbewegung zusammensetzt, kann keine Methoden anwenden, die reaktionären und den Faschisten ähnlichen Regierungen vorbehalten sind.«

Das Kabinett trat am 15. Mai zusammen, und Uribe, der stalinistische Landwirtschaftsminister, stellte Caballero geradeheraus die Frage: Ist er bereit, der Auflösung der POUM, der Beschlagnahme ihrer Radiostationen, Druckereien, Gebäude, ihres Besitzes usw. und der Inhaftierung des Zentralkomitees und der Ortskomitees zuzustimmen, die den Aufstand von Barcelona unterstützt hatten? Federica Montseny erwachte bei der Gelegenheit rechtzeitig, um ein Dossier zu unterbreiten, dass bewies, dass in Spanien wie im Ausland ein Plan vorbereitet worden war, um den Krieg und die Revolution zu ersticken. Sie beschuldigte Lluhí Vallescá und Gassol (Esquerra) sowie Comorera (PSUC) zusammen mit einem baskischen Vertreter an einem Treffen in Brüssel teilgenommen zu haben, auf dem man übereinkam, die revolutionären Organisationen (POUM und CNT-FAI) zu zerschlagen, um ein Ende des Bürgerkriegs durch die Intervention der »befreundeten Mächte« (Frankreich und England) vorzubereiten.

Caballero erklärte, er könne bei der Unterdrückung anderer Arbeiterorganisationen nicht den Vorsitz führen, und es sei notwendig, die falsche Theorie zu widerlegen, es habe in Katalonien eine Bewegung gegen die Regierung oder sogar eine konterrevolutionäre Bewegung gegeben.[32]

Als die Stalinisten weiter auf ihren Forderungen bestanden, ließ Montseny ein Paket kommen, das Hunderte von Schals enthielt, die mit dem Wappen der Monarchie verziert waren. Tausende davon waren in den Händen der PSUC-Provokateure und der Estat-Català-Mitglieder gefunden worden, die sie in POUM- und CNT-Gebäuden verstecken sollten. Die beiden stalinistischen Minister erhoben sich und stürzten aus der Versammlung. Die Regierungskrise hatte begonnen.

Caballero sah die anderen an. Er wollte, dass sie ihren Standpunkt darlegten. Die bürgerlichen und Prieto-Minister solidarisierten sich mit den Stalinisten und gingen hinaus. Das war die letzte Sitzung des Kabinetts Caballero.

* * *

Das Verbot der POUM war die erste Forderung der Konterrevolution, aber die Stalinisten legten weitere grundlegende Forderungen nach, für die Caballero und die linken Sozialisten keine Verantwortung übernehmen würden.

Spannungen zwischen den Stalinisten und den Linkssozialisten hatten sich allerdings schon seit einigen Monaten entwickelt. Gegen Caballero selbst war seit März in der stalinistischen Presse eine verstohlene Kampagne geführt worden, als der Strom bewundernder Telegramme an den »Führer des spanischen Volks« von »den Arbeitern von Magnitogorsk« wie ein Wasserhahn abgedreht worden war. Die stalinistische Kampagne war zum Thema von Kommentaren in den Organen der CNT und der POUM und für gereizte Polemiken in der linkssozialistischen Presse geworden. Die verwirrten Anarchisten interpretierten die stalinistische Kampagne als die Ursünde der Politik: Das war die Art und Weise, wie politische Parteien miteinander umgingen. Die POUM versuchte, unter den sozialistischen Arbeitern auf einfache Weise Kapital zu schlagen, indem sie die Stalinisten beschimpfte, die Sozialisten übernehmen zu wollen. Juan Andrade, der POUM-Kommentator, sah klarer – er erkannte, dass Caballero sich den anglo-französischen Direktiven in ihrer letzten Konsequenz widersetzte. Aber die zentrale Politik der POUM, »Übernahme« zu rufen, beraubte sie der Möglichkeit, sich die tatsächlichen Konflikte zwischen Caballero und dem bürgerlich-stalinistischen Block zunutze zu machen. Denn es gab wirkliche Konflikte. Natürlich nicht so grundlegend wie der Konflikt zwischen Reform und Revolution, aber wichtig genug, dass eine kühne revolutionäre Politik einen Keil zwischen die Stalinisten und Caballeros Massenbasis hätte treiben und die UGT-Arbeiter über die Bedeutung des Wegs hätte aufklären können, den Caballero seit acht Monaten eingeschlagen hatte.

Stalinistische Abwerbungen aus Caballeros Reihen waren eine Tatsache. Es ist ein allgemein bekanntes Phänomen in der Arbeiterbewegung, wenn zwei Organisationen dieselbe Politik verfolgen, dass dann die mit dem stärkeren Apparat beginnt, die andere zu schlucken. Da er die gleichen Ansichten über die Volksfront wie die Stalinisten vertrat und darüber, dass man zuerst den Krieg gewinnen müsse, bevor man die Revolution macht, dass man die ausländische Meinung günstig stimmen müsse, dass man eine reguläre bürgerliche Armee aufbauen müsse usw., hatte Caballero aufgehört, sich in den Augen der Massen vom Stalinismus zu unterscheiden. Mit dem inländischen stalinistischen Apparat, der durch Komintern-Funktionäre und -Gelder ungeheuer verstärkt worden war – die internationalen Brigaden kamen mit Hunderten solcher Funktionäre, die mit ihnen verbunden waren – versetzte die Stalinisten in die Lage, auf Caballeros Kosten Mitglieder zu rekrutieren.

Dies traf insbesondere auf die Jugend zu. Die sozialistische Jugend war Caballeros stärkste Stütze gewesen, aber ihre Vereinigung mit der stalinistischen Jugend machte ihn zum Verlierer, obwohl Letztere nicht ein Zehntel der Mitgliedschaft der sozialistischen Jugend hatte. Die üblichen stalinistischen Korruptionsmethoden – Reisen nach Moskau, idealisierende Beziehungen zur russischen und französischen Kommunistischen Jugend, das Angebot von Posten im Zentralkomitee der Partei usw. – waren erfolgreich. Kurz nach der Vereinigung war die Führung der sozialistischen Jugend der Kommunistischen Partei beigetreten und die »vereinigte« Jugendorganisation kam unter feste stalinistische Kontrolle. Ortsverbände, die anderer Meinung waren, wurden »reorganisiert« und Linke als »Trotzkisten« ausgeschlossen. Caballero war kaum in der Lage, gegen das Ergebnis zu protestieren, da er selbst die bürokratische Vereinigungsmethode geduldet hatte, ohne einen Kongress der sozialistischen Jugend abzuhalten, um über die Entscheidung abzustimmen. Unter der Losung »Vereinigung der gesamten jungen Generation« machte die stalinistische Führung sich selbst zum Bollwerk, indem sie wahllos jeden rekrutierte, der davon überzeugt werden konnte, einen Mitgliedsausweis anzunehmen. Santiago Carillo befürwortete auf einem Plenum des Zentralkomitees der Kommunistischen Partei schamlos die Rekrutierung von »faschistischen Sympathisanten« innerhalb der Jugend. Indem sich die Stalinisten auf rückständige Elemente, einschließlich vieler Katholiken, stützten, waren sie eine Zeit lang in der Lage, Tausende von Linken, die sich noch in der Jugendorganisation befanden, mundtot zu machen.

Dennoch hatten die Verluste Caballeros an die Stalinisten ihn nicht dazu bewegt, mit ihnen zu brechen. Die Übernahme seiner Anhänger sorgte nur dafür, dass er sich schwächer fühlte und weitere Zugeständnisse machte.

Erst als Caballero feststellte, dass die stalinistischen Mitgliederübernahmen weniger ernst waren, als er angenommen hatte, und dass er seine Anhängerschaft wahrscheinlich eher an die Linke als an den Stalinismus verlieren würde, geriet er mit den Stalinisten in einen ernsthaften Konflikt. Die zwei größten Sektionen der sozialistischen Jugend, die Organisationen von Asturien und Valencia, verurteilten die oberste stalinistische Führungsriege und weigerten sich, Sitze im »vereinigten« Nationalkomitee anzunehmen. Auf der Delegiertenversammlung der Madrider UGT gewann eine Caballero-Wahlliste alle acht Sitze im Stadtrat, die der UGT zugeteilt waren, gegen eine stalinistische Liste. Auf dem asturischen Kongress der UGT bekam die Caballero-Gruppe 87 000 Stimmen gegen 12 000 für die Stalinisten. Diese Anzeichen kurz vor der Regierungskrise zeigten, dass Caballero die überwiegende Anhängerschaft in der UGT hätte haben können und dass er in der Folgezeit seine Anhängerschaft und nicht die Stalinisten würde beschwichtigen müssen.

Es gab vor allem einen Schritt, für den Caballero keine Verantwortung übernehmen konnte: die endgültigen Maßnahmen zur Zerschlagung der Arbeiterkontrolle über die Fabriken. Was auch immer sonst geschehen würde, die UGT-Massen waren fest davon überzeugt, dass sie die Fabriken niemals aufgeben würden. Das Madrider Organ der UGT erklärte wiederholt: »Das Ende des Kriegs muss auch das Ende des Kapitalismus bedeuten.«

> »Damit die Ausbeuter sämtlicher Couleur aufhören, die Herren über alle Produktionsmittel zu sein, hat es genügt, dass das Volk die Waffen im Kampf für die nationale Unabhängigkeit aufnimmt. Von den großen Finanzunternehmen bis zu den kleinsten Werkstätten, sind sie faktisch in den Händen und unter der Leitung der Arbeiterklasse ... Welche Überreste des alten ökonomischen Systems bleiben bestehen? Die Revolution hat alle Privilegien der Bourgeoisie und der Aristokratie beseitigt.« (*Claridad*, 12. Mai 1937)

Claridad[33] übersäte seine Seiten in der Tat dauernd mit Lenin-Zitaten. Dass diese Zitate oft genug vernichtende Kommentare zu Caballeros politischen Auffassungen waren, muss kaum belegt zu werden. Zitate aus »Staat und Revolution« erschienen, während Caballero den bürgerlichen Staatsapparat stärkte und wiederaufbaute, der unweigerlich versuchen würde, den Arbeitern die Fabriken zu entreißen. Aber solange Caballero nicht die Unterstützung der UGT-Massen verlieren wollte, konnte er sich nicht selbst daran beteiligen, den Arbeitern die Fabriken zu entreißen. Caballero war gerade genug Arbeiterpolitiker, um zu erkennen, dass der Staat, den er selbst wiederbelebt hatte, den Arbeitern wesensfremd war, und dass die bürgerlich-stalinistische Losung der »Staatskontrolle der Fabriken« die Zerschlagung der Macht der Fabrikkomitees bedeutete.

Wir können die grundlegenden Differenzen zwischen Caballero – d. h. der Bürokratie der UGT – und dem bürgerlich-stalinistischen Block folgendermaßen zusammenfassen: Caballero wollte eine bürgerlich-demokratische Republik (mit einer Form der Arbeiterkontrolle über die Produktion, die Seite an Seite mit dem Privateigentum existierte), die über Franco siegt. Der bürgerlich-stalinistische Block war bereit, alles zu akzeptieren, was der anglo-französische Imperialismus vorschlug. Das bedeutete zum Zeitpunkt des Sturzes von Caballero ein stabiles bürgerliches Regime, das sich auf die Teilnahme der Kräfte der kapitalistischen Großgrundbesitzer hinter Franco stützte, der Form nach parlamentarisch, tatsächlich aber bonapartistisch war, weil es für die Massen unannehmbar war.

Caballeros Perspektive unterschied sich nicht so grundsätzlich von der des bürgerlich-stalinistischen Blocks, dass sie nicht eine beachtliche Strecke gemeinsam zurücklegen konnten. Sie waren 18 Monate lang zusammengegangen. War der 15. Mai der richtige Moment für die Rechten, um mit Caballero zu brechen? Hätte der bürgerlich-stalinistische Block nicht einige Monate länger den rechten Augenblick abwarten sollen, bis Armee und Polizei als bürgerliche Institutionen noch mehr gestärkt waren? Hätten sie die CNT-Minister nicht tiefer und tiefer in den Sumpf ziehen sollen? Riskierten sie nicht eine Umgruppierung der Kräfte, indem sie die zwei Arbeitermassenorganisationen aus dem Kabinett hinausdrängten? Offenbarten die Stalinisten nicht zu unverhüllt ihre reaktionäre Rolle, indem sie, abgesehen von der seit langem verhassten Prieto-Gruppe, zur einzigen Arbeitergruppe wurden, die an der Regierung teilnahm?

Die Stalinisten überschätzten wahrscheinlich ihre Fähigkeit, sich für das neue Kabinett Unterstützungsbekundungen von genügend UGT-Gewerkschaften zu sichern, um die Tatsache zu verschleiern, dass die Gewerkschaften insgesamt der neuen Regierung ablehnend gegenüberstanden. Selbst in der bürokratisch kontrollierten UGT von Katalonien erwiesen sich die Stalinisten als unfähig, viele der bedeutendsten Gewerkschaften davon abzuhalten, ihre Unterstützung für Caballero zu erklären. Andernorts bekamen die Stalinisten nur eine Handvoll von Gewerkschaften dazu, die Entlassung von Caballero zu billigen.

Wenn die Stalinisten auch ihre Fähigkeit, Negrín eine Arbeiter»front« zu sichern, falsch einschätzten, so lagen sie mit anderen Überlegungen zweifellos richtig. Für sie zeigten die Ereignisse von Barcelona, dass die CNT-Minister nicht länger von Nutzen waren, um die CNT-Massen auf Linie zu halten. Die Kämpfe vom 3. bis 8. Mai hatten die Kluft zwischen den Führern und den Massen der CNT offenbart. Die weitere Teilnahme der CNT an der Regierung würde dem Widerstand der Massen nur wenig Einhalt gebieten und könnte andererseits einen Bruch zwischen diesen Führern und den Massen nur beschleunigen. Für die nächste Zeit waren die Olivers und Montsenys als »loyale Opposition« außerhalb der Regierung nützlicher. Als Oppositionelle konnten sie die Kontrolle über ihre Anhängerschaft zurückgewinnen, und doch wäre ihre Opposition derart, dass sie die Regierung Negrín nicht übermäßig in Verlegenheit bringen würde.

Was Caballeros Opposition anbetraf, so kannte man ihren Charakter und ihre Qualität schon aus Erfahrung: seine »revolutionäre Kritik« der Volksfrontregierung von Februar bis Juli 1936 und seine sogar noch radikaleren Erklärungen während des ersten Kriegskabinetts vom 19. Juli bis zum 4. September 1936. In dieser Zeit hatte Caballero die Unzufriedenheit kanalisiert – und war danach selbst der Regierung beigetreten. Falls unvorhersehbare Hindernisse auftauchen sollten, die die Regierung in Gefahr brächten, könnte der bürgerlich-stalinistische Block immer noch zum Stand vom 15. Mai zurückkehren, denn die Zentristen verlangten nicht mehr als dies: »Man kann nicht ohne die UGT und die CNT regieren« war die Losung Caballeros und der CNT-Führer. Mittlerweile konnte man mit Sicherheit voraussagen, dass Caballeros Opposition nicht die Form einer Wiederbelebung des Netzwerks der Arbeiterkomitees und ihre Zusammenfassung zu Sowjets annehmen würde – und nur von dieser Seite hatte der bürgerlich-stalinistische Block überhaupt irgendetwas Ernstzunehmendes zu befürchten.

Wenn es auch keine ernsthaften Schwierigkeiten bedeutete, die UGT und die CNT fallen zu lassen, so bot es dem bürgerlich-stalinistischen Block sofortige und weit reichende Vorteile. Ihre unmittelbaren Erfordernisse waren:

1. Vollständige Kontrolle über die Armee: Die Dekrete zur Mobilisierung und Reorganisierung der Armee waren von Caballero als Kriegsminister in beträchtlichem Ausmaß durchgesetzt worden. Die Regimenter, die aus eingezogenen Soldaten gebildet worden waren, wurden vollkommen nach dem alten

bürgerlichen Modell aufgebaut, großenteils befehligt von alten Armeeoffizieren oder den sorgsam ausgewählten Absolventen der von der Regierung kontrollierten Ausbildungsschulen. Alle Versuche unter den Wehrpflichtigen, Offiziers- und Soldatenkomitees zu wählen, waren verhindert worden. Aber die Arbeitermilizen, die während der ersten sechs Monate die Hauptlast des Kampfs getragen hatten, waren noch nicht alle »reorganisiert«. Ihre Massen widersetzten sich heftig jeder systematischen Auswechselung ihrer Offiziere, von denen die meisten aus ihren eigenen Reihen kamen. Selbst an der Madrider Front behielten die CNT- und UGT-Milizen, trotz teilweiser Reorganisierung, die meisten ihrer früheren Offiziere und druckten weiterhin an der Front ihre eigenen politischen Zeitungen. An der katalanischen Front weigerten sich die anarchistischen Milizen, die Dekrete zu erfüllen, die die CNT-Minister unterschrieben hatten. Ebenso wichtig war, dass Caballero nach dem Verlust Málagas beunruhigt genug war, um General Asensio und den Kommandeur von Málaga, Villalba, wegen Verrats gefangen zu nehmen. Und er entfernte aus den Stäben viele bürgerliche Freunde Prietos und der Stalinisten. Die darauf folgende Behutsamkeit Caballeros bei der Reorganisierung der Armee war ein ernsthaftes Hindernis für das Prieto-stalinistische Programm. Für eine schonungslose Umorganisierung der Milizen zu bürgerlichen Regimentern, befehligt von bürgerlichen Beauftragten in Übereinstimmung mit dem alten Militärkodex, und für die Reinigung von radikalen Armeeführern, die durch die Juli-Tage nach oben gekommen waren, war es notwendig, Caballero die Armee vollständig zu entreißen.

2. Das Kriegsministerium bot den günstigsten Angriffspunkt, von dem aus man den Arbeitern die Kontrolle über die Fabriken entreißen konnte. Im Namen der Erfordernisse des Kriegs konnte das Ministerium eingreifen und die Kontrolle der Arbeiter über die wichtigsten strategischen Industriezweige beseitigen: die Eisenbahn und das übrige Transportwesen, den Bergbau sowie Metall-, Textil-, Kohle- und Ölindustrie. Die Stalinisten hatten mit der Vorbereitung dafür schon im April durch ein Sperrfeuer gegen die Kriegsmaterial herstellenden Fabriken begonnen. Unglücklicherweise für die Stalinisten

hatten sie diese Kampagne zu einem Zeitpunkt organisiert, als die Atmosphäre für ein Pogrom noch nicht günstig war (eine ständige Schwäche von Kampagnen, die gehorsam nach den Anweisungen der Komintern-Vertreter aus Moskau ausgeführt wurden). Ihre Anschuldigungen wurden durch gemeinsame Erklärungen der CNT- und UGT-Organisationen in den betroffenen katalanischen Fabriken widerlegt und wurden, wie wir gesehen haben, selbst von Premier Tarradellas abgestritten, der als Finanzminister die Gelder, die er aus der Staatskasse in Valencia erhielt, an die Fabriken auszahlte. Damit war klar, dass diese Kampagne von außen nicht erfolgreich zu Ende gebracht werden konnte, sondern dass der bürgerlich-stalinistische Block das Kriegsministerium brauchte, um die Angriffe auf die Arbeiterkontrolle der Fabriken voranzubringen.

3. In Caballeros Kabinett wurde das Innenministerium, das die beiden wichtigsten Polizeiabteilungen (Asalto- und Republikanische Nationalgarde) und die Presse kontrollierte, von Angel Galarza, einem Mitglied der Caballero-Gruppe, geleitet. Die revolutionären Arbeiter hatten hinreichend Grund, seine Politik zu verurteilen. Vor allem hatten Caballero und Galarza das Dekret gebilligt, das der Polizei verbot, in politische und gewerkschaftliche Organisationen einzutreten. Die Polizei von der Arbeiterbewegung zu isolieren, konnte notwendigerweise nur bedeuten, sie gegen die Arbeiterbewegung auszuspielen.
   Gleichwohl erkannte die Caballero-Gruppe, dass die Unterdrückung der CNT ein tödlicher Schlag für Caballeros Basis, die UGT, sein würde, und Caballero brauchte die CNT als Gegengewicht zum bürgerlich-stalinistischen Block. Galarza hatte 5000 Polizisten nach Barcelona geschickt, sich aber geweigert, die Prieto-stalinistischen Vorschläge zur vollständigen Liquidierung der POUM und von Vergeltungsmaßnahmen gegen die FAI-CNT durchzuführen. Wiederum hatte die Caballero-Gruppe das Instrument für die Angriffe auf die Arbeiter geschaffen, war aber davor zurückgewichen, die gesamten Schlussfolgerungen in die Tat umzusetzen. Nachdem Caballero und Galarza während der Kämpfe in Barcelona die Generalitat erst einmal dazu veranlasst hatten, die Kontrolle der öffentlichen Ordnung durch die Zentralregierung auf Katalonien

auszudehnen, war der Moment reif, um Galarza seines Amts zu entheben, damit die Stalinisten die Kontrolle der Polizei und der Presse in Katalonien und anderswo übernehmen konnten.

4. Dem Prieto-stalinistischen Programm für eine Versöhnung mit der katholischen Kirche – als Zwischenstation zur Versöhnung mit Franco – leistete Caballero Widerstand. Als Rückgrat der Monarchie und des bienio negro, den beiden schwarzen Jahren von Lerroux–Gil-Robles, waren die Kirchen die Festungen der faschistischen Erhebung gewesen. Mitglied einer Arbeiterorganisation zu sein, musste in Spanien immer bedeuten, gegen die Kirche zu sein, denn der offizielle Katechismus hat es zur Todsünde erklärt, »freiheitlich zu wählen«. Im Juli hatten die Massen spontan die Schließung aller katholischen Kirchen erzwungen. Man konnte kaum eine unpopulärere Maßnahme vorschlagen, als es der Kirche zu erlauben, sich wieder ungehindert zu betätigen – und das mitten im Bürgerkrieg! Darüber hinaus war sie für die antifaschistische Bewegung in der Tat gefährlich, denn mit dem Vatikan auf der Seite des Franco-Regimes würde sie unweigerlich die Kirche dazu benutzen, um Franco zu helfen. Dennoch war dies der Vorschlag der baskischen Regierung und ihrer Verbündeten Prieto und der Stalinisten. Caballero hatte viel getan, um sich bei den Imperialisten anzubiedern, aber es war zu viel für ihn, es der Kirche zu erlauben, sich mitten im Bürgerkrieg ungehindert zu betätigen.

* * *

Diese Gründe für den Konflikt zwischen Caballero und dem reaktionären Block werden klar in den Forderungen ausgedrückt, die die verschiedenen Parteien am 16. Mai während der üblichen Visiten bei Präsident Azaña vorbrachten, um ihn über die Haltung jeder Gruppe zur Regierungskrise zu informieren.[34]

Manuel Cordero, der Sprecher der Prieto-Sozialisten, erklärte lammfromm, seine Organisation trete für eine Regierung ein, die alle Fraktionen einschließe – aber »ich habe ganz besonders auf der Notwendigkeit einer völligen Veränderung der Politik des Innenministeriums bestanden«.

Pedro Corominas erklärte für die katalanische Esquerra: »Welche Lösung auch immer angenommen wird, es wird notwendig sein, sie zu unterstützen und die Schwierigkeiten persönlichen Ursprungs durch stärkere und häufigere Kontakte mit den Cortes der Republik zu beseitigen.« Mit anderen Worten, die Regierungspolitik sollte durch die Überbleibsel der im Februar 1936 gewählten Cortes diktiert werden, gemäß einer Wahlabmachung, die die überwältigende Mehrheit der Cortes den bürgerlichen Parteien gegeben hatte!

Manuel Irujo sprach für die baskischen Kapitalisten ziemlich unverblümt:

> »Ich habe seiner Exzellenz zu einer Regierung der nationalen Konzentration unter Vorsitz eines sozialistischen Ministers geraten, der das Vertrauen der [bürgerlichen] Republikaner besitzt. Da Caballero … das politische Vertrauen der Gruppen der Volksfront verloren hat, wäre es unserer Meinung nach ratsam, eine Regierung Negrín, Prieto oder Besteiro zu bilden, unter Zusammenarbeit aller politischen und gewerkschaftlichen Organisationen, die die vorgeschlagenen Grundlagen akzeptieren.
>
> Ich fühle mich verpflichtet, gegenwärtig zwei besondere Forderungen zu stellen. Die erste ist die Notwendigkeit, unter den Garantien und Beschränkungen, wie sie der Krieg und die öffentliche Ordnung verlangen, die Wiederherstellung des verfassungsmäßigen Systems von Gewissens- und Religionsfreiheit anzugehen.
>
> Die zweite Forderung betrifft Katalonien. Die katalanischen Republikaner hätten es vorgezogen, wenn die Regierung der Republik früher und effektiver eingegriffen hätte und zur Unterstützung der Generalitat die Kontrolle über die öffentliche Ordnung übernommen hätte. Darüber hinaus glaube ich, wenn die Regierung ihren Pflichten jetzt nachkommt, ist es die unausweichliche Aufgabe der Regierung, entschieden mit dem Problem aufzuräumen, welches das katalanische Leben durcheinander bringt, indem sie entschlossen die Gründe für die Unordnung und den Aufruhr beseitigt, seien sie nun zufällig oder dauerhaft …«

Genau diesem Irujo sollte der Prieto-stalinistische Block bald … das Justizministerium … anvertrauen.

Für die linken Republikaner, Azañas eigener Partei, verlangte Salvador Quemades, das neue Kabinett »müsse, was die öffentliche Ordnung und den wirtschaftlichen Wiederaufbau angeht, eine entschlossene Politik haben, und die Befehlsgewalt über die Armee, Marine und Luftwaffe sollte in eine einzige Hand gelegt werden«. Prieto war bereits Minister für Marine und Luftwaffe. Dies bedeutete, dass seinen Ämtern die Kontrolle der Armee hinzugefügt werden sollte (wie es auch geschah).

Die Stalinisten verlangten:

a) Der Präsident des Rats (Premier) solle sich ausschließlich mit den Angelegenheiten der Präsidentschaft beschäftigen. Das Kriegsministerium solle separat von einem anderen Minister geführt werden.

b) Entfernung Galarzas aus dem neuen Kabinett wegen »seiner Nachsicht bei den Problemen der öffentlichen Ordnung«.

c) Die Minister des Kriegs und des Inneren »sollten Personen sein, die die Unterstützung aller Parteien und Organisationen genießen, die die Regierung bilden«. Was bedeutete, dass diese Schlüsselposten, die für die weiteren Pläne des baskisch-Prieto-stalinistischen Blocks wichtig waren, ihnen zufallen sollten.

Die CNT erklärte, sie würde keine Regierung unterstützen, die nicht von Caballero als Premier und Kriegsminister geführt werde. Die UGT gab eine ähnliche Erklärung heraus. Präsident Azaña, der wusste, dass dies eine bereits abgekartete Sache war, beauftragte Caballero, mit allen vertretenen Gruppen ein neues Kabinett zu bilden. In wahrhaft zentristischer Manier ging Caballero daran, sich selbst den Boden unter den Füßen wegzuziehen. Seinen Hauptverbündeten, die CNT, hatte er bereits durch sein Verhalten bei den Ereignissen in Barcelona geschwächt. Jetzt bot er an, die Vertretung der CNT von vier Ministerien auf zwei, Justiz- und Gesundheitswesen, zu reduzieren. Der Prieto-Gruppe bot er zwei Ministerien an, aber diese sollten Finanzen und Landwirtschaft sowie Industrie und Handel zusammenfassen. Erziehung und Arbeit waren die beiden Ministerien für die Stalinisten. Die Bourgeoisie, die im vorherigen Kabinett keine Ämter außer Ministerien ohne Geschäftsbereich inne gehabt hatte, sollte die Ministerien für öffentliche Arbeiten und Propaganda (linke Republikaner), das Ministerium für das Fernmeldewesen und die Handelsmarine (Republikanische Union) und Ministerien ohne Geschäftsbereich für die Esquerra und die baskischen Nationalisten bekommen. Die von Caballero vorgeschlagene Regierung stand dementsprechend entschieden rechts von ihrer Vorgängerin. Caballeros Versöhnlertum gegenüber der Rechten konnte bei den Massen nur den Eindruck hervorrufen, die Unnachgiebigkeit der Rechten bedeute überlegene Stärke, und es bereitete den Weg für die Rechte, ungestraft die gesamte Macht zu übernehmen.

Die Stalinisten wiesen Caballeros Kompromiss zurück und weigerten sich, in seinem Kabinett mitzuarbeiten außer zu den Bedingungen, die sie festgelegt hatten. Die Prieto-Gruppe erklärte umgehend, sie würde nicht mitarbeiten, wenn die Stalinisten nicht teilnehmen würden. Die bürgerlichen Parteien folgten ihrem Beispiel. Caballero konnte jetzt entweder eine Regierung der UGT-CNT bilden oder die Regierung dem bürgerlich-stalinistischen Block übergeben.

Caballero verhielt sich während der Regierungskrise entsprechend den traditionellen Regeln der bürgerlichen Politik, d. h., er ließ die Massen über die Entwicklungen vollkommen im Dunkeln und machte keinen Versuch, die Arbeiter gegen die Rechte zu mobilisieren. So auch die CNT. Später wurde bekannt, dass Caballero an dem Tag, als das Kabinett scheiterte, der CNT versichert hatte, er wäre, wenn nötig, bereit, die UGT und die CNT die Macht übernehmen zu lassen. Innerhalb weniger Stunden nahm er jedoch Abstand davon, weil es innerhalb der UGT Widerstand gab. »Während der Regierungskrise spielte die UGT ein doppeltes Spiel«, erklärte ein FAI-Manifest hinterher. »Die bürgerlichen und kommunistischen Einflüsse innerhalb dieser Organisation sind so stark, dass ihr revolutionärer Sektor, d. h. derjenige, der dazu neigt, mit uns zusammenzuarbeiten, gelähmt war … Das bedeutete nicht nur einen Sieg für den bürgerlich-kommunistischen Block, sondern auch für Frankreich, England und Russland, die bekommen hatten, was sie wollten.« Mit anderen Worten, die Anarchisten stützten sich auf Caballero, er verwies auf die Opposition, und während der allgemeinen Lähmung der Massen, die durch ihre Führer verursacht wurde, kam die rechte Regierung an die Macht.

Vielleicht hatte Caballero tatsächlich bei seinen zahlreichen Sitzungen mit Azaña während der Krisentage das Thema einer UGT-CNT-Regierung angeschnitten und – war abgewiesen worden. Denn Azaña hatte verfassungsrechtlich die Macht, Kabinette, die ihm nicht behagten, abzulehnen. Die Verfassung von 1931 stattet den Präsidenten mit wahrhaft bonapartistischen Machtbefugnissen aus. Azaña hatte dies als Premier selbst erlebt, als sein Kabinett im Jahre 1933 von Präsident Zamora entlassen wurde, obwohl es in den Cortes noch eine Mehrheit besaß, um der halbfaschistischen Regierung Lerroux Platz zu machen. Diese bonapartistischen Machtbefugnisse waren am 19. Juli nicht eliminiert worden. Azaña hatte sich still und leise auf einen Landsitz in Katalonien zurückgezogen und sich für den größten Teil der Zeit von Caballeros Regierung ruhig verhalten. Als Mitgliedern der Caballero-Gruppe der Vorwurf gemacht wurde, dass sie während dieser Monate die Präsidentschaft nicht beseitigt hatten, hatten sie herablassend erklärt, die Verfassung und die Präsidentschaft bestünden nicht länger, es wäre reiner Formalismus, das zu behaupten, und andererseits sei es sehr nützlich gewesen, die Vortäuschung von Verfassungsmäßigkeit aufrechtzuerhalten, um sich die Hilfe des Auslands zu sichern ... und jetzt war hier ein sehr lebendiger Präsident Azaña, der herablassend die Sprecher der verschiedenen Parteien empfing, von Caballero Berichte darüber entgegennahm, ob er Fortschritte dabei machte, ein Kabinett zusammen zu bekommen, während Azañas Partei, die linken Republikaner, im bürgerlich-stalinistischen Block waren ... Auf jeden Fall ersparte Caballero diesem Block die Unannehmlichkeit einer öffentlichen Kontroverse über die Privilegien des Präsidenten. Er informierte Azaña, dass er kein Kabinett hatte bilden können, und Azaña beauftragte unverzüglich Negrín, eine Regierung der Bourgeoisie, der Prieto-Gruppe und der Stalinisten zu bilden.

XII.
»El Gobierno de la Victoria«

La Pasionaria nannte das neue Kabinett »die Regierung des Siegs«. »Wir haben den Entschluss gefasst«, erklärte sie, »den Krieg schnell zu gewinnen, obwohl uns dieser Sieg eine Auseinandersetzung mit unseren teuersten Genossen gekostet hat.« Die Stalinisten setzten eine weltweite Kampagne in Gang, um zu beweisen, dass der Sieg von Caballero verhindert worden sei und dass er jetzt bevorstünde.

Die Annalen der Regierung Negrín erwiesen sich jedoch nicht als Bilanz des militärischen Siegs und noch nicht einmal als Bilanz von ernsthaften Bemühungen um einen militärischen Sieg, sondern der skrupellosen Unterdrückung der Arbeiter und Bauern. Dieser reaktionäre Kurs wurde der Regierung durch die anglofranzösischen Herrscher diktiert, von der sie sich Hilfe erwartete. Das Sprachrohr für den Quai d'Orsay, *Le Temps*, wies auf die wirkliche Bedeutung der Regierungskrise hin:

> »Die republikanische Regierung Valencias ist an einem Punkt angekommen, wo sie sich entscheiden muss. Sie kann nicht länger im Zustand der Zweideutigkeit bleiben, in dem sie sich bisher befunden hat. Sie muss zwischen Demokratie und proletarischer Diktatur wählen, zwischen Ordnung und Anarchie.« (17. Mai 1937)

Am nächsten Tag wurde das Kabinett Negrín gebildet. *Le Temps* stimmte zu, wies aber entschieden auf den Weg hin, den das neue Regime einzuschlagen hatte:

> »Es wäre zu früh zu entscheiden, ob die Orientierung in Valencia in Richtung auf eine gemäßigtere Regierung geht, die dazu entschlossen ist, sich endgültig von der Kontrolle der Anarcho-Syndikalisten zu befreien. Aber dies ist ein Versuch, der letztendlich gemacht werden muss, ganz egal, wie groß der Widerstand der Extremisten auch sein mag.«

In der Tat, klare Direktiven!
Die Regierung, schrieb ein glühender Anhänger ihres reaktionären Kurses, der Korrespondent der *New York Times*, Matthews, »... beabsichtigt, die innere Ordnung mit eiserner Faust aufrechtzuerhalten ... Die Regierung hofft, dadurch die Sympathie der beiden Demokratien zu gewinnen, die für Spanien am meisten bedeuten – Großbritannien und Frankreich – und die Unterstützung der Nation zu behalten, die am hilfreichsten gewesen ist, Russland. Das Hauptproblem der Regierung ist es jetzt, die anarchistische Opposition zu beschwichtigen oder zu zermalmen.« (19. Mai 1937)

»Mit einem Wort, ohne Rücksicht auf die Kriegslage oder die Erfordernis, die Kriegsmoral aufrechtzuerhalten, entfesselte die Regierung eine umfangreiche Unterdrückungsmaschinerie«, wie es eine Erklärung der FAI vom 6. Juli ausdrückte. »Die Anarchisten werden als aktiver Faktor ausgeschaltet. Falls sie an ihrer gegenwärtigen Taktik festhalten, können die Caballero-Sozialisten innerhalb von drei Monaten verboten sein«, schrieb der Stalinist Louis Fischer. (*The Nation*, 17. Juli 1937)

In Caballeros Kabinett hatte García Oliver, der »hundertprozentige Anarchist«, kräftig daran gearbeitet, demokratische Tribunale und Justizdekrete zu schaffen, während hinter ihm die Konterrevolution vorrückte. Die Generalitat hatte Nin während der ersten Monate der Revolution zu demselben Zweck benutzt. Jetzt ernannte die Regierung Manuel Irujo, den baskischen Kapitalisten und strenggläubigen Katholiken, zu ihrem Justizminister. Dass solch ein Mann dieses Amt bekommen konnte, bedeutete: Die Zeit der Heuchelei ist vorbei. Im Jahr 1931 hatte Irujo gegen die Annahme der republikanischen Verfassung als radikales und atheistisches Dokument gestimmt. War er damit nicht genau der richtige Mann als Justizminister?

Irujos erste Maßnahme war die Abschaffung der Volkstribunale, die nach dem 19. Juli 1936 errichtet worden waren. Jedes der Tribunale setzte sich aus einem Vorsitzenden Richter und 15 Mitgliedern zusammen, die von den verschiedenen antifaschistischen Organisationen ernannt wurden. Die FAI-Mitglieder wurden jetzt aus den Tribunalen ausgeschlossen – mit dem Kunstgriff eines Dekrets, nur Organisationen, die am 16. Februar 1936 legal waren, könnten teilnehmen. Die FAI war natürlich durch das bienio negro verboten worden! Die meisten der Vorsitzenden Richter waren linke Anwälte. Roca, ehemaliger Untersekretär des Ministeriums, hat inzwischen berichtet, wie das Justizministerium im September 1936 eine Versammlung der alten Richter und Gerichtsbeamten einberufen und nach Freiwilligen gefragt hatte, die in die Provinzen gehen und Tribunale errichten sollten … Nicht einer meldete sich freiwillig. Sie wussten, dass man Faschisten würde verurteilen müssen. Jetzt wurden die Tribunale von den linken Anwälten gesäubert, die durch die einst widerwilligen Richter ersetzt wurden. Denn die Tribunale sollten nicht länger Faschisten aufspüren, sondern Arbeiter verfolgen. Irujos Ministerium gab täglich erscheinende Bulletins heraus, auf denen freigelassene Faschisten und Reaktionäre aufgelistet wurden.

Die Beschwerden diesbezüglich wurden monatelang absolut ignoriert. Schließlich – nachdem seine Partei Bilbao und Santander verraten hatte – prangerte *Frente Roja* (30. August) Irujo an, »Faschisten zu schützen«. »Es ist untragbar lächerlich, dass zu derselben Zeit, in der die Faschisten Santander erobern, in Valencia diese schändlichen Listen von Faschisten und Reaktionären, die freigesprochen und entlassen worden sind, verbreitet werden.« Aber das war bloß fürs Protokoll. Die stalinistischen Minister saßen mit diesem Mann weiterhin in einem Kabinett.

Am 23. Juni ordnete die Regierung Sondergerichte an, die sich mit Aufwiegelung befassen sollten. Zu den »aufwieglerischen Handlungen« gehörten: »die Weitergabe von militärischen, diplomatischen, das Gesundheitswesen betreffenden, ökonomischen, industriellen oder kommerziellen Informationen an einen ausländischen Staat, bewaffnete Organisationen oder bewaffnete Individuen« und alle Verstöße, »die zum Ziel haben, die öffentliche Moral oder die militärische Disziplin zu schwächen«. Die Richter sollten von den Ministerien für Justiz und Verteidigung ernannt werden und waren ermächtigt, Geheimsitzungen abzuhalten und Dritte auszuschließen. Das Dekret schließt:

> »Versuchte oder gescheiterte Straftaten, Verabredungen dazu und Pläne genauso wie die Mittäterschaft durch das Decken

> von Personen, die diesem Dekret unterliegen, kann auf dieselbe Weise bestraft werden, als wären die Straftaten tatsächlich begangen worden. Wer solcher Straftaten schuldig ist und sie den Behörden anzeigt, soll vollkommen straffrei ausgehen. Todesurteile können ohne offizielle Unterrichtung des Kabinetts ausgesprochen werden.«

Die Geständnisklausel, die Bestrafung von Taten, die nicht begangen wurden, die geheimen Prozesse, waren direkt aus Stalins Gesetzen übernommen. Die weit reichende Definition von Aufwiegelung machte jede Meinung, gesprochen oder geschrieben, oder wenn Indizien, die als Kritik an der Regierung gedeutet werden konnten, darauf hinwiesen, zum Landesverrat. Anwendbar auf jeden Arbeiter, der für bessere Bedingungen agitierte, auf Streikende, auf jede Kritik an der Regierung in einer Zeitung, auf nahezu jede Erklärung, Handlung oder Haltung, die etwas anderes als Verehrung des Regimes war, war dieses Dekret nicht nur in einer Demokratie beispiellos, es war unverfrorener als Hitlers oder Mussolinis juristische Verfahrensweisen.

Am 29. Juli kündigte das Justizministerium an, dass gemäß diesem Dekret Verhandlungen gegen zehn Mitglieder des Exekutivkomitees der POUM vorbereitet wurden. Diese Männer waren am 16.–17. Juni gefangen genommen worden – vor dem neuen Dekret. Das bedeutete, dass das Dekret, um das Ganze zu krönen, ein rückwirkendes Gesetz war, dass Verbrechen bestrafte, die angeblich begangen worden waren, bevor das Gesetz verabschiedet worden war! So wurde das unbestrittenste juristische Prinzip der Neuzeit ausdrücklich verworfen.

Irujo befürwortete ein weiteres Dekret, das angenommen und von der Regierung am 12. August veröffentlicht wurde. Es erklärte:

> »Wer auch immer eine bestimmte Person oder Gruppe von Personen als Faschisten, als Verräter, als antirevolutionär kritisiert, grundlos oder ohne hinreichende Grundlage oder ohne dass die [richterliche] Behörde ein Urteil [über den Beschuldigten] gefällt hat …
>
> Wer auch immer einen Bürger anprangert, weil er ein Priester ist oder wegen der Erteilung des Sakraments … verursacht

> eine unnötige und störende Beeinträchtigung der öffentlichen Ordnung, wenn er nicht sogar ein nicht wieder gut zu machendes Verbrechen begeht, das einer strafrechtlichen Ahndung wert ist.«

Dieses Dekret verbot nicht nur scharfe ideologische Kritik jeder beliebigen Person im Regierungsblock, sondern setzte auch dem Aufstöbern von Faschisten durch die Arbeiter ein Ende. Es beendete auch alle Formen der Überwachung der katholischen Priesterschaft – kurz nachdem der Vatikan sich offen voll auf die Seite Francos geschlagen hatte. Denunziationen, »ohne dass ein Gericht ein Urteil gefällt hat«, fanden in der Praxis nur gegen Kritik von links Anwendung: Die Stalinisten denunzierten die POUM natürlich weiterhin als Faschisten, obwohl kein Urteil gefällt worden war.

Die Pressezensur funktionierte nach einem System, das nicht nur die freie Kritik zerstörte, sondern verlangte, dass die Eingriffe der Zensur dem Volk verheimlicht werden sollten. So wurde *Solidaridad Obrera* am 7. August für fünf Tage wegen Ungehorsam gegenüber Anordnungen des Zensors ausgesetzt. Der spezifische Ungehorsam – gemäß Gomez, dem Generalbevollmächtigten für öffentliche Ordnung in Barcelona, der den Befehl gegeben hatte – bestand darin, »dass sie keine weißen Lücken veröffentlichen sollten«. Das heißt, Streichungen durch den Zensor, der nach den Abzugsfahnen arbeitete, mussten vor den Massen verborgen werden, indem man anderes Material einsetzte! Als stummen Protest hatte die CNT-Presse die zensierten Leerräume freigelassen.

Am 14. August veröffentlichte die Regierung ein Dekret, das jede Pressekritik an der Sowjetregierung verbot:

> »Mit Wiederholungen, die einen bewussten Plan zur Beleidigung einer besonders befreundeten Nation vermuten lassen, wodurch für die Regierung Schwierigkeiten entstehen, haben sich verschiedene Zeitungen wiederholt unpassend mit der UdSSR beschäftigt ... Diese absolut verdammenswerte Freizügigkeit sollte vom Rat der Zensoren nicht länger erlaubt werden. Zeitungen, die dieses missachten, werden auf unbegrenzte Zeit gesperrt werden, selbst wenn sie durch den Zensor

> freigegeben worden sein sollten; in diesem Falle ist der Zensor, der die Korrekturfahnen liest, gefangen zu nehmen und dem Sondertribunal vorzuführen, das mit der Verfolgung von Sabotageverbrechen beauftragt ist.«

Die Zensurdekrete betrafen den Rundfunk nicht mehr. Denn am 18. Juni war ein Sonderkommando der Polizei bei allen Radiostationen, die Gewerkschaften und politischen Parteien gehörten, erschienen und hatte sie geschlossen. Von da an hatte die Regierung das Monopol über alle Radioübertragungen.

Zu einer der außergewöhnlichsten Anwendungen der Pressezensur kam es, als der Prieto-stalinistische Block am 1. Oktober die UGT durch eine Rumpfversammlung einiger Gewerkschaften spaltete, die das von Caballero geführte Exekutivkomitee für abgesetzt erklärte. Während die neue »Exekutive« ungehindert eine Flut beleidigender Erklärungen veröffentlichte, wurden die Stellungnahmen der Caballero-Exekutive, wie auch die Überschriften in der CNT-Presse, die auf sie als rechtmäßiger Exekutive verwiesen, in der Luft zerrissen. Formelle Proteste der CNT-Presse gegen die Regierung, dass sie auf diese Weise in einem internen Gewerkschaftskampf Partei ergreife, waren fruchtlos.

Obwohl es fürchterliche Vorfälle gab – in fast jeder von den Faschisten eroberten Stadt –, bei denen Asalto- und Zivilgarden während der Belagerung in großer Zahl zu den Faschisten überliefen, säuberte das Innenministerium auch weiterhin die Polizei nicht von den alten Elementen, sondern von den Arbeitern, die von ihren Organisationen nach dem 19. Juli dorthin entsandt worden waren. Es wurde angeordnet, dass alle, die im letzten Jahr in den Polizeidienst eingetreten waren, überprüft werden. Die Sicherheitsräte, die von Antifaschisten innerhalb der Polizei gebildet worden waren, um faschistische Elemente auszusortieren, wurden aufgelöst. Mehr noch, der Generaldirektor der Polizei, der Stalinist Gabriel Moron, befahl den einfachen Polizisten bei Strafandrohung von Entlassung, keine Anzeigen gegen faschistische Verdächtige in der Polizei machen. (CNT, 1. September)

Die ökonomische Konterrevolution wurde jetzt beschleunigt. Sie war solange gedrosselt worden, bis man bessere politische

Vorbedingungen geschaffen hatte. In der Landwirtschaft war der zu verfolgende Weg mit dem allerersten Dekret vom 7. Oktober 1937 ausgearbeitet worden. Nur die Ländereien der Faschisten sollten beschlagnahmt werden, und das System des Privatbesitzes an Grund und Boden einschließlich des Rechts, große Ländereien zu besitzen und Lohnarbeit auszubeuten, sollte unangetastet bleiben.

Trotz des Dekrets hatte sich die kollektivierte Landwirtschaft während der ersten Monate der Revolution jedoch weit ausgebreitet. Die UGT stand den Kollektiven zunächst skeptisch gegenüber und änderte ihre Haltung erst, nachdem die Bewegung in ihren eigenen Reihen eine starke Anhängerschaft gefunden hatte. Die schnelle Entwicklung der kollektivierten Landwirtschaft war durch verschiedene Faktoren zu erklären. Im Gegensatz zum alten russischen Muschik hatten die spanischen Bauern und Landarbeiter seit Jahrzehnten Gewerkschaften aufgebaut und stellten einen beachtlichen Teil der Mitgliedschaft der CNT und der FAI, UGT, POUM und der Sozialistischen Partei. Dieses politische Phänomen rührte zum Teil aus der ökonomischen Tatsache, dass die Aufteilung des Lands in Spanien sogar noch ungleicher war als in Russland und fast die gesamte spanische Bauernschaft zum Teil oder völlig von der Lohnarbeit auf den großen Ländereien abhängig war. Deshalb waren sogar die Bauern mit einem eigenen kleinen Stück Land kaum in der Lage, ihrer traditionellen bäuerlichen Beschäftigung auf ihrem eigenen Grund und Boden nachzugehen. Die Kollektive bezogen ihre Stärke auch aus der fast überall existierenden Notwendigkeit, das Wasser für das trockene Land in gemeinschaftlicher Arbeit zu beschaffen. Zu diesen Faktoren kam die begeisterte Unterstützung, die viele Fabriken den Kollektiven gaben. Sie stellten Gerätschaften und Gelder bereit, die Arbeiterversorgungskomitees und die genossenschaftlichen Märkte kauften die Produkte der Kollektive zu gerechten Preisen und die kollektivierten Eisenbahnen und Lastwagen brachten in freundschaftlicher Zusammenarbeit die Produkte in die Stadt. Ein weiterer wichtiger Faktor war die Erkenntnis der Bauern, dass sie nicht länger alleine standen. »Wenn in einem Gebiet eine Ernte vernichtet wurde oder wegen langer Dürre usw. viel geringer ausfällt«, schrieb der Führer der Agrarföderation der CNT in Kastilien, der für 230 Kollektive sprach, »so brauchen sich unsere Bauern keine Sorge zu machen, müssen keinen Hunger fürchten, denn die Kollektive in den anderen Gebieten oder Regionen betrachten es als ihre Pflicht, ihnen auszuhelfen.« So kamen viele Faktoren zusammen, um die schnelle Entwicklung der kollektiven Landwirtschaft zu begünstigen.

Aber mit der Übernahme des Landwirtschaftsministeriums durch den Stalinisten Uribe, erst in Caballeros Kabinett und dann in Negríns, wurde das Gewicht der Regierung gegen die Kollektive mobilisiert. »Unsere Kollektive erhielten keinerlei offizielle Hilfe. Im Gegenteil, wenn sie überhaupt etwas erhielten, so war es Behinderung und Verleumdung vonseiten des Landwirtschaftsministers und von der Mehrheit der Institutionen, die von diesem Minister abhängen«, berichtete der kastilische Agrarverband der CNT (*Tierra y Libertad*, 17. Juli 1937). Ricardo Zabalza, nationaler Leiter des Bauern- und Landarbeiterverbands der CNT erklärte:

> »Die Reaktionäre von gestern, die ehemaligen Agenten der Großgrundbesitzer erhalten von der Regierung jede Art von Unterstützung, wahrend man uns auch der kleinsten Unterstützung beraubt oder sogar von unseren kleinen Besitzungen vertreibt …
> Sie wollen ausnutzen, dass unsere besten Genossen jetzt an der Kriegsfront kämpfen. Diese Genossen werden vor Wut weinen, wenn sie beim Verlassen der Kriegsfront herausfinden, dass ihre Anstrengungen und Opfer umsonst gewesen sind, dass sie nur zum Sieg ihrer alten Feinde geführt haben, die jetzt mit Mitgliedsausweisen einer proletarischen Organisation [der Kommunistischen Partei] protzen.«

Diese Agenten der Großgrundbesitzer, die verhassten caciques – Vorarbeiter und Dorfvorsteher – waren das Rückgrat der politischen Maschinerie von Gil-Robles und den Landbesitzern. Jetzt fand man sie in den Reihen der Kommunistischen Partei. Selbst ein so prominenter Chef der Gil-Robles-Maschinerie wie der Sekretär der CEDA in Valencia hatte die Revolution überlebt … und trat der Kommunistischen Partei bei.

Uribe rechtfertigte den Angriff auf die Kollektive mit der Behauptung, Bauern, die sich sträubten, wären gezwungen worden, ihnen beizutreten. Man muss wohl nicht die Ironie kommentieren, dass ein Stalinist sich über erzwungene Kollektivierung beklagt, nach dem drakonischen Gemetzel und den Verbannungen während der »Liquidierung« des russischen Kulaken! Uribe hätte zweifellos diesbezüglich Beweise vorgebracht, wäre er in der Lage gewesen, welche zu finden, aber nichts kam. Beide großen Bauern- und Landarbeiterverbände, Töchterorganisationen der CNT und der UGT, waren gegen erzwungene Kollektivierung, befürworteten freiwillige Kollektive und prangerten die Stalinisten als Helfer der caciques und der reaktionären reichen Bauern an. Im Juni verschickte die sozialistische *Adelante* einen Fragebogen an die verschiedenen Provinzsektionen der Bauernorganisation der UGT: Fast einstimmig verteidigten sie die Kollektive und berichteten alle, der Hauptwiderstand gegen die Kollektive käme von der Kommunistischen Partei, die zu diesem Zweck die caciques rekrutierte und sich die Regierungsinstitutionen zunutze machte. In einem Protestbrief an Uribe beschrieb Ricardo Zabalza das einfache, aber wirkungsvolle System der Stalinisten beim Angriff auf die Kollektive: Alte caciques, Kulaken und Landbesitzer wurden von den Stalinisten rekrutiert und organisiert und verlangten daraufhin die Auflösung des örtlichen Kollektivs, erhoben Ansprüche auf sein Land, die Gerätschaften und die Kornvorräte. Jede derartige Kontroverse zog die »Vermittlung« von Uribes Repräsentanten nach sich, die ausnahmslos zugunsten der Reaktionäre entschieden und »Einigungen« durchsetzten, durch die die Kollektive allmählich ihrer Gerätschaften und des Lands beraubt wurden. Zabalza sagte, als man sie aufforderte, dieses seltsame Verhalten zu erklären, hätten die Regierungsvertreter geäußert, sie handelten nach den speziellen Befehlen ihres Vorgesetzten: Uribe. Es kam dann nicht überraschend, dass der UGT-Bauernverband der Provinz Levante Uribe als »öffentlichen Feind Nr. 1« anprangerte. Irujos Schützlinge, die vor kurzem entlassenen Ex-Faschisten, wurden durch die bloße Tatsache ihrer Freilassung berechtigt, die Rückgabe ihres Lands zu verlangen. Wenn einer von ihnen als Großgrundbesitzer zurückkehrte, widersetzten sich die Bauern erbittert – und die Asalto-Garden wurden gegen sie eingesetzt.

Auch in den Groß- und Industriestädten ging die Regierung daran, alle Elemente der Vergesellschaftung zu zerstören. »Es ist unbestreitbar, dass es eine vollständige wirtschaftliche Lähmung gegeben hätte, hätten die Arbeiter am Morgen nach der Erhebung nicht die Kontrolle der Industrie übernommen«, schrieb der Stalinist Joseph Lash, »aber die verbesserten Systeme der Arbeiterkontrolle der Industrie haben nicht besonders gut funktioniert.« (*New Masses*, 19. Oktober 1937) Das war teilweise wahr, aber die ganze Wahrheit führt nicht zurück zu den alten »Besitzern, sondern vorwärts zum Arbeiterstaat. Planung im nationalen Maßstab ist durch den Fabrik- und Gewerkschaftsapparat allein offensichtlich unmöglich. Notwendig ist ein zentralisierter Apparat, d. h. ein Staat. Hätte die CNT dies verstanden und die Wahl von Miliz-, Bauern- und Fabrikkomitees initiiert, zusammengefasst in einem nationalen Rat, aus dem sich die Regierung gebildet hätte – das wäre ein Arbeiterstaat gewesen, der den Arbeiterkomitees volle Entfaltungsfreiheit gegeben und doch die notwendige Zentralisierung erreicht hätte.

Stattdessen führten die anarchistischen Führer einen aussichtslosen Kampf, indem sie darüber stritten, wie viel Autorität der Staat haben sollte. Peiró, ehemaliger Industrieminister, erklärte zum Beispiel: »Ich war bereit, die Elektroindustrie auf die einzige Art zu vergesellschaften, die mit meinen Prinzipien vereinbar war – ihre Verwaltung und Leitung in den Händen der Gewerkschaften und nicht in den Händen des Staats zu belassen. Der Staat hat nur das Recht, Buchhalter und Kontrolleur zu sein.« Formal korrekt: Lenin sagte, der Sozialismus sei einfach Buchführung. Aber nur ein Arbeiterstaat würde gewissenhaft die Funktionen als Buchhalter und Kontrolleur auf sich nehmen, während der bestehende spanische Staat, ein bürgerlicher Staat, die Vergesellschaftung bekämpfen muss. Hier beugten sich die Anarchisten erneut dem bürgerlichen Staat, statt für einen Arbeiterstaat zu kämpfen, weil sie auch weiterhin keinen Unterschied zwischen einem Arbeiter- und einem bürgerlichen Staat machten.

Eine nach der anderen wurden die Fabriken vom Verteidigungsministerium übernommen. Am 28. August gab ein Dekret der Regierung das Recht, in jeden Bergbau- oder metallurgischen Betrieb einzugreifen oder ihn zu übernehmen. Ganz ausdrücklich stellte die Regierung fest, dass die Arbeiterkontrolle auf den Schutz der Arbeitsbedingungen und die Ankurbelung der Produktion beschränkt werden sollte. Widerstand leistende Fabriken bekamen keine Kredite oder, wenn sie der Regierung etwas geliefert hatten, erfolgte die Bezahlung so lange nicht, bis sie den Willen der Regierung akzeptiert hatten. In vielen Betrieben in ausländischem Besitz waren den Arbeitern schon jede Art von Befugnis genommen worden. Die Einkaufsabteilung des Verteidigungsministeriums kündigte an, ab einem bestimmten Zeitpunkt würde sie Kaufverträge nur noch mit Unternehmen schließen, die »mit ihren alten Besitzern« oder »einem entsprechenden Eingreifen, kontrolliert durch das Finanz- und Wirtschaftsministerium«, funktionierten. (*Solidaridad Obrera*, 7. Oktober 1937)

Der nächste Schritt, für den die Stalinisten monatelang agitiert hatten, war die Militarisierung aller kriegswichtigen Industrien – Transportwesen, Bergbau, Metallbetriebe, Munitionsfabriken usw. Dieses Kasernenregime enthielt Anklänge an Gil-Robles, unter dem die Munitionsarbeiter auch militarisiert wurden – Streiks und Gewerkschaftsmitgliedschaft waren verboten. Das Militarisierungsdekret wurde durch den Titel »Militarisierungs- und Nationalisierungsdekret« geschönt. Die Militarisierung der Fabriken, die schon in Arbeiterhand waren, zusammen mit der Bestätigung, dass die Regierung die früheren Besitzer voll entschädigt, beendete einfach die Arbeiterkontrolle und bereitete die Rückgabe der Fabriken an ihre früheren Eigentümer vor.

* * *

Die lange aufgeschobene Sitzungsperiode der Cortes wurde am 1. Oktober eröffnet und charakterisierte diese Regierung auf treffende Weise. Negrín hielt eine langweilige, farblose Rede, die jedoch wegen einer langen Passage bemerkenswert war, in der er erklärte, dass »man sich mitten im Krieg auf den Frieden vorbereiten muss«. (Der beunruhigten CNT-Presse wurde nicht erlaubt, die Bedeutung dieses Friedensgeredes zu analysieren.) Caballero erschien nicht, angeblich weil er durch die Krise in der UGT beschäftigt war. Seine Anhänger äußerten sich nicht, während Gonzáles Peña im Namen der sozialistischen Delegation die bedingungslose Unterstützung für die Regierung erklärte, was natürlich auch die Stalinisten taten. Angel Pestaña, einst CNT-Führer und gerade wieder in die Organisation aufgenommen, gelobte die bedingungslose Unterstützung für die Regierung im Namen seiner syndikalistischen Partei. Zweimal wurde er jedoch während seiner Rede von Barrio, der den Vorsitz führte, entschieden zum Schweigen gebracht. Das erste Mal versuchte er sich darüber zu beschweren, dass die Stalinisten bei der Rekrutierung von Anhängern in der Armee Einschüchterungsmaßnahmen benutzten. Das zweite Mal kritisierte er das Versäumnis, die Nachhut von Faschisten und Spionageelementen zu säubern. Auf diese Weise drang nicht einmal ein Anflug von der Stimmung unter den Massen in den Sitzungssaal.

Vor allem wurde die Regierung durch die neu entdeckten Freunde – reaktionäre Abgeordnete – charakterisiert, die jetzt zum ersten Mal seit Juli 1936 in Spanien auftauchten.

Miguel Maura war da! Führer der extrem rechten Republikaner, Innenminister in der ersten republikanischen Regierung. Ein unerbittlicher Feind der Gewerkschaften, der erste Minister der Republik, der das verhasste »Fluchtgesetz« zur Erschießung von politischen Gefangenen wiedereinführte – war Maura im Juli aus dem Land geflohen. Seinen Bruder Honorio, ein Monarchist, hatten die Arbeiter erschossen. Der Rest seiner Familie war zu Franco übergelaufen. Im Exil hatte Maura keinen Kontakt mit der spanischen Botschaft aufgenommen.

Portela Valladares war da! Generalgouverneur von Katalonien für Lerroux nach der Zerschlagung der katalanischen Autonomie im Oktober 1934, war er der letzte Premier des bienio negro gewesen, kurz vor den Wahlen vom Februar 1936. Er war im Juli aus Spanien geflohen. Was er in der Zwischenzeit getan hatte, war unbekannt. Nun erhob er sich in den Cortes: »Dieses Parlament ist der Lebensinhalt der Republik, es ist für die Republik das Recht auf Leben. Meine erste Pflicht vor Euch, vor Spanien, vor der Welt ist es, Euch der Legitimität Eurer Macht zu versichern … Heute ist für mich ein Tag inniger und großer Befriedigung, weil ich mit Euch dazu beigetragen habe, unser Spanien auf dem Weg zu einem ernsthaften und tiefgreifenden Wiederaufbau zu sehen.« Am Ende der Sitzung umarmte er Negrín. Gegenüber der Presse lobte Valladares »die derzeit herrschende Atmosphäre, wie er sie in Spanien wahrgenommen hatte«. Er ging zurück nach Paris, während die stalinistische Presse statistisch bewies, dass die Anwesenheit von Valladares und Maura, die die Unterstützung des Regimes durch das Zentrum bedeute, der Regierung eine statistische Mehrheit unter der Wählerschaft gab.[35]

Die Begeisterung der stalinistischen Presse wurde schlagartig durch die Wiedergabe eines Briefs von Valladares an Franco im faschistischen Diario Vasco vom 8. Oktober 1937 beendet. Der Brief war vom 8. Oktober 1936 datiert, und darin bot er seine Dienste für die »nationale Sache« an.

Die stalinistischen Willkommensbekundungen für Valladares und Maura wurden »ausgeglichen« durch einen flüchtigen Hinweis von Pasionaria auf die unwillkommene Anwesenheit eines anderen Reaktionärs in den Cortes, einer unbedeutenderen Persönlichkeit, eines Mitglieds der regierenden Partei Lerroux' während des bienio negro. Dem Abgeordneten Guerra del Rio wurde tatsächlich das Wort erteilt, um zu erklären, dass, falls die Regierung sich auf die Cortes stützte, er bereit stünde. La Pasionaria gab klein bei. Die Angriffe der CNT auf Maura und Valladares wurden durch den Zensor gestrichen.

Hatten die Massen dafür ihr Blut vergossen?

Aber wir müssen immer noch die Geschichte der Eroberung Kataloniens und Aragons durch die Regierung erzählen.

XIII.

Die Eroberung Kataloniens

Am 5. Mai hatte die katalanische Autonomie aufgehört zu existieren. Die Zentralregierung hatte die katalanischen Ministerien für öffentliche Ordnung und Verteidigung übernommen. Caballeros Bevollmächtigter in Barcelona hatte über Rundfunk bekannt gegeben: »Von diesem Augenblick an unterstehen alle Truppen dem Befehl der Zentralregierung ... Diese Truppen betrachten keine der Gewerkschaften oder antifaschistischen Organisationen als Feinde. Es gibt keinen anderen Feind als die Faschisten.« Aber eine Woche später wurden die Ministerien für Verteidigung und öffentliche Ordnung von Caballeros Bevollmächtigten an die Vertreter von Negrín-Stalin übergeben, und das Pogrom begann so richtig. Die POUM ging unter, fast ohne Gegenwehr zu leisten. Die PSUC eröffnete eine ungeheuerliche Kampagne gegen sie, die, was die Sprache, die Parolen usw. angeht, mit den Hexenjagden der Sowjetbürokratie vor den Moskauer Prozessen identisch war. »Die Trotzkisten in der POUM haben den letzten Aufstand im Auftrag der deutschen und italienischen Geheimpolizei organisiert.« Die Antwort der POUM auf die PSUC war – einen Verleumdungsprozess gegen die stalinistischen Herausgeber vor einem Gericht anzustrengen, das mit bürgerlichen und stalinistischen Richtern und Beamten besetzt war!

Am 28. Mai wurde *La Batalla* für immer verboten und die Radiostation der POUM beschlagnahmt. Das Hauptquartier der Freunde Durrutis wurde besetzt und die Organisation verboten. Gleichzeitig wurde die offizielle anarchistische Presse einer eisernen politischen Zensur unterworfen. Und doch schlossen sich die POUM und die CNT nicht zu einem massenhaften Protest zusammen. »Wir organisieren keinen Protest. Wir machen nur die Tatsachen öffentlich bekannt«, schrieb *Solidaridad Obrera* am 29. Mai 1937. Das Organ der POUM-Jugend, *Juventud Comunista* (3. Juni 1937), bemerkte hochtrabend: »Dies sind Schreie der Panik und der Ohnmacht gegen eine entschlossen revolutionäre

Partei …« Und: »Der [Verleumdungs-]Prozess kommt voran. Das PSUC-Organ muss vor den Volkstribunalen erscheinen, und sie werden vor der nationalen und internationalen Arbeiterklasse als das entlarvt werden, was sie sind: gemeine Verleumder.« Natürlich wurde der Prozess bald wegen einer Formsache eingestellt.

In der Nacht vom 3. Juni versuchten die Asalto-Garden, eine der noch übrig gebliebenen Arbeiterpatrouillen zu entwaffnen. Es kam zu einem Schusswechsel. Es gab Tote und Verwundete auf beiden Seiten. Hier war die Gelegenheit für die Regierung, mit den Patrouillen Schluss zu machen. Aber das war auch die Gelegenheit für die POUM, die CNT-Führer zu zwingen, die elementaren Rechte der Arbeiter zu verteidigen, indem sie eine Einheitsfront für einfache, konkrete Vorschläge verlangte – Verteidigung der Versammlungsfreiheit, der Presse, der Patrouillen, gemeinsame Verteidigung der Arbeiterviertel gegen die stalinistischen Schläger, Freiheit für die politischen Gefangenen usw. Die anarchistischen Führer hätten diese Vorschläge kaum zurückweisen können, ohne sich vor ihrer Mitgliedschaft unwiderruflich zu kompromittieren. Selbst gegen den Willen der CNT-Führer hätten Einheitsfrontkomitees vor Ort geschaffen werden können, um für solche einfachen, konkreten Forderungen zu kämpfen.

Für die POUM-Führer bedeutete, solche einfachen Forderungen aufzustellen, jedoch: Wir haben uns geirrt, als wir die Mai-Tage als Niederlage der Konterrevolution beurteilten. Es war eine Niederlage der Arbeiter, und jetzt müssen wir für die elementarsten demokratischen Rechte kämpfen. Zweitens bedeutete es: Wir hatten unrecht, als wir uns auf die CNT-Führer stützten und uns dabei auf den allgemeinen, abstrakten Vorschlag einer »revolutionären Front« von CNT–FAI–POUM beschränkten, was bedeutet, dass die CNT eine revolutionäre Organisation ist, mit der wir eine gemeinsame Plattform in grundlegenden politischen Fragen haben können.[36] Wir müssen offen sagen, dass eine Einheitsfront für die elementarsten Rechte der Arbeiter das Äußerste ist, was man von der anarchistischen Führung, wenn überhaupt, verlangen kann.

Nicht ein einziges Mal in diesem Jahr hatte die POUM zu einer Einheitsfront mit der CNT für konkrete Kampfaufgaben aufgerufen! Im Wesentlichen bestand die gesamte Politik der POUM-Führung aus nichts anderem, als sich bei der CNT-Führung anzubiedern. Nicht ein einziges Mal machte sie die Kapitulations-Politik der CNT-Führung deutlich, noch nicht einmal, als sie die Freunde Durrutis ausschloss und sie der Gnade der Asalto-Garden überließ.

In ihrer schwärzesten Stunde war die POUM vollkommen isoliert. Am 16. Juni wurde Nin in seinem Büro verhaftet. In derselben Nacht wurden in umfangreichen Razzien fast alle 40 Mitglieder des Exekutivkomitees gefangen genommen. Einige wenige, die entkamen, wurden gezwungen, sich zu stellen, weil ihre Frauen als Geiseln genommen wurden. Am nächsten Morgen war die POUM verboten.

Das Regionalkomitee der CNT verteidigte die POUM nicht. *La Noche* (CNT) vom 22. Juni veröffentlichte in fetten Lettern: »Was über die Spionagetätigkeit in den letzten Tagen aufgedeckt wurde. Die wichtigsten Personen, die darin verwickelt waren, fand man in den führenden Kreisen der POUM. Andrés Nin und weitere bekannte Personen wurden verhaftet.« Es folgten einige allgemeine Betrachtungen über Verleumdung, mit weitschweifigen Hinweisen auf Shakespeare, Gorki, Dostojewski und Freud … Wenn die Zensur schuld daran war, wo waren dann die illegalen Flugblätter der CNT? In Madrid wurde die POUM von der CNT verteidigt und ihr folgten *Castilla Libre* und *Frente Libertario*, das Milizorgan. Am 28. Juni richtete das nationale Komitee der CNT einen Brief an die Minister und an ihre Organisationen, in dem sie sie daran erinnerten, dass Nin, Andrade, David Rey, Gorkin usw. »ihr Ansehen bei den Massen durch lange Jahre der Aufopferung erworben hatten«. »Lasst sie ihr Problem in der UdSSR lösen, so gut sie es können oder wie die Umstände es ihnen ratsam erscheinen lassen. Es ist nicht möglich, denselben Kampf, der mit Blut und Feuer geführt wird, auf Spanien zu übertragen, den man international mit Hilfe der Presse und hier mit Hilfe des als Waffe benutzten Gesetzes führt.« Der Brief signalisierte ein vollkommen fehlendes Verständnis von der Bedeutung der Verfolgungen: »Vor allem erscheint es uns wichtig zu erklären, dass die CNT mit ihrer unversehrten und gewaltigen Stärke, die heute perfekt organisiert und diszipliniert ist, über alle Furcht erhaben ist, dass uns morgen diese Methode der Beseitigung besiegen könnte. Wir stehen über diesem halb internen Kampf« usw. Dieses wichtigtuerische Sich-an-die-Brust-Schlagen bedeutete, dass die CNT-Massen von ihren Führern nicht mobilisiert würden angesichts der konterrevolutionären Bedeutung der Verfolgungen.

Vor allem waren die breiten Massen nicht darauf vorbereitet worden, das stalinistische System von Intrige und Verleumdung zu verstehen. Sich bei Stalin anbiedernd, hatten sich die anarchistischen Führer solcher Erklärungen schuldig gemacht wie Montseny: »Lenin war nicht der wahre Erbauer Russlands, sondern eher Stalin mit seinem praktischen Realismus.« Die anarchistische Presse hatte über die Moskauer Prozesse und Säuberungen absolut geschwiegen und nur die offiziellen Nachrichten veröffentlicht. Die CNT-Führer verteidigten sogar nicht einmal mehr ihre anarchistischen Genossen in Russland. Als der Anarchist Erich Mühsam durch Hitler ermordet wurde und seine Frau Zuflucht in der Sowjetunion suchte, nur um kurz nach ihrer Ankunft inhaftiert zu werden, unterdrückte die CNT-Führung die Protestbewegung in den CNT-Reihen. Selbst als die Roten Generäle erschossen wurden, veröffentlichten die CNT-Organe nur die offiziellen Berichte.

Mitte Juli befanden sich sämtliche POUM-Führer und aktiven Kader im Gefängnis! Über ihren Gebäuden wehte die violett-gelb-rote Fahne der Bourgeoisie. Die Lenin-Kasernen waren durch die republikanische »Volksarmee« besetzt. Ihre Druckereien waren zerstört oder der PSUC übergeben worden. Ein Bericht von *Batalla* zeigte eine Ausgabe von *Julio*, dem PSUC-Jugendorgan, mit der Überschrift: »Trotzkismus ist gleichbedeutend mit Konterrevolution«. Das Wohnheim der POUM, das ehemalige Hotel Falcon, war zu einem Gefängnis für POUM-Mitglieder und dem Hauptquartier der spanischen GPU geworden. Ihre Mitglieder waren verstreut, desorientiert und lebten in Angst vor nächtlichen Razzien der Asalto-Garden. »Kleine Gruppen arbeiten auf eigene Faust«, schrieb ein zuverlässiger Augenzeuge Anfang Juli. »Es erinnert einen sehr stark an das Auseinanderfallen der Kommunistischen Partei Deutschlands im Jahre 1933. Die Arbeiterklasse bleibt passiv und lässt alles geschehen. Die CNT-Presse druckt nur offizielle Verlautbarungen. Kein Protest! Nirgends auch nur ein Wort des Protests! Die POUM ist hinweggefegt worden wie ein Staubkorn. ›Wie unter Hitler‹ sagen die deutschen Genossen. Die russischen Bolschewiki- Leninisten würden hinzufügen: ›Beinahe wie unter Stalin.‹«

Im Juli begannen die örtlichen FAI-Komitees mit illegaler Propaganda. Unglücklicherweise stellten sie nicht in den Mittelpunkt, die Arbeiter für die konkrete Aufgabe der Befreiung der politischen Gefangenen zu mobilisieren. Ein typisches Flugblatt erinnerte an die Propaganda der deutschen Sozialdemokratie am Vorabend von Hitler, indem man die Hilfe des Staats – Staat greif zu! – gegen dessen eigene Banden forderte. Als Protest gegen die stalinistischen Angriffe auf anarchistische Jugendhäuser las man in einem erbärmlichen Flugblatt: »Wie lange noch? Es ist Zeit für den Rat der Regierung oder, in Ermangelung dessen, den Bevollmächtigten für öffentliche Ordnung und den Polizeichef, sich zu äußern.« Die illegalen Flugblätter der POUM, die jetzt zu erscheinen begannen, waren auch nicht viel besser. Sie, die den Bolschewiki-Leninisten immer vorgeworfen hatten, nur den Stalinismus als Feind zu sehen, wurden jetzt selbst zu Antistalinisten und zu nichts mehr. Ein typisches Flugblatt wandte sich z. B. an jeden auf der Linken und auf der Rechten: an die Anarchisten genauso wie an die »jungen Separatisten« der Estat Català. »Die Vertreter der Linken können ihre Grundsätze nicht verraten. Die Separatisten können Katalonien nicht durch ihr Schweigen verkaufen.« Und die abschließende Losung! »Verhindert die Errichtung der Diktatur einer Partei hinter den Linien.« Was war mit der Estat Català, der Esquerra, Prieto und Azaña, die die Komplizen der Stalinisten und selbst die größten Nutznießer waren?

So erleichterte falsche Politik den tödlichen Vormarsch der Konterrevolution. Nur die schwachen Kräfte der Bolschewiki-Leninisten, die aus der POUM als »Trotzkisten« ausgeschlossen worden waren und im Frühjahr 1937 ihre eigene Organisation gebildet hatten – nur diese kleine Schar, die unter der dreifachen Illegalität des Staats, der stalinistischen und der CNT-POUM-Führung arbeitete, wies den Arbeitern klar den Weg. Nicht nur den endgültigen Weg des Arbeiterstaats, sondern die unmittelbare Aufgabe, die demokratischen Rechte der Arbeiter zu verteidigen. Dass die CNT-Massen aufgerüttelt werden konnten, zeigte sich an dem Schutz, den sie den Bolschewiki-Leninisten beim Verteilen illegaler Flugblätter gewährten. Bei einer Versammlung (der Holzarbeitergewerkschaft) kamen Lastwagen voll von Asalto-Garden an und versuchten, die Verteiler zu verhaften. Die Versammlung erklärte, die Flugblattverteiler stünden unter ihrem Schutz, und sie würden jeden Versuch einzudringen, mit Waffen zurückschlagen. Die Polizei war gezwungen, ohne unsere Genossen abzuziehen.

Ein Flugblatt der Bolschewiki-Leninisten vom 19. Juli 1937 weist den Weg: die vereinigte Kampffront der CNT-FAI, POUM, der Bolschewiki-Leninisten und der kritischen Anarchisten:

> Arbeiter, verlangt von Eurer Organisation und Euren Führern ein Einheitsfrontabkommen, das Folgendes enthalten muss:
> 1. Kampf für die Freiheit der Arbeiterpresse! Nieder mit der politischen Zensur!
> 2. Freiheit für alle revolutionären Gefangenen. Für die Befreiung des Genossen Nin, der nach Valencia verbracht wurde!
> 3. Gemeinsamer Schutz aller Zentren und Unternehmungen, die sich im Besitz unserer Organisationen befinden.
> 4. Wiederaufbau von verstärkten Arbeiterpatrouillen. Schluss mit der Entwaffnung der Arbeiterklasse.
> 5. Gleicher Sold für Offiziere und Soldaten. Rückkehr aller aus Valencia geschickten bewaffneten Truppen an die Front. Generaloffensive an allen Fronten.
> 6. Kontrolle der Preise und der Verteilung durch Komitees der arbeitenden Männer und arbeitenden Frauen.
> 7. Verhaftung der Provokateure vom 3. Mai: Rodriguez Salas, Ayguade usw.
>
> Um dies zu erreichen, müssen alle Arbeiter eine Einheitsfront bilden! Organisiert Komitees der Arbeiter, Bauern und Frontkämpfer in allen Unternehmen, Kasernen und Bezirken auf dem Land und an der Front!

Eine neue Organisation gewinnt jedoch die Führung der Massen nicht an einem Tag oder in einem Monat. Der Weg ist lang und hart – und doch der einzige Weg.

* * *

Im Juli waren nach den offiziellen Zahlen der CNT allein in Barcelona 800 ihrer Mitglieder inhaftiert und 60 »verschwunden« – eine Umschreibung für ermordet. Die linkssozialistische Presse berichtete, dass viele ihrer führenden Kämpfer überall verhaftet und eingesperrt wurden.

Eine der widerwärtigsten Phasen der Konterrevolution war die gnadenlose Verfolgung der ausländischen Revolutionäre, die nach Spanien gekommen waren, um in den Reihen der Milizen zu kämpfen. Ein einziger Bericht an die CNT vom 24. Juli erfasste 150 ausländische Revolutionäre in einem Gefängnis in Valencia – verhaftet wegen »der Anklage, illegal nach Spanien eingereist zu sein«. Hunderte wurden des Landes verwiesen, und die CNT telegrafierte an die Arbeiterorganisationen in Paris und appellierte an sie, die Auslieferung der deutschen, italienischen und polnischen Flüchtlinge an ihre Konsulate zu verhindern.

Aber die Ausländer, die verhaftet und ausgewiesen wurden, traf nicht das schlimmste Schicksal. Andere von ihnen wurden ausgewählt, um die enge Verbindung zwischen der POUM und den Faschisten zu beweisen. Maurín befand sich in den Händen der Faschisten, er war in Lebensgefahr. Nin, Andrade und Gorkin waren den spanischen Massen zu bekannt. Die POUM hatte zu viele Tausende ihrer besten Männer an der Front. Zu viele ihrer Führer waren im Kampf gegen den Faschismus gestorben: Germinal Vidal, der Jugendsekretär, bei der Einnahme der AltarAzañas-Kaserne am 19. Juli, sein Nachfolger, Miguel Pedrola als Kommandant an der Huesca-Front, Mika Etchebéhère als Kommandant bei Sigüenza, Cuhué und Adriano Nathan als Kommandanten an der Aragon-Front, Jesus Blanco als Kommandant an der Pozuelo-Front usw. Unter den militärischen Persönlichkeiten der POUM waren Männer wie Rovira und José Alcantarilla, die überall in Spanien berühmt waren. Einige unbekannte Ausländer, die in den POUM-Bataillonen kämpften, sollten dazu herhalten, die Glaubwürdigkeit der fantastischen Beschuldigungen zu unterstützen.

Georges Kopp, ein belgischer Ex-Offizier, der in der Lenin-Division der POUM diente, war gerade nach Barcelona aus Valencia zurückgekehrt, wo man ihm den Rang eines Majors verliehen hatte – der höchste Rang, den man an Ausländer vergab – als die Stalinisten ihn verhafteten. Dann begann die stalinistische

Propagandafabrik zu arbeiten. Robert Minor, amerikanischer stalinistischer Führer, verkündete, der Mangel an Waffen an der Aragon-Front – dies war das erste Mal, dass die Stalinisten diese Anklage der CNT zugaben – wäre jetzt aufgeklärt: »Der trotzkistische General Kopp hatte riesige Vorräte an Waffen und Munition über das Niemandsland zu den Faschisten gekarrt!« (*Daily Worker*, 13. August und 5. Oktober 1937)

Die Wahl Kopps war jedoch ein GPU-Missgriff von größtem Ausmaß, vergleichbar mit der Geschichte vom Treffen Romms mit Trotzki in Paris oder Pjatakows Flug nach Norwegen. Denn Georges Kopp, 45 Jahre alt, war seit langer Zeit Kämpfer in der belgischen revolutionären Bewegung. Als der Krieg in Spanien ausbrach, war er Chefingenieur in einer großen Firma in Belgien. Er hatte gewöhnlich bei Nacht Experimente durchgeführt. Er verbreitete die Geschichte, dass er eine neue Maschine ausprobiere, die er im realen Fertigungsprozess vervollkommne. Was er jedoch produzierte, waren die Bestandteile für Millionen Schuss Munition. Linke Sozialisten organisierten den illegalen Transport nach Barcelona. Als Kopp entdeckte, dass er unter Verdacht stand, nahm er von seinen vier Kindern Abschied und machte sich auf den Weg zur Grenze. Genau am gleichen Tag, an dem er floh, machte die Polizei in seinem Laboratorium eine Razzia. In Abwesenheit wurde Kopp von den belgischen Gerichten zu 15 Jahren Zwangsarbeit verurteilt: Fünf für die Herstellung von Explosivstoffen für eine fremde Macht, fünf für das Verlassen des Landes ohne Erlaubnis, während er Reserveoffizier der belgischen Armee war, und fünf für den Eintritt in eine fremde Armee. Nachdem er zweimal an der Aragon-Front verwundet worden war, erlangte er bald den Rang eines Kommandanten.[37]

Kopp kann den stalinistischen Verleumdern nicht antworten, denn sie haben ihn umgebracht. Er war mit unserem amerikanischen Genossen Harry Milton in einem Gefängnis in Barcelona. Mitten in der Nacht wurde Kopp hinausgeschleppt. Das war im Juli und das letzte Mal, dass er gesehen wurde.

Am 17. Juli wurde eine Gruppe von POUM-Mitgliedern aus dem Gefängnis in Valencia freigelassen. Es ist bekannt, dass die meisten von ihnen dem rechten Flügel angehörten, wie etwa Luis Portela, Herausgeber von *El Comunista*, Jorge Arquer usw.

Dementsprechend ist ihr nachfolgendes Zeugnis besonders überzeugend. Nach ihrer Entlassung gingen sie zu Zugazagoitia, dem Innenminister, der ihnen erzählte, dass Nin von Barcelona in eins der Privatgefängnisse der Stalinisten in Madrid gebracht worden sei. Arquer verlangte daraufhin ein sicheres Geleit, um nach Nin zu suchen. Der Minister, ein Prieto-Anhänger, erklärte ihnen: »Ich garantiere Euch nichts. Darüber hinaus rate ich Euch, nicht nach Madrid zu gehen, weil ihr mit meinem sicheren Geleit oder ohne es Euer Leben riskieren würdet. Diese Kommunisten respektieren mich nicht, und sie tun, was sie wollen. Und es wäre überhaupt nicht außergewöhnlich, wenn ihr von ihnen gefangen genommen und sofort erschossen werden würdet.« Öffentlich erklärte Zugazagoitia jedoch immer noch, Nin wäre in einem Regierungsgefängnis. Am 19. Juli erhob Montseny für die CNT jedoch öffentlich die Beschuldigung, dass Nin ermordet worden sei. In Verlegenheit gebracht durch die zahlreichen Anfragen aus dem Ausland über den Verbleib bestimmter Gefangener, auf die die Regierung aus dem einfachen Grunde nicht antworten konnte, da die bekanntesten sich in privaten stalinistischen »Heilanstalten« befanden, sorgte man dafür, dass die Gefangenen aus den stalinistischen Gefängnissen in Madrid und Valencia in den formellen Gewahrsam des Justizministeriums überführt wurden. Nin war nicht unter ihnen. Irujo veröffentlichte eine Erklärung, dass Nin »vermisst« werde. Geflohen, sagten die Stalinisten, auf die Seite der Faschisten. Aber schließlich kam die Wahrheit heraus. Am 8. August berichtete die *New York Times*, dass »vor etwa einem Monat eine Bande bewaffneter Männer Nin aus dem Madrider Gefängnis ›entführt‹ hatten. Obwohl alle Anstrengungen unternommen wurden, die Affäre zu vertuschen, ist jetzt allgemein bekannt, dass er am Stadtrand von Madrid tot aufgefunden wurde, ermordet.« Als persönlicher Freund von Nin und Andrade hatte der große italienische Schriftsteller Ignazio Silone versucht, sie zu retten. »Aber«, warnte er, »wenn das revolutionäre Proletariat anderer Länder nicht wachsam ist, sind die Stalinisten zu jedem Verbrechen fähig.« Alvarez del Vayo, der frühere Außenminister in Caballeros Kabinett und bekanntermaßen Stalins Agent in der Caballero-Gruppe, besaß die Frechheit, der Frau von Andrade zu erzählen, Nin wäre von seinen eigenen Genossen ermordet worden. (Um es noch hinzuzufügen: del Vayo ist inzwischen aus der sozialistischen Madrider Organisation – der von Caballero geführten – ausgeschlossen worden.) Premier Prieto erleichterte seine Seele für dieses und andere Verbrechen dadurch, dass er den stalinistischen Polizeichef Ortega entließ … und ihn durch den Stalinisten Moron ersetzte.

Die Unterdrückung von Revolutionären durch Verleumdung zu krönen, ist kaum eine neue Erfindung. Als in Paris im Juni 1848 der Aufstand in Blut ertränkt wurde, versicherte der linke Demokrat Flaucon der Nationalversammlung, die Aufständischen wären durch Monarchisten und ausländische Regierungen bestochen worden. Als die Spartakisten erschossen wurden, erhob Ludendorff die Beschuldigung, sie seien – und wahrhaftig auch die Sozialdemokraten, die sie erschossen haben! – Agenten Englands. Als die Konterrevolution nach den Juli-Tagen in Petrograd die Oberhand gewann, wurden Lenin und Trotzki als Agenten des Kaisers angeklagt. Stalin vernichtet jetzt die Generation von 1917 unter der Anklage, sie hätten sich an die Gestapo verkauft.

Die Parallele reicht noch weiter. Während Kerenski laut schrie, Lenin und Trotzki wären deutsche Agenten, distanzierten sich Zeretelli und Liber – in den Sowjets – von dieser Beschuldigung, als sie dazu befragt wurden, und beschränkten sich darauf, das Verbot der Bolschewiki wegen Planung eines Aufstands zu verlangen. Aber da sie von Kerenskis Beschuldigung profitierten, machten die Menschewiki keine besonderen Anstrengungen, um die Schuldlosigkeit der Bolschewiki zu verkünden.

So auch in Spanien. Die Stalinisten waren noch nicht einmal so erfolgreich wie Kerenski: Die Anklage, die gegen die POUM-Führer eingereicht wurde, erwähnte keine Kollaboration mit Franco oder der Gestapo. Die Anklage gründete sich auf die Mai-Tage und ähnliche subversive und oppositionelle Taten. Prieto und andere Kollaborateure der Stalinisten erzählten der ILP-Delegation, sie glaubten nicht, dass die Stalinisten die POUM mit den Faschisten in Verbindung brächten. Sie waren »nur« nicht bereit, die POUM zu verteidigen. Companys distanzierte sich nicht nur von den Beschuldigungen, sondern machte die Tatsache auch öffentlich bekannt. Folglich ergab sich eine Arbeitsteilung: Wenn ihr den Verleumdungen nicht glaubt, dann müsst ihr glauben, dass die POUM einen Aufstand organisiert hat, d. h., entweder waren sie Konterrevolutionäre oder Revolutionäre, was immer ihr vorzieht. Noch enger war die Arbeitsteilung zwischen der stalinistischen Weltpresse, die die »Trotzkisten-Faschisten«-Verleumdungen wiederholte, und der Anti-POUM-CNT-Propaganda von Louis Fischer, Ralph Bates, Ernest Hemingway, Herbert Matthews usw., die »lediglich« solche Märchen wiederholten, wie das, dass die POUM-Milizen im Niemandsland mit den Faschisten Fußball spielten.

* * *

Schon Ende Juni war die katalanische Autonomie, obwohl durch ein Statut garantiert, vollkommen unterdrückt. Die Behörden misstrauten jedem, der irgendeine Verbindung zu den katalanischen Massen hatte, wie schwach diese auch immer sein mochte. Mit Ausnahme des reaktionärsten Teils, den alten Zivilgarden, wurde die gesamte Polizei Kataloniens in andere Teile des Landes versetzt. Selbst die Feuerwehrleute wurden nach Madrid versetzt. Aufmärsche waren verboten, und Gewerkschaftsversammlungen konnten nur mit Erlaubnis des Bevollmächtigten für öffentliche Ordnung und mit dreitätiger Voranmeldung abgehalten werden – wie unter der Monarchie!

Die Arbeiterpatrouillen waren vernichtet worden, ihre aktivsten Mitglieder eingesperrt, ihre Führer »verschwunden«.

Nachdem er all dies mit Hilfe des Schutzschirms geschafft hatte, den die CNT-Minister bereitgestellt hatten, die immer noch in der Generalitat saßen, entledigte sich der bürgerlich-stalinistische Block ihrer Dienste.

In einem Bulletin der FAI vom 7. Juni veröffentlichte man eine abgefangene stalinistische Mitteilung, die besagte:

> »Aufgrund der provisorischen Zusammensetzung der Regierung wird unsere Partei die Präsidentschaft verlangen. Die neue Regierung wird dieselben Merkmale haben, wie die in Valencia: eine starke Regierung der Volksfront, deren Hauptaufgabe es sein wird, die Gemüter zu beruhigen, und

> die Bestrafung der Urheber der letzten konterrevolutionären Bewegung zu verlangen. Den Anarchisten wird man in dieser Regierung Posten anbieten, aber derart, dass sie gezwungen sein werden, die Mitarbeit zu verweigern. Und auf diese Weise werden wir in der Lage sein, uns der Öffentlichkeit als die einzigen zu präsentieren, die willens sind, mit allen zusammenzuarbeiten.«

Die Anarchisten forderten die PSUC heraus, die Echtheit dieses Dokuments zu dementieren, aber es gab niemanden, der die Herausforderung annahm.

Ende Juni kam die Regierungskrise. Die CNT stimmte allen Forderungen zu, gleich welche gestellt wurden, und die neue Regierung war gebildet. Die Veröffentlichung der Ministerliste am 29. Juni offenbarte der CNT jedoch, dass ohne ihr Wissen ein Minister ohne Geschäftsbereich hinzugefügt worden war – ein »Unabhängiger«, genannt Dr. Pedro Gimpera, ein berüchtigter Reaktionär und Anarchisten-Beißer. Companys weigerte sich höflich, ihn zurückzuziehen. Am Ende zog sich die CNT zurück und hinterließ eine Regierung aus Stalinisten und der Bourgeoisie.

Der einzige Unterschied zwischen dem stalinistischen Bulletin, das die FAI enthüllt hatte, und dem tatsächlichen Verlauf der Regierungskrise war, dass die Stalinisten nicht die Präsidentschaft verlangt hatten … Aber sechs Wochen später gerieten die Stalinisten, ohne vorherige Hinweise, mit Präsident Companys in Konflikt.

Im November 1936, als der Geheimdienst der CNT Revertés, den Polizeichef, gefangen genommen und ihn wegen Organisierung eines Staatsstreichs vor Gericht gestellt und erschossen hatte, war Casanovas, der Präsident des katalanischen Parlaments, bei den Untersuchungen darin verwickelt gewesen. Aber die Stalinisten hatten Companys dabei unterstützt, die CNT dazu zu bewegen, Casanovas das Land verlassen zu lassen, und Casanovas war nach Paris geflohen. Nach den Mai-Tagen war er straffrei nach Barcelona zurückgekehrt. Er verbrachte die nächsten drei Monate auf angenehme Weise damit, sich wieder im politischen Leben zu etablieren. Während dieser ganzen neun Monate hatten die Stalinisten ihn nicht mit einem Wort verurteilt. (Stalin hat diese Methode in Russland systematisch benutzt: Ein Bürokrat ist in ein Verbrechen verwickelt; man erlaubt ihm, sein Amt weiter auszuüben, weil er um so unterwürfiger ist, da er weiß, dass sein Verbrechen aufgedeckt wurde, und dann – manchmal Jahre später – braucht Stalin einen Sündenbock und der arme Teufel wird an den Pranger gestellt.) Am 18. August begannen die Sitzungen des katalanischen Parlaments. Ohne ein vorheriges Wort der Warnung an ihre Verbündeten – die Angelegenheit hätte offensichtlich hinter verschlossenen Türen geregelt werden können – griff die Vier-Mann-Delegation der PSUC Casanovas öffentlich als Verräter an. Die Esquerra hatte man in eine Situation hineinmanövriert, in der sie Casanovas Rücktrittsangebot zurückweisen musste. Mit dieser vorzüglichen kleinen Peitsche begannen die Stalinisten, die Esquerra dorthin zu treiben, wohin es ihnen gefiel. Es endete mit der Ankündigung von Companys frühzeitigem Rücktritt von der Präsidentschaft, nachdem die Stalinisten die Sitzung des katalanischen Parlaments vom 1. Oktober boykottiert hatten.

Warum brachen die Stalinisten mit Companys? Er hatte so oft nach ihrer Pfeife getanzt! Warum wurde Companys dann jetzt dazu ausersehen zu gehen?[38]

Er hatte einen unverzeihlichen Bruch mit den Stalinisten vollzogen. Companys hatte öffentlich erklärt, er hätte von den Plänen zum Verbot der POUM nichts gewusst. Er hatte gegen den Abtransport der Gefangenen aus Barcelona protestiert und den Chef des katalanischen Pressebüros, Jaume Miravitlles, nach Madrid geschickt, um mit dem stalinistischen Polizeichef Ortega über Nin zu sprechen. Als Ortega ihm die »überwältigenden Beweise« zeigte – ein Dokument, das in einem faschistischen Zentrum »gefunden« worden war, und das einen »N« mit einem Spionagering in Verbindung brachte, hatte Miravitlles – nach seinen eigenen Angaben – laut losgelacht und erklärt, das Dokument wäre eine solch offensichtliche Fälschung, dass niemand im Traum daran denken würde, es ernst zu nehmen. Companys hatte dann an die Regierung in Valencia geschrieben, dass die öffentliche Meinung Kataloniens nicht glauben könne, Nin sei ein faschistischer Spion.

Nicht dass Companys für die POUM-Gefangenen kämpfen wollte. Nachdem er sein Gewissen beruhigt – und sich für jede nur mögliche zukünftige Wende abgesichert hatte! – verfiel Companys in Schweigen. Dass sein Schweigen ihn nicht vor einem Angriff rettete, zeigte, dass die Stalinisten keinem Verbündeten vergeben konnten, der ihre Intrigen enthüllt: Die Intrige ist heute der eigentliche Grundbaustein des Stalinismus.

Aber es gab noch einen tieferen Grund für den Bruch mit der Esquerra. Der Zwischenfall mit Nin zeigte nur, dass Companys für die zukünftigen Schachzüge der Stalinisten nicht abgehärtet genug war. Er war im Grunde genommen ein Nationalist, der die Rückkehr zur katalanischen Autonomie wünschte. Und für den Stalinismus waren Spanien und Katalonien nur Schachfiguren, die sie zu opfern bereit waren, mit denen sie alles zu tun bereit waren, was ihnen der anglo-französische Imperialismus als Gegenleistung für eine militärische Allianz mit Stalin im kommenden Krieg diktierte. Deshalb musste selbst unter den Prieto-Sozialisten und den Azaña-Republikanern eine Auswahl getroffen werden: Nur die brutalsten, korruptesten, zynischsten konnten die kommenden Stürme überstehen, die von den Stalinisten ausgelöst wurden, und weiter mit ihnen zusammenarbeiten.

Die ökonomische Konterrevolution in Katalonien rückte gegen die Kollektive vor. Die örtlichen Sektionen der anarchistischen Bewegung hielten zu ihrer Ehre stand. Die starke anarchistische Bewegung in Bajo Llobregat (Zentrum der bewaffneten Kämpfe gegen die Monarchie und die Republik) erklärte beispielsweise in ihrer Wochenzeitung *Ideas* am 20. Mai:

> »Wir müssen Folgendes tun, Arbeiter! Ihr habt die Möglichkeit, frei zu sein. Zum ersten Mal in unserer sozialen Geschichte sind die Waffen in unseren Händen: Legt sie nicht beiseite. Arbeiter und Bauern! Wenn Ihr hört, dass die Regierung oder irgendjemand sonst Euch erzählt, das die Waffen an der Front sein sollten, so antwortet ihnen, dass das sicherlich so ist, dass die Tausende von Gewehren, Maschinengewehren, Mörsern usw., die in den Kasernen aufbewahrt werden, die von den Carabineros, der Asalto- und der Nationalgarde usw. benutzt werden, an die Front geschickt werden sollten, weil niemand Eure Felder und Fabriken besser verteidigen kann als Ihr.

> Vergesst nicht, dass es Flugzeuge, Kanonen und Panzer sind, die an der Front gebraucht werden, um den Faschismus schnell zu zerschlagen ... Dass die Politiker planen, die Arbeiter zu entwaffnen, sie ihrer Gnade ausgeliefert zu sehen und ihnen das wegzunehmen, was so viel proletarisches Blut und Leben gekostet hat. Erlaubt niemandem, irgendjemand zu entwaffnen; kein Dorf soll es zulassen, dass ein anderes entwaffnet wird; lasst uns alle gemeinsam jene entwaffnen, die uns zu entwaffnen versuchen. Das sollte, das muss die revolutionäre Losung der Stunde sein.«

Die Kluft zwischen der Kleinmütigkeit der zentralen Organe der CNT und dem Kampfgeist der Lokalzeitungen, die den Massen nahe standen, war genauso groß wie zwischen feigen Angsthasen und revolutionären Arbeitern.

Aber zehntausende hinter der Front konzentrierte Asalto-Garden griffen systematisch die Kollektive an. Ohne zentralisierte Leitung wurden die Dörfer eins nach dem anderen überwältigt. *Libertad*, eine der abtrünnigen illegalen anarchistischen Zeitungen Barcelonas (nebenbei bemerkt, zeigte diese Zeitung dem CNT-Organ *Solidaridad Obrera* seine volle Verachtung, weil es die illegalen Organe verurteilt hatte), beschrieb die Situation auf dem Lande in ihrer Ausgabe vom 1. August 1937:

> »Es ist zwecklos, dass die Zensur, in der Hand einer Partei, verhindert, dass ein Wort über die Tausende von Schlägen gesagt wird, die man den Arbeiterorganisationen und den Bauernkollektiven versetzt. Umsonst, dass sie den Gebrauch jenes schrecklichen Wortes, Konterrevolution, verbieten. Die arbeitenden Massen wissen genau, dass sie existiert, dass die Konterrevolution unter dem Schutz der Regierung voranschreitet und dass die bösen Bestien der Reaktion, die verkleideten Faschisten, die alten caciques, wieder ihr Haupt erheben.
>
> Und wie sollten sie es nicht wissen, wenn es in Katalonien nicht ein Dorf gibt, wo die Strafexpeditionen der Asalto-Garden nicht gewesen sind, wo sie die CNT-Arbeiter nicht angegriffen haben, wobei sie ihre Versammlungslokale zerstörten oder, was schlimmer ist, jene hoffnungsvollen Werke

> der Revolution, die Kollektive der Bauern, zerstörten, um das Land den alten Besitzern zurückzugeben, die fast immer als Faschisten, Ex-caciques der schwarzen Epoche von Gil-Robles, Lerroux oder Primo de Rivera bekannt sind?
> Die Bauern nahmen sich die Güter der Herren – die ihnen rechtmäßigerweise nicht gehören –, um sie in den Dienst kollektiver Arbeit zu stellen, wobei sie den alten Herren erlaubten, sich durch Arbeit Würde zu verleihen, wenn sie es wünschten. Sie, die Bauern, glaubten, dass sich ein solch edles Werk durch seine eigene Effizienz schütze, wenn der Faschismus nicht siegreich ist, und er konnte nicht siegen. Sie hegten kaum den Verdacht, dass mitten im Krieg gegen den fürchterlichen Feind, mit einer Regierung aus Männern der Linken, die Truppen des Staats [Polizei] kommen würden, um das zu zerstören, was mit so viel Mühsal und Freude geschaffen worden war. Damit dieses Unvorstellbare geschehen konnte, mussten mit niederträchtigen Mitteln jene an die Macht kommen, die Kommunisten genannt werden. Und die Arbeiter, die immer bereit sind, die größten Opfer zu bringen, um den Faschismus zu besiegen, hören nicht auf, sich zu wundern, wie es möglich ist, dass sie von hinten angegriffen, dass sie erniedrigt und verraten werden, wo noch so viel zum Sieg über den gemeinsamen Feind fehlt …
> Die Methode der Unterdrückung ist immer dieselbe. Lastwagen voll Asalto-Garden fallen in das Dorf wie Eroberer ein. Unheilvolle Registrierungen in den Ortsvereinen der CNT. Auflösung der Gemeinderäte, in denen die CNT vertreten ist. Hausdurchsuchungen mit Plünderungen und Verhaftungen. Beschlagnahmung der Nahrungsmittel der Kollektive. Rückgabe des Lands an die alten Besitzer.«

Dieser ergreifenden einfachen Beschreibung folgte eine lange Liste von Dörfern, der Termine, an denen sie angegriffen wurden, die Namen der Verhafteten oder Getöteten – und in den folgenden Monaten wurde die Liste immer länger.

In Industrie und Handel beruhte die juristische Grundlage der kollektivierten Unternehmen auf der unsicheren Basis des Kollektivierungsdekrets vom 24. Oktober 1936. Aber gleich nach den Mai-Tagen widerrief die Generalitat das Dekret! Der Anlass war der Versuch der CNT, die Fabriken aus dem Würgegriff der Zollbeamten zu befreien, ohne deren Bescheinigungen über das Eigentumsrecht Exportwaren, die im Ausland ankamen, auf Antrag emigrierter früherer Besitzer beschlagnahmt wurden. Der anarchistisch geführte Wirtschaftsrat (des Industrieministeriums) nahm am 15. Mai ein vorgeschlagenes Dekret an, die kollektivierten Unternehmen wie die offiziellen Besitzer ins Handelsregister aufzunehmen. Aber die bürgerlich-stalinistische Mehrheit in der Generalitat wies den Vorschlag mit der Begründung zurück, dass das Kollektivierungsdekret vom 24. Oktober »angeordnet wurde ohne Zuständigkeit der Generalitat«. Denn »es gab und gibt keine Gesetze des [spanischen] Staats, die angewandt werden könnten« und »Artikel 44 der [spanischen] Verfassung erklärt Enteignungen und Vergesellschaftungen zu Aufgaben des [spanischen] Staats«, d. h. das katalanische Autonomiestatut war ausgehebelt worden! Die Generalitat wartete jetzt auf die Reaktion Valencias. Aber Companys hatte das Oktoberdekret unterzeichnet! Das war während der Revolution …

Die Hauptagentur der wirtschaftlichen Konterrevolution war die GEPCI, die schon länger bestehende Organisation der Geschäftsleute, die von den Stalinisten in die katalanische Sektion der UGT aufgenommen worden war, aber von der UGT national nicht anerkannt wurde. Mit Gewerkschaftsausweisen in ihren Taschen unternahmen diese Männer gegen die organisierten Arbeiter ungestraft das, was sie vor dem 19. Juli niemals gewagt hätten. Viele von ihnen waren nicht mehr länger kleine Fabrikanten, sondern große Unternehmer. Sie wurden bei der Vergabe von Krediten, Rohmaterial, Exportdienstleistungen usw. gegenüber den Fabrikkollektiven bevorzugt berücksichtigt. Eine winzige Begebenheit zerstörte den stalinistischen Mythos, dass dies nur kleine Ladenbesitzer, Ein-Mann-Unternehmen waren. Im Juni 1937 stellten die UGT-Textilarbeiter eine Lohntabelle auf, die der in den Textilkollektiven entsprach, und versuchten, mit den Textilfabriken, die im Besitz der Kapitalisten waren, zu verhandeln. Die Arbeitgeber wiesen die Forderungen zurück. Aber wer waren die Arbeitgeber? Bis auf den letzten Mann Mitglieder der GEPCI, d. h. wie die Angestellten, denen sie Lohnerhöhungen verweigerten, waren sie Mitglieder der UGT in Katalonien (*Solidaridad Obrera*, 10. Juni 1937). Würde der reaktionärste Gewerkschaftsbürokrat vom Schlage eines Bill Green oder Ernest Bevin vorschlagen, dass Bosse und Arbeiter in einer »Gewerkschaft« seien sollten? Nein, dieser gewaltige Schritt zurück, mit dem man das faschistische Italien und Nazi-Deutschland nachäffte, konnte nur von den Stalinisten kommen.

Im Juni begann die PSUC unter der Losung der »Kommunalisierung« eine Kampagne, um das Transportwesen, die Elektrizitäts- sowie Benzinversorgung und andere Schlüsselindustrien der Arbeiterkontrolle zu entreißen. Am 3. Juni schlug die PSUC-Delegation im Stadtrat von Barcelona offiziell vor, dass er die öffentlichen Dienste in städtischen Besitz überführen sollte. Tags darauf würden natürlich die CNT-Ratsherren rausgeworfen werden, und die Stalinisten hätten die öffentlichen Dienste für den nächsten Schritt in ihren Händen, nämlich sie ihren früheren Besitzern zurückzugeben. Aber diesmal waren sie nicht nur mit den hinhaltenden CNT-Führern konfrontiert – die einwandten, die Überführung in städtischen Besitz sei in diesem Bereich »verfrüht«, man sollte mit der Wohnungsfrage beginnen – sondern mit der Massenreaktion der betroffenen Arbeiter. Die Transportarbeitergewerkschaft bepflasterte jeden Wohnblock der Stadt mit gewaltigen Plakaten: »Die revolutionären Eroberungen gehören den Arbeitern. Die Arbeiterkollektive sind das Produkt dieser Eroberungen. Wir müssen sie verteidigen ... Die städtischen öffentlichen Dienste in städtischen Besitz überführen, ja – aber nur, wenn die Stadtverwaltungen den Arbeitern und nicht den Politikern gehören.« Die Plakate zeigten, dass es, seit die Arbeiter die Kontrolle übernommen hatten, eine dreißigprozentige Zunahme der betrieblichen Einrichtungen, Fahrpreissenkungen, die Einstellung von zusätzlichen Arbeitern, große Finanzzuwendungen an die landwirtschaftlichen Kollektive, Beihilfen für die Hafenarbeiter, Sozialversicherung für Familien von verstorbenen und verwundeten Arbeitern usw. gegeben hatte. Für den Augenblick war der stalinistische Vormarsch auf diesem Gebiet zurückgeschlagen.

Aber die Stalinisten verfolgten ihr Ziel der Zerstörung der Fabriken unter Arbeiterkontrolle weiter. Die katalanische Generalitat setzte den 15. September als Frist fest, bis zu der die Legalität der kollektivierten Fabriken nachgewiesen werden musste. Da ein Großteil der Kollektivierungen über Nacht vorgenommen worden war, um den Bürgerkrieg gegen die Faschisten zu beschleunigen, hatten nur wenige Fabriken irgendwelche juristischen Modalitäten geschaffen. Was waren eigentlich die gesetzlichen Grundlagen, die bei den Enteignungen zur Anwendung gekommen waren? Das ursprüngliche Dekret vom 24. Oktober 1936 haben wir in unserem Kapitel über das erste Kabinett der Generalitat diskutiert. Es war genau so entworfen worden, um in Zukunft Keile hineintreiben zu können. Und nun hatte es die Generalitat widerrufen! Ganz nach Belieben würde die Generalitat jetzt den Rechtsanspruch der sozialen Revolution überprüfen und ihn zweifellos voller rechtlicher Mängel finden. Was für eine absurde Angelegenheit! Aber tragisch.

In der Nahrungsmittelindustrie, im Vertrieb und bei den Märkten usw. hatten die Stalinisten, die seit Dezember das Versorgungsministerium in der Generalitat innehatten, zunächst ihren Zugriff angesetzt, als sie umgehend die Arbeiterversorgungskomitees aufgelöst hatten, die bis dahin die Städte mit Lebensmitteln zu kontrollierten Preisen versorgt hatten. Trotz der hinhaltenden Haltung der CNT-Presse und der Undurchlässigkeit der Zensur spiegelten die Berichte jetzt wider, was dort geschah:

> »... Kollektive, sozialisierte Unternehmen und Genossenschaften, zu denen sowohl Mitglieder der UGT wie der CNT gehören, sind zur Zielscheibe von Angriffen seitens derer gemacht worden, die sich am 19. Juli auf der Flucht verbargen ... Die Molkereiarbeiter beider Gewerkschaften werden ununterbrochen verhaftet. Die Fleisch- und Milchhöfe, die legal auf genossenschaftlicher Basis organisiert sind, werden beschlagnahmt, obwohl ihre Satzungen durch die Generalitat für mehrere Monate offiziell genehmigt worden sind. Diese Fleisch- und Molkereiunternehmen werden den früheren Besitzern übergeben ... Dasselbe geschieht, obwohl noch in kleinem Maßstab, in der Brotindustrie ... Unsere Märkte, der zentrale Fischmarkt usw. leiden auch unter diesen brutalen Angriffen durch die frühere Bourgeoisie, obwohl sie legal kollektiviert wurden. Sie werden ermutigt durch die giftigen Kampagnen,

> die täglich in der Presse jener Partei geführt werden, die sich selbst zum Vorkämpfer der Verteidigung der GEPCI ernannt hat. Es ist nicht länger bloß ein Kampf gegen die CNT-Kollektive, sondern gegen alle revolutionären Eroberungen der UGT-CNT …
> Mit harter Faust gegen die Faschisten und Konterrevolutionäre, die sich hinter einem Gewerkschaftsausweis verstecken!« (*Solidaridad Obrera*, 29. Juni 1937)

»Steht das Versorgungsministerium im Dienst des Volks, oder wurde es in einen Großkaufmann verwandelt?« fragte die CNT-Presse. »Die Grundnahrungsmittel sind: Reis, grüne Bohnen, Zucker, Milch usw. Warum gehören sie nicht zu den Artikeln, die das kürzlich durch die UGT-CNT gebildete Verteilungskomitee gleichmäßig auf alle Läden Barcelonas verteilt, egal zu welcher Organisation sie gehören?« Stattdessen wurden diese Grundnahrungsmittel unkontrolliert der Gnade der GEPCI überlassen. *La Noche* (26. Juni 1937) reagierte auf die Verbitterung der Massen: »Todesstrafe für Diebe! Skandalöser Missbrauch durch die Kaufleute auf Kosten des Volks.« Und nachdem sie anhand der offiziellen Statistiken den steilen Anstieg der Nahrungsmittelpreise zwischen Juni 1936 und Februar 1937 aufgezeigt hatte, erklärte *La Noche:* »Es wäre nicht so schlimm gewesen, wenn die Preise auf diesem Niveau geblieben wären! Man kann mit den Hausfrauen über den Anstieg der Lebenshaltungskosten seit Februar sprechen. Er nähert sich unerreichbaren Höhen … Wir müssen irgendeine Form des Schutzes der Interessen des Volks gegen den Egoismus der Kaufleute schaffen, die vollkommen ungestraft weitermachen.«

Ja, in der Nahrungsmittelversorgung hielten die Stalinisten ihren Würgegriff am längsten. Und das Ergebnis: Hunger, ja wirklicher Hunger ging in Katalonien um. Die Verbitterung der Massen bricht in *Solidaridad Obrera* (19. September 1937) durch:

> »Proletarische Mütter, deren Söhne an der Front sind, leiden hier zusammen mit ihren unschuldigen kleinen Kindern stoisch unter Hunger … Wir sagen, dass von allen Opfer gebracht werden sollten, und es ist unbegreiflich, dass es tatsächlich

> Orte gibt, wo es möglich ist, alle Arten von Nahrungsmitteln zu bekommen, wenn man Preise dafür zahlt, die für jeden Arbeiter unerschwinglich sind. Diese luxuriösen Restaurants sind reinste Herde der Provokation und sollten verschwinden, wie auf allen Gebieten die Privilegien verschwinden sollten. Eklatante Ungleichheit und Privilegien löst auf diese Weise den Zusammenhalt des Volks auf. Das muss beseitigt werden, koste es, was es wolle … Geschützt … ist eine widerliche Kaste von Spekulanten und Profitmachern in Aktion getreten, die mit dem Hunger des Volks kriminelle Geschäfte macht … Wir wiederholen, dass unser Volk keine Opfer fürchtet, aber keine ungeheuerliche Ungleichheit duldet … Achtet das Proletariat, das kämpft und leidet!«

Ja, die Massen fürchten keine Opfer. Die Arbeiter von Petrograd ertrugen die schlimmsten Entbehrungen – es gab in der Stadt während des Bürgerkriegs noch nicht einmal fließend Wasser. Aber was es gab, gehörte allen gleichermaßen. Es sind nicht die nackten Qualen des Hungers, die die Gesichter der Arbeiter von Barcelona und ihrer Frauen und Kinder entstellen. Der Grund ist, dass die Bourgeoisie, während sie hungern, luxuriös speist – und das mitten im Bürgerkrieg gegen den Faschismus! Aber das ist die unausweichliche Folge, wenn man nicht mit der bürgerlichen »Demokratie« aufräumt.

An jene, denen der stalinistische »gesunde Menschenverstand« imponiert, bescheiden für die Demokratie zu kämpfen: Beginnt ihr zu verstehen, was das konkret bedeutete, was es für die verletzte Seele des spanischen Volks bedeutete?

XIV.

Die Eroberung von Aragon

Die fruchtbare Provinz Aragon war die lebendige Verkörperung des siegreichen Kampfs gegen den Faschismus. Es war die einzige Provinz, die tatsächlich von den Faschisten eingekesselt war und ihnen dann mit Waffengewalt entrissen wurde. Sie war in besonderem Maße der Stolz der katalanischen Massen, denn sie hatten Aragon gerettet. Innerhalb von drei Tagen nach dem Sieg in Barcelona waren die CNT- und POUM-Milizen unterwegs nach Aragon. Die PSUC war zu dieser Zeit klein und steuerte wenig oder nichts bei. Unvergängliche Namen dortiger Schlachten – Montearagón, Estrecho Quinto usw. – wurden einzig und allein mit den Helden der CNT und der POUM in Verbindung gebracht, die sie gewonnen hatten. Bei der siegreichen Eroberung von Aragon hatte Durruti seinen legendären Ruhm als militärischer Führer erworben, und die Truppen, die er im November zur Verteidigung von Madrid mitbrachte, waren die ausgewählten Truppen, deren Siegesmoral bei den Siegen von Aragon geformt worden war.

Einer der wichtigsten Gründe für die Erfolge in Aragon war, dass die Milizen unter Durrutis Führung als Armee der sozialen Befreiung kämpften. Jedes Dorf, das man den Faschisten entrissen hatte, wurde in eine Festung der Revolution verwandelt. Die Milizen unterstützten die Wahl von Dorfkomitees, denen sie alle großen Ländereien und deren Gerätschaften übergaben. Eigentumsurkunden, Hypotheken usw. gingen in Feuern auf. Nachdem sie auf diese Weise die Welt des Dorfs verwandelt hatten, konnten die CNT-POUM-Abteilungen in der Gewissheit vorwärts marschieren, dass jedes Dorf hinter ihnen bis auf den Tod für das Land kämpfen würde, das jetzt ihnen gehörte.

Unterstützt durch ihren Erfolg bei der Befreiung Aragons, trafen die Anarchisten dort in den ersten Monaten kaum auf Widerstand vonseiten des bürgerlich-stalinistischen Blocks. Die Gemeinderäte von Aragon wurden direkt durch die Gemeinden gewählt. Der Rat von Aragon war anfänglich überwiegend anarchistisch. Als das Kabinett Caballero gebildet wurde, stimmten die Anarchisten zu, den anderen antifaschistischen Gruppen eine Vertretung im Rat zu gewähren. Aber bis zum letzten Tag seiner Existenz gruppierten sich die Massen von Aragon um die anarchistischen Organisationen. Die Stalinisten waren eine winzige Gruppe ohne Einfluss.

Mindestens drei Viertel des Bodens wurde durch Kollektive bearbeitet. Von 400 Kollektiven gehörten nur zehn der UGT an. Bauern, die ihr Land individuell bearbeiten wollten, wurde das erlaubt, vorausgesetzt, sie beschäftigten keine Lohnarbeiter. Für den familiären Bedarf gab es Vieh in Privateigentum. Schulen wurden durch die Gemeinde subventioniert. Als Ergebnis der kollektiven Arbeit stieg die landwirtschaftliche Produktion in dieser Region um 30 bis 50 Prozent im Vergleich zum Vorjahr. Freiwillig wurden der Regierung enorme Überschüsse kostenlos für die Versorgung der Front übergeben.

Bei Geld und Löhnen wurden anarchistische Prinzipien ausprobiert. Die Löhne wurden anhand eines Systems von Bezugsscheinen ausgezahlt, die für Waren in den Genossenschaften eintauschbar waren. Aber das war bloß ein frommer Kniefall vor der anarchistischen Tradition, da die Komitees, die den Verkauf von Produkten und den Einkauf von Waren mit dem übrigen Spanien abwickelten, bei allen Geschäften notgedrungen Geld benutzten, so dass die Bezugsscheine bloß ein internes Abrechnungssystem darstellten, das auf dem Geld basierte, über das die Komitees verfügten. Die Löhne basierten auf der Familie als Rechnungseinheit: Ein einzelner Produzent bekam den Gegenwert von 25 Pesetas, ein verheiratetes Paar, bei dem nur einer arbeitete, 35 Pesetas und zusätzlich vier Pesetas wöchentlich für jedes Kind. Dieses System hatte eine ernste Schwäche, insbesondere solange das übrige Spanien große Lohnunterschiede zwischen Hand- und Kopfarbeitern machte. Das veranlasste ausgebildete Facharbeiter, aus Aragon abzuwandern. Einstweilen jedoch glich die ideologische Überzeugung, von der die vielen Facharbeiter und Akademiker in den anarchistischen Organisationen beseelt waren, diese Schwäche mehr als aus. Zugegebenermaßen hätte man mit der Stabilisierung der Revolution eine Übergangsperiode von höheren Löhnen für Facharbeiter und Akademiker einführen müssen.

Aber die Stalinisten, die die Frechheit besaßen, die Situation in Aragon mit den ungeheuren Lohnunterschieden in der Sowjetunion zu vergleichen, schienen vollkommen vergessen zu haben, dass der Familienlohn – welcher der Kern des marxschen »Jeder nach seinen Bedürfnissen« ist – ein Ziel war, nachdem man streben musste und von dem die Sowjetunion unter Stalin unendlich weiter entfernt ist als unter Lenin und Trotzki.

Die anarchistische Mehrheit im Rat von Aragon führte in der Praxis dazu, die anarchistische Theorie von der Autonomie der Wirtschaftsverwaltung aufzugeben. Der Rat handelte als zentralisierende Behörde. Innerhalb von Aragon befand sich die Opposition in einer solch hoffnungslosen Minderheit, und die Massen waren mit der neuen Ordnung so untrennbar verbunden, dass es keinen Bericht über eine einzige stalinistische Massenversammlung in Aragon gab, die in direkter Opposition zum Rat gestanden hätte. Es wurden viele gemeinsame Versammlungen mit stalinistischer Beteiligung durchgeführt, darunter eine, die noch am 7. Juli 1937 stattfand. Weder auf diesen Versammlungen noch anderswo in Aragon wiederholten die Stalinisten die Verleumdungen, die die stalinistische Presse an anderer Stelle verbreitete, um den Boden für eine Invasion vorzubereiten.

Viele Arbeiterführer aus dem Ausland sahen Aragon und lobten es. Unter ihnen Carlo Rosselli, der italienische antifaschistische Führer, der als Kommandant an der Aragon-Front diente (während eines Urlaubs in Paris wurden er und sein Bruder von italienischen Faschisten ermordet). Der bekannte französische Sozialist Juin zollte Aragon in *Le Peuple* hohes Lob. *Giustizia e Libertà*, das führende italienische antifaschistische Organ, sagte von den Aragon-Kollektiven: »Die offenkundigen Vorteile des neuen sozialen Systems stärkten den Geist der Solidarität unter den Bauern und spornten sie zu größerer Anstrengung und Arbeit an.«

Die offenkundigen Vorteile der sozialen Revolution stellten jedoch kaum ein Gegengewicht dar gegen die unerbittlichen Zwänge des bürgerlich-stalinistischen Programms, das bürgerliche Regime zu stabilisieren und die Gunst des anglo-französischen Imperialismus zu gewinnen. Die Vorbedingung für diese Gunst war die Zerstörung jeglicher Überreste der sozialen Revolution. Aber die Massen von Aragon waren geeint. Die Zerstörung musste deshalb von außen kommen. Sobald die Regierung Negrín an der Macht war, wurde in der bürgerlichen und der stalinistischen Presse ein furchtbares Propaganda-Trommelfeuer gegen Aragon entfesselt. Und nach drei Monaten Vorbereitung auf diese Weise begann man mit der Invasion.

Am 11. August verfügte die Regierung die Auflösung des Rats von Aragon. An seiner Stelle wurde ein Generalgouverneur ernannt »mit den Vollmachten, mit denen die herrschende Gesetzgebung Zivilgouverneure ausstattet« – einer Gesetzgebung aus den Tagen der Reaktion. Der Generalgouverneur Mantecón erwies sich jedoch nur als Galionsfigur. Die wirkliche Arbeit wurde von militärischen Einheiten unter Führung des Stalinisten Enrique Líster getan.

Líster, der von den Stalinisten als Held aufgebaut worden war (Die CNT veröffentlichte sein Bild mit der Überschrift »Held vieler Schlachten. Wir wissen es, weil die Kommunistische Partei es uns gesagt hat« – Ironie war der einzige Weg, um den Zensor zu umgehen) führte seine Truppen ins Hinterland von Aragon. Die Gemeinderäte, die direkt von der Bevölkerung gewählt worden waren, wurden mit Gewalt aufgelöst. Kollektive wurden zerstört, und ihre Führer ins Gefängnis geworfen. Wie im Falle der POUM-Gefangenen in Katalonien kannte nicht einmal der Generalgouverneur den Verbleib der Mitglieder des CNT-Regionalkomitees, die von Lísters Banden verhaftet worden waren. Sie hatten in der Tat Geleitbriefe des Generalgouverneurs bei sich, aber das rettete sie nicht. Joaquín Ascaso, Präsident des Rats von Aragon, wurde unter der Anklage … des Juwelenraubs inhaftiert! Die Regierungszensur verbot der CNT-Presse, die Nachricht von Ascasos Inhaftierung zu veröffentlichen, weigerte sich, den Ort seiner Einkerkerung preiszugeben, und von ihrem völlig reaktionären Standpunkt aus hatte sie recht. Denn Ascaso war Fleisch und Blut der Massen, wie es der tote Durruti gewesen war, und sie hätten das Gefängnis mit ihren bloßen Händen niedergerissen.

Der Hinweis mag genügen, dass die offizielle CNT-Presse – nicht sonderlich ängstlich, die Massen zu mobilisieren – den Angriff auf Aragon mit der Unterwerfung Asturiens durch López Ochoa im Oktober 1934 verglich.

Um die Niederwerfung Aragons zu rechtfertigen, veröffentlichte die stalinistische Presse fantastische Märchen. *Frente Rojo* schrieb:

> »Unter der Führung des abgeschafften Rats von Aragon konnten sich weder die Bürger noch das Eigentum auf die geringste Garantie verlassen ... Die Regierung wird in Aragon gigantische Arsenale von Waffen und Tausende von Bomben, Hunderte der neuesten Maschinengewehre, Kanonen und Panzer finden, die dort zurückgehalten wurden, nicht um den Faschismus an den Fronten zu bekämpfen, sondern als Privateigentum jener, die aus Aragon eine Bastion machen wollten, um von dort aus die Regierung der Republik zu bekämpfen ... Nicht ein Bauer, der nicht zum Beitritt in die Kollektive gezwungen worden wäre. Wer sich widersetzte, erlitt mit seinem Körper und seinem kleinen Eigentum die Strafen des Terrors. Tausende von Bauern sind aus der Region abgewandert, weil sie es vorzogen, das Land zu verlassen, als die tausend Foltermethoden des Rats zu ertragen ... Das Land war konfisziert, Ringe, Medaillons und selbst die erdenen Kochtöpfe wurden beschlagnahmt. Tiere wurden beschlagnahmt, Getreide und selbst die gekochte Nahrung und der Wein für den Verzehr zu Hause ... In den Gemeinderäten wurden bekannte Faschisten und Falangistenführer eingesetzt. Im Besitz von Gewerkschaftsausweisen fungierten sie als Bürgermeister und Ratsherren, als Vertreter der öffentlichen Ordnung von Aragon, ursprünglich Banditen, die daraus einen Beruf und eine Regierung des Banditentums machten.«

Erwartete man ernsthaft, dass irgendjemand diesen Unsinn glauben würde? Die Polizeimentalität der Stalinisten offenbarte sich in dem Alibi, ein Aufstand wäre vorbereitet worden. Unglücklicherweise stimmte das nicht. Die Waffen? Die Aragon-Front war am 6. Mai unter die vollständige Kontrolle der Regierung gestellt worden, mit einem stalinistischen Parteimitglied, General Pozas, als Oberkommandierendem. In der Zeit davor war die CNT-, POUM-, FAI-Presse vom Oktober 1936 an voll mit langen und konkreten Beschwerden, dass man der Aragon-Front die

Waffen vorenthalte und dass die bewaffnete Garde der Aragon-Kollektive – die tatsächlich wegen der ungleichmäßigen und sich verschiebenden Front Teil der Frontlinienverteidigung war – in gefährlichem Ausmaß ohne Waffennachschub blieb. Acht Monate lang waren diese Vorwürfe durch die Presse, von der Rednertribüne und über das Radio erhoben worden und mit ihnen die Beschuldigung, dass die russische Hilfe von der stalinistischen Kontrolle über die Verfügung der eintreffenden Waffen abhängig gemacht wurde. Bei den Stalinisten waren diese konkreten Vorwürfe auf eisernes Schweigen gestoßen. Jetzt, in der Pogrom-Atmosphäre des August 1937, war ihre Antwort, es gäbe Waffen! Von niemandem wurde erwartet und konnte erwartet werden, diesen Unsinn zu glauben, nicht einmal die Parteimitglieder.

Aber die Vorwürfe mussten nicht einmal ernsthaft widerlegt werden. Denn am 18. September wurde der Mann, der angeblich der Hauptschuldige war, der Terror ausgeübt, Faschisten eingesetzt hatte usw. usf., Joaquín Ascaso, aus dem Gefängnis entlassen. Wenn die Stalinisten bereit waren, ihre Vorwürfe gegen Ascaso selbst vor ihren korrupten Gerichten zu beweisen, warum taten sie es nicht? Die Antwort ist: Die Vorwürfe waren Unsinn. Was jedoch furchtbare Wirklichkeit war, war die Zerstörung der Aragon-Kollektive.

Nachdem der bürgerlich-stalinistische Block Aragon erobert hatte und die Geschichte ihrer Invasion zur Weltarbeiterbewegung durchzusickern begann, vor der die Stalinisten nicht den Versuch wagten, ihre fantastischen Anklagen zu wiederholen, schlugen sie einen neuen Kurs ein, mit dem sie versuchten, sich von diesen Vorwürfen weg zu der Behauptung zu bewegen, dass die Auflösung des Rats notwendig war, um die Aragon-Front neu zu organisieren. Ralph Bates schrieb Folgendes:

> »… Es hat gegen den Rat von Aragon übertriebene Vorwürfe gegeben, aber ich denke, Folgendes kann durch detaillierte Beweise erhärtet werden: Der massive Einsatz von extremen Maßnahmen bei der Land- und Sozialreform hatte die nicht-anarchistische Bauernschaft und die Arbeiter verwirrt und verärgert; die anarchistische Kontrolle über die militärischen Dorfkomitees hatte zweifellos die wirkungsvolle Durchfüh-

> rung von Operationen behindert ... Das Problem war deshalb, diesen schmalen Streifen Aragon unter die Kontrolle der Regierung in Valencia zu bringen, als Teil einer Kampagne, die militärischen Kräfte in Aragon zu reformieren.« (*New Republic*, 27. Oktober 1937)

Dieses letzte Alibi erfüllte zwei Funktionen: Erstens, von den absurden Vorwürfen wegzukommen, mit denen die Auflösung zunächst begründet worden war; zweitens, die Tatsache zu verschleiern, dass ihre so genannten Offensiven Fiaskos waren, obwohl die Zentralregierung die Aragon-Front seit Mai vollständig kontrollierte. Die grenzenlose Niedertracht all dieser Dinge wird offensichtlich werden, wenn wir uns jetzt der militärischen Frage selbst zuwenden und die Aragon-Front als Teil des gesamten Programms der militärischen Strategie untersuchen.

XV.

Der militärische Kampf unter Giral und Caballero

Der militärische Kampf ist nur die Fortsetzung der Politik mit Gewalt. Eine über den feindlichen Linien abgeworfene Proklamation, die die Bestrebungen der landlosen Bauern ausdrückt, ist auch ein Instrument der Kriegsführung. Eine hinter den feindlichen Linien erfolgreich in Gang gesetzte Revolte kann unendlich wirksamer sein als ein Frontalangriff. Die Aufrechterhaltung der Moral der Truppen ist genauso wichtig wie ihre Ausrüstung. Sich vor verräterischen Offizieren in Acht zu nehmen, ist genauso wichtig, wie tüchtige Offiziere auszubilden. Kurz gesagt, die Bildung einer Arbeiter- und Bauernregierung, für die die Massen arbeiten und wie Helden sterben werden, ist die beste politische Unterstützung des militärischen Kampfs gegen den faschistischen Feind im Bürgerkrieg.

Mit diesen Methoden schlugen die Arbeiter und Bauern Russlands die imperialistische Intervention und die Armeen der Weißen Garden an 22 Fronten, trotz der strengsten Wirtschaftsblockade, die jemals irgendeiner Nation auferlegt wurde. Bei der Organisation und Leitung der Roten Armee schien Trotzki unter diesen widrigen Bedingungen Wunder zu vollbringen, aber dies waren Wunder, die gemacht waren aus revolutionärer Politik, aus der Fähigkeit zum Opfer, zur Arbeit und zum Heldentum einer Klasse, die ihre neu gewonnene Freiheit verteidigte.

Dass eine reaktionäre Politik die falsche Militärpolitik der republikanischen Regierung bestimmte, kann man beweisen, wenn man den Verlauf des militärischen Kampfs detailliert untersucht.

Vom 19. Juli bis zum 4. September 1936 – sieben entscheidende Wochen – war das Kabinett Giral der Volksfront am Ruder, mit der bedingungslosen politischen Unterstützung der Stalinisten und der Prieto-Sozialisten (tatsächlich war Prieto inoffiziell Teil der Regierung, als er am 20. Juli ein Amt in der Regierung übernahm).

Die Regierung Giral hatte etwa 600 Millionen Dollar in Gold zu ihrer Verfügung. Erinnern wir uns daran, dass das wirkliche Embargo für den Verkauf von Kriegsmaterial an Spanien nicht vor dem 19. August verhängt wurde, als das britische Handelsministerium alle Lizenzen für den Export von Waffen und Flugzeugen nach Spanien rückgängig machte. So hatte das Giral-Regime zumindest einen Monat, in dem es ganze Waffenlager kaufen konnte – aber die vernichtende Tatsache ist, dass es so gut wie gar nichts kaufte! Die Geschichte des verräterischen Versuchs von Azaña-Giral, mit den Faschisten einen Kompromiss einzugehen, haben wir bereits erzählt. Eine weitere Tatsache: Franco und seine Freunde warteten sechs Tage, bevor sie ihre eigene Regierung bildeten. Gil-Robles enthüllte später, dass sie in der Hoffnung auf eine befriedigende Übereinkunft mit der Madrider Regierung warteten. Aber zu jener Zeit waren die Milizen aus den Reihen der Arbeiter entstanden und Giral hatte nicht mehr die Macht, Francos Forderungen zu erfüllen.

Die wichtigsten Erfolge der ersten sieben Wochen waren der erfolgreiche Marsch auf Aragon durch die katalanischen Milizen, wobei sie von der Vergesellschaftung des Lands genauso viel Gebrauch machten wie von ihren Gewehren, und der Angriff der republikanischen Kriegsschiffe auf Francos Truppentransporte von Marokko zum Festland.

»Die Loyalität eines großen Teils der Marine hinderte Franco in entscheidender Weise daran, in den ersten zwei Wochen des Kriegs eine große Anzahl marokkanischer Truppen aufs Festland zu transportieren. Die Flottenpatrouille im Süden machte den Transport über See außerordentlich riskant. Franco war gezwungen, auf Flugzeuge zurückzugreifen, aber das ging nur langsam voran. In dieser Hinsicht hatte die Regierung wiederum die Gelegenheit, die Verteidigung zu organisieren und Material zu beschaffen«, schrieben zu jener Zeit zwei Stalinisten.[39] Was sie hinzuzufügen vergaßen, war, dass die Kriegsschiffe unter dem Kommando gewählter Matrosenkomitees standen, die wie die Milizen kein Vertrauen in die Regierung Giral hatten und ihre Operationen trotz der Passivität der Regierung fortführten. Die Bedeutung dieser Tatsache wird offensichtlich werden, wenn wir zur Flottenpolitik des Kabinetts Caballero-Stalinisten-Prieto kommen.

Die furchtbaren Niederlagen bei Badajoz und Irun bereiteten dem Kabinett Giral ein Ende. Warum Irun fiel, erzählte eine bewegende Depesche von Pierre Van Paassen:

> »Sie kämpften bis zur letzten Patrone, die Männer von Irun. Als sie keine Munition mehr hatten, warfen sie Dynamitstangen. Als das Dynamit alle war, stürmten sie mit bloßen Händen vorwärts und ergriffen jeder ihren Mann, während der sechzigmal stärkere Feind sie mit Bajonetten abschlachtete. Ein Mädchen hielt zwei Panzerwagen eine halbe Stunde lang durch das Werfen von Glyzerinbomben in Schach. Dann stürmten die Marokkaner die Barrikade, auf der sie der letzte lebende Verteidiger war, und rissen sie in Stücke. Die Männer von Fort Marcial hielten 300 Fremdenlegionäre für einen halben Tag lang auf Distanz, indem sie Felsen den Hügel hinunterrollten, auf dem das alte Fort lag.«

Irun fiel, weil die Regierung Giral keinen Versuch unternommen hatte, seine Verteidiger mit Munition zu versorgen. Das Zentralkomitee der antifaschistischen Milizen Kataloniens, das bereits die verfügbaren Fabriken in Munitionswerke verwandelt hatte, hatte mehrere Wagenladungen Munition über die normale Eisenbahnlinie von Katalonien nach Irun geschickt. Aber diese Eisenbahnlinie läuft teilweise durch französisches Territorium. Und die Regierung des »Genossen« Blum, dem Verbündeten Stalins, hatte die Wagen in Behobia, gleich hinter der Grenze, mehrere Tage lang aufgehalten ... sie rumpelten über die Brücke nach Irun, nachdem die Faschisten gesiegt hatten.

Das Kabinett Giral räumte den Platz für die »wirkliche, vollkommene« Volksfrontregierung von Caballero-Prieto-Stalin. Zweifellos besaß sie das Vertrauen eines großen Teils der Massen. Die Milizen und die Matrosenkomitees gehorchten ihren Befehlen von Anfang an.

Es gab drei wesentliche Feldzüge, die die neue Regierung durchführen musste. Es gab natürlich noch andere Aufgaben, aber dies waren die wichtigsten, die drängendsten und eigentlich die einfachsten.

Marokko und Algeciras

Während der ersten sechs Monate war Spanisch-Marokko Francos militärische Basis. Von hier musste er seine Mauren und Legionäre und die militärischen Vorräte heranschaffen.

Den ersten Erfolgen der republikanischen Flotte unter der Führung der Matrosenkomitees bei der Störung der Verbindungslinien Francos mit Marokko folgten weitere. Am 4. August bombardierte der republikanische Kreuzer »Libertad« erfolgreich die faschistische Festung von Tarrifa in Marokko. Es war ein tödlicher Schlag gegen Franco. So tödlich, dass darauf die erste offene italienische Intervention folgte: Ein italienisches Flugzeug begann, die »Libertad« zu bombardieren. Als republikanische Kriegsschiffe in Position fuhren, um Ceuta in Marokko großflächig zu bombardieren, während faschistische Transportschiffe beladen wurden, fuhr das deutsche Kriegsschiff »Deutschland« frech zwischen den republikanischen Kriegsschiffen und Ceuta hin und her, um die Bombardierung zu verhindern. Eine Woche später stoppte ein spanischer Kreuzer den deutschen Frachter »Kamerun«, fand ihn bis oben hin mit Waffen für Franco beladen und hinderte ihn an der Landung in Cadiz. Woraufhin Portugal offen zu den Faschisten überging, es der »Kamerun« erlaubte, in einem portugiesischen Hafen zu entladen und das Kriegsmaterial per Eisenbahn an Franco weiterzubefördern. Deutsche Flottenkommandeure erhielten Befehl, auf jedes spanische Schiff zu feuern, das versuchen sollte, deutsche Munitionstransporte zu stoppen. Die republikanischen Flottenoperationen waren für Franco tödlich, wenn sie fortgesetzt wurden, und seine Verbündeten mussten sich vollständig bloßstellen, um ihn zu retten.

Zu diesem Zeitpunkt wurde das Kabinett Caballero gebildet, und Prieto, der jetzt aufs Engste mit den Stalinisten kollaborierte und immer »Frankreichs Mann« gewesen war, wurde Leiter des Marineministeriums. Er machte den Flottenoperationen vor Marokko und der Straße von Gibraltar ein Ende und rief die republikanischen Truppen zurück, die Mallorca gehalten hatten.

Die Aufgabe der Stunde war, die Mauren und Legionäre daran zu hindern, in Algeciras zu landen und jene Armee zu bilden, die bald jenen furchtbaren Marsch von Badajoz bis Toledo, durch Toledo und Talavera de la Reina vor die Tore von Madrid unternehmen sollte. Die vorderste Linie bei dieser Aufgabe gehörte der Flotte. Sie wurde dafür nicht eingesetzt.

Stattdessen befahl man Mitte September fast der gesamten Flotte – einschließlich des Kriegsschiffs »Jaime I«, der Kreuzer »Cervantes« und »Libertad« und drei Zerstörern – Málaga zu verlassen und ganz um die Halbinsel herum zur Küste der Biscaya zu fahren! Sie ließen den Zerstörer »Ferrandiz« und den Kreuzer »Gravina« zurück. Am 29. September versenkten zwei faschistische Kreuzer die »Ferrandiz«, nachdem sie die »Gravina« beschossen und vertrieben hatten. Welche Überlegungen führten dazu, dass die Flottenstreitkräfte sich zur Biscaya-Küste begeben sollten, während neue Depeschen berichteten – um nur ein Beispiel zu zitieren – »ein bewaffneter Frachter, der marokkanische Truppen aus Ceuta befördert und von der ›Canarias‹, der ›Cervera‹, einem Zerstörer und einem Torpedoboot eskortiert wurde, überquerte heute Abend die Meerenge. Der Konvoi brachte die Truppen in Algeciras ungehindert an Land. Er brachte eine Lieferung Feldhaubitzen und Gewehre und reichlich Munition von Marokko.« (*New York Times*, 29. September 1936) Welche Überlegungen? Sicherlich nicht militärische, denn die in die Biscaya geschickten Truppen waren mehr als ausreichend, um sich gegenüber dem bewaffneten faschistischen Konvoi zu behaupten; und in der Tat war die Hauptaufgabe der Flotte, die Verbindungswege von Marokko zu versperren.

Der amerikanische Militärexperte Hanson W. Baldwin schrieb (in der *New York Times* vom 21. November 1936) über die Flottenfrage in Spanien:

> »Die spanische Flotte wurde in starkem Maße vernachlässigt, besonders in den vergangenen schwierigen Jahren der Geschichte der Republik, und sie ist niemals richtig geführt und bemannt gewesen. Aber mit tüchtigen, gut ausgebildeten Besatzungen hätte Spaniens Handvoll von Kreuzern und Zerstörern eine Kraft sein können, mit der man rechnen musste, besonders in dem engen Becken des Mittelmeers, wo gut geführte Schiffe die Verbindungslinien von General Franco zu seinem Reservoir an Soldaten in Afrika schon seit langem hätten unterbrechen können ...

> Urteilt man nach den etwas obskuren Berichten, so führten die meisten Schiffe – trotz der Bemühungen der Offiziere – weiterhin die rot-, gelb- und malvenfarbene Fahne des [republikanischen] Spanien oder hissten sonst die rote Flagge an ihren Masten …
> … aber alles in allem ist die Rolle der Flotte im Bürgerkrieg bis zu diesem Zeitpunkt unbedeutend geblieben. Die gelegentlichen Gefechte, an denen die Schiffe teilgenommen haben, haben in den meisten Fällen den Charakter einer Opera Buffa gehabt und die geringe Treffsicherheit und geringe Seefahrtskunst der Besatzungen bestätigt.«

Die republikanischen Operationen vom 27. September vor Zumaya nahe Bilbao zeigten jedoch genauen Beschuss. In Wirklichkeit ging es jedoch darum, dass es ganz einfach gewesen wäre, die republikanischen Kriegsschiffe mit fähigen Besatzungen auszurüsten. Toulon, Brest und Marseille waren voll von Tausenden sozialistischer und kommunistischer Matrosen, Veteranen der Flotte, darunter erfahrene Kanoniere und Offiziere. Sie hätten die Flotte mehr als ausreichend bemannen können, einschließlich anderer Schiffe, die man in den großen Docks von Cartagena hätte bauen können, die sich in den Händen der Republikaner befanden.

Als sie schließlich von der Nordküste zurückkehrte, ankerte die Flotte weit von der Meerenge entfernt vor Cartagena – und dort blieb sie, von einigen sinnlosen Fahrten die Küste hinunter abgesehen. Dass sie überhaupt existierte, erfuhr man am 22. November, als ausländische Unterseeboote in den Hafen von Cartagena eindrangen und Torpedos abfeuerten, von denen einer die »Cervantes« beschädigte. Am selben Tag kündigte das Marineministerium die Reorganisation der Flotte an, um die Blockadeversuche zu bekämpfen … und das war das Letzte, was man von diesem Projekt hörte. Francos Transporte bewegten sich nach Belieben von Ceuta nach Algeciras und brachten Zehntausende von Soldaten und die für sie benötigten Waffen.

In einem Brief an Montseny, in dem er verlangte, dass die anarchistischen Minister in aller Öffentlichkeit gegen die falsche Politik der Regierung kämpfen sollten, sagte Camillo Berneri über die Flotte: »Die Konzentration der aus Marokko eintreffenden Truppen, die Piraterie auf den Kanarischen Inseln und den Balearen, die Einnahme von Málaga sind die Konsequenzen dieser Inaktivität. Wenn Prieto unfähig und untätig ist, warum sollte man ihn dulden? Wenn Prieto einer Politik verpflichtet ist, die die Flotte lähmt, warum wird diese Politik nicht angeprangert?«

Warum folgten Prieto und der Regierungsblock dieser selbstmörderischen Politik? Sie war einfach nur ein Aspekt der gesamten Politik, die auf der Sicherung des Wohlwollens Englands und Frankreichs basierte. Was diese wollten, ist klar. Wie die August-Vorfälle vor Marokko gezeigt hatten, hätte eine aggressive republikanische Flottenpolitik das entscheidende Stadium des Bürgerkriegs beschleunigt. Sie hätte gedroht, Franco sofort zu zerschlagen. Deutschland und Italien, deren Ansehen mit der Unterstützung Francos verknüpft war, wären möglicherweise bei seiner Verteidigung zu verzweifelten Schritten getrieben worden, etwa offen die italienische und deutsche Flotte einzusetzen, um die Republikaner aus der Meerenge zu vertreiben. Aber England und Frankreich hätten eine italienisch-deutsche Kontrolle der Meerenge nicht dulden können (die von da an hätte aufrechterhalten werden können). Es war natürlich nicht absolut sicher, dass der offene Krieg so beginnen würde. Insbesondere vor dem 9. November 1936, als Deutschland und Italien das Burgos-Regime offiziell anerkannten, hätten sich Deutschland und Italien möglicherweise zurückgezogen, bevor sie überstürzt einen Krieg begonnen hätten. Wären Revolutionäre am Ruder gewesen und hätten im August und September mutig die Flotte eingesetzt und dabei Marokko erfolgreich von Spanien abgeschnitten, so wäre es wahrscheinlich gewesen, dass sich Italien und Deutschland, so würdevoll wie möglich zurückgezogen hätten. Der anglo-französische Imperialismus war jedoch nicht an einem republikanischen Sieg interessiert, sondern daran, eine Kriegskrise aufzuschieben und sich Übergriffen auf ihre imperialistischen Interessen im Mittelmeer zu widersetzen. Und dank der anglo-französischen Orientierung der republikanischen Regierung setzten sie ihren Willen durch. Jeder Monat, der danach verstrich und der Deutschland und Italien immer tiefer involvierte, machte eine internationale Explosion immer wahrscheinlicher, sollte die republikanische

Flotte eingesetzt werden. Sie hörte einfach auf, als republikanische Waffe zu existieren.

Dies ist das erste, fürchterliche Beispiel, wie die antirevolutionäre Politik den militärischen Kampf lähmte.

Dieselbe anglo-französische Orientierung erklärt, warum es unterlassen wurde, Algeciras, den spanischen Hafen, in dem die faschistischen Truppen aus Marokko landeten, über Land anzugreifen. Málaga war strategisch so gelegen, dass es die Speerspitze für diesen Vorstoß abgeben konnte. Stattdessen wurde Málaga schutzlos zurückgelassen. Málaga wurde hauptsächlich von CNT-Truppen verteidigt, die von August bis Februar vergeblich nach der notwendigen Ausrüstung verlangten. Es wurde von einer italienischen Landungstruppe überfallen, während die Flotte, die sie hätte stoppen können, in Cartagena vor Anker lag. Málaga fiel am 8. Februar. Denn zwei Tage davor hatten die Milizen vom militärischen Hauptquartier keine militärischen Instruktionen mehr erhalten, und dann, am Tag bevor Málaga fiel, entdeckten sie, dass das Hauptquartier schon verlassen worden war, ohne den verteidigenden Milizionären ein Wort davon zu sagen. Es war keine militärische Niederlage sondern Verrat. Der grundlegende Verrat war nicht die Fahnenflucht des Generalstabs in letzter Minute, sondern die Politik, die die Untätigkeit der Flotte und das Verbot, Málaga als Basis gegen Algeciras einzusetzen, diktierte.[40]

Wenn nicht über See oder Land, so gab es noch einen anderen Weg, um Francos marokkanische Basis anzugreifen. Wir zitieren Camillo Berneri:

> »Die Operationsbasis der faschistischen Armee liegt in Marokko. Wir sollten die Propaganda zugunsten der marokkanischen Unabhängigkeit auf jedem Sektor des panislamischen Einflusses verstärken. Madrid sollte eindeutige Erklärungen abgeben, die die Abtretung Marokkos und den Schutz der marokkanischen Unabhängigkeit ankündigen. Frankreich sieht mit Sorge, dass diese möglicherweise Rückwirkungen auf Aufstände in Nord-Afrika und Syrien hat; England sieht, dass die Agitation für die ägyptische Autonomie sich genauso verstärkt wie für die Autonomie der Araber in Palästina. Es ist notwendig, diese Befürchtungen nach Kräften auszunutzen,

indem man eine Politik einschlägt, die eine Revolte in der islamischen Welt auszulösen droht.
Für eine solche Politik braucht man Geld und Schnelligkeit, um Agitatoren und Organisatoren in alle Zentren der arabischen Emigration, in alle Grenzgebiete Französisch-Marokkos zu senden.« (*Guerra di Classe*, 24. Oktober 1936)

Aber die republikanische Regierung, weit davon entfernt, französische und englische Befürchtungen zu wecken, indem man einen Aufstand in Spanisch-Marokko anstiftete, ging daran, ihnen in Marokko Zugeständnisse anzubieten! Am 9. Februar 1937 übergab Außenminister del Vayo an Frankreich und England eine Note, deren genauer Text niemals offen gelegt wurde. Später wurde, ohne dass das Kabinett dies dementierte, festgestellt, dass sie folgende Punkte enthielt:

1. In der Absicht, ihre europäische Politik auf die aktive Zusammenarbeit mit Großbritannien und Frankreich zu gründen, schlägt die spanische Regierung eine Veränderung der afrikanischen Situation vor.
2. Da sie ein schnelles Ende des Bürgerkriegs wünscht, der jetzt leicht durch deutsche und italienische Hilfe verlängert werden kann, ist die Regierung bereit, in der spanischen Zone Marokkos gewisse Zugeständnisse zu machen, falls die britische und die französische Regierung Schritte unternehmen, um die italienisch-deutsche Einmischung in spanische Angelegenheiten zu verhindern.

Die erste Andeutung über die Existenz dieser schändlichen Note erschien einen Monat nach ihrem Absenden am 19. März in der französischen und englischen Presse, als Eden sie flüchtig erwähnte. Die CNT-Minister schworen, sie wären über ihr Absenden nicht konsultiert worden. Berneri richtete sich mit beißender Schärfe an sie: »Ihr seid in einer Regierung, die Frankreich und England in Marokko Vorteile angeboten hat, während es für uns von Juli 1936 an hätte zwingend sein sollen, offiziell die politische Unabhängigkeit Marokkos zu verkünden … Es ist die Stunde gekommen, bekannt zu geben, dass

Du, Montseny, und die anderen anarchistischen Minister nicht einverstanden seid mit dem Wesen und der Intention solcher Vorschläge ... Es versteht sich von selbst, dass man nicht die englischen und französischen Interessen in Marokko garantieren und zur gleichen Zeit für einen Aufstand dort agitieren kann ... Aber diese Politik muss sich ändern. Und um sie zu ändern, müssen wir unsere eigenen Absichten klar und deutlich darlegen – denn in Valencia gibt es einige Einflüsse, um mit Franco Frieden zu schließen.« (*Guerra di Classe*, 14. April 1937) Aber die anarchistischen Führer schwiegen und Marokko blieb ungestört in Francos Hand.[41]

Die Aragon-Offensive gegen Saragossa-Huesca

Wenn man die spanische oder französische Presse von August bis November 1936 durchblättert, bemerkt man den scharfen Kontrast zwischen den republikanischen Niederlagen an den zentralen und westlichen Frontabschnitten und den Siegen an der Aragon-Front. Die CNT-, FAI- und POUM-Truppen überwogen in Aragon. Sie gehorchten den militärischen Befehlen der bürgerlichen Offiziere, die die Regierung geschickt hatte, überwachten sie jedoch. Gegen Ende Oktober, nachdem sie die umliegenden Höhenzüge des Montearagón und Estrecho Quinto eingenommen hatten, waren die Aragon-Milizen in der Lage, Huesca einzunehmen, das Tor nach Saragossa.

Wie wichtig es war, Saragossa einzunehmen, kann man sofort mit einem Blick auf die Landkarte verstehen. Es liegt quer zu dem Weg von Katalonien und Aragon nach Navarra, dem Herzen der faschistischen Bewegung. Wäre Saragossa eingenommen, so wäre die Nachhut der faschistischen Armee, die der baskischen Provinz gegenübersteht, genauso bedroht, wie die Nachhut der Truppen, die sich Madrid von Norden her nähern. Eine Offensive an dieser Front hätte deshalb die Übernahme der Initiative im militärischen Kampf durch die Republikaner möglich gemacht. Darüber hinaus war Saragossa eine der großen Hochburgen der CNT gewesen und den Faschisten nur wegen des offenen Verrats des Zivilgouverneurs, ein Mitglied der Azaña-Partei und Azañas Beauftragter, zugefallen.

Noch Ende September fand in Saragossa ein Generalstreik der Arbeiter statt, obwohl seine Führer durch langsame Folter getötet wurden, weil sie sich weigerten, ihn abzublasen. Wie die Anarchisten versicherten, hätte eine Erhebung der Arbeiter innerhalb der Stadt einen energischen Angriff auf Saragossa begleitet.

Um die stark befestigten Städte Huesca und Saragossa einzunehmen, brauchte man jedoch Flugzeuge und schwere Artillerie.

Aber von September an führte die Regierung einen systematischen Boykott gegen die Aragon-Front. Die Artillerie und die Flugzeuge, die seit Oktober aus dem Ausland kamen, wurden nur in stalinistisch kontrollierte Zentren geschickt. Selbst Gewehre, Maschinengewehre und Munition wurden in den Boykott einbezogen. Die katalanischen Munitionswerke, die bei ihrer Finanzierung von der Zentralregierung abhingen, wurden gezwungen, ihre Produkte an die Bestimmungsorte auszuliefern, die die Regierung auswählte. Die CNT-, FAI- und POUM-Presse erhoben den Vorwurf, dass die offene Diskriminierung der Aragon-Front von den Stalinisten mit Unterstützung der sowjetischen Vertreter diktiert werde. (Caballeros Freunde geben das jetzt zu.) Die Pläne der Regierung zur Liquidierung der Milizen in eine bürgerliche Armee konnten solange nicht durchgeführt werden, wie das Prestige einer Reihe von Siegen zugunsten der CNT-Milizen sprach. Also musste die Aragon-Front zurückgehalten werden. Unter anderem trieb diese Situation die CNT-Führer in die Zentralregierung. Die zwei wichtigsten Persönlichkeiten des spanischen Anarchismus, García Oliver und Buenaventura Durruti, verlegten ihre Aktivitäten nach Madrid, wobei Durruti die Elite der Truppen der Aragon-Front mitbrachte. Aber der Boykott der Aragon-Front ging trotz aller anarchistischer Zugeständnisse weiter. Denn für die Strategie des bürgerlich-stalinistischen Blocks war es entscheidend, das Prestige und die Macht der CNT zu brechen, koste es, was es wolle. Sechs Monate von Klagen und Forderungen der anarchistischen und der POUM-Presse nach einer Offensive an der Aragon-Front stießen auf absolute Stille in der bürgerlich-stalinistischen Presse. Dann gingen die Stalinisten dazu über, die CNT-Milizionäre wegen ihrer Inaktivität an dieser Front zu verleumden und diese Tatsache als Beweis für die Notwendigkeit einer bürgerlichen Armee anzubringen. Der CNT-POUM-Gegenvorschlag nach einem vereinigten Kommando und einer disziplinierten Armee unter Arbeiterkontrolle wurde abgelehnt.

Viele Monate lang leugneten die Stalinisten gegenüber der Außenwelt ihre Sabotage an der Aragon-Front. Aber als die Tatsache sattsam bekannt geworden war, erfanden die Stalinisten ein Alibi: Es waren jede Menge Waffen an die Aragon-Front geschickt worden, aber die »Trotzkisten« leiteten sie durch das Niemandsland zu den Faschisten um. (*Daily Worker*, 5. Oktober 1937) Wie allen stalinistischen Intrigengeschichten stand dieser die ihr anhaftende Falschheit ins Gesicht geschrieben. Die POUM – die angeblichen Trotzkisten – hatten im Höchstfall 10 000 Männer an dieser Front. Die beherrschende Kraft hier war die CNT. Waren sie – mit ihrer lautstark Waffen fordernden Presse – solche Dummköpfe, dass sie nicht sahen, was die POUM tat? Oder ist diese Geschichte bloß eine Vorbereitung für den Tag, an dem die Stalinisten die CNT beschuldigen werden, dass sie mit der POUM gemeinsame Sache dabei gemacht haben, Waffen an die Faschisten umzuleiten?

Die armselige Bewaffnung an der Aragon-Front ist von dem englischen Schriftsteller George Orwell beschrieben worden, der dort im ILP-Bataillon kämpfte. Die Infanterie »war weit schlechter ausgerüstet als das Ausbildungskorps einer englischen Public-School«, mit »abgenutzten Mausergewehren, die meist nach fünf Schüssen Ladehemmungen hatten, in etwa ein Maschinengewehr für fünfzig Männer und eine Pistole oder ein Revolver für etwa dreißig Männer. Diese im Stellungskrieg so notwendigen Waffen wurden nicht von der Regierung ausgegeben und konnten nur illegal und unter großen Schwierigkeiten gekauft werden.

Eine Regierung, die Jungen von 15 Jahren mit 40 Jahre alten Gewehren an die Front schickt und die stärksten Männer und die neuesten Waffen in der Nachhut behält«, schloss Orwell, »… fürchtet die Revolution offenkundig mehr als die Faschisten. Daher die lasche Kriegspolitik der vergangenen sechs Monate und daher der Kompromiss, mit dem der Krieg nahezu sicher enden wird.« (*Controversy*, August 1937)

So verzichtete die Regierung auf die Gelegenheit, die sich in Aragon bot, die Initiative an sich zu reißen und den Krieg in faschistisches Territorium hineinzutragen.

Die Nord-Front

Bilbao, die umliegenden Industriestädte und Eisen- und Kohlebergwerke bildeten ein konzentriertes Industriegebiet, das nur von Katalonien übertroffen wurde. Für Kriegszwecke war es dem katalanischen Gebiet sogar überlegen, das seine Hüttenbetriebe aus dem Nichts aufbauen musste, als der Bürgerkrieg begann. Bilbao hätte das Zentrum von Spaniens größter Munitionsquelle werden sollen. Von dieser materiellen Basis aus hätten sich die Nord-Armeen scharf nach Süden gegen Burgos und nach Osten gegen Navarra bewegen sollen, um eine Verbindung mit den Truppen an der Aragon-Front herzustellen. Die gebotene Strategie war von ganz grundlegender Art.

Die baskischen Kapitalisten waren jedoch die Herren der Biscaya-Region. Als jahrhundertealte englische Einflusssphäre waren sie nicht begeistert davon, sich Franco und seinen italienisch-deutschen Verbündeten anzuschließen. Genauso wenig hatte die baskische Bourgeoisie jedoch die Absicht, bis auf den Tod gegen Franco zu kämpfen. Dank der Unterstützung der sozialistischen und der kommunistischen Partei waren die Fabriken der baskischen Kapitalisten am 19. Juli nicht von den Arbeitern konfisziert worden. Aber sie hatten auch keine Garantie, dass einem republikanischen Sieg über Franco nicht doch die Besetzung ihrer Fabriken folgen würde.

Die Eigentumsfrage bestimmte das militärische Verhalten der baskischen Regionalregierung. Das zeigte sich schon Mitte September 1936, als die Faschisten auf San Sebastian vorrückten. Bevor der Angriff richtig begonnen hatte, kapitulierte San Sebastian. Bevor die baskische Bourgeoisie sich zurückzog, trieben sie die CNT-Milizionäre aus der Stadt, die Fabrikausrüstungen und andere brauchbare Materialien zerstören wollten, um zu verhindern, dass sie den Faschisten in die Hände fielen. Als weitere Vorsichtsmaßnahme wurden 50 bewaffnete baskische Garden zurückgelassen, um die Gebäude zu schützen. Auf diese Weise wurde Franco die Stadt intakt übergeben. Die Bourgeoisie argumentierte: Zerstörtes Eigentum ist für immer verloren. Aber falls wir am Ende mit Franco Frieden schließen, gibt er uns möglicherweise unser Eigentum zurück …

Als dies geschah, schrieb ich am 22. September 1936: »Die Nord-Front ist verraten worden.« Die anarchistischen Minister haben seitdem enthüllt, dass dies die Meinung des Kabinett Caballero war. Was die Vollendung des unverhohlenen Verrats jedoch für sechs Monate hinauszögerte, war die Dummheit von Francos Offizieren, die San Sebastian einnahmen. Die 50 zum Schutz der Gebäude zurückgelassenen Garden wurden erschossen, bürgerliche Eigentümer, die zurückgeblieben waren, um ihren Frieden mit Franco zu schließen, wurden eingesperrt, einige von ihnen hingerichtet. Die Einwohner wurden terrorisiert. Die baskische Front verhärtete sich wieder – für kurze Zeit.

Im Dezember tastete sich die baskische Regierung jedoch langsam wieder in Richtung auf einen Waffenstillstand vor. Zu einer Zeit, wo Madrid noch alle Verhandlungen über den Austausch von Gefangenen ablehnte, handelten die Basken folgende Übereinkunft aus:

> »Die Tatsache, dass die baskische Gruppe in San Sebastian verhandelte, wurde erst gestern bekannt. Der Schreiber erfuhr jedoch, dass die Delegation Bilbao vor mehr als einer Woche verlassen hatte ... sich nach Barcelona begab; aber ihre Mission endete dort unbefriedigend. Die baskischen Delegierten drückten ihre Enttäuschung über die Lage der Dinge in der katalanischen Hauptstadt aus ... und man glaubt, dass sie auch an der Haltung der Katalanen gegenüber der Kirche Anstoß nahmen. Man kam auf jeden Fall überein, den Führern San Sebastians auf den Zahn zu fühlen, weil man auf irgendeinen Kompromiss hoffte, vielleicht sogar auf einen Waffenstillstand.
> Es ist bekannt, dass es während der letzten ein oder zwei Monate an der Nord-Front still gewesen ist, mit vielen Verbrüderungen zwischen den Teilnehmern der gegnerischen Frontlinien.« (Hendaye-Frontmeldung, *New York Times*, 17. Dezember 1936)

Jeder Zweifel über den Wahrheitsgehalt dieses Berichts wurde am selben Tag durch »Augur«, der »inoffiziellen« Stimme des britischen Geheimdienstes, zerstreut. »Die Briten haben darauf hingewirkt, lokale Waffenruhen zwischen den Rebellen und den Republikanern zu organisieren. Das Angebot der baskischen Regionalregierung in Bilbao, über Weihnachten einen Waffenstillstand abzuschließen, geschah direkt dank der diskreten Intervention britischer Agenten, die hoffen, dass dies zu einer vollständigen Einstellung der Feindseligkeiten führen könne.« Die Franzosen, fügte »Augur« hinzu, »üben in Barcelona einen ähnlichen Einfluss aus. Ihr Erfolg ist jedoch weniger ausgeprägt, weil der Wunsch von Präsident Companys, das Blutvergießen zu beenden, von den Kommunisten und Anarchisten ignoriert wurde.« (*New York Times*, 17. Dezember 1936)

Hiervon erschien natürlich nichts in der republikanischen Presse, wo die Zensur jetzt auf Hochtouren lief. Solche ausführlichen Berichte, besonders solche, die den Namen »Augur« trugen, und in Zeitungen von der Größe der *New York Times* und der Londoner *Times* erschienen, verlangten zumindest ein formales Dementi, falls es möglich war, das zu bestreiten. Weder die Regierung noch die stalinistische Presse wagten es jedoch, die Tatsachen zu bestreiten: Denn sie waren wahr.

Die baskische Bourgeoisie war einfach grundsätzlich nicht dran interessiert, gegen den Faschismus zu kämpfen. Wenn der Kampf ernsthafte Opfer beinhaltete, waren sie bereit, sich zurückzuziehen. Einer der Faktoren, der ihnen jedoch zu denken gab, war das Anwachsen der CNT-Bewegung in den baskischen Regionen. Hier erleichterten die Stalinisten und die rechten Sozialisten, die mit der Bourgeoisie in der Regionalregierung saßen (die CNT war fallengelassen worden, als die Verteidigungsjunta der Regierung Platz machte), den Verrat. Unter dem fadenscheinigsten Vorwand, den man sich denken kann – die baskische Regierung forderte die CNT-Milizionäre auf, an den Feiern zur Osterwoche teilzunehmen, und das CNT-Regionalkomitee und die Presse verurteilten die religiöse Zeremonie entrüstet – wurde das gesamte Regionalkomitee und der Redaktionsstab des *CNT del Norte* am 26. März inhaftiert und die Druckmaschinen den Stalinisten übergeben! Systematische Verfolgungen der CNT bereiteten danach den Weg vor, um zu Franco überzulaufen.

Die republikanische Regierung war sich der Gefahr bewusst, war sich bewusst, dass Bilbao seine Betriebe nicht auf Munitionsproduktion umstellte, war sich der verbrecherischen Passivität der baskischen Front bewusst, die es Mola ermöglichte, seine Truppen nach Süden zu verlegen, um sich an der Umzingelung von Madrid zu beteiligen. Warum tat die Regierung nichts dagegen? Das Kabinett sandte natürlich zahlreiche Abgesandte nach Bilbao, umschmeichelte die Basken, strengte sich besonders an, um sie zufriedenzustellen, sandte Generäle, um mit den baskischen Führern zusammenzuarbeiten – Llano de Encomienda, gerade von einem Kriegsgericht in Barcelona von der Anklage der Mittäterschaft bei der Erhebung freigesprochen, wurde Oberbefehlshaber des Nordens! – aber diese Maßnahmen erwiesen sich natürlich als nutzlos. Es gab nur einen Weg, um die Nord-Front zu retten: Indem man die baskische Bourgeoisie mit einer mächtigen Einheitsfront der proletarischen Kräfte in der Region konfrontierte, die bereit war, die Macht zu übernehmen, wenn die Bourgeoisie zögerte, und die dies durch ideologische Kritik der baskischen Kapitalisten vorbereitete. Dieser Weg war dieser Regierung jedoch fremd, die vor allem fürchtete, die Massen zu politischer Initiative aufzurütteln.

Aber es gab einen Sektor der Nord-Front, der aktiv war, Asturien. Wir haben gesehen, wie innerhalb von 48 Stunden nach der Nachricht von der Erhebung 5000 asturische Bergleute in Madrid angekommen waren. Innerhalb weniger Wochen hatten sie die Faschisten vertrieben, außer im stark befestigten Oviedo, das seit der Zerschlagung der Asturischen Kommune vom Oktober 1934 der Sitz einer starken pretorianischen Garnison gewesen war. Jeder Bergmann von Asturien hätte sein Leben für die Einnahme von Oviedo gegeben. Mit kaum mehr als Gewehren und einfachen Dynamitbomben bewaffnet, belagerten die Bergleute Oviedo und nahmen bald die Vorstädte ein. Der Fall Oviedos hätte sie für eine Offensive gegen Alt-Kastilien freiwerden lassen. Sprecher der Asturier bettelten in Valencia um ein paar Flugzeuge und die notwendige Artillerie, um die Verteidigungsstellungen Oviedos zusammenzuschießen. Sie wurden mit leeren Händen weggeschickt. Was war ihr Verbrechen? Die asturischen Arbeiter schafften das Privateigentum an Grund und Boden ab, kollektivierten den Wohnungsbau und die Industrie. Die starke CNT-Bewegung kontrollierte Hand in Hand mit der UGT – die hier der Tendenz nach revolutionär war, wie ihr Organ *Avance*, das von Javier Bueno herausgegeben wurde, zeigte – ganz allein die Produktion und den Konsum. Es war bekannt, dass sie, wenn

Oviedo ihnen gehörte, vorhatten, dort wieder wie 1934 die Kommune von Asturien auszurufen … Die Regierung forderte sie auf, ihr Blut für alles zu vergießen, außer für die Kommune. Zehntausende von ihnen stießen in Ermangelung eines anderen Kurses zu den Republikanern an allen Fronten. Ihre kämpferische Verwegenheit wurde legendär. Aber genügend von ihnen blieben vor Oviedo, schlossen die Garnison ein, bis zum Ende …

Warum Madrid zur Schlüsselfront wurde

Da Franco über Marokko und die ungestörten Verbindungswege zum Festland verfügte, da es dank der baskischen Passivität eine ruhige Nord-Front gab und die Regierung die Aragon-Front sabotierte, war Franco in der Lage, den Verlauf des Kriegs zu diktieren und die Ziele für seine Offensive beliebig zu wählen. Nicht ein einziges Mal verlor er die Initiative an die Republikaner, die den Kampf annehmen mussten, wann und wie es der Feind wollte.

So war Franco in der Lage, seine Hauptkräfte gegen Madrid einzusetzen. Im Oktober war die Umzingelung Madrids weit vorangeschritten. Franco wollte die Hauptstadt der Nation, um seinen deutschen und italienischen Verbündeten eine glaubhafte Grundlage für die Anerkennung seines Regimes zu liefern. Und in der Tat wurde allen Berichten nach die deutsche und italienische Anerkennung am 9. November 1936 in dem Glauben ausgesprochen, dass Madrid bald fallen werde und dass die Anerkennung den zusätzlichen Anreiz liefern würde, um den Fall zu beschleunigen. Ebenfalls den Berichten nach machte Franco hier auch seinen größten strategischen Fehler, als er in seiner Eile versuchte, Madrid durch einen Frontalangriff einzunehmen, anstatt die Umzingelung zu vervollständigen, indem er die Straße nach Valencia abschnitt. Die Faschisten hielten monatelang stur an dieser Strategie fest und gaben damit den Republikanern die Gelegenheit, das Gebiet ausreichend zu befestigen, um den Flankenangriffen zu widerstehen, als diese im Februar und März begannen.

Eine entscheidende Tatsache, die bei der Verteidigung Madrids hervorgehoben werden sollte, ist der Einsatz revolutionär-politischer Methoden. Falls Madrid fiel, wäre das Spiel für die Stalinisten aus. In Spanien war ihr Ansehen an das 5. Regiment von Madrid – in Wirklichkeit eine Armee aus über 100 000 Mann – und die Verteidigungsjunta gebunden, die vom 11. Oktober an für die Verteidigung Madrids verantwortlich war und von den Stalinisten kontrolliert wurde. International wäre das Ansehen der Kommunistischen Internationale und der Sowjetunion mit dem Fall von Madrid unwiderruflich eingebrochen. Der Rückzug nach Valencia und Katalonien hätte ein neues Kräfteverhältnis bedeutet – wobei die Stalinisten eine untergeordnete Rolle gespielt hätten. Aus diesem neuen Stadium hätte sich ein Zurückgreifen auf den revolutionären Krieg gegen den Faschismus entwickeln können, der alle Pläne Edens, Delbos' und Stalins ein Ende gesetzt hätte. Madrid musste auf jeden Fall gehalten werden. In höchster Not gaben die Stalinisten die rein bürgerlichen Methoden auf – aber nur eine Zeit lang und nur innerhalb der Grenzen Madrids.

Verteidigungsmethoden, die in anderen Städten von den lokalen POUM-, FAI- und CNT-Organisationen vorgeschlagen wurden, und die die Stalinisten als abenteuerlich, als die liberale Bourgeoisie entfremdend verurteilten, wurden hier von ihnen selbst am 7. November gutgeheißen, als der faschistische Angriff die Vororte der Stadt erreichte. Ein CNT-Flugblatt aus dieser Woche ist es wert, zitiert zu werden:

> »Gestern warnten wir die Einwohner Madrids, dass der Feind vor den Toren der Stadt steht und wir hielten sie an, Flaschen mit Benzin zu füllen, brennbare Zünder anzubringen und auf die Rebellenpanzer zu werfen, wenn diese in die Stadt eindringen.
> Heute schlagen wir andere Vorsichtsmaßnahmen vor. Jedes Haus und jede Wohnung im Distrikt, von denen man weiß, dass sie von faschistischen Sympathisanten bewohnt werden, sollten gründlich nach Waffen durchsucht werden. Wälle und Barrikaden sollten auf allen Straßen errichtet werden, die ins Stadtzentrum führen.
> Jedes Haus in Madrid, in dem Antifaschisten leben, muss zu einer Festung werden, und jedes nur mögliche Hindernis sollte errichtet werden, wenn Eindringlinge versuchen, die Straßen

der Hauptstadt zu durchqueren. Feuert auf sie aus den oberen Stockwerken der Gebäude, wogegen das Feuer ihrer Maschinengewehre wirkungslos sein wird.
Vor allem müssen wir Madrid von der 5. Kolonne der versteckten Faschisten säubern.«

Eine von Molas Prahlereien – dass sich vier Kolonnen Madrid näherten, während sich insgeheim im Inneren eine fünfte bildete – hatte den Arbeitern die großartige Losung gegeben: Zerschlagt die fünfte Kolonne. Vorbei waren jetzt die Einschränkungen vonseiten der Regierung – und der Stalinisten – gegen »illegale Hausdurchsuchungen«, »unbefugte Beschlagnahmungen und Verhaftungen« usw. usw. Über 500 Angehörige der Asalto-Garden wurden in jenen Tagen als faschistische Verdächtige gefangen genommen und eingesperrt – das erste und das letzte Mal, dass die Stalinisten eine solche Säuberung von bürgerlichen Elementen billigten. Die Stalinisten waren bekannt für die Losung »alle Macht der Regierung der Volksfront« und standen deshalb den Arbeiterkomitees in den Fabriken und Distrikten feindlich gegenüber. Dieses eine Mal jedoch veranlasste sie die Verzweiflung, dies aufzugeben. Das stalinistisch kontrollierte 5. Regiment gab ein Manifest heraus, das die Massen u. a. dazu aufrief, Straßen- und Hauskomitees der Wachsamkeit gegen die fünfte Kolonne innerhalb der Stadt zu wählen![42] Arbeiterkomitees gingen durch die Straßen und requirierten alle tauglichen Männer für den Bau von Barrikaden und Schützengräben. Die Verteidigungsjunta organisierte separate Räte für Nahrung, Munition usw., von denen jeder Tag für Tag zu einer Massenorganisation anschwoll. Frauenkomitees organisierten Küchen und Wäschereien für die Milizionäre. In dieser nichtindustriellen Stadt fand man die Möglichkeiten, um mit der Herstellung von Munition zu beginnen – auch dies auf Initiative von unten. Die Stalinisten vergaßen nicht, die POUM weiterhin zu verfolgen, aber selbst das ließ nach, und man erlaubte den POUM-Militanten bei der Verteidigung der Stadt mitzuwirken. Dies waren glorreiche Monate, obwohl voller Tod: November, Dezember, Januar. Was war das? »Das Volk in Waffen.«

Die Stalinisten waren sogar so verzweifelt, dass sie den triumphalen Einzug der ausgewählten Truppen der CNT-Abteilungen von der Aragon-Front nach Madrid willkommen hießen, deren heroisches Verhalten den verleumderischen Mythos zerstörte, der von den Stalinisten bereits über die Aragon-Milizen verbreitet wurde. Jedoch kurz nachdem diese Truppen herbeigebracht worden waren, wurde die größte militärische Persönlichkeit, die der Krieg hervorgebracht hatte, der Anarchist Durruti getötet, und man lenkte die Aufmerksamkeit auf Miaja.

Aber die politischen Methoden, die man an der Süd-, an der Nord- und an der Aragon-Front verfolgte, blieben dieselben. Die unablässige Kampagne der CNT, der POUM und von Teilen der UGT für eine Offensive an allen Fronten als bestem Weg, um Madrid zu helfen, und als einzigem Weg, um die Belagerung der Stadt aufzuheben, wurde ignoriert.

Genauso wenig blieb das »Volk in Waffen« der Verteidiger von Madrid. Im Januar war die unmittelbare Gefahr vorüber, und der bürgerlich-stalinistische Block kehrte zur »Normalität« zurück. Die Hausdurchsuchungen der Arbeiterkomitees nach Faschisten und Waffen wurden missbilligt und dann unterdrückt. Soldaten ersetzten die Arbeiter auf den Straßenbarrikaden. Die Arbeit der Frauenkomitees wurde von der Armee übernommen. Masseninitiative war nicht länger erwünscht. Der Wind hatte sich gedreht, obwohl die Belagerung Madrids nicht aufgehoben worden war. Die Wochenzeitung *POUM* wurde im Januar für immer verboten. Im Februar beschlagnahmte die Junta die Radiostation der POUM und die Druckereien der *El Cambatiente Raja*. Der Stalinist José Cazorla, Polizeikommissar der Junta, organisierte die Repression sowohl legal wie illegal. Wenn seine Inhaftierungen von Arbeitern durch die Volkstribunale nicht gebilligt wurden, brachte er »freigesprochene Personen in geheime Gefängnisse oder schickte sie in kommunistische Milizbataillone in vorgeschobene Positionen, um sie als ›Festungen‹ zu benutzen«. Gleichzeitig wurden die Gitter für die Rechten geöffnet, und Cazorla ließ viele Reaktionäre und Faschisten frei. Rodriguez, der Sonderkommissar für Gefängnisse, erhob diese Anklagen (*Solidaridad Obrera*, 20. April 1937), und die CNT-Forderung nach einer Untersuchung wurde abgelehnt. Die Auflösung der Junta vervollständigte den Übergang zu bürgerlich-bürokratischen Methoden bei der Organisierung der Verteidigung von Madrid.

Der einzige militärische Sieg des Kabinetts Caballero war die Niederlage der italienischen Divisionen bei Guadalajara im März – ein unerwarteter Sieg, wie die fehlende Vorbereitung von Reserven und der fehlende Materialnachschub zeigten, mit der man die Niederlage der Italiener hätte vollständig machen können. Dass aus den von uns skizzierten politischen Gründen der Kampf um Madrid nicht mit Offensiven an anderen Fronten koordiniert wurde, machte Madrid automatisch zur Hauptfront und machte es gleichzeitig unmöglich, die Belagerung Madrids aufzuheben.

XVI.

Der militärische Kampf unter Negrín-Prieto

Dass die »Regierung des Siegs« unweigerlich die verhängnisvolle Militärpolitik ihrer Vorgängerin fortsetzen würde, war vom Tag ihrer Bildung an offensichtlich. Prieto würde seine passive Flottenpolitik und seine politische Diskriminierung bei der Zuweisung von Flugzeugen für die Frontabschnitte fortsetzen. Jetzt war er auch der Befehlshaber der Armee, wobei alle Waffengattungen allein dem Verteidigungsministerium zugeordnet waren. Der im Dezember errichtete Oberste Kriegsrat war allerdings damals schon, wegen ihrer Mehrheit an Ministerien, vom bürgerlich-stalinistischen Block beherrscht gewesen. (Die von den Stalinisten am 16. Mai erhobene »Forderung«, der Rat solle normal funktionieren, sollte einfach den Mythos unterstützen, Caballero zum Sündenbock für die Kriegsführung zu machen.) Der politische Kurs, der die vorherige Militärstrategie bestimmt hatte – Feindschaft dagegen, die Flamme des Aufstands in Nord-Afrika zu entzünden, Unterstützung der baskischen Bourgeoisie gegen die Arbeiter, Hetzjagd gegen Katalonien und Aragon – all dies ging weiter, in verstärktem Maß.

Zusätzlich sorgte das Kabinett Negrín für neue Hindernisse bei der Fortführung des Kriegs.

In der nationalen Frage – Beziehungen zu Minderheiten – bewegte sich das Regime Negrín nicht nur nach rechts von Caballero, sondern auch nach rechts von der Republik von 1931 bis 1933. Die bürokratische Zentralisierung, für die die Monarchisten und Faschisten standen, war ein bedeutender Faktor dabei gewesen, ihnen die Völker von Katalonien, Euskadi (Basken) und Galizien zu entfremden. Als der Bürgerkrieg begonnen hatte, hatte sich die begrenzte Autonomie der Katalanen und Basken de facto erweitert. Eine Unabhängigkeitserklärung für Galizien hätte den Guerillakrieg dort unermesslich erleichtert. Sie erfolgte nicht, weil sie einen Präzedenzfall geschaffen hätte, den man in Katalonien aufgegriffen hätte. Die Regierung Negrín ging dazu über, wie wir gesehen haben, die katalanische Autonomie zu eliminieren. Da wo die Bolschewiki durch die erhöhte Loyalität der unabhängigen Minderheitennationen für die Fortsetzung des Bürgerkriegs Stärke gewonnen hatten, dort erstickte die republikanische Regierung das Feuer der nationalen Bestrebungen.

Die Bezahlung der Milizionäre wurde von zehn Pesetas am Tag auf sieben gesenkt, während die stufenweise steigende Besoldung der Offiziere folgendermaßen aussah: 25 Pesetas für Leutnants, 39 für Oberleutnants, 50 für Stabshauptleute, 100 für einen Oberstleutnant. Wirtschaftliche Unterscheidungen untermauerten so die militärischen Dienstvorschriften massiv. Man muss wohl nicht die schädliche Wirkung, die dies auf die Moral der Soldaten hatte, und ihre zunehmende Unterordnung unter die Offiziere betonen.

Die gesamte Nord-Front sollte bald von der baskischen Bourgeoisie und den Offizieren sowie von der »fünften Kolonne« faschistischer Sympathisanten in den Asalto- und Zivilgarden und unter der Zivilbevölkerung verraten werden. Der Kampf gegen die »fünfte Kolonne« war unauflöslich verbunden mit dem militärischen Kampf. Aber wie Camillo Berneri schon vor der Verschärfung der Repression unter Negrín geschrieben hatte, »es ist offensichtlich, dass man während der Monate, in denen man versucht, die ›Unkontrollierbaren‹ [POUM-CNT] zu vernichten, das Problem, die fünfte Kolonne zu eliminieren, nicht lösen kann. Die Unterdrückung der fünften Kolonne muss vor allem durch Ermittlungsarbeit und Repressionsmaßnahmen erreicht werden, die nur von erfahrenen Revolutionären durchgeführt werden können. Eine Innenpolitik der Zusammenarbeit zwischen den Klassen und der Rücksichtnahme gegenüber den Mittelklassen führt unausweichlich zur Toleranz gegenüber Elementen, die politisch fragwürdig sind. Die fünfte Kolonne besteht nicht nur aus faschistischen Elementen, sondern auch aus all den Unzufriedenen, die auf eine gemäßigte Republik hoffen.«

Während man die Nord-Front der baskischen Bourgeoisie überließ, wurde die Aragon-Front einer verheerenden Säuberung unterworfen. General Pozas initiierte im Juni eine angebliche Generaloffensive. Nach mehreren Tagen von Artillerie- und Luft-Kämpfen wurde der 29. Division (früher die Lenin-Division der POUM) und anderen Einheiten der Befehl zum Vorrücken gegeben. Aber am Tag des Vormarsches waren weder Artillerie noch Luftwaffe da, um ihn zu schützen. Pozas behauptete später, dies wäre geschehen, weil die Luftwaffe Bilbao verteidigt hat – aber der Tag des Vormarsches lag drei Tage nach der Einnahme Bilbaos durch Franco. Die POUM-Soldaten begriffen voll und ganz, dass sie bewusst gefährdet wurden. Aber nicht in den Kampf zu gehen, hätte dem bürgerlich-stalinistischen Block einen Vorwand gegen die Aragon-Front gegeben. Sie begaben sich in die Feuerlinie. Eine Flanke war angeblich einer Internationalen Brigade (Stalinisten) zugewiesen – aber kurz nachdem der Vormarsch begann, erhielt sie den Befehl, sich in die Nachhut zurückzuziehen. Der Oberleutnant, der eine Einheit der Asalto-Garden auf der anderen Flanke anführte, gratulierte später den POUM-Truppen: »Bei Sariñena wurde ich vor Euch gewarnt, mit der Begründung, dass Ihr uns in den Rücken schießen könntet. Nicht nur geschah das nicht, sondern dank Eurer Tapferkeit und Eurer Disziplin haben wir eine Katastrophe verhindert. Ich bin bereit, nach Sariñena zu gehen, um gegen jene zu protestieren, die die Saat der Demoralisierung sähen, um den Sieg ihrer politischen Parteiziele zu erreichen.«

Während dieser Offensive fielen die POUM-Kommandeure Cahué und Adriano Nathan im Kampf. Zu dieser Zeit wollte die Polizei Cahué abholen, um ihn als »Trotzkisten-Faschisten« zu verhaften.

Als der Angriff vorbei war, wurde die 29. in die Nachhut geschickt. Das hätte normalerweise die Abgabe der Gewehre bedeutet – es gab immer noch nicht genug Gewehre für die vorderste Front und die Reserven gleichzeitig an dieser Front! Aber die misstrauischen POUM-Truppen weigerten sich, ihre Waffen abzugeben. Sie erklärten sich bereit, an die Front zurückzukehren. Wenige Tage später befahl man zwei Bataillonen der Division nach Fiscal (an der Jaca-Front) zu marschieren, um einen faschistischen Angriff zurückzuschlagen. Sie schlugen den Angriff nicht nur zurück, sondern eroberten Positionen und Material zurück, die vorher verloren waren. Dann wurden sie zurückgezogen, um auf neue Befehle zu warten – aber nicht zu ihrer Division zurückgeschickt. Warum? Um sie zu entwaffnen. Auf Befehl von Pozas. Sie wurden in dem Dorf Rodeano konzentriert und von einer stalinistischen Brigade umzingelt. Man nahm ihnen ihre ganzen

Wertsachen ab – Uhren, Ketten, selbst gutes Unterzeug und neue Schuhe. Ihre Führer wurden verhaftet, dem Rest erlaubte man zu gehen – zu Fuß. Auf ihrem Weg nach Hause wurden viele in den Städten unterwegs verhaftet. Der einzige Grund, warum dem Rest der Division nicht dasselbe passierte, war, dass die Nachricht sich schnell verbreitete und Pozas fürchtete, die CNT-Divisionen würden ihm zu Hilfe kommen. Aber wenige Wochen später wurde die 29. offiziell aufgelöst, die verbleibenden Männer überall hin in kleinen Gruppen verteilt.[43]

Die Ascaso-(CNT)-Division wurde ebenfalls zerstückelt. *Acracia*, das CNT-Organ aus Lerida, schrieb:

> »Jetzt wissen wir genau, warum Huesca nicht genommen wurde. Die letzte Operation bei Santa Quiteria liefert dafür einen eindeutigen Beweis. Huesca war von allen Seiten eingeschlossen, und nur der Verrat der Luftstreitkräfte (kontrolliert von der PSUC) war für die Katastrophe verantwortlich, mit dem die Operation endete. Unsere Milizionäre wurden nicht von der Luftwaffe unterstützt und wurden so schutzlos dem intensiven Maschinengewehrfeuer der faschistischen Luftwaffe ausgesetzt. Dies ist nur eine von zahlreichen Operationen, die wegen desselben Verrats durch die Luftwaffe auf die gleiche Weise endeten.«

Bald darauf fand in Barcelona eine Plenarsitzung des Zentralkomitees der PSUC statt. Unter den prominenten Teilnehmern waren die »Genossen« General Pozas, Armeechef der Aragon-Front, Virgilio Llanos, politischer Kommissar der Front, und Oberstleutnant Gordon, Stabschef …

Die Kontrolle durch die Zentralregierung zu akzeptieren, war den Aragon-Fronttruppen verlockend als das Ende all ihrer Sorgen in Aussicht gestellt worden. Stattdessen wurde es benutzt, um sie noch weiter zu zerstören. Der Frontkorrespondent des anarchistischen *Libertaire* (Paris) schrieb am 29. Juli:

> »Seit dem Zeitpunkt, an dem die Zentralregierung die Kontrolle übernahm, wurde der finanzielle Boykott immer deutlicher. Die meisten Milizionäre haben seit langer Zeit keinen Sold erhal-

> ten. In Bujaraloz, wo sich der Generalstab der Durruti-Kolonne befindet, haben beide – Offiziere und Soldaten – in den letzten drei Monaten nicht einen Cent gesehen. Sie können ihre Kleidung nicht waschen, weil es an Seife fehlt. In vielen Orten, die ich nach mehreren Monaten Abwesenheit besuchte, fand ich Genossen, die ich gut kannte: Jetzt sahen sie bleich, dünn und offensichtlich geschwächt aus. Der physische Zustand der Truppen ist so, dass sie keine längeren Manöver durchhalten können; sie können nicht mehr als 15 Kilometer am Tag marschieren. In der Gegend von Farlete leben die Truppen von der Jagd, ohne die sie vor Hunger sterben würden.«

Die systematische Hetzjagd gegen die Haupttruppen der Aragon-Front schuf wohl kaum die Basis für militärische Siege, obwohl die 25. Division (CNT) sich bei Belchite und Quinto gut präsentierte. Aber der angebliche Erfolg der Juli-Offensive an der Aragon-Front war bloß Zeitungsgeschwätz. »Ergebnisse?« schrieb das illegale anarchistische Organ *Libertad* (1. August 1937): »Zwei Dörfer im Gebiet Pirineo und 3000 Männer verloren. Das ist es, was sie Erfolg nennen. Verheerender, katastrophaler, schändlicher Erfolg!«

Nach dem Fall von Santander (26. August 1937) ließ die Verfolgung der CNT-Truppen etwas nach. Aber jetzt folgte eine fürchterliche Lektion über die Konsequenzen des Aufbaus konterrevolutionärer Repressionstruppen, wie etwa die stalinistisch kontrollierte Karl-Marx-Division. Mitten in einer Offensive im Zuera-Abschnitt »gingen 50 Offiziere dieser Division und 600 Soldaten zu den Faschisten über. Als Folge dieser Fahnenflucht wurde ein Bataillon zerstört. Trotz des Muts der CNT-Truppen konnte die Operation nicht positiv abgeschlossen werden. Der Feind hatte die erforderliche Zeit, um sich zu erholen, und es war unmöglich, den Angriff fortzusetzen. Nach einer Kriegsgerichtsverhandlung vor einem Standgericht, die umgehend einberufen wurde, wurden 30 Offiziere der Karl-Marx-Division erschossen. Zusätzlich wurde der politische Kommissar der Division Trueba, ein PSUC-Mitglied, entlassen.« (*Amigo del Pueblo*, illegales Organ der Freunde Durrutis, 21. September 1937) Unnötig zu sagen, dass der CNT-Presse verboten wurde, die Tatsachen zu veröffentlichen.

Die Nord-Front

Da die Regierung Negrín der Klassenzusammenarbeit sogar noch mehr verpflichtet war als die Caballeros, tat sie nichts, um der immer dreisteren Sabotage der baskischen Bourgeoisie entgegenzuwirken. Diese Front war in der Zeit von November 1936 bis Mai 1937, als die Faschisten begannen, sie völlig zu vernichten, so gut wie passiv. Diese sechs Monate wurden auch nicht für wirtschaftlich-militärische Vorbereitungen genutzt. Man sollte noch einmal betonen, dass Euskadi (das Baskenland) als Industriegebiet nur von Katalonien übertroffen wurde und dass es Katalonien als Schwerindustrie-Region, mit Eisen- und Stahlwerken inmitten von Eisenerz- und Kohleminen, überlegen war. Nichts wurde getan, um daraus eine bedeutende Kriegsindustrie zu entwickeln. Für dieses Verbrechen trugen die Stalinisten die gleiche Verantwortung, denn zwei Parteivertreter waren Minister in der autonomen Regierung. Dem Schlag gegen die CNT im März, als ihr Regionalkomitee verhaftet und ihre Presse beschlagnahmt worden war, folgte jetzt die systematische Unterdrückung der Arbeiter und ein Verbot von öffentlichen Versammlungen. Auf diese Weise wurde genau die Kraft, die einen Verrat hätte verhindern können, durch den bürgerlich-stalinistischen Block zerschlagen.

Im Kabinett Caballero gab es, wie wir schon erklärt haben, ständig Befürchtungen wegen der Loyalität der Basken. Irujos dauernde Drohungen, ganz aufzugeben, spiegelten nur die Tatsache wider, dass die Bourgeoisie kein ernsthaftes Interesse am Kampf gegen den Faschismus hatte und nicht unter Bedingungen kämpfen würde, die ihr Eigentum zerstören könnten. Als Franco sich Richtung Norden bewegte, plante Caballero deshalb eine groß angelegte Offensive an der südlichen Front von Madrid, um das Feuer der faschistischen Truppen dorthin zu wenden. Seinen Freunden zufolge sollten 75 000 voll ausgerüstete Soldaten in den Kampf ziehen, aber zwei oder drei Tage bevor die Offensive beginnen sollte, wurde sein Rücktritt erzwungen. Negríns erste Amtshandlung war, diese Truppen zurückzuziehen. Wie dem auch sei, Tatsache war, dass bis Mitte Juni keine Offensive gestartet wurde, um Bilbao zu entlasten, weder an der Madrid- noch an der Aragon-Front – und da war es zu spät.

Aber der entscheidende Faktor beim Verlust von Bilbao war offener Verrat. »Nicht einmal die schweren Geschütze der Aufständischen«, schrieb der Korrespondent der *New York Times*, »hätten einige dieser unterirdischen Befestigungsanlagen mit ihren drei gepanzerten Reihen aus Beton und Forts zerstören können, die im Abstand von drei Meilen den ganzen Weg bis zur Biscaya-Küste standen. Die Aufständischen selbst sagen, dass der ›Eisenring‹ der Festungen niemals eingenommen worden wäre, wären die Basken nicht ausmanövriert worden.« »Ausmanövriert« war jedoch eine faschistische Umschreibung für Verrat. Nachdem die Stadt gefallen war, wurde diese Tatsache von der baskischen Gesandtschaft in Paris zugegeben, die einem Ingenieur die Schuld gab, der mit dem Bau der Festungen beauftragt und mit den Plänen zu Franco geflüchtet war. Eine Prüfung der Geschichte der Gesandtschaft offenbarte, dass der fragliche Ingenieur Monate zuvor geflohen war. Warum wurde die Zwischenzeit nicht dazu benutzt, um die Festungen umzugestalten? Aber das Alibi war eine Ausrede. Denn, wie selbst jeder Anfänger der Militärwissenschaft wusste, hätte der bloße Besitz der Pläne für die Faschisten nicht das Problem lösen können, die Festungen zu durchbrechen. Sie wurden durch den Eisenring hindurch gelassen.

Nehmen wir an, wir würden das baskische Alibi akzeptieren. Warum wurde dann Bilbao nicht in einer Belagerung verteidigt, wie ihr Madrid – weniger günstig gelegen – widerstanden hatte? Es ist ein elementarer Grundsatz der Militärwissenschaft, dass keine Großstadt eingenommen werden kann, bevor ihre massiven Gebäude – wahrhafte Festungen – bis zu dem Punkt geschleift worden sind, wo sie den belagerten Truppen keinen weiteren Schutz mehr bieten. Das Schleifen der Gebäude durch Beschuss und Bombardierung erforderte eine gewaltige Ausrüstung, wie sie die Faschisten nicht hatten – weniger als ein Achtel von Madrid war nach einem Jahr Beschuss und Bombardierung geschleift worden.

Aber die Bourgeoisie wartete überhaupt nicht auf den Beschuss Bilbaos! Am 19. Juni übergaben sie die Stadt, wie sie San Sebastian im September zuvor übergeben hatten. Die sich wiederholende baskische Politik, Städte intakt aufzugeben, kennt keine Parallele im modernen Krieg, vom Bürgerkrieg gar nicht zu reden!

Der pro-republikanische Korrespondent der *New York Times* schrieb (21. Juni 1937):

> »Heute bekannt gewordene Einzelheiten über die letzten Stunden der baskischen Herrschaft in Bilbao zeigen, dass etwa 1200 Milizionäre, die vor dem Bürgerkrieg Soldaten der regulären Armee gewesen waren, in den frühen Morgenstunden nach der Sprengung der Brücken entschieden haben, dass das Chaos weit genug gegangen sei, und die Kontrolle der Stadt in der Funktion der Polizei übernommen haben. Die Milizionäre aus Asturien und Santander wurden aus der Stadt vertrieben. Unterstützt von einigen regulären Polizei- und Zivilgarden akzeptierte dieses Bataillon die Kapitulation der übrigen Milizionäre in der Stadt, entwaffnete sie und hisste danach eine weiße Flagge auf dem Telefongebäude. Während der Nacht gingen sie durch die Häuser und versicherten den Menschen, es gebe keinen Grund zur Panik, stellten Wachen vor öffentliche Gebäuden auf und bildeten am Abend in der Hauptstraße ein Spalier, der die aufgeregte Menge daran hinderte, sich zu nah an die nationalen Truppen heranzudrängen, als diese in die Stadt marschierten.«

Leizaola, Justizminister in der baskischen Regierung, blieb zurück, um den Verrat zu beaufsichtigen. Mit Ausnahme von 17, von denen wir bald wieder hören werden, wurden alle faschistischen Geiseln freigelassen und als eine Geste des guten Willens zu den faschistischen Linien geschickt, bevor die faschistischen Truppen die Stadt erreicht hatten. Einfach gesagt: Die reguläre Armee der Basken, an der Spitze die bürgerlichen Führer, tat sich mit der »Republikanischen Polizei« beim Angriff auf die Asturier und die Milizen der Nachhut zusammen, entwaffnete so viele, wie sie konnte, und riss die Häuser- und Straßenbarrikaden nieder, die die Arbeiter für den Straßenkampf vorbereitet hatten. Kurz nach der Okkupation setzte dieselbe Polizei Carlisten-Baretts auf und wurde Francos reguläre Polizei.

Versuche der CNT- und der UGT-Presse, nach dem Fall Bilbaos Alarm zu schlagen, wurden von der Zensur in Fetzen gerissen. Man erlaubte dem baskischen Generalstab, das Kommando über die sich zurückziehenden Truppen zu behalten. Als die Faschisten innerhalb weniger Wochen eine zweite Offensive begannen, brach die Industriestadt Reinosa, der Schlüssel zur Verteidigung von Santander, zusammen, und erneut machten die Basken keinen Versuch, die Stadt zu verteidigen.

Zwei Tage vor dem Fall von Santander flohen der baskische Generalstab und die verbliebenen Regierungsmitglieder auf einem britischen Kriegsschiff nach Frankreich. Unter welchen Bedingungen, wurde durch eine Meldung der *New York Times* vom 25. August 1937 enthüllt:

> »Zur Zeit des Falls von Bilbao ließen die Basken außer 17 alle ihre Geiseln frei. Man nimmt an, dass diese jetzt in höchster Gefahr sind, da die Basken zugeben, dass es nicht länger möglich ist, sie vor extremistischen Elementen in Santander zu schützen.
> Als die britische Botschaft zustimmte, die Geiseln wegzubringen, vereinbarte sie auch die Evakuierung der Basken, die sie bewacht haben, so wie auch alle verbleibenden Mitglieder der baskischen Regierung …
> Man hofft, dass das ganze Manöver durchgeführt sein wird, bevor die gewalttätigeren Elemente in Santander bemerken, was geschieht.«

Am nächsten Tag (25. August) kam das britische Kriegsschiff »Keith« mit baskischen und faschistischen Vertretern an Bord in Santander an und »rettete« die baskischen Beamten und die 17 Faschisten.

Präsident Aguirre war nicht in Santander. Er tafelte sich durch Spanien, ohne etwas zu sagen, um sich dann zu seinen Kollegen in Bayonne, Frankreich, zu gesellen, wo sie die folgende Erklärung veröffentlichten:

> »Die Delegation der baskischen Regierung, im Asyl in Bayonne, unterschreibt verantwortlich das Folgende: Francos Offensive gegen Reinosa endete mit fürchterlichen Konsequenzen. In einem Gelände aus hohen Bergen und tiefen Schluchten näherten sich Francos Truppen mit unvorstellbarer Geschwindig-

keit. Die Militärexperten waren erstaunt über die Schnelligkeit dieses Vormarsches, nicht nur der Infanterie, sondern auch der schweren und Gebirgsartillerie, genauso wie der schwerfälligen Einheiten, die zu verschiedenen Regimentern und Waffengattungen gehörten.

Dies war ein unmögliches oder doch sehr schwieriges Unterfangen, und es beweist, dass die Beschaffenheit des Geländes nicht zum Widerstand gegen Francos Armee genutzt wurde.

Angesichts dieses Vormarsches leisteten die Truppen der Santander-Armee dem Feind keinen Widerstand. Nicht nur, dass sie mit dem Feind nicht in Berührung kamen, sondern sie gaben sich auch nicht dazu her, den Rückzug in einer Weise anzutreten, dass man die Verteidigung organisieren konnte.

Die Organisation der Santander-Armee existierte von dem Augenblick an nicht mehr, in dem die Offensive begann. Weder die Kommunikation, noch der Sanitätsdienst, noch die Mittel zur Vermeidung von Überraschungsangriffen existierten noch. Es konnte keine Widerstandsfront errichtet werden, denn die Bataillone, die sich nicht beim ersten Zusammentreffen ergaben, flohen in vollkommener Auflösung in die Umgegend.

Weder der Generalstab von Santander noch derjenige der Nord-Armee hatte die Offensive zu irgendeinem Zeitpunkt unter Kontrolle. Nachdem sie Reinosa passiert hatten, konnten sie weder die Positionen noch die Lage ihrer Truppen oder irgendeine Einheit finden, auf die sie zählen konnten.

Reinosa wurde dem Feind übergeben, ohne dass Zeit für die Evakuierung der Bevölkerung war. Die Artilleriefabrik fiel den Aufständischen in die Hände, die Werkstätten für den Flottenbau waren nahezu intakt, dazu alles im Bau befindliche Material, einschließlich 38 Artilleriebatterien.

Der einzige Widerstand, auf den der Feind bei seinem Vormarsch stieß, war jener, den die baskischen Bataillone lieferten, die an die Front stürmten. Das unbegreifliche Verhalten [der anderen] endete damit, dass den Truppen der baskischen Armee klar wurde, dass sie das Opfer von Verrat geworden waren und dass der Vormarsch der Franco-Truppen dadurch begünstigt wurde, dass die gesamte baskische Armee unter seine Kontrolle kommen sollte.

> Die Basken, die fast 90 Tage einer brutalen Offensive [gegen Bilbao], die unvergleichlich schrecklicher war als die gegen Reinosa, widerstanden hatten, ohne die Mittel zur Verfügung zu haben, die die Santander-Armee hatte, haben keine vernünftige Erklärung für die Tatsache, dass auf diese Weise ein Terrain von 80 Kilometern innerhalb von acht Tagen verloren ging. Es ist notwendig, diesen Angaben noch hinzuzufügen, dass die Offensive gegen Euskadi eine Überraschung war, während jene gegen Reinosa angekündigt und erwartet worden war.
> Als ihm die wirkliche Situation bestätigt wurde, war das Oberkommando der baskischen Armee gänzlich damit beschäftigt, seine Truppen zu retten und zu verhindern, dass seine einsatzfähigen Soldaten in die Hände des Feindes fielen. Dieser Mission hat es all seine Anstrengungen mit Hilfe der baskischen Regierung gewidmet, die in diesem ernsten und schwierigen Augenblick weiterhin ihre Leistungsfähigkeit und Abgeklärtheit bewies.«[44]

Jemand beging Verrat, aber nicht wir, war die Essenz dieses erstaunlichen Dokuments, abgesehen von seiner Verleumdung der asturischen und Santander-Milizionäre, von denen 15 000 durch Maschinengewehrsalven hingerichtet worden waren, nachdem man sie in Santander eingeschlossen hatte.

Eine Pariser Pressemeldung vom 26. August nannte einige der Verräter und berichtete, dass der Kommandant der Asalto-Garden, Pedro Vega, der Kommandant der baskischen Truppen, Angel Botella und Hauptmann Luis Terez beim nächsten Außenposten der faschistischen Truppen vorstellig wurden und die Kapitulation von Santander anboten, aber davor warnten, dass ein Bataillon der FAI-Milizen beschlossen hatte, bis zum Tode zu kämpfen.

Kann sich jemand, der die CNT- und asturischen Milizionäre kennt, vorstellen, dass sie nicht auf ihrem Posten gestanden hätten, bereit, bis zum Tode zu kämpfen? Man kann tausend Beispiele von ihrem bis zum Letzten entschlossenen Heldentum erzählen. Warum sollten sie sich ergeben oder nicht kämpfen, vor allem die asturischen Milizionäre, die im Oktober 1934 erfahren hatten, dass Übereinkünfte, die Vergeltungsmaßnahmen ausschließen, von den Reaktionären nicht gehalten wurden? Andererseits konnten die Basken nicht eine Schlacht nennen, in der sie sich bis zum Schluss behauptet hätten. Das Alibi des Aguirre-Dokuments war fadenscheinig. Es gab keinen hervorstechenden Unterschied zwischen dem, was sie in Bilbao getan hatten, und den Ereignissen in Santander. Im Gegenteil, sie folgten nur demselben Muster.

Wir wiederholen: Die Bourgeoisie hatte kein ernsthaftes Interesse am Kampf gegen den Faschismus. Ihr Eigentum intakt an Franco auszuliefern, mit der Aussicht auf eine mögliche Versöhnung, war für sie der Zerstörung ihres Eigentums in einem Todeskampf tausendmal vorzuziehen. Dass sie nicht gleich zu Anfang zu Franco übergelaufen waren, war in erster Linie auf ihre britischen Verbindungen zurückzuführen. Aber während der Offensive gegen Bilbao war dieses Problem »gelöst«: Die Briten hatten sich mit Franco über die baskischen Provinzen geeinigt. Wie der zuverlässige Frederic Birchall in der *New York Times* enthüllte, hatten britische Banken Franco auf dem Weg über holländische Beziehungen erhebliche Kredite gewährt, die durch Produkte aus der Bilbao-Region abgesichert werden sollten. Dann kam die Lücke im »Eisenring«. Aber selbst ohne eine endgültige Abmachung mit Großbritannien hätten die Faschisten Bilbao unangetastet bekommen, wie ihnen San Sebastian im September zuvor übergeben worden war.

Wir sind bereit, gegenüber Aguirre zuzugeben, dass auch andere Verräter waren. Bevor die faschistischen Truppen in Santander eindrangen, patrouillierten wieder einmal die gestern noch »loyalen« Asalto- und Zivilgarden durch die Straßen, entwaffneten asturische Milizionäre und verhinderten Straßenkämpfe. Diese Polizei unterstand dem Innenministerium (ein Prieto-Mann) und direkt einem stalinistischen Generaldirektor der Polizei, der den Rat der antifaschistischen Garden für die Säuberung der Polizei von zwielichtigen Elementen aufgelöst hatte.

Was war mit jenem Obersten Kriegsrat, dessen »wirkliches Funktionieren« eine der stalinistischen Forderungen gewesen war, die Caballero nicht erfüllt hatte, und die nur Negrín erfüllen konnte?

Was war mit den zwei stalinistischen Ministern in der baskischen Regierung, die aus Bilbao – wir sind sicher, dass sie ihre

Kollegen besser kannten als wir! – noch vor Aguirre geflohen waren? Welche Augenzeugenberichte können sie bieten? Es ist eine Tatsache, dass man in der stalinistischen Presse nichts von ihrer Existenz finden kann![45]

Die Basken hatten mit vagen Beschuldigungen die Verantwortung von ihren eigenen Schultern abgewälzt. Dass es Verrat gab, hatten sie zuverlässig bezeugt. Es ist eine Tatsache, dass die Regierung keine Untersuchung, keine Anhörung durchführte und dass sie in dieser Frage keine Erklärung abgab!

Die Kommentare der UGT und der CNT über den Verlust Santanders wurden durch den Zensor in Fetzen gerissen, da sie einige Lehren zu ziehen versuchten. Dennoch wurden die Massen von einer Welle der Verbitterung erfasst. Hatten sie dafür gekämpft? Es mussten zumindest verbale Zugeständnisse gemacht werden. Selbst das Prieto-Organ *El Socialista* (31. August 1937) hatte erklärt: »Ohne ein Geheimnis zu enthüllen, können wir Folgendes bestätigen: Es gab Verrat in Málaga, es gab ihn in Bilbao, es gab ihn in Santander ... Der Generalstab verließ Málaga kampflos. Die militärischen Führer setzten sich nach Frankreich ab, als Bilbao in Gefahr war. Andere waren sich einig mit dem Feind, um sein Eindringen nach Santander zu erleichtern.«

Die Stalinisten versuchten in einer Erklärung ihres Politbüros von Mitte September alle Schuld auf die baskische Bourgeoisie abzuladen. Ihre entscheidenden Absätze bestätigen unsere Analyse:

> »Der lange Stillstand hier [an der Bilbao- und Santander-Front] wurde nicht genutzt, um die Armee zu organisieren oder unsere Stellungen ernsthaft zu verstärken. Die Kader, die sich für Verrat entschlossen hatten, wurden nicht eliminiert. Der Aufstieg neuer Elemente in leitende Positionen wurde nicht unterstützt ...
>
> In den baskischen Provinzen und in Santander wurde die Politik, die die Bestrebungen der Arbeiter und Bauern durchgesetzt hätte, nicht durchgeführt. Die Großgrundbesitzer und die Besitzer von Großunternehmen, die Verbindungen zu den Faschisten pflegten, behielten ihre Privilegien, und das ließ den Enthusiasmus der Kämpfer abkühlen.«

Ein verrotteter Liberalismus sicherte der fünften Kolonne Straffreiheit zu ... das Verbot öffentlicher Versammlungen isolierte die Regierung und sogar die Volksfront von den aktiven Schichten des Volks und verhinderte, dass der Mut und der Enthusiasmus der Bürger für die Verteidigung der Städte eingesetzt wurde.

> »Das zweifelhafte Verhalten und die unredlichen Mittel, die ebenso von bestimmten Elementen eingesetzt wurden (neben anderen Gründen, die hier nicht untersucht werden können), halfen, den Enthusiasmus der Bevölkerung zu untergraben, die Stärke der Soldaten zu untergraben ...« (nachgedruckt, *Daily Worker*, 25. Oktober 1937)

Man beachte, dass die Erklärung sich nicht auf eine vorherige Agitation der Kommunistischen Partei bezog, mit der die Privilegien der Bourgeoisie geschmälert werden sollten. Sie konnte sich auch nicht darauf beziehen – aus dem einfachen triftigen Grund, weil die Partei, gerade im Namen der antifaschistischen Einheit, den Kampf gegen die Behinderung der Großbourgeoisie führte. Lasst uns die Deklaration des Parteiführers Diaz auf der vorigen Plenarsitzung des Zentralkomitees ins Gedächtnis zurückrufen:

> »Wenn die verschiedenen verfrühten Versuche der ›Vergesellschaftung‹ und ›Kollektivierung‹, die das Ergebnis eines unklaren Verständnisses über den Charakter des gegenwärtigen Kampfs waren, zu Anfang vielleicht durch die Tatsache gerechtfertigt werden konnten, dass die Großgrund- und Fabrikbesitzer ihre Ländereien und Fabriken verlassen hatten und dass es notwendig war, die Produktion um jeden Preis weiterzuführen, so können sie jetzt ganz im Gegenteil überhaupt nicht gerechtfertigt werden. Zum gegenwärtigen Zeitpunkt, wo es eine Regierung der Volksfront gibt, in der alle Kräfte vertreten sind, die gegen den Faschismus kämpfen, sind solche Dinge nicht nur nicht wünschenswert, sondern absolut unzulässig.« (*Kommunistische Internationale*, Mai 1937)

Was für eine Heuchelei, sich nachher darüber zu beklagen, dass »die Großgrundbesitzer und die Besitzer von Großunternehmen, die Verbindungen zu den Faschisten pflegten, ihre Privilegien behielten«.

Was noch wichtiger ist, die stalinistische Erklärung endete nicht mit Kritik an der Bourgeoisie, sondern mit der üblichen Verleumdung der Trotzkisten und damit, dass man die Rückschläge im Norden »der fehlenden einheitlichen Festigkeit der antifaschistischen Front« zuschrieb. Eine pseudo-marxistische Kritik wurde auf diese Weise in den Dienst eines Programms der verstärkten Klassenzusammenarbeit gestellt!

Auf der ersten Sitzung der Cortes im Oktober erschien die baskische Delegation, von der die meisten aus Paris kamen und anschließend dorthin zurückkehrten. Für die Stalinisten sprach La Pasionaria: nicht ein Wort über den Verrat der baskischen Bourgeoisie. Stattdessen: »Wir wissen, dass die Löhne, die die Arbeiter verdienen, nicht ausreichen, um für ihre Familien zu sorgen ... In diesem Sinne haben wir hier das Beispiel, was geschehen kann, wenn die Arbeiter nicht zufrieden sind; wir haben das Beispiel Euskadi, wo die Arbeiter weiterhin dieselben Löhne bekamen, weil dieselben kapitalistischen Unternehmen weiter bestanden.« Wie kann man diese niederträchtigen Worte verstehen? Man kann aus ihnen keinen anderen Schluss ziehen, als dass die unzufriedenen Arbeiter den militärischen Kampf verloren hätten. Die einzige Schuld der Bourgeoisie war, dass sie den Arbeitern keine besseren Löhne gegeben hatte! Wenn der pseudo-radikale Hinweis auf »dieselben kapitalistischen Unternehmen« mehr war als Demagogie, warum verlangte Pasionaria dann nicht, dass die kapitalistischen Unternehmen im übrigen republikanischen Spanien den Arbeitern übergeben wurden? Wie wir gesehen haben, nahm das Kabinett ganz im Gegenteil, den Arbeitern systematisch die Fabriken und das Land weg und gab sie den alten Besitzern zurück.

Der Fall Asturiens

Die asturischen und Santander-Milizionäre – großenteils CNT und linke Sozialisten – kämpften erbittert um jeden Fußbreit Boden. Das Gelände war hier sogar noch günstiger für die Verteidigung als die hügligere Santander-Region. Die asturischen Sprengstoff-Leute hielten immer noch unerschütterlich die Vororte von Oviedo und machten dadurch seit Juli 1936 die dortige Garnison bewegungsunfähig. Die Arbeiter hatten eine kleine Waffen- und Munitionsfabrik in Trubia, sowie Rohstoffe aus dem Bergbaugebiet unter ihrer Kontrolle, und dies sorgte mit den beträchtlichen Vorräten an Kriegsmaterial, das aus der Santander-Region gebracht wurde, für die materielle Basis, um den Norden unbegrenzt lange zu halten. Insgesamt befanden sich nahezu 140 000 bewaffnete Soldaten im republikanischen nördlichen Gebiet. Solange der Norden gehalten wurde, konnte Franco an anderer Stelle keine Großoffensive beginnen. Der auffällige Unterschied zwischen der Verteidigung, die die Asturier leisteten, und der vorherigen Kapitulation Bilbaos und Santanders, wurde durch die Tatsache gekennzeichnet, dass nicht ein Dorf aufgegeben wurde, bevor die faschistische Artillerie es dem Erdboden gleichgemacht hatte. Und wenn die Umzingelung den Rückzug erzwang, so wurde nichts Brauchbares zurückgelassen. »Die sich zurückziehenden Asturier scheinen entschlossen zu sein, nur rauchende Ruinen und Verwüstung hinter sich zu lassen, wenn sie schließlich gezwungen sind, eine Stadt oder ein Dorf aufzugeben ... Die Aufständischen finden sie alle mit Dynamit gesprengt und in der Regel bis auf den Boden niedergebrannt.« (*New York Times*, 19. Oktober 1937) Jeder Fußbreit Boden kostet die Faschisten einen gewaltigen Aufwand an Menschen und Material – bis zum Fall von Cangas de Onís.

Dann geschah etwas. Nicht in der Region Oviedo, wo die Miliz standhielt. Nicht innerhalb der Truppen, die nach dem Rückzug aus Cangas de Onís neue Frontlinien errichtet hatten. Aber im Küstengebiet östlich von Gijon, wo die baskischen Truppen standen, unter dem direkten Kommando des in Gijon stationierten Generalstabs. Die faschistische Navarra-Brigade rückte entlang der Küste von Ribadesella vor und legte dabei in drei Tagen 28 Meilen durch Städte und Dörfer zurück ... Trotzdem standen die Haupttruppen der Aufständischen 15 Meilen östlich von Gijon, als die Stadt am 21. Oktober kapitulierte.

Warum wurde Gijon nicht verteidigt? Es gab immer noch genügend Kriegsmaterial, um den Kampf eine Zeit lang fortzuführen.

Wir müssen nochmals wiederholen: Eine Stadt mit ihren Gebäuden ist eine natürliche Festung, die geschleift werden muss, bevor sie eingenommen werden kann. Die einzige Alternative – sich anderswohin zurückzuziehen – gab es nicht, denn es gab nichts, wo die 140 000 Soldaten oder die Zivilisten hingehen konnten. Es konnte keine Illusionen darüber geben, dass Franco nicht Abertausende hinrichten würde, besonders von den asturischen Milizionären. Und doch überließ die Regierung diese Männer der Gnade Francos. Bereits am 16. berichtete *Associated Press* von der Ankunft des Gouverneurs von Asturien und anderer Regierungsfunktionäre in Frankreich, die, wie die Zollbeamten berichteten, Papiere bei sich trugen, die zeigten, dass die Zentralregierung ihre Flucht genehmigt hatte. (Die Meldungen vom nächsten Tag berichteten, dass die spanische Besatzung des Schiffs, das sie transportiert hatte, sich geweigert hatte, sie zu verpflegen!) Am 20. berichtete *United Press* von der Ankunft von »fünf spanischen republikanischen Kriegsflugzeugen und einem französischen Handelsflugzeug, die flüchtige Offiziere aus Gijon brachten«, auf dem Flugplatz von Biarritz. »Die Flieger erklärten, sie hätten Gijon auf Befehl des Leiters ihrer Schwadron verlassen, als Kämpfe zwischen den Verteidigern auf den Straßen ausbrachen und sie von der Verbindung zu anderen Militäreinheiten abgeschnitten gewesen wären ... Nachdem sie verhört worden waren, wurden die Flieger freigelassen und der spanischen Konsulatsbehörde in Bayonne übergeben.« Aus derselben Quelle vom selben Tag: »Die spanische Regierung erneuerte heute den Druck auf Franzosen und Briten, die Evakuierung der Zivilisten aus Gijon zu beschleunigen und den Abtransport von Offizieren der republikanischen Armee, bestehend aus 140 000 Männern, zu sichern, die gezwungen wären, sich auf See zurückzuziehen.« Am 20. floh Belarmino Tomás, der Gouverneur von Gijon, nach Frankreich. So rettete die Regierung ihre Funktionäre und überließ die bewaffneten Massen ihrem Schicksal.

Diese Massen hatten auch nicht die Gelegenheit, kämpfend zu sterben, statt vor den Hinrichtungskommandos. Als Zugeständnis an die Arbeiter war ein Sozialist, Tomás, zum Gouverneur von Gijon gemacht worden. Aber das war lediglich eine linke Fassade. In den zwei Monaten dazwischen hatte man keine Maßnahmen ergriffen, um den Apparat der baskischen Armee, die Santander-

Stäbe oder die anderen Offiziere zu säubern oder um Arbeiterpatrouillen zu schaffen, die die Stadt von der fünften Kolonne säuberte. Die zivilen und Asalto-Garden Gijons wurden genauso wenig durchleuchtet. Das Ergebnis war, dass sich die Massen in einer Todesfalle wiederfanden.

> »Die Küstenkolonne [der Faschisten], von der eine von vier den Vormarsch anführte, war Gijon am nächsten – auf der Straße 14 Meilen entfernt – als die Stadt revoltierte. Radio Gijon verkündete um 10 Uhr vormittags plötzlich: ›Wir warten mit großer Ungeduld … Viva Franco!‹
> Kurz vor 15.30 Uhr kamen die Truppen mit den roten Baretts in die Stadt. In der Zwischenzeit hatte Radio Gijon erklärt, dass in der Nacht zuvor, als die Regierungsführer abreisten, geheime Organisationen der Aufständischen in bewaffneten Gruppen auf die Straßen gegangen wären und die Stadt übernommen hätten.« (*New York Times*, 22. Oktober 1937)

Drei Tage später stellte man fest, was die »loyale republikanische Polizei« für eine Rolle gespielt hatte. »Dieselbe Polizeitruppe, die immer die öffentliche Ordnung aufrechterhalten und den Verkehr geregelt hat, tat heute dort ihren Dienst.« Wieder einmal war die Leibwache der Regierung und ihrer bürgerlichen Verbündeten zu Franco übergelaufen. Es war sprachlich passend, dass das offizielle Kapitulationsangebot an Franco von einem Oberst Franco kam, einem »loyalen Republikaner«. Nichts war zerstört worden: Das kleine Munitionswerk, die Fabriken usw. usf. fielen unversehrt an Franco. Diese Tatsache beleuchtet den Anteil der regierungstreuen Offiziere und Funktionäre, die geflohen waren. Entweder hatten sie den Verrat direkt unterstützt, und die Stadt war deshalb unversehrt, oder, was wahrscheinlicher ist, sie wagten nicht, die Soldaten darüber zu informieren, dass die Stadt nicht verteidigt werden sollte, und flohen deshalb heimlich, wobei sie die bewaffneten Massen noch nicht einmal rechtzeitig warnten, ihre eigene Verteidigung zu organisieren …

»El gobierno de la victoria« (Die Regierung des Siegs) hatte La Pasionaria sie getauft. Sechs Monate bewiesen die groteske

Lächerlichkeit dieser Bezeichnung. Die einzige vorstellbare »Rechtfertigung« für ihre Unterdrückung der Arbeiter und Bauern hätten ihre militärischen Siege sein können. Aber gerade aus ihrer reaktionären Politik entsprang ihre katastrophale militärische Taktik. Ob Spanien unter diesem fürchterlichen Joch blieb und in die tiefsten Tiefen hinab stieg, oder sich von diesen Organisatoren der Niederlage befreite und zum Sieg vorwärts schritt – was auch immer geschah, die Geschichte hatte die Regierung Negrín-Stalin bereits mit dem richtigen Namen gekennzeichnet: »die Regierung der Niederlage«.

XVII.

Nur zwei Wege

Sechzehn Monate Bürgerkrieg haben endgültig gezeigt, dass alle dem spanischen Volk aufgezeigten Wege sich nur auf zwei Alternativen reduzieren. Der eine ist der Weg, den wir zeigen: revolutionärer Krieg gegen den Faschismus. Alle anderen führen auf den Weg, der vom anglo-französischen Imperialismus vorgezeichnet wird.

Der anglo-französische Imperialismus hat gezeigt, dass er keinerlei Absicht hat, den Republikanern zum Sieg zu verhelfen. Selbst die stalinisierte *New Republic* (27. Oktober 1937) war zu guter Letzt gezwungen zuzugeben: »Es ist klar, dass das Interesse Frankreichs und Englands an einem Sieg über den Faschismus in Spanien inzwischen gänzlich zweitrangig geworden ist – wenn es das nicht schon von Anfang an war.«

Die spanische Frage ist nur ein Faktor im Interessenkonflikt zwischen den imperialistischen Mächten und wird schließlich – falls die Imperialisten beider Lager ihren Willen durchsetzen – nur »geregelt« werden, wenn sie zur generellen Regelung aller Fragen gelangen, d. h. zum imperialistischen Krieg.

Da er am meisten zu verlieren hat, ist der anglo-französische Block am zögerlichsten, was den Krieg angeht, obwohl er schließlich kämpfen muss, um sich zu behaupten. Bis zu jenem Moment vermeidet er entscheidende Kraftproben in Spanien wie anderswo. Er gestattete ein kleines bisschen Hilfe für die Republikaner aus der Sowjetunion, weil er den Sieg Francos nicht wünschte, solange dessen italienische und deutsche Verbündete sein Regime beherrschten. Die britischen Interessen haben die Zwischenzeit genutzt, um mit Burgos die gemeinsame Ausbeutung der unter britischem Einfluss stehenden Bilbao-Region zu vereinbaren. In der ersten Novemberwoche verkündete Chamberlain das Anknüpfen offizieller Beziehungen zu Franco (als kleines Zugeständnis an antifaschistische Gefühle wurden die Diplomaten und Konsulatsbeamten bloß als »Repräsentanten« bestellt), während Eden dem Parlament versicherte, dass ein Sieg Francos nicht bedeutet, dass das Regime Großbritannien feindlich gegenübersteht. So bereiteten sich die Herren des anglo-französischen Blocks auf einen Sieg Francos vor.

Was für Befürchtungen der anglo-französische Block auch immer in Bezug auf einen Sieg Francos gehabt haben mag, er wollte niemals einen Sieg der Republikaner. Einem baldigen Sieg wäre die soziale Revolution gefolgt. Selbst jetzt, nach sechs Monaten Unterdrückung durch die Regierung Negrín, hegen die anglo-französischen Herrscher immer noch ihre Zweifel, ob einem republikanischen Sieg nicht die soziale Revolution folgen würde. Sie haben Recht. Denn Millionen UGT- und CNT-Arbeiter, die durch den Bürgerkrieg im Zaum gehalten werden, würden bei einem siegreichen Abschluss des Bürgerkriegs die bürgerlichen Beschränkungen der Volksfront sprengen. Darüber hinaus wäre ein unmittelbar bevorstehender republikanischer Sieg ein solcher Schlag für das italienisch-deutsche Ansehen, dass man ihm mit der Invasion Spaniens auf der Ebene imperialistischer Kriegsführung begegnen würde und dem Versuch, das Mittelmeer zu sperren. Die Gefahr für die »Lebensader des Weltreichs« des anglo-französischen Blocks würde den Krieg umgehend auf die Tagesordnung setzen. Der anglo-französische Wunsch, den Krieg hinauszuschieben, führte so direkt zum Widerstand gegen einen republikanischen Sieg.

Der einzige Grund, warum der anglo-französische Block Franco nicht offen umwarb, war, dass er es nicht wagte, seinen Hauptvorteil im kommenden Krieg aufzugeben: das Märchen vom demokratischen Krieg gegen den Faschismus, durch den das Proletariat dazu mobilisiert wird, den imperialistischen Krieg zu unterstützen.

Die Hauptsorge des anglo-französischen Imperialismus war von Anfang an: Wie den Krieg hinausschieben, das demokratische Märchen aufrechterhalten und doch damit beginnen, Hitler und Mussolini aus Spanien hinauszudrängen? Die Antwort war auch offensichtlich: ein Kompromiss zwischen den republikanischen und faschistischen Lagern. Schon am 17. Dezember 1936 erklärte Augur halb-offiziell, dass englische Mittelsmänner auf einen lokalen Waffenstillstand im Norden hinarbeiteten, während französische Repräsentanten dasselbe in Katalonien taten. Selbst der Sozialpatriot Zyromski stellte in *Populaire* (3. März 1937) fest:

»Es sind Schritte erkennbar, die darauf abzielen, einen Frieden zu schließen, der nicht nur das Ende der spanischen Revolution bedeuten würde, sondern auch den totalen Verlust der sozialen Siege, die bereits errungen wurden.« Der Caballero-Sozialist Luis Araquistáin, Botschafter in Frankreich vom September 1936 bis Mai 1937, erklärte später: »Wir haben mit unseren Illusionen und Hoffnungen zu sehr auf das Londoner Komitee gezählt, das heißt, auf die Hilfe der europäischen Demokratien. Jetzt ist die Stunde, um zu erkennen, dass wir von ihnen nichts Entscheidendes zu unseren Gunsten erwarten können und zumindest von einer von ihnen eine Menge gegen uns.« (*Adelante*, 18. Juli 1937)

Die Regierung Negrín begab sich vollkommen in die Hände des anglo-französischen Blocks. Und Negríns Reden, insbesondere jene in den Cortes vom 1. Oktober, in denen er ausführlich über die Notwendigkeit sprach, sich auf den Frieden vorzubereiten, und seine Rede nach dem Fall von Gijon offenbarten, dass seine Regierung bereit war, die anglo-französischen Vorschläge für einen Kompromiss durchzusetzen.

Das Interesse Negríns galt nicht den Kriegsfronten, sondern London und Paris. Die Orientierung der Regierung wurde nach dem Fall von Gijon durch den Pro-Republikaner Matthews prägnant zusammengefasst: »Alles in allem herrscht hier eher Entmutigung über die Londoner Diskussion, als darüber, was im Norden geschehen ist.« Matthews fuhr fort:

> »In der Rundfunkansprache von Premier Negrín von letzter Nacht gab es einen Abschnitt, der die Regierungsmeinung so perfekt ausdrückt, dass man sie zitieren muss: ›Wieder einmal versuchen unsere ausländischen Feinde, sich die aufrichtige Unparteilichkeit der europäischen Demokratien durch subtile Spitzfindigkeiten zunutze zu machen … Ich warne jetzt die freien Länder der Welt, denn unsere Sache ist ihre Sache. Spanien wird alle Maßnahmen akzeptieren, um das Leid dieses Landes zu mindern, aber mögen die Demokratien nicht durch den Machiavellismus ihrer schlimmsten Feinde verführt

> werden, und mögen sie nicht wieder das Opfer einer falschen Entscheidung werden.« (*New York Times*, 24. Oktober 1937)

Wahrlich, diese Passage drückte die Regierungsmeinung perfekt aus. Wären die Konsequenzen dieser Politik für die Massen nicht so tragisch, man würde lauthals über das Bild der »aufrichtigen Unparteilichkeit« des hinterhältigen Albion und des Quai d'Orsay lachen. Aus Angst, dass man ihn vollkommen fallenlassen würde, bat Negrín seine imperialistischen Mentoren deshalb, sich daran zu erinnern, dass er »alle Mittel zur Linderung des Leids dieses Landes akzeptieren werde«. Hatte er das nicht schon durch seine Unterdrückung der Arbeiter bewiesen?[46]

Dass die republikanische Regierung bereits zugestimmt hatte, einen Kompromiss mit den Faschisten zu unterstützen, wird nicht nur durch maßgebliche revolutionäre und bürgerliche Quellen belegt, sondern auch durch eine stalinistische:

> »Ein spanischer Regierungsvertreter, der an der Krönung von König Georg VI. teilnahm, skizzierte gegenüber dem Außenminister Eden den Plan Valencias zur Beendigung des Bürgerkriegs. Es sollte ein Waffenstillstand ausgerufen werden. Alle ausländischen Truppen und Freiwilligen auf beiden Seiten würden dann umgehend aus Spanien abgezogen werden. Während des Waffenstillstands würden keine Fronten verschoben. Nachdem Nicht-Spanier entfernt worden waren, sollten Großbritannien, Frankreich, Deutschland, Italien und die Sowjetunion einen Plan ausarbeiten, den die spanische Regierung sich im Voraus zu akzeptieren verpflichtete, durch den der Wille der spanischen Nation in Bezug auf ihre politische und soziale Zukunft verbindlich bestimmt werden könne.« (Louis Fischer, *The Nation*, 4. September 1937)

Im besten Falle würde solch eine Übereinkunft einen Volksentscheid unter Aufsicht der europäischen Mächte bedeuten. Mit Franco im Besitz eines Territoriums, das mehr als die Hälfte des spanischen Volkes umfasste, und mit den italienisch-deutschen und anglo-französischen Blöcken, die um Francos Freundschaft konkurrierten, kann man sich den Ausgang des Volksentscheids vorstellen: Vereinigung der bürgerlichen Elemente in beiden spanischen Lagern in einem bonapartistischen Regime, das zu Anfang mit formalen demokratischen Rechten ausgeschmückt sein würde, das die Massen aber in erster Linie durch die bewaffnete Macht von Francos Armee regierte.

So sahen die Ziele aus, die von den anglo-französischen Imperialisten abgesteckt wurden und von der Regierung Negrín bereits akzeptiert worden waren. Es standen aber immer noch objektive Schwierigkeiten im Weg: Franco hoffte, alles zu gewinnen, und wurde durch Italien und Deutschland zum Weiterkämpfen ermutigt. Aber dies war ziemlich klar: Wenn nicht ein vollständiger Sieg Francos, mit dem sich England und Frankreich bereits abgefunden hatten, dann war das Beste, was sich aus der anglo-französischen »Hilfe« ergeben konnte, ein gemeinsames Regime mit den Faschisten.

Für Stalin dürfte dies eine bittere Pille sein. Wie auch immer man einen Kompromiss mit den Faschisten verbrämte, er wäre trotzdem ein fürchterlicher Schlag für das stalinistische Ansehen in der ganzen Welt. Aber statt mit dem Hauptziel der sowjetischen Politik zu brechen – eine Allianz mit dem anglo-französischen Imperialismus anzustreben – war Stalin bereit, sich einer von ihnen diktierten Abmachung zu unterwerfen. Er würde »eine Formel finden«. Dieselben Argumente, die benutzt wurden, um den sowjetischen Eintritt in das Nichteinmischungskomitee zu rechtfertigen, würden, falls akzeptiert, den letzten Akt des Verrats gegen das spanische Volk rechtfertigen.

Lasst uns jene fadenscheinigen Argumente ins Gedächtnis zurückrufen. »Die Sowjetunion war ausdrücklich nicht für den Nichteinmischungspakt. Mit ausreichender Unterstützung von den sozialistischen Parteien, den Arbeiter- und antifaschistischen Bewegungen der Welt, neben der Unterstützung der Kommunistischen Parteien, wäre die Sowjetunion in der Lage gewesen, die Nichteinmischungspolitik zum Stillstand zu bringen.«[47] Müssen wir irgendjemand daran erinnern, dass Stalin niemals versucht hat, die Weltarbeiterbewegung zu mobilisieren, bevor er den Nichteinmischungsplan billigte? Wenn das Stalin-Regime zu schwach war, um die Banditen zu stoppen, musste es sich dann mit ihnen verbünden? Die Stalinisten verstanden die Rolle Englands recht gut: »Das Kabinett Baldwin richtete seine internationale Handlungsweise darauf aus, sich das Wohlwollen der künftigen faschistischen Diktatoren Spaniens zu sichern (und) … einen Sieg der Volksfront zu verhindern … Es ist genügend ans Tageslicht gekommen … um mit Sicherheit zu behaupten, dass Großbritannien mit General Franco zu einem eigenen Arrangement gekommen ist.«[48] Aber was bedeutete das Schicksal Spaniens, was die Zukunft der europäischen Revolution? All das wog nichts auf Stalins Waage gegenüber der dürftigen Freundschaft des imperialistischen Frankreich: »Die Sowjetunion konnte mit Blum in der Frage des Nichteinmischungspakts nicht offen zusammenstoßen, weil das Hitler und der Pro-Nazi-Fraktion im Londoner Tory-Kabinett in die Hände gespielt hätte, die gerade solch eine Lage der Dinge zu provozieren versuchte.«[49] Deshalb? Man tut so, als habe das Nichteinmischungskomitee irgendeinen Nutzen: »Statt dass sie eine geheime Absprache im Kampf gegen Spanien zwischen den Nazis und den Tory-Ministern zuließe, bemühte sich die Sowjetunion, innerhalb des Nichteinmischungskomitees alles in ihrer Macht Stehende zu tun, um den Transport von faschistischen Waffen nach Spanien zu stoppen!«[50] Wir zweifeln genauso wenig daran, dass sich Stalin innerhalb des Kompromiss-Komitees bemühen wird, alles in seiner Macht Stehende zu tun, um eine gerechte Abmachung für die Beteiligung der Republikaner an dem gemeinsamen Regime mit den Faschisten zu bekommen.

Genau in diesen letzten Monaten, als der anglo-französische Plan endgültig Gestalt annahm, fand Stalin ein neues Alibi, um diejenigen zu ergänzen, die der französisch-sowjetische Pakt und die »Kollektive Sicherheit« gelieferten hatten. Dadurch sollten die Republikaner in noch größere Abhängigkeit vom anglo-französischen Block gebracht werden. Louis Fischer formulierte es grob genug:

> »Der spanische Krieg hat einen solch enormen Umfang angenommen und dauert so lange, dass Russland allein die Last nicht tragen kann, insbesondere wenn es China auch helfen muss. Eine andere Nation oder mehrere müssen einen Beitrag leisten … Wenn England Spanien vor Franco retten würde,

wäre Russland vielleicht bereit und in der Lage, China vor Japan zu retten.« (*The Nation*, 16. Oktober 1937)

Auf diese Weise wird China zum Alibi dafür, Spanien nicht entschlossen zu helfen, während Spanien ein Alibi dafür bleibt, China nicht zu retten! »Wenn England Spanien vor Franco retten würde ...«

Das spanische Volk wurde natürlich auch von der Kommunistischen Internationale sowie von der Labour- und Sozialistischen Internationale auf die Straße des anglo-französischen Imperialismus geführt. Neben frommen Gesten des Geldsammelns haben die beiden Internationalen die Arbeiter nur dazu aufgerufen, »ihre« demokratischen Regierungen dazu zu bewegen, Spanien zu Hilfe zu kommen. Das »internationale Proletariat« wird aufgefordert, »die Erfüllung der Hauptforderungen zugunsten des spanischen Volks zu erzwingen. Dazu gehören: der umgehende Abzug der bewaffneten Interventionstruppen Italiens und Deutschlands, die Aufhebung der Blockade, die Anerkennung der internationalen Rechte der legalen spanischen Regierung, die Anwendung der Statuten des Völkerbunds gegen die faschistischen Aggressoren.« (*Daily Worker*, 19. Juli 1937) All diese »Forderungen« sind Rufe nach dem Eingreifen der Regierungen. Da die französischen Sozialisten und britischen Labour-Leute wussten, dass ein ernsthaftes Eingreifen der Regierung nur im Fall eines Kriegs stattfinden konnte, und da ihre kapitalistischen Herren deutlich machten, dass sie noch nicht zum Krieg bereit wären, widersetzten sie sich den zu überstürzten Rippenstößen der Kommunistischen Internationale. Ihrer Beschuldigung der Kriegshetze konnte Dimitroff nur antworten, indem er sie als »unwürdige Spekulation auf die Anti-Kriegsgefühle der Massen insgesamt« bezeichnete! Aber die Sozialisten und Labour-Leute waren sich mit den Stalinisten darin einig, das Schicksal des spanischen Volkes in die Hände »ihrer« Regierungen zu legen. Denn beide hatten bereits gelobt, ihre Kapitalisten im kommenden Krieg zu unterstützen.

* * *

Woher würde die Führung kommen, um die spanischen Massen in einem unerbittlichen Kampf gegen den Verrat Spaniens zu organisieren?

Diese Führung konnte kaum aus der herrschenden Gruppe der CNT kommen, deren Versäumnis, die Arbeiter gegen Illusionen in die anglo-französische Hilfe zu wappnen, nicht ihr geringstes Verbrechen war. Das an das Weltproletariat gerichtete Manifest vom 17. Juli 1937, das erklärte »es gibt nur eine Rettung: Eure Hilfe«, stellte eine Losung auf, die für den bürgerlich-stalinistischen Block vollkommen annehmbar war: »Setzt Eure Regierungen unter Druck, Entscheidungen zu fällen, die vorteilhaft sind für unseren Kampf.« Roosevelts Chicagoer Rede wurde von der CNT-Presse mit Beifall begrüßt. Laut *Solidaridad Obrera* (7. Oktober 1937) bewies sie, dass »die demokratische Einheit in Europa nur durch energisches Handeln gegen den Faschismus erreicht wird«.

Die CNT-Führer hielten an ihrem alten Kurs fest und verlangten bei ihrer Rückkehr in die Regierung nur, dass die gesichtswahrende Bezeichnung »antifaschistische Front« statt Volksfront benutzt wurde. Viele der lokalen anarchistischen Zeitungen, die den Massen nahe standen, spiegelten ihre Wut über das Verhalten der Führung wider. Eine schrieb:

> »Einen Großteil der CNT- und anarchistischen Presse Spaniens zu lesen, macht einen empört oder lässt Tränen der Wut fließen. Hunderte unserer Genossen wurden in den Straßen Barcelonas während der Mai-Kämpfe durch den Verrat unserer Verbündeten im antifaschistischen Kampf niedergemetzelt. Allein in Kastilien wurden fast hundert Genossen feige von den Kommunisten ermordet. Weitere Genossen sind durch dieselbe Partei in anderen Regionen ermordet worden. Öffentliche und heimliche Verleumdungskampagnen und Lügen aller Art werden gegen den Anarchismus und die CNT geführt, um den Geist der Massen zu vergiften und gegen unsere Bewegung zu wenden. Und trotz dieser Verbrechen spricht unsere Presse weiterhin von Einheit, von politischem Anstand. Sie fordert die Loyalität aller, Ruhe, Gelassenheit, Aufrichtigkeit, Opfergeist und all jene Gefühle, an die wir als einzige glauben und die nur wir fühlen, und die den anderen politischen Kräften

> nur dazu dienen, ihre Absichten und ihren Verrat zu verbergen ... Von jetzt an nicht die Wahrheit zu sagen, hieße, uns selbst und das Proletariat zu betrügen.« (*Ideas*, Sant Boi de Llobregat, 30. September 1937)

Aber das Verhalten der CNT-Führung wurde sogar noch schändlicher. Die Wut der Massen nach dem Fall von Santander zwang die Stalinisten, einige besänftigende Worte von sich zu geben und eine Einstellung der Kampagne gegen die CNT zu verlangen. Worauf selbst die am weitesten links stehende der großen CNT-Zeitungen sofort »die Berichtigung, die sich zweifellos in der Politik der Kommunistischen Partei durchzusetzen begonnen hat,« bejubelte. (*CNT*, 6. Oktober 1937) Der Fall von Gijon, der die Regierung noch mehr von den Massen isolierte, führte zu Verhandlungen über eine Unterstützung durch die CNT. Alle Beschwerden waren vergessen, und die CNT-Führer beeilten sich, ihre Bereitschaft zum Eintritt in die Regierung zu erklären!

Über die UGT-Führer gibt es noch weniger zu sagen. Sie hatten nicht ein Wort zur Verteidigung der POUM hervorgebracht. Caballero hielt fünf Monate lang nicht eine einzige öffentliche Rede, während die Stalinisten sich darauf vorbereiteten, die UGT zu spalten. Das von der CNT und der UGT am 9. Juli unterzeichnete Abkommen zur Aktionseinheit, das die Verteidigung der elementaren Rechte der Arbeiter hätte organisieren können, blieb ein tot geborenes Kind. Obwohl sie offensichtlich eine Mehrheit der Provinzverbände der Sozialistischen Partei vertrat, unternahm die Caballero-Gruppe nichts weiter, als gegen die Maßnahmen des nichtrepräsentativen Prieto-Nationalkomitees zu protestieren. Statt ein Verbündeter zu sein, schwächten die UGT-Führer die bereits unfähigen CNT-Führer nur weiter.

Die POUM kann man nicht mehr als einheitliche Bewegung ansehen. Sie wurde unwiderruflich zerrissen. Sämtliche Schläge der Führung waren gegen den linken Flügel gerichtet gewesen, während der rechte umworben und umschmeichelt wurde. *El Comunista* aus Valencia hatte offen die Parteientscheidungen missachtet, indem sie eine offenkundige Volksfrontlinie verfolgte und sich kontinuierlich zum Stalinismus hin entwickelte. Eine Woche vor dem Verbot der Partei war das Zentralkomitee schließlich gezwungen, eine Resolution zu veröffentlichen (*Juventud Comunista*, 10. Juni 1937), die erklärte: »Das erweiterte Zentralkomitee … ist übereingekommen, dem Kongress den sofortigen Ausschluss der fraktionellen Gruppe vorzuschlagen, die in Valencia gegen die revolutionäre Politik unserer geliebten Partei gearbeitet hat.«

Der Parteikongress fand niemals statt. Für den 19. Juni geplant, kamen ihm die Razzien vom 16. Juni zuvor. Die POUM war auf illegale Arbeit vollkommen unvorbereitet, wie der durchschlagende Erfolg der Razzien zeigte. Wäre der Kongress abgehalten worden, so hätte er die Hauptzentren der Partei, Barcelona und Madrid, an der Seite der Linken gegen die Führung gefunden. Eine Gruppe des linken Flügels verlangte die Verurteilung des Londoner Büros und die Errichtung einer neuen, der Vierten Internationale. Die andere erklärte: »Es ist klar geworden, dass in unserer Revolution eine wirkliche marxistische Partei der Avantgarde nicht existiert.«

Man konnte also von den existierenden Organisationen als solchen keine neue Führung erwarten, um einen Kompromiss mit den Faschisten zu verhindern. Zum Glück waren die Ereignisse nur an den Führern vorbeigegangen. Innerhalb der Massen der CNT und der UGT entwickelten sich neue Kader, die einen Ausweg suchten.

Von besonderer Bedeutung waren die Freunde Durrutis, denn sie repräsentierten einen bewussten Bruch mit der Anti-Staatseinstellung des traditionellen Anarchismus. Sie sprachen sich ausdrücklich für die Notwendigkeit von demokratischen Machtorganen, Räte oder Sowjets, beim Sturz des Kapitalismus und für die notwendigen staatlichen Unterdrückungsmaßnahmen gegen die Konterrevolution aus. Am 26. Mai verboten, hatten sie bald ihre Presse wiederhergestellt. Trotz der dreifachen Illegalität – Regierung, Stalinisten und CNT-Führung –, in der sich *Amigo del Pueblo* befand, brachte er die Bestrebungen der Massen zum Ausdruck. *Libertad*, die ebenfalls illegal veröffentlicht wurde, war ein weiteres abtrünniges anarchistisches Organ. Zahlreiche lokale anarchistische Zeitungen, wie auch die Stimme der anarchistischen Jugend und viele lokale FAI-Gruppen waren über die Kapitulation der CNT-Führer aufgebracht. Einige schlugen immer noch den hoffnungslosen Weg des »keine Regierungen mehr« ein. Aber die Entwicklung der Freunde Durrutis war ein Vorbote für die Zukunft aller revolutionären Arbeiter in der CNT-FAI.

Die Massen der UGT und der linken Sozialisten hatten ihre Ungeduld mit dem Kleinmut ihrer Führung schon seit langem gezeigt. Aber das erste offene Anzeichen einer revolutionären Kristallisierung zeigte sich erst im Oktober, als mehr als 500 Jugendliche aus der »Vereinigten Jugend« austraten, um eine revolutionäre sozialistische Jugendorganisation aufzubauen. Gleichzeitig machte die von den Stalinisten erzwungene Spaltung der UGT vielen linken Arbeitern drastisch das Problem der Rettung ihrer Gewerkschaften vor den stalinistischen Zerstörern klar. In diesem Kampf stellten sich unausweichlich alle grundlegenden Probleme der spanischen Revolution, der Charakter einer klassenkämpferischen Gewerkschaftspolitik, die Rolle der revolutionären Partei innerhalb der Massen. Daraus würden sich die Kräfte für die neue Partei der Revolution herauskristallisieren.

Hier lag dann die Herkulesaufgabe der Bolschewiki-Leninisten. Diese Anhänger der Vierten Internationale, die von der POUM-Führung gerade auf dem Höhepunkt der Revolution in die Illegalität gedrängt wurden und die sich im Frühjahr 1937 organisiert hatten, nachdem sie aus der POUM ausgeschlossen worden waren, suchten einen Weg zu den Massen. Sie müssen die Vereinigung des linken Flügels der POUM, der revolutionären sozialistischen Jugend und der politisch erwachten CNT- und UGT-Arbeiter fördern, um die Kader der revolutionären Partei in Spanien zu schaffen. Konnte diese Partei, wenn sie auf revolutionäre Grundlagen gestellt wurde, irgendetwas anderes sein als eine Partei, die auf dem Parteiprogramm der Vierten Internationale stand?

Wo sonst würde sie wohl nach internationaler Kameradschaft und Zusammenarbeit suchen? Die zweite und die dritte Internationale waren die Organe der Verräter des spanischen Volks. Es war auch nicht unbegründet, als der linke Flügel der POUM die Zurückweisung des Londoner Büros, des so genannten »Internationalen Büros für Revolutionär-Sozialistische Einheit« verlangte. Denn dieses Zentrum, dem die POUM angegliedert gewesen war, hatte den Kampf gegen Stalins Intrigensystem sabotiert, dem die POUM zum Opfer gefallen war.

Während die POUM selbst von Anfang an die Moskauer Prozesse verurteilt und eine »trotzkistische Analyse« propagiert hatte, hatte das Londoner Büro in entgegengesetzter Richtung gearbeitet. Es hatte sich geweigert, in einer Untersuchungskommission über die Moskauer Prozesse mitzuarbeiten. Warum? Brockway – der damals eine gemeinsame ILP-CP-»Einheitskampagne« führte – platzte mit dem Grund heraus: Es würde »Vorurteile in sowjetischen Kreisen hervorrufen«. Brockway schlug deshalb ... eine Kommission zur Untersuchung des Trotzkismus vor! Als man ihn wegen dieses Kurses beschuldigte, verteidigte sich Brockway, indem er den Charakter der Untersuchungskommission unter Führung von John Dewey angriff.

Inzwischen explodierte das Londoner Büro. Die SAP (Sozialistische Arbeiterpartei Deutschlands) hatte zunächst die Moskauer Prozesse angegriffen, bald darauf aber die Kritik am Stalinismus aufgeben und ein gemeinsames Abkommen für eine Volksfront in Deutschland unterzeichnet, *Juventud Comunista* (3. Juni 1937) berichtete über die Spaltung des Londoner Jugendbüros: »Die SAP-Jugend hatte eine stalinistische und reaktionäre Haltung angenommen ... Die Jugend der SAP hatte eines der schändlichsten Dokumente unterzeichnet, die die Geschichte der deutschen Arbeiterbewegung gekannt hat.« Am selben Tage, als die POUM-Führung als Gestapo-Agenten verhaftet wurde, hatte *Julio*, das PSUC Jugendorgan (19. Juni 1937) unter der Überschrift »Trotzkismus ist gleichbedeutend mit Konterrevolution« die Politik der ILP- und SAP-Jugendgruppen bejubelt und stolz darauf hingewiesen, dass die schwedische Zweigorganisation des Londoner Büros sich kontinuierlich der stalinistischen Volksfrontpolitik näherte.

Sogar noch widerlicher war die Haltung der übrigen »Verbündeten« der POUM, der Brandler-Lovestone-Gruppen. Ein Jahrzehnt lang hatten sie jedes Verbrechen der stalinistischen Bürokratie auf der Basis einer falschen Unterscheidung zwischen Stalins Politik in der Sowjetunion und der falschen Politik der Kommunistischen Internationale anderswo verteidigt. Als Sinowjew und Kamenew getötet wurden, hatten diese Anwälte des Stalinismus die furchtbare Tat als Bestätigung der sowjetischen Justiz bejubelt. Ebenso hatten sie den zweiten Moskauer Prozess im Februar 1937 verteidigt. Ich war selbst bei einer öffentlichen

Versammlung im Lovestone-Hauptquartier anwesend, als Bertram Wolfe sich entschuldigte, weil ein POUM-Vertreter die Prozesse gerade ein abgekartetes Spiel genannt hatte! Erst nach der Hinrichtung der Roten Generäle hatte die Lovestone-Gruppe – ohne jede Erklärung – damit begonnen, ihren Kurs zu revidieren. Zehn Jahre lang hatten sie ihr Möglichstes getan, um Stalin dabei zu helfen, den Trotzkisten den Namen Konterrevolutionäre anzuhängen, und selbst als sie dazu getrieben worden waren, Trotzkis Analyse der stalinschen Säuberung zu akzeptieren, blieben diese Hohlköpfe wie eh und je die unversöhnlichen Feinde des Wiederauflebens der Revolution in Russland wie auch anderswo. Als die SAP, die schwedische Zweigorganisation usw. das Londoner Büro verließen, wurden sie durch die Brandler-Lovestone-Bewegung ersetzt. Der Wechsel hat kaum eine Verbesserung gebracht!

Wie bereitete dieses »Internationale Büro für Revolutionär-Sozialistische Einheit« die Verteidigung der POUM vor? Auf einem Treffen vom 6. Juni 1937 wurden zwei Resolutionen angenommen. Resolution Nr. 1 besagte:

> »Nur die POUM hat die Notwendigkeit der Umwandlung des antifaschistischen Kampfs in einen Kampf gegen den Kapitalismus unter der Vorherrschaft des Proletariats erkannt und verkündet. Dies ist der wahre Grund für die bösartigen Attacken und Verleumdungen der *Kommunistischen Partei im Bündnis mit den kapitalistischen Kräften* in der Volksfront gegen die POUM.«

Resolution Nr. 2 besagte:

> »Jede Maßnahme, die sich gegen die revolutionäre Arbeiterklasse Spaniens richtet, ist gleichzeitig eine Maßnahme im Interesse des französischen und britischen Imperialismus und ein Schritt in Richtung auf einen Kompromiss mit den Faschisten.
> In dieser Stunde der Gefahr wenden wir uns an alle Organisationen der Arbeiterklasse auf der ganzen Welt und *insbesondere* an die Zweite *und Dritte Internationale* … Lasst uns endlich gemeinsam gegen diese verräterischen Manöver der Weltbourgeoisie Stellung beziehen.« (meine Hervorhebungen)

Eine Resolution für die Linke, eine für die halbstalinistische Rechte – das ist das Londoner Büro.[51]

> »Aber sind die Prinzipien, die ihr für die Umgruppierung der spanischen Massen vorschlagt, nicht intellektuelle Konstruktionen, denen die Massen fremd gegenüberstehen werden? Und ist es nicht zu spät?

Nein! Wir Revolutionäre sind die einzig praktischen Menschen auf der Welt. Denn wir artikulieren nur die grundlegenden Bestrebungen der Massen, das, was sie in der Tat schon auf ihre eigene Weise sagen. Wir machen nur das Wesen der Mittel klar, vor allem den Charakter der revolutionären Partei und des Arbeiterstaats, die die Massen brauchen, um das zu erreichen, was sie wollen. Es ist niemals zu spät für die Massen, damit zu beginnen, sich den Weg zur Freiheit zu bahnen. Pessimismus und Skeptizismus sind Luxus für einige wenige. Die Massen haben keine andere Wahl, als für ihr Leben und die Zukunft ihrer Kinder zu kämpfen.

Falls unsere Analyse die inneren Kräfte der spanischen Revolution nicht aufgeklärt hat, lasst uns einige wenige Worte Durrutis auf dem Schlachtfeld von Aragon ins Gedächtnis zurückrufen, als er die schlecht bewaffneten Milizen in den einzigen bedeutenden Vormarsch des gesamten Bürgerkriegs führte. Er war kein Theoretiker, sondern ein aktiver Führer der Massen. Umso bedeutsamer drücken seine Worte die revolutionäre Perspektive des klassenbewussten Arbeiters aus. Die CNT-Führer haben diese Worte tiefer begraben, als sie Durruti begraben haben! Aber wir wollen uns an sie erinnern:

> »Für uns geht es darum, den Faschismus ein für alle Mal zu zerschlagen. Ja, und das trotz der Regierung.
> Keine Regierung auf der Welt bekämpft den Faschismus bis auf den Tod. Wenn die Bourgeoisie sieht, dass die Macht ihren Händen entgleitet, nimmt sie zum Faschismus Zuflucht, um sich zu behaupten. Die liberale Regierung Spaniens hätte die faschistischen Elemente schon vor langer Zeit entmachten können. Stattdessen zögerte sie, schloss Kompromisse und vergeudete Zeit. Sogar jetzt in diesem Augenblick gibt es in

dieser Regierung Leute, die die Aufständischen mit Nachsicht behandeln wollen. Wissen Sie, man kann nie genau sagen – er lachte – ob die gegenwärtige Regierung diese aufständischen Truppen nicht doch brauchen wird, um die Arbeiterbewegung zu zerschlagen …
Wir wissen, was wir wollen. Für uns bedeutet es nichts, dass es dort irgendwo auf der Welt eine Sowjetunion gibt, um deren Ruhe und Frieden willen die Arbeiter Deutschlands und Chinas durch Stalin der faschistischen Barbarei geopfert wurden. Wir wollen die Revolution hier in Spanien, jetzt, und nicht vielleicht nach dem nächsten europäischen Krieg. Wir bereiten Hitler und Mussolini heute mit unserer Revolution weit mehr Sorgen als die gesamte Rote Armee Russlands. Wir geben der deutschen und italienischen Arbeiterklasse ein Beispiel, wie man den Faschismus bekämpfen muss …
Ich erwarte für eine anarchistische Revolution keine Hilfe von irgendeiner Regierung auf der Welt. Mag sein, dass die widerstreitenden Interessen der verschiedenen Imperialismen einen gewissen Einfluss auf unseren Kampf haben. Das ist gut möglich. Franco tut sein Bestes, um Europa in den Konflikt hineinzuziehen. Er wird nicht zögern, Deutschland gegen uns in Stellung zu bringen. Aber wir erwarten keine Hilfe, letztendlich nicht einmal von unserer eigenen Regierung.«

»Ihr werdet an der Spitze eines Haufens aus Ruinen sitzen, falls Ihr siegt«, sagte Van Paassen.
Durruti antwortete:

»Wir haben immer in Slums und Mauerlöchern gelebt. Wir werden wissen, wie wir uns eine Zeit lang einrichten können. Denn, das dürfen Sie nicht vergessen, wir können auch aufbauen. Wir sind es, die diese Paläste und Städte bauen, hier in Spanien und in Amerika und überall. Wir, die Arbeiter, können neue bauen, die deren Platz einnehmen, und bessere. Wir haben ganz und gar keine Angst vor Ruinen. Wir werden die Welt in Besitz nehmen. Darüber gibt es nicht den geringsten Zweifel. Die Bourgeoisie kann ihre eigene Welt zugrunde richten und vernichten, bevor sie die Bühne der Geschichte verlässt. Wir tragen eine neue Welt, hier in unseren Herzen. Diese Welt entsteht in dieser Minute.«[52]

10. November, 1937

Nachtrag

Die Inhaftierung von Arbeitern und Bauern und die Öffnung der Frontlinie durch »republikanische« Offiziere für die Faschisten: Das ist die Geschichte des republikanischen Spaniens von November 1937 bis Mai 1938. Es gibt noch Zeit und Raum, um nur einige wenige Worte hinzuzufügen, während dieses Buch verspätet in Druck geht.

General Sebastian Pozas symbolisiert die Periode angemessen: Unter der Monarchie war er Offizier, unter der republikanisch-sozialistischen Koalition von 1931 bis 1933 war er Offizier, unter dem bienio negro Lerroux-Gil-Robles von 1933 bis 1935 war er Offizier. Er war Kriegsminister vor dem Ausbruch der faschistischen Revolte. Er setzte Himmel und Hölle in Bewegung, um in den schwarzen Tagen der Belagerung im November 1936 aus Madrid wegzukommen. Als die katalanische Autonomie beseitigt war und die CNT-Truppen schließlich dem bürgerlichen Regime vollkommen untergeordnet waren, wurde Pozas zum Chef aller bewaffneten Truppen Kataloniens und der Aragon-Front ernannt. Er säuberte die Armeen wirkungsvoll von den »Unkontrollierbaren« der CNT und der POUM, wobei er dafür sorgte, dass ganze Divisionen eliminiert wurden, indem er sie ohne Artillerie oder Luftunterstützung ins Feuer schickte. »Genosse« Pozas, der das Plenum des Zentralkomitees der PSUC zierte, war »offensichtlich« der Mann, um die Aragon-Front gegen Franco zu halten ... Jetzt sitzt er in einem Gefängnis in Barcelona, angeklagt – und die militärischen Fakten sind eindeutig –, die Aragon-Front an Franco verraten zu haben.

Die Konsequenzen der Allianz mit der »republikanischen« Bourgeoisie, Teil des Volksfrontprogramms, sind jetzt sichtbar. Die Faschisten haben das Mittelmeer erreicht. Sie haben die verbleibenden antifaschistischen Truppen in zwei Hälften gespalten. Einstweilen ist das Rennen zwischen Franco und der Neugruppierung des Proletariats von Franco gewonnen worden. Die Stalinisten, die Prieto- und Caballero-Sozialisten, die anarchistischen Führer haben sich als unüberwindliche Hindernisse auf dem Weg zur Neugruppierung erwiesen und dadurch Francos Sieg ungeheuer erleichtert.

Diese Verbrecher werden sich bald untereinander zerstreiten. Sie werden versuchen, sich gegenseitig die Schuld zuzuschieben.

Bei diesem Versuch wird noch mehr über die Machenschaften enthüllt werden, durch die sie die Arbeiter und Bauern an Händen und Füßen gebunden haben und einen erfolgreichen Krieg gegen Franco unmöglich machten. Aber wir wissen bereits genug, um zu sagen, dass keine Ausreden es ihnen ermöglichen werden, sich zu entlasten. Alle – Stalinisten, Sozialisten und Anarchisten – sind in gleichem Maße des Verrats an ihren Anhängern schuldig. Alle haben die Interessen der Arbeiter und Bauern – die Interessen der Menschheit – an das bestialische Regime des Faschismus verraten.

Viele werden Franco entkommen, wie die stalinistischen und sozialdemokratischen Funktionäre Hitler entkamen. Aber die Millionen von Arbeitern und Bauern können nicht fliehen. Für sie bleibt heute, morgen, übermorgen, solange sie leben, die Aufgabe bestehen, den Faschismus zu zerschlagen. Kämpfen oder zerschmettert werden – sie haben keine andere Alternative.

Das spanische Proletariat – zerdrückt, wie Berneri sagte, zwischen den Stalino-Preußen und der Franco-Versaillaise – kann immer noch eine Flamme entfachen, die die Welt wieder erleuchten wird. Wenn es über die Pyrenäen hinaus schreitet, wo die Periode der Volksfront wie in Spanien sich ihrem Ende zuneigt, kann sich diese Flamme mit den Hoffnungen des französischen Proletariats vereinigen, das jetzt vor der Wahl zwischen einer nackten bürgerlichen Diktatur und dem Weg der Revolution steht.

Aber wenn der revolutionäre Feuersturm nicht ausbricht oder erstickt wird, was dann?

Die tragischen Lehren Spaniens sind in jedem Fall von grundlegender Bedeutung für die amerikanische Arbeiterklasse und haben unmittelbare Auswirkungen auf »rein amerikanische« Probleme.

Hier wird sich das Problem bald genug genauso unerbittlich stellen wie in Spanien oder Frankreich. Die simple Wahrheit ist, dass der amerikanische Kapitalismus in einer derartigen Sackgasse angekommen ist, dass er seine Sklaven nicht länger ernähren kann. Eine Armee von Arbeitslosen, die genauso groß ist wie 1932, erhält aus Roosevelts Händen einen Bruchteil der unzureichenden Almosen, die ihr 1933 geboten wurden. Der Produktionsindex fällt vier-, fünf-, sechsmal so schnell wie bei dem Niedergang von 1929 bis 1932. Die Regierung bereitet sich kaltblütig auf den imperialistischen Krieg als »Ausweg« vor. Krise, Arbeitslosigkeit, Krieg – dies sind die »normalen« Kennzeichen der niedergehenden kapitalistischen Ordnung geworden. Seit 1929 wurde Amerika »europäisiert«. Wir sind hier mit den Problemen konfrontiert, mit denen das europäische Proletariat seit dem Krieg konfrontiert war.

Pessimismus und Defätismus, das sind die Reaktionen einiger weniger, die damit aus den reformistischen Verrätereien in Europa die Berechtigung ableiten, die amerikanischen Massen dem gleichen Schicksal auszuliefern. Aber den Arbeitern und den unterdrückten werktätigen Massen in Stadt und Land sind Pessimismus und Defätismus fremd. Sie müssen kämpfen oder zerschmettert werden – sie haben keine andere Wahl. Die gewaltige, unerschöpfliche Vitalität der amerikanischen Arbeiterklasse ist das größte Kapital der internationalen Arbeiterbewegung. Es muss erst noch zum Einsatz kommen, erst noch in die Waagschale geworfen werden. In den letzten vier Jahren hat das amerikanische Proletariat derartige Beweise seiner Talente und seiner Macht geliefert, wie sie sich viele von uns im Jahre 1933 nicht hätten träumen lassen. Es hat sich innerhalb der tatsächlichen Hochburg des amerikanischen Kapitalismus organisiert – Stahl, Gummi, Autos. Es kann diese Hochburg stürzen – wenn es den Willen hat, das zu tun, und eine Führung, die fähig ist, sich die Lehren dieser Katastrophen anzueignen.

Die Aufgabe des Buchs ist, den klassenbewussten Arbeiter und seine Verbündeten in Amerika mit Material zum Verständnis darüber auszurüsten, warum das spanische Proletariat besiegt worden ist und durch wen es verraten wurde.

Das Heldentum der spanischen Arbeiter und Bauern darf nicht umsonst sein. Aus ihren gescheiterten Händen kann das Banner des Kampfs gegen den Kapitalismus bis auf den Tod von den amerikanischen Arbeitern aufgenommen werden. Mögen sie es mit Hilfe einer Avantgarde, die sich all die furchtbaren Lehren Russlands, Spaniens und Frankreichs angeeignet hat, mit einer Stärke und Sicherheit ergreifen, wie sie die Welt noch nicht gesehen hat, und es weiter tragen bis zum Sieg, nicht allein für sich, sondern für die ganze Welt der werktätigen Menschheit!

Minneapolis, 5. Mai 1938

Nachwort des Verlegers

Im Mai 1938, als das Nachwort zu Revolution und Konterrevolution in Spanien abgeschlossen war, war das Schicksal der spanischen Republik besiegelt; und die 11 Monate, die bis zur Einstellung der aktiven Feindseligkeiten verblieben, sahen nur einen zunehmend aussichtsloser werdenden Widerstand, da Francos Truppen Außenposten nach Außenposten der Republik eroberten. Auf republikanischer Seite waren die letzten Monate des Feldzugs durch Verrätereien des Generalstabs gekennzeichnet: Abzug von Armeen, ohne die Bevölkerung zu informieren, absichtliche physische Vernichtung von revolutionären Divisionen – häufig dadurch, dass man sie unzureichend bewaffnet und ohne Luft- und Artillerieunterstützung in die Schlacht schickte, Übergabe von unversehrten Städten an den Feind und Fahnenflucht von Mitgliedern der »Regierung des Siegs«.

Im September 1938 bereitete das Münchner Abkommen die Bühne für den Beginn des Zweiten Weltkriegs. Einen Monat später endete der Prozess gegen die POUM-Führer, die Mitte 1937 inhaftiert worden waren, mit ihrem Freispruch von der Anklage des Verrats und der Spionage. Sie wurden jedoch wegen ihrer Rolle beim Aufstand vom Mai 1937 zu Gefängnis verurteilt. Im November wurden die Internationalen Brigaden abgezogen. Die schwere Bombardierung Barcelonas, die im Januar 1938 begonnen hatte, endete ein Jahr später mit der Übergabe Barcelonas an die Faschisten. Azaña floh nach Frankreich, wo er später zurücktrat. Am 5. März 1939 riss die Junta für die nationale Verteidigung unter Führung von Oberst Casado die Macht von dem an sich, was von der KP-gestützten Regierung Negrín übrig war. Sie konzentrierte sich darauf, bekannte Stalinisten, die nicht die Zeit gehabt hatten, aus dem Land zu fliehen, aufzuspüren und zu erschießen. Der zweite Zweck der Junta war die Übergabe der Regierung an Franco, den sie am Ende des Monats erfüllte. Damit waren die letzten Illusionen, die Alliierten könnten in letzter Minute intervenieren, um einen Sieg Francos zu verhindern, zerstört. Nur sechs Monate nachdem der Vorhang über dem militärischen Kampf in Spanien gefallen war, hob er sich wieder für den Hitler-Stalin-Pakt und die Anfangsstadien des Zweiten Weltkriegs auf dem Kontinent.

Anmerkungen

Bürgerkrieg in Spanien

1 1931 kosteten 1 Liter Milch 1,10, 1 Kilo Weißbrot 0,70, 1 Kilo Kartoffeln 0,40 und ein Dutzend Eier 3,50 Peseten (d. Hg.).

2 »Für den Fall eines Kampfes gegen einen gemeinsamen Gegner bedarf es keiner besonderen Vereinigung. Sobald ein solcher Gegner direkt zu bekämpfen ist, fallen die Interessen beider Parteien für den Moment zusammen ... Wie bisher werden auch in diesem Kampfe die Kleinbürger in Masse sich solange wie möglich zaudernd, unschlüssig und untätig verhalten, um dann, sobald der Sieg entschieden ist, ihn für sich in Beschlag zu nehmen, die Arbeiter zur Ruhe und Heimkehr an ihre Arbeit aufzufordern, so genannte Exzesse zu verhüten und das Proletariat von den Früchten des Sieges auszuschließen ... Während des Kampfes und nach dem Kampf müssen die Arbeiter neben den Forderungen der bürgerlichen Demokraten ihre eigenen Forderungen bei jeder Gelegenheit aufstellen ... Sie müssen überhaupt den Siegesrausch und die Begeisterung für den neuen Zustand ... in jeder Weise durch ruhige und kaltblütige Auffassung der Zustände und durch unverhohlenes Misstrauen gegen die neue Regierung so sehr wie möglich zurückhalten. Sie müssen neben den neuen offiziellen Regierungen zugleich eigene revolutionäre Arbeiterregierungen, sei es in Form von Gemeindevorständen, Gemeinderäten, sei es durch Arbeiterklubs oder Arbeiterkomitees, errichten, sodass die bürgerlichen demokratischen Regierungen nicht nur sogleich den Rückhalt an den Arbeitern verlieren, sondern sich von vorneherein von Behörden überwacht und bedroht sehen, hinter denen die ganze Masse der Arbeiter steht. Mit einem Worte: Vom ersten Augenblicke des Sieges an muss sich das Misstrauen nicht mehr gegen die besiegte reaktionäre Partei, sondern gegen ihre bisherigen Bundesgenossen, gegen die Partei richten, die den gemeinsamen Sieg allein exploitieren will.« Karl Marx, Friedrich Engels, »Ansprache der Zentralbehörde an den Bund vom März 1850«, in: *Marx-Engels-Werke*, Bd. 7, Berlin 1971, S. 249–250.

3 Um die linken Sozialisten in die Koalition zu locken, gaben sich die Stalinisten sehr »links«: »Die Kommunistische Partei kennt die Gefahr, die von Azaña ausgeht, genauso gut wie die Sozialisten, die mit ihm zusammengearbeitet haben, als er an der Macht war. Sie weiß, dass er ein Feind der Arbeiterklasse ist ... Aber sie weiß auch, dass die Niederlage der CEDA (Gil-Robles) automatisch ein gewisses Maß an Befreiung von der Unterdrückung mit sich bringen würde, zumindest für einige Zeit.« (*Inprecorr*, Jg. 15, S. 762) Aber schlugen die Stalinisten dann vor, dass die Arbeiter gegen Azaña kämpfen sollten, wenn er einmal an der Macht war? Im Gegenteil. Dieser »Feind der Arbeiter« würde die grundlegenden demokratischen Aufgaben erfüllen: »Land für die Bauern, Freiheit für die unterdrückten Nationalitäten, Befreiung Marokkos von imperialistischer Unterdrückung.« (Ebd., S. 639) Um dieses offene Eintreten für die menschewistische Konzeption der bürgerlichen Revolution zu rechtfertigen, mussten die Stalinisten ihre eigene Ver-

gangenheit diffamieren. Auf dem siebten Kongress brandmarkte García die Parteiführung von 1931: »Anstatt Losungen aufzustellen, die dem Augenblick entsprachen, erklärten sie sich gegen die Republik, über die es sehr starke Illusionen in den Volksmassen gab, und brachten Losungen vor wie ›Nieder mit der bürgerlichen Republik‹, ›Lang leben die Sowjets und die Diktatur des Proletariats‹. Mit der Vertreibung dieser Renegaten (1932) begann unsere spanische Partei, auf kommunistische Art und Weise zu leben und zu arbeiten.« (Ebd., S. 1310) Aber diese Losungen waren nicht nur von den »Renegaten« aufgestellt worden, sondern von der Partei selbst, bis Anfang 1935, von Ercoli, Pieck und der Kommunistischen Internationale selbst!

4 Leo Trotzki, »Die spanische Lehre«, in: *Leo Trotzki, Revolution und Bürgerkrieg in Spanien 1931–1939*, Köln/Karlsruhe 2016, S. 267–268.

5 Wladimir I. Lenin, »Staat und Revolution«, in *Werke*, Bd. 25, S. 402.

6 Wie scharf tatsächlich, kann man daran ermessen, wenn man ihre Politik mit der ihrer »internationalen Organisation«, dem Internationalen Büro für Revolutionär-Sozialistische Einheit (SAP in Deutschland, ILP in England), vergleicht, deren Manifest an das spanische Proletariat kein einziges Wort der Kritik an der Volksfront enthält! Und dieses erste »vorsichtige« Wort dieses Anwärters auf den Titel eines revolutionären Zentrums datiert vom 17. August!

7 Leo Trotzki, »Die spanische Lehre«, ebd., S. 270.

Revolution und Konterrevolution in Spanien

1 Siehe Endnote 1 im Kapitel »Bürgerkrieg in Spanien«, (siehe S. 379).

2 »Der Bürgerkrieg in Spanien« (siehe S. 39).

3 Die Estat Català, eine Abspaltung von der Esquerra, die einen extremen Separatismus mit einem gegen die Arbeiter gerichteten Rowdytum verband, hatte ihre Khaki-Hemden-Mitglieder zum Streikbruch eingesetzt und die Arbeiter während der Oktoberrevolte 1934 entwaffnet. Auch diese Organisation tauchte nach dem 19. Juli im »antifaschistischen« Lager auf!

4 Lenin, »An das Zentralkomitee der SDAPR«, in: *Werke*, Bd. 25, ebd., S. 292, 295.

5 H. N. Brailsford, der britische Sozialist und Volksfrontler sagt: Die Kommunistische Partei »ist nicht länger in erster Linie eine Partei von Industriearbeitern oder sogar eine marxistische Partei« und »diese Entwicklung muss dauerhaft sein. Diese Voraussage gründe ich auf die soziale Zusammensetzung der KP sowohl in Katalonien wie in Spanien.« (*New Republic*, 9. Juni 1937).

6 Ein außerordentlicher Vorfall verdient es, berichtet zu werden. Am 27. November 1936 konnte *La Batalla* zeigen, dass die CNT, die UGT, die Sozialistische Partei und die Republikanische Linke – alle eine Vertretung der POUM in der Madrider Verteidigungsjunta unterstützten; und doch war die POUM nicht vertreten. Wie war es für die stalinistische Opposition allein möglich, die POUM mit ihren Milizeinheiten an allen Fronten an einer Vertretung zu hindern? Konnten die Stalinisten allein ein Veto ausüben?
Die Antwort war: Die sowjetische Botschaft hatte sich eingeschaltet. »Es ist unerträglich, dass sie aufgrund der Hilfe, die sie uns zukommen lassen, ver-

suchen, uns bestimmte politische Normen, bestimmte Vetos aufzuzwingen, zu intervenieren und sogar unsere Politik zu lenken«, beklagte sich *La Batalla*. Der Zwischenfall im Madrider Verteidigungsrat, Owsejenkos Novemberrede, Rosenbergs Ansprachen, das waren die öffentlichen Vorfälle, die die POUM erregten. Durch ihren Kabinettsposten in der Generalitat wussten sie sogar von ernsteren Vorfällen, die sie nicht erwähnen konnten, solange sie in der Regierung waren.
Die Presseerklärung des Generalkonsuls Owsejenko, als Antwort auf die POUM, hat wahrscheinlich in der gesamten Geschichte der Diplomatie keine Parallele. Sie liest sich wie ein Artikel aus dem *Mundo Obrero*, in dem die »faschistischen Manöver« der POUM als »Feind der Sowjetunion« beschimpft werden. Aber noch vor Ende des Jahres ging Owsejenko weiter. Am 7. Dezember forderte die POUM die Generalitat auf, Leo Trotzki Asyl zu gewähren. Bevor die Generalitat antworten konnte, erklärte der sowjetische Generalkonsul gegenüber der Presse (*La Prensa* berichtete darüber), dass die sowjetische Regierung die gesamte Hilfe an Spanien einstellen würde, wenn es Trotzki erlaubt werde, nach Katalonien einzureisen. Wahrhaftig, weiter kann bürokratischer Despotismus nicht gehen!

7 Wladimir I. Lenin, »Staat und Revolution«, ebd., S. 402.

8 Leo Trotzki, »Die Plattform der Katalanischen Föderation«, in: Leo Trotzki, *Revolution und Bürgerkrieg in Spanien 1931–1939*, ebd., S. 142, 145, 146.

9 Karl Marx, »Der Bürgerkrieg in Frankreich«, in: *MEW,* Bd. 17, Berlin 1971, S. 336.

10 Karl Marx, »Marx an Ludwig Kugelmann«, in: *MEW.* Bd. 33, Berlin 1966, S. 205.

11 Jene, die diese Missachtung verteidigten – Anhänger Lovestones, Norman Thomas' Sozialisten, ILP usw. – signalisieren damit ihr eigenes zukünftiges Verhalten in einer revolutionären Krise.

12 Mit Ignoranz gepaart mit Frechheit bringt Louis Fischer das Argument gegen die spanischen Kollektive vor, in Russland sei die Kollektivierung erst viele Jahre nach der Revolution gekommen. Er lässt nur das winzige »Detail« weg, dass Lenins erstes Dekret die Verstaatlichung des Lands und das Ende des Privateigentums an Grund und Boden war.

13 Nach den Mai-Tagen widerrief die Generalitat die Legalität des Dekrets über die Kollektivierung der Industrie.

14 »... die internationale Bourgeoisie weigerte sich, uns dieses Material (Waffen) zu liefern. Es war ein tragischer Moment: Wir mussten den Eindruck erwecken, die Herren seien nicht die revolutionären Komitees, sondern vielmehr die legale Regierung; wäre das fehlgeschlagen, hätten wir überhaupt nichts bekommen ... Wir mussten uns den unerbittlichen Umständen des Augenblicks anpassen, d. h., Zusammenarbeit auf Regierungsebene akzeptieren ...« (García Oliver, ehemaliger Justizminister, bei einer Rede in Paris, Text veröffentlicht von der anarchistischen *Spain and the World*, 2. Juli 1937)
»Spanien bietet allen liberalen und demokratischen Nationen der Welt die Gelegenheit, eine starke Offensive gegen die faschistischen Kräfte durchzuführen, und wenn das Krieg bedeutet, müssen sie ihn akzeptieren, bevor es zu spät ist. Sie dürfen nicht warten, bis der Faschismus seine Kriegsmaschi-

nerie perfektioniert hat.« (Offizielle englische Ausgabe Nr. 107, 8. Dezember 1936, Kommissariat der Generalitat für Propaganda)
Federica Montseny (prominente CNT-Führerin): »Ich glaube, dass ein Volk von solch großer Intelligenz (England) erkennen wird, dass die Errichtung eines faschistischen Staats südlich von Frankreich … direkt gegen seine Interessen gerichtet sein würde. Das Schicksal der Welt, ebenso wie auch der Ausgang dieses Kriegs, hängt von England ab …« (Ebenda, Nr. 108, 10. Dezember 1936)

15 »Eine zuverlässige Polizeitruppe wird langsam, aber sicher aufgebaut. Die Regierung in Valencia entdeckte ein ideales Instrument für diesen Zweck in den Carabineros. Sie waren früher Zolloffiziere und -wachen und besaßen immer einen guten Ruf wegen ihrer Loyalität. Aus zuverlässiger Quelle wird berichtet, dass 40 000 Mann für diese Truppe rekrutiert worden sind, und dass schon 20 000 bewaffnet und ausgerüstet wurden … Die Anarchisten haben es schon bemerkt und sich über die wachsende Stärke dieser Truppe beklagt, zu einer Zeit wo es, wie wir alle wissen, wenig genug Verkehr über die Grenzen hinweg, zu Lande oder zu Wasser, gibt. Sie begreifen, dass sie gegen sie eingesetzt werden wird.« (James Minifie, *New York Harald Tribune*, 28. April 1937)

16 Der Geheimdienst der CNT hatte das Komplott entdeckt, und *Solidaridad Obrera* veröffentlichte die Tatsachen am 27. und 28. November. Zunächst wurde von den Stalinisten und der Esquerra darüber gespottet; aber sie waren gezwungen, eine Untersuchung anzuordnen. Das Ergebnis war, dass die Hauptkräfte in diesem Komplott aus der separatistischen Estat Català stammten, einer Khaki-Hemd-Organisation und Abspaltung von der Esquerra. Ihr Generalsekretär und mehr als hundert führende Mitglieder wurden verhaftet. Polizeichef Revertés, Estat Català-Mitglied, wurde nach der Verurteilung hingerichtet. Casanovas, Präsident des katalanischen Parlaments, »spielte zunächst mit der Idee des Komplotts, lehnte sie dann ab«, so eine offizielle Erklärung. Man erlaubte Casanovas, nach Frankreich zu gehen – und nach den Mai-Tagen nach Barcelona ins politische Leben zurückzukehren!

17 *Cultura Proletaria*, eine antifaschistische Zeitung aus New York, veröffentlichte einen Bericht aus Kuba: »Die KP … entsandte 27 ehemalige Offiziere der alten Armee, die mit Arbeitern nichts gemein haben und Söldner sind, die früher im Dienste Machados standen … Auf seine letzte Reise nahm der ›Mexikaner‹ ein Expeditionskorps dieser falschen Miliz (mit einigen wenigen Ausnahmen) mit, unter ihnen waren die drei Alvarez-Brüder, ehemalige Revolverhelden Machados, die aktiv an der Zerschlagung des Bahia-Streiks beteiligt waren. Am 29. dieses Monats … sticht ›Sargento dei Toro‹ in See, ebenfalls als kommunistischer Milizionär. Er ist ein richtiggehender Mörder aus den Tagen Machados und Leibwache des Senatspräsidenten in dieser Zeit. Er war einer von jenen, die hier auf einer Demonstration am 27. August halfen, die Arbeiter niederzumetzeln.« Der ehemalige Sekretär der CEDA in Valencia ist jetzt Mitglied der KP. Selbst Louis Fischer gibt zu, dass »bürgerliche Generäle und Politiker und viele Bauern, die die KP-Politik gutheißen, die Kleineigentümer zu schützen, beigetreten sind … Ihre neue politische

Zugehörigkeit spiegelt im Wesentlichen sowohl die Verzweiflung über das alte soziale System wie die Hoffnung wider, ein oder zwei ihrer Überbleibsel zu retten.« Wie Anita Brenner aufzeigt, eine treffende Beschreibung der sozialen Schicht, die Hitlers Reihen anschwellen ließ. Für weitere Einzelheiten über die spanische GPU und die Unterdrückungsmaßnahmen siehe Anita Brenners ausgezeichneten Artikel und das »Dossier of Counterrevolution«, *Modern Monthly*, September 1937.

18 Die Anarchisten beziehen sich auf die GPU. Sie verschließen im Allgemeinen die Augen vor der enormen Kluft zwischen der »Tscheka«, die in der frühen Periode der russischen Revolution die Weißen Garden und deren Verbündete unbarmherzig unterdrückte, und der stalinistischen GPU, die proletarische Revolutionäre skrupellos unterdrückt und ermordet.

19 Das schwierige Problem, die bewaffnete Besetzung der Telefónica zu rechtfertigen, wurde in der stalinistischen Presse dadurch »gelöst«, dass man wenigstens vier verschiedene Erklärungen abgab: 1. »Salas schickte die bewaffnete republikanische Polizei, um die Beschäftigten dort zu entwaffnen, von denen die meisten Mitglieder der CNT-Gewerkschaften sind. Für längere Zeit wurde der Telefondienst in einer Weise versehen, die zu schwerster Kritik Anlass gab, und es war für die gesamte Kriegsführung unbedingt erforderlich, dass die Mängel dieses Dienstes behoben wurden.« (*London Daily Worker*, 11. Mai 1937) 2. Die Polizei »besetzte die zentrale Telefonvermittlung. Damit hatte die Polizei in keiner Weise vor, in Konflikt mit den Rechten der Arbeiter zu kommen, wie sie durch das Gesetz garantiert werden (was von den trotzkistischen Provokateuren anschließend behauptet wurde). Was die Polizei wollte, war, alle Telefonverbindungen unter die direkte Aufsicht der Regierung zu stellen.« (*Inprecorr*, 22. Mai 1937) Was »durch das Gesetz garantiert« war, war jedoch die Arbeiterkontrolle, die durch das Kollektivierungsdekret vom 24. Oktober 1936 gebilligt worden war! 3. Eine Woche später eine neue Geschichte: »Genosse Salas ging zur Telefónica, die in der Nacht zuvor von 50 Mitgliedern der POUM und diversen unkontrollierbaren Elementen besetzt worden war. Die Garde erzwang sich den Zutritt zum Gebäude und vertrieb die Besetzer. Die Sache war bald geregelt. Überrascht von der schnellen Handlungsweise von Seiten der Regierung, verließen die 50 Leute das Gebäude, und die Telefonvermittlung befand sich wieder (!!) in den Händen der Regierung.« (*Inprecorr*, 29. Mai 1937) 4. Die letzte Version wurde von der katalanischen Sektion der Kommunistischen Internationale als Salas' eigene Geschichte herausgegeben: »Eigentlich gab es keine Besetzung der Telefónica, noch stand eine Besetzung der Telefónica überhaupt zur Debatte. Ich erhielt einen unterschriebenen Befehl von Ayguade, dem Minister für öffentliche Ordnung, dass ein Beauftragter der Regierung eingesetzt werden sollte und dass ich dafür verantwortlich sei, dass er eingesetzt wird. Demzufolge betrat ich mit Hauptmann Menendez und einer persönlichen Eskorte von vier Männern das Telefongebäude. Ich erklärte meinen Auftrag und sagte, dass ich mit einem zuständigen Mitglied des Komitees zu sprechen wünsche. Man sagte uns, dass keins im Gebäude sei. Wir warteten jedoch unten, während sie nachsehen gingen. Zwei Minuten später begannen einige Individuen, von den Treppen auf uns zu schießen.

Niemand von uns wurde getroffen. Ich telefonierte sofort nach den Garden, nicht um das Gebäude zu besetzen, in dem wir uns schon befanden, sondern um das Gebäude durch Posten abzusperren und zu verhindern, dass jemand es betritt ... Ich und Eroles (anarchistischer Polizeifunktionär) gingen zum obersten Stockwerk hinauf, wo sie sich mit einem Maschinengewehr, Handgranaten und Gewehren niedergelassen hatten. Wir gingen ohne Eskorte und ohne Waffen hinauf. Dort oben erklärte ich den Zweck meines Besuchs. Sie kamen herunter. Der Beauftragte wurde gemäß den Befehlen eingesetzt. Die Truppen wurden abgezogen. Es gab keine Verwundeten und keine Verhaftungen.« Der CNT-Bericht verurteilt diese Geschichte als Lüge: Salas begann damit, die Wachen zu entwaffnen und die Telefonarbeiter zu zwingen, ihre Hände hochzunehmen. Die Wachen auf den oberen Fluren zogen sich erst am nächsten Tag zurück, als Teil einer allgemeinen Übereinkunft, wonach sich beide Seiten zurückziehen sollten – dem die Regierung prompt zuwiderhandelte. Die vier verschiedenen stalinistischen Versionen zeugen von der Schwierigkeit, die einfache Wahrheit zu vertuschen: Sie wollten die Kontrolle der Arbeiter über die Telefónica beenden, und sie taten es.

20 Selbst der ILP-Führer Fenner Brockway, sonst immer auf dem rechten Flügel der POUM, räumt in diesem Falle ein, dass »die Arbeiter zwei Tage lang die Oberhand hatten. Ein mutiges und geschlossenes Vorgehen der CNT-Führung hätte die Regierung stürzen können.«

21 Leo Trotzki, »Erprobung der Ideen und Individuen durch die Erfahrung der spanischen Revolution«, in: Leo Trotzki, *Revolution und Bürgerkrieg in Spanien 1931–1939*, ebd., S. 318.

22 Leo Trotzki, »Die spanische Lehre«, ebd., S. 266–267.

23 Ein bekannter anarchistischer Führer sagte zu mir: »Ihr Trotzkisten seid schlimmere Utopisten, als wir es jemals waren. Marokko ist in der Hand Francos und wird von ihm mit eiserner Hand regiert. Unsere Erklärung der Unabhängigkeit Marokkos hätte keine Wirkung.« Ich erinnerte ihn daran, dass Lincolns Deklaration zur Befreiung der Sklaven veröffentlicht wurde, während die Konföderation noch die Macht über den gesamten Süden hatte. Zumindest Marxisten sollten sich daran erinnern, dass Marx und Engels diesem politischen Akt bei der Niederlage des Südens enorme Bedeutung zumaßen. Ein anderer Anarchist sagte: »Unsere Bauern haben schon viel Land besetzt, und doch hatte es keine Wirkung auf die Bauern unter Franco.« Nach näherer Befragung, gab er jedoch zu, dass die Bauern fürchteten, die Regierung werde versuchen, das Land nach dem Krieg zurückzuholen. Auch in Russland hatten die Bauern bis zum November 1917 viel Land besetzt. Sie bebauten es jedoch verdrossen und furchtsam. Das Sowjetdekret über die Verstaatlichung des Lands änderte die Psychologie der Bauern und machte sie in der überwältigenden Mehrheit zu Parteigängern des Sowjetregimes.

24 Rede in Paris, *Spain and the World* (anarchistisch), 2. Juli 1937.

25 Fenner Brockway, Sekretär der Independent Labor Party, *The Truth about Barcelona*, London 1937.

26 Die Kriegspolitik der Regierung wird in den Kapiteln XV und XVI detailliert analysiert.

27 Karl Marx, »Marx an Ludwig Kugelmann«, in: *MEW,* Bd. 33, ebd., S. 209.

28 Für kritische Berichte über die Ereignisse der nächsten Tage habe ich zwei amerikanischen Genossen, Lois und Charles Orr (Letzterer war der Herausgeber der englischsprachigen *Spanish Revolution* der POUM) und dem langen und dokumentierten Bericht der spanischen Bolschewiki-Leninisten zu danken, der in *La Lutte Ouvrière* vom 10. Juni 1937 erschien.

29 Das englischsprachige Bulletin der POUM, *Spanish Revolution* (19. Mai 1937), erklärt: »Gefangen in der Regierungsmacht, versuchte (die CNT) die Hürde mit einer ›Vereinigung‹ der gegnerischen Kräfte zu nehmen ... Die Haltung der POUM sorgte für erheblichen Widerstand und Protest. Die Gruppe der ›Freunde Durrutis‹ brachte den einmütigen Wunsch der CNT-Massen zum Ausdruck, aber sie war nicht in der Lage, die Führung zu übernehmen ... Die Arbeiter, die durch die Kapitulation ihrer Gewerkschaften zutiefst angeschlagen sind, halten jetzt in anderen Richtungen nach einer neuen Führung Ausschau. Die POUM sollte sie ihnen geben.« Diese radikalen Worte waren nur für den Export bestimmt. Nichts dergleichen erschien in der regulären Presse der POUM. Überhaupt gab die *Spanish Revolution* den englischen Lesern, die die spanische Presse der POUM nicht verfolgen konnten, ein verzerrtes Bild von der Haltung der POUM; sie war ein »linkes Gesicht«. Ich sage dies ohne jede Absicht, ein schlechtes Licht auf die revolutionäre Integrität des Genossen Charles Orr, ihres Herausgebers, zu werfen, der kaum für den Unterschied zwischen dem englischen Bulletin und der umfangreichen spanischen Presse der POUM verantwortlich gemacht werden kann.

30 Sie veröffentlichten die Geschehnisse erst in der *Solidaridad Obrera* vom 15. und 16. Mai 1937.

31 Dies ist der marxistische Begriff, der benutzt wird, um die unterschiedlichen politischen Formationen zu beschreiben, die nicht revolutionär sind, die aber auch nicht die Doktrin der Klassenzusammenarbeit des klassischen Reformismus verkünden.

32 Am 4. Mai löste die Zeitschrift *Adelante* aus Valencia (offensichtlich für Caballero sprechend) das Problem, welche Seite der Barrikaden man unterstützen sollte, dadurch, dass sie die wirkliche Bedeutung des Kampfs leugnete: »Wir wissen, dass dies nicht eine Bewegung gegen die rechtmäßige Obrigkeit ist ... Und selbst wenn es eine Revolte gegen die rechtmäßige Obrigkeit wäre – und wir geben nicht zu, dass dies stimmt – statt nur ein unangebrachter und schlecht vorbereiteter Zusammenstoß zwischen Organisationen mit verschiedenen Orientierungen und politischen und gewerkschaftlichen Interessen zu sein, die innerhalb der allgemeinen antifaschistischen Front, in der sich die proletarischen Gruppen Kataloniens bewegen, aufeinander stießen, so müsste man die Verantwortung für die Konsequenzen natürlich jenen anlasten, die die Zusammenstöße provoziert haben.«

33 Mit dem Kabinett Negrín kam die *Claridad* unter stalinistische Kontrolle, nannte sich aber weiterhin »Organ der UGT«, obwohl das nationale Exekutivkomitee sich zweimal von ihr distanzierte.

34 Die Erklärungen der Parteien sind in der Presse veröffentlicht.

35 Dieses antimarxistische Kriterium ermöglichte es den Faschisten, mit demselben Kriterium zu argumentieren, dass die rechten Stimmen plus jener der Zentrumsabgeordneten, die sie jetzt unterstützten, eine Mehrheit des Volks

bildeten. Die Behauptungen von beiden Seiten gründeten sich natürlich auf die Zahlen der Februarwahlen von 1936. Das marxistische Kriterium besagt, dass eine Revolution ihre Berechtigung daher ableitet, dass die revolutionäre Avantgarde die Mehrheit der Arbeiterklasse repräsentiert, unterstützt durch die Bauernschaft. Mit dem gegenwärtigen stalinistischen Kriterium könnte man die russische Revolution verurteilen!

36 Juan Andrade hatte die Absurdität der »revolutionären Front« mit folgenden Argumenten gerechtfertigt: »Der enttäuschte Arbeiter, der sich von den demokratischen Tendenzen der Sozialisten und Kommunisten abwendet, tendiert dazu, eher einer mächtigen Organisation wie etwa der CNT-FAI beizutreten, die einen radikalen Standpunkt vertritt, auch wenn er nicht in der Praxis angewendet wird, als dass er einer Minderheitspartei beitritt, die von materiellen Schwierigkeiten beeinträchtigt wird. Die Arbeiter, die schon in der CNT sind, sehen keine Notwendigkeit, sie zu verlassen, um einer revolutionären marxistischen Partei beizutreten, weil sie durch die Gegenüberstellung der oberflächlich revolutionären Positionen der CNT-FAI mit den lediglich demokratischen der Sozialisten und der Stalinisten glauben, dass die Taktik ihrer Organisation immer noch eine weitere Entwicklung der Revolution hin zum Aufbau einer sozialistischen Wirtschaft garantiert. In diesem Sinne können all jene, die ein streng sektiererisches, schematisches Konzept vertreten – wie eine Minderheit mit einer korrekten politischen Linie sehr schnell zu einer entscheidenden Kraft werden kann – aus den Ereignissen in Spanien eine sehr wertvolle Lehre ziehen ... Die Schwierigkeiten bei der schnellen Entwicklung einer großen Massenpartei, die die tatsächliche Führung des Kampfs übernehmen würde, können größtenteils durch die Errichtung der revolutionären Front zwischen diesen beiden Organisationen gelöst werden ...« Mit anderen Worten, es ist unmöglich, die Partei der Revolution aufzubauen; die Revolutionäre Front ist der Ersatz. Aber neben dem falschen Programm der POUM bestand das Haupthindernis beim Aufbau der revolutionären Partei darin, dass der oberflächliche Radikalismus der CNT von der POUM nicht systematisch vor den Massen kritisiert wurde. So hatte sich die POUM selbst gehindert zu wachsen – und benutzte ihr Versäumnis, um genauso weiterzumachen.

37 Der britische *New Leader* vom 13. August 1937 veröffentlichte zwei ausführliche Artikel über Kopps Geschichte.

38 Das Tempo, mit dem die Faschisten die Aragon-Front durchbrachen, durchkreuzte alle Pläne der Stalinisten, und Companys wurde nicht fallengelassen.

39 Harry Gannes, Theodore Repard, *Spain in Revolt*, London 1936, S. 119.

40 Am 21. Februar wurde der Untersekretär des Kriegsministeriums, José Asensio, entlassen und bald darauf zusammen mit Oberst Villalba wegen des Verrats von Málaga inhaftiert. Kriegskommissar Bolivar, ein Stalinist, der gemeinsam mit Villalba das Hauptquartier verlassen hatte, wurde nicht eingesperrt. Es wurde auch kein Wort darüber verloren, dass Antonio Guerra, der stalinistische Vertreter im Militärkommando von Málaga, zurückblieb und zu den Faschisten überlief, bis das Nationalkomitee der CNT angesichts der Angriffe der Stalinisten vorübergehend wirklich verzweifelt war. (*CNT-Bulletin*, Valencia, 26. August 1937). Acht Monate später, an dem Tag,

an dem Gijon fiel, kündigte die Regierung an, sie würde den Verrätern von Málaga den Prozess machen – Asensio, seinem Stabschef Cabrera und einem weiteren General. Warum ihnen den Prozess machen und nicht jenen, die sich bei Bilbao, Santander usw. usw. schuldig gemacht hatten? Weil Málaga unter Caballero fiel, während die weit dreisteren Verrätereien im Norden unter Negrín stattfanden ...

41 Die einzige offizielle Flugschrift der CNT über Marokko, die ich habe finden können, ist die Folgende: »Was Spanien in Marokko hätte tun können, und was es getan hat.« Es ist eine Rede von Gonzalo de Reparaz vom 17. Januar 1936, in der er berichtet, wie er versuchte, die Monarchie und die Republik dazu zu bewegen, die Dinge in Marokko wirksam zu organisieren, und wie sie es nicht getan haben! Nicht ein Hinweis darauf, dass der einzige Rat, den ein Revolutionär in der Kolonialfrage geben kann, ist: Raus aus Marokko.

42 Ralph Bates erwähnt diese Tatsache (*New Republic*, 27. Oktober 1937), als wolle er andeuten, dies sei typisch für die stalinistische Politik gewesen. Ich fordere ihn auf, ein einziges anderes Beispiel aus der Folgezeit zu nennen, bei dem die Stalinisten einen ähnlichen Vorschlag machten.

43 Dieser Bericht stammt von dem Frontkorrespondenten der *Avanti*, einem Emigrantenorgan (Paris) der italienischen Maximalsozialisten, kaum eine POUM- oder trotzkistische Quelle.

44 Aus dem spanischen Originaltext (*Boletin*, Valencia, CNT, 11. September 1937).

45 Außer, dass sechs Monate nach dem Fall Bilbaos ein Minister aus der Kommunistischen Partei ausgestoßen wurde – eine plumpe Maßnahme, um einen Sündenbock für Stalins Verbrechen zu liefern.

46 »Chautemps spiegelt die bürgerliche und faschistische Abneigung gegen Valencia wider. Deshalb drängt er Valencia dauernd, seine Handlungen zu mäßigen und den demokratischen Charakter des Regimes zu betonen.« Dieses Zeugnis stammt von Louis Fischer. (*The Nation*, 16. Oktober 1937)

47 Harry Gannes, *How the Soviet Union Helps Spain*, New York 1936, S. 8. Dieses Buch war die offizielle stalinistische Rechtfertigung für die Unterstützung des Londoner Komitees.

48 Ebd., S. 10, 11.

49 Ebd., S. 8.

50 Ebd., S. 14.

51 In der Ausgabe des *New Leader* vom 4. Juni gab der ILP-Führer Fenner Brockway der POUM zu diesem kritischen Zeitpunkt einige Ratschläge. Hier einige aufschlussreiche Auszüge: »Es ist wichtig, dass die POUM sich zusammen mit anderen Arbeitertruppen auf den Kampf gegen Franco konzentriert ... Die spanische Kommunistische Partei hat zu Recht die fehlende Koordination an der Front und die schlechte Organisation der bewaffneten Kräfte kritisiert. Die POUM muss darauf bedacht sein, nicht den Anschein zu erwecken, als widersetze sie sich Vorschlägen, die die Effektivität im Kampf gegen Franco erhöhen, aber das bedeutet nicht, dass sie ohne Protest eine Rückkehr zur reaktionären Struktur der alten Armee akzeptieren muss.« Dieser Ratschlag kam eine Woche bevor die POUM verboten wurde! Dass die Aufgabe der POUM der unerbittliche, unversöhnliche Kampf gegen die Regierung war,

ohne dabei das geringste Vertrauen in die CNT- und UGT-Führer zu setzen, dass sie Einheitsfrontvorschläge für die konkrete, tägliche Verteidigung der elementaren Arbeiterrechte machen musste und sofort die legale mit illegaler Arbeit verbinden musste – das ging natürlich über Brockways Verstand. Dieselbe Ausgabe enthält einen Brief des ILP-Vertreters in Spanien, McNair, an den stalinistischen Führer Dutt, der folgendermaßen beginnt: »Es schmerzt mich, dass ich gezwungen bin, einen Streit mit einem Genossen der KP zu entfachen, angesichts meines Wunsches, dass ich Einheit unter den Arbeiterparteien sehen möchte … Ich stehe immer noch auf dem Standpunkt, … die wichtigste Sache, die man nicht vergessen sollte, ist, dass die Einheitskampagne in Großbritannien die Einheit in Spanien hervorbringen sollte und dass man der spanischen Uneinigkeit nicht erlaubt, die Einheitskampagne in Großbritannien zu zerstören …«

52 Interview von Pierre Van Paassen mit Durruti, *Toronto Star*, September 1936.

Zeittafel

1930	
Januar	Diktator Primo de Rivera, der sich am 13. September 1923 an die Macht geputscht hatte, tritt zurück. König Alfonso XIII. ernennt General Dámaso Berenguer zum Chef der Interimsregierung.
Dezember	Aufruf zum Generalstreik. Liberale Offiziere unternehmen den erfolglosen (Jaca)-Putsch.
1931	
Januar	Universitätsstreik.
Februar	Berenguer tritt zurück und wird durch Admiral Juan Bautista Aznar ersetzt.
April	Kommunalwahlen bringen dramatischen Sieg für die Republikaner. Alfonso dankt ab, Alcalá Zamora wird Ministerpräsident.
Mai	Zusammenstöße zwischen Monarchisten und Arbeitern in Madrid, mehrere Kirchen werden niedergebrannt. Die Unruhen breiten sich zur Mittelmeerküste aus.
Juni	Wahlen zu den Cortes bringen den pro-republikanischen Parteien eine überwältigende Mehrheit. Alcalá Zamora wird Präsident der Republik, Manuel Azaña Ministerpräsident.
Juli – August	Eine Streikwelle wird durch die Artillerie der republikanischen Regierung niedergeschlagen. 30 Arbeiter werden getötet.
Dezember	In Castilblanco tötet die Guardia Civil einen Streikenden; in Rioja elf Menschen.
1932	
Januar	Aufstände in Katalonien, organisiert von der FAI.
August	Katalanische Unabhängigkeits-Charta bewilligt. Erfolgloser Putsch des monarchistischen Generals Sanjurjo, dem Kommandeur der Guardia Civil.
November	In den ersten Wahlen zum katalanischen Parlament siegt die Esquerra.
1933	
Januar	Anarcho-syndikalistische Erhebung in Barcelona unterdrückt. In Casas Viejas werden 22 Bauern durch die Guardia Civil ermordet.
April	Wahlen zu den Stadtparlamenten bringen große Gewinne für die Rechten.
September	Lerroux ersetzt Azaña als Ministerpräsident.
29. Oktober	Falange Española wird in Madrid gegründet.
November	Wahlen zu den Cortes bringen die Rechten und Monarchisten an die Macht, da die CNT sich enthält; Lerroux als Ministerpräsident bestätigt, er beginnt Reformen rückgängig zu machen.

1934

Januar	Katalanische Wahlen bringen wieder Erfolge für die Linken, Companys wird katalanischer Präsident.
Juni	Streikbewegung auf dem Land von den Anarchisten ausgerufen.
Oktober – November	Lerroux bildet neue Regierung mit Mitgliedern der rechten CEDA von Gil Robles; der Generalstreik der Sozialisten und Anarchisten wird niedergeschlagen. Lerroux ruft Franco zu Hilfe, um den Aufstand der asturischen Bergleute zu unterdrücken. Die katalanische Unabhängigkeit wird unterdrückt.

1935

August	Siebter Kongress der Komintern proklamiert die Volksfrontpolitik.
September	Gründung der POUM.

1936

Januar	Lerroux tritt im Gefolge eines Finanzskandals zurück, Auflösung der Cortes.
Februar	Neuwahlen bringen die Volksfront an die Macht, Azaña wird Ministerpräsident, Anarchisten und POUM unterstützen die Volksfront.
April	Fusion der Sozialistischen und Kommunistischen Jugendgruppen.
Mai	Azaña wird Präsident, Casares Quiroga Ministerpräsident.
Mai – Juni	Massenstreiks in Frankreich, französische Volksfront siegt bei Wahlen, Léon Blum wird Ministerpräsident, Daladier Kriegsminister.
13. Juli	Spanische Kommunistische Partei verkündet ihre volle Unterstützung für die Regierung.
17. – 21. Juli	Der faschistische Aufstand beginnt in Marokko und breitet sich auf Spanien aus. Quirogas wird durch Martínez Barrio und dann durch José Giral ersetzt.
21. Juli	Bildung des Komitees der antifaschistischen Milizen in Katalonien.
15. August	Frankreich und England unterzeichnen Nichteinmischungspakt.
September	Giral tritt zurück, Largo Caballero wird unter der Bedingung Ministerpräsident, dass die KP der Regierung beitritt. CNT und POUM treten der katalanischen Regierung bei, Nin erhält in ihr den Posten des Justizministers.
Oktober	Die Zentralregierung beendet die Unabhängigkeit der Milizen und gründet die Volksarmee. Die Belagerung von Madrid beginnt. Die Regierung billigt die Bildung Internationaler Brigaden. Franco wird Generalissimo im nationalistischen Spanien.
November	Umbildung der Zentralregierung zur Aufnahme der Anarchisten, Regierungssitz wird nach Valencia verlegt. Internationale Brigaden kommen in Madrid an.
16. Dezember	POUM aus der Regierung ausgeschlossen.
21. Dezember	Stalin besteht in einem Brief an Caballero auf dem Schutz des Privateigentums.

1937

Februar	Fall von Málaga.
25. April	Bombardierung von Guernica.
Mai	Versuch der Regierung, den Anarchisten die Telefonvermittlung von Barcelona zu entreißen, führt erneut zum Aufstand. Negrín ersetzt Caballero als Ministerpräsident.
Juni	Die POUM wird von der Zentralregierung verboten, ihre Führer verhaftet, Bilbao fällt.
Oktober	Die Zentralregierung wird nach Barcelona verlegt.

1938

Januar	Heftige Bombardierung von Barcelona beginnt.
Februar	Fall von Teruel.
April – Juni	Franco erreicht die Küste und teilt das republikanische Spanien in zwei Hälften.
September	Internationale Brigaden führen letzte Kämpfe im Ebro-Feldzug, Chamberlain und Daladier unterzeichnen Münchner Abkommen mit Hitler.
November	Internationale Brigaden ziehen sich aus Spanien zurück.

1939

26. Januar	Barcelona kapituliert.
27. Februar	Frankreich und Großbritannien erkennen Franco an, während die Republikaner noch ein Drittel von Spanien halten. Azaña flieht aus Spanien.
März	Bildung der Junta der Nationalen Verteidigung, um Vorkehrungen für die Kapitulation der Zentralregierung zu treffen. KP aus der Volksfront vertrieben. Madrid und Valencia kapitulieren, aktive Feindseligkeiten werden eingestellt.
April	Vereinigte Staaten erkennen Franco an.
24. August	Unterzeichnung des Hitler-Stalin-Pakts.

Verzeichnis der Organisationen und Zeitungen

- *Acció Catalana* (Katalanische Aktion). Bürgerlich-nationale Bewegung in Katalonien. Sie wird 1922 gegründet.
- *Adelante* (Vorwärts). Zeitung der Sozialistischen Partei Spaniens.
- *Batalla, La* (Das Gefecht). Zeitung der POUM.
- *BL Bolschewiki-Leninisten.* Als Bolschewiki-Leninisten bezeichnen sich die Mitglieder der Linken Opposition, solange sie innerhalb der Kommunistischen Parteien kämpfen.
- *CEDA Confederación Española de Derechas Autónomas* (Spanische Konföderation der Autonomen Rechten). Bündnis rechter politischer Parteien in Spanien, gegründet 1931.
- *CNT Confederación Nacional del Trabajo* (Nationale Konföderation der Arbeit). Spanische anarcho-syndikalistische Gewerkschaft. Sie wird 1910 gegründet. Während des Spanischen Bürgerkriegs stellt sie in der Regierung Caballero vier Minister. 1939 wird sie von Franco verboten.
- *Esquerra Republicana de Catalunya* (Republikanische Linke Kataloniens). Spanische kleinbürgerlich-radikale Partei, die 1936 die Volksfront unterstützt.
- *FAI Federación Anarquista Ibérica* (Iberische Anarchistische Föderation). Politische Organisation der spanischen Anarchisten. Sie kontrolliert die CNT; während des Spanischen Bürgerkriegs in einen linken Flügel unter Durruti und einen rechten Flügel unter García Oliver gespalten. 1939 unter Franco verboten.
- *Freunde Durrutis.* Militanter Flügel der FAI, der die Zusammenarbeit mit den Stalinisten ablehnt.
- *L'Humanité.* Zeitung der französischen Kommunistischen Partei.
- *ILP Independent Labour Party* (Unabhängige Arbeiterpartei). Britische Sektion des zentristischen »Londoner Büros« von 1932 bis 1939, geführt von Fenner Brockway. Die ILP wird 1893 gegründet und spielt eine wichtige Rolle bei der Bildung der Labour Party, der sie sich anschließt. Nach 1919 verlässt

sie vorübergehend die Zweite Internationale. 1921 spaltet sich ein linker Flügel ab und gründete die britische Kommunistische Partei. 1931 wird die ILP aus der Labour Party ausgeschlossen und nähert sich dem Stalinismus an. 1933 trennt sich ein linker Flügel von der ILP und schließt sich der trotzkistischen Bewegung an. Die ILP selbst ist gegen die Gründung der Vierten Internationale und kehrt 1939 in die Labour Party zurück.

- *Komintern* Kommunistische (Dritte) Internationale. Die internationale Organisation kommunistischer Parteien, die im März 1919 unter der Führung von Lenin und Trotzki gegründet wird, um nach dem Verrat und Zusammenbruch der Zweiten Internationale die sozialistische Weltrevolution zu organisieren. Die Ergebnisse der ersten vier Kongresse (1919–1922) der Kommunistischen Internationale stellen einen bleibenden Beitrag zur Entwicklung revolutionärer Strategie und Taktik dar. Die Komintern degeneriert in den späten 1920er Jahren zu einem Instrument stalinistischer Außenpolitik. Sie hält ihren letzten Kongress 1935 ab. Stalin löst sie 1943 auf, um seinen imperialistischen Verbündeten einen Gefallen zu tun.
- *KP* Kommunistische Partei. Sektionen der Kommunistischen Internationale.
- *Londoner Büro.* Internationaler Zusammenschluss zentristischer Parteien. Sekretär ist der ILP-Führer Fenner Brockway. Lehnt die Gründung der Vierten Internationale ab.
- *La Lutte des Classes.* Theoretisches Organ der französischen Linken Opposition.
- *Militant.* Zeitung der amerikanischen Socialist Workers Party (SWP), zur damaligen Zeit der trotzkistischen Partei der USA.
- *Mundo Obrero* (Arbeiterwelt). Zeitung der Kommunistischen Partei Spaniens.
- *PCE Partido Comunista de España* (Kommunistische Partei Spaniens). Die spanische Kommunistische Partei wird 1920 gegründet. In den 30er-Jahren führt die stalinistische Volksfrontpolitik zur Niederlage im Spanischen Bürgerkrieg.
- *POUM Partido Obrero de Unificación Marxista* (Arbeiterpartei der marxistischen Einheit). Zentristische Organisation, die im September aus einem Zusammenschluss der spanischen Trotz-

kisten um Andrés Nin mit dem Arbeiter- und Bauernblock von Maurín hervorgeht. Die POUM bricht alle Beziehungen zu Trotzki ab, passt sich der Volksfrontpolitik an, indem sich Nin 1936 der katalanischen Regierung als Justizminister zur Verfügung stellt, und trägt so zum Ausverkauf der spanischen Revolution bei.

- *PSOE Partido Socialista Obrero Español* (Spanische Sozialistische Arbeiterpartei). Spanische sozialdemokratische Partei, 1879 von Pablo Iglesias gegründet. Gehört der Zweiten Internationale an. Während des Spanischen Bürgerkriegs ist sie Teil der Volksfront mit bürgerlichen Parteien und den Stalinisten.
- *PSUC Partit Socialista Unificat de Catalunya* (Vereinigte Sozialistische Partei Kataloniens). 1936 entstanden aus der Vereinigung der sozialistischen und stalinistischen Parteien Kataloniens.
- *Solidaridad Obrera.* Zeitung der anarchistischen FAI.
- *UGT Unión General de Trabajadores* (Allgemeiner Arbeiterbund). Spanische Gewerkschaft, 1888 vom Sozialisten Pablo Iglesias gegründet und mit der PSOE verbunden.
- *La Verité.* Zeitung der französischen Linken Opposition.

Verzeichnis der Personen

- *Abd el-Krim, Mohammed* (1882–1963). Anführer der Aufstände der Berber gegen die französisch-spanische Kolonialherrschaft in Marokko 1921–1926. Im Juli 1921 wird das spanische Militär geschlagen. Frankreich setzt 250 000 Soldaten und Senfgas ein, um die Aufständischen niederzuwerfen. Am 27. Mai 1926 ergibt sich Abd el-Krim der Übermacht und wird nach Réunion verbannt. Nach seiner Freilassung 1947 lebt er bis zu seinem Tod in Kairo.
- *Aguirre, José Antonio* (1904–1960). Baskischer Politiker. Er wird Vorsitzender der Baskischen Nationalistischen Partei und im Oktober 1936 Präsident des Baskenlands. Er flieht vor den Franco-Truppen zuerst nach Barcelona, dann ins Ausland. Nach dem Zweiten Weltkrieg gründet er ein baskisches Exilparlament in New York.
- *Alcalá Zamora, Niceto* (1877–1949). Spanischer Rechtsanwalt und Politiker. Gründer der Republikanischen Liberalen Rechten. Nach der Abdankung Alfonsos XIII. 1931 wird er Staatspräsident. Nach dem Sieg der Volksfront 1936 muss er abtreten.
- *Alfonso XIII.* (1886–1941). Spanischer König von 1902 bis 1931. Unterstützt die Diktatur Primo de Riveras 1923 bis 1930. Er geht nach seinem Sturz 1931 in das faschistische Italien ins Exil.
- *Alvarez del Vayo, Julio* (1891–1975). Spanischer Rechtsanwalt und Politiker. Mitglied der Sozialistischen Partei PSOE mit engen Beziehungen zu den Stalinisten während des Spanischen Bürgerkriegs. Außenminister 1936/37 und 1938/39.
- *Andrade, Juan* (1897–1981). Führer der spanischen Sozialistischen Jugend und 1920 Mitbegründer der Kommunistischen Partei. Mitglied des Zentralkomitees. 1927 ausgeschlossen, wird er Mitglied der Linken Opposition. 1935 bricht er mit Trotzki und gründet mit Nin die POUM. 1937 verhaftet, geht er nach dem Sieg Francos nach Frankreich ins Exil.
- *Antonow-Owsejenko, Wladimir A.* (1884–1938). Sozialdemokrat seit 1901. Anfangs Menschewik, dann Mitarbeiter Trotzkis in der Redaktion von »Golos« und »Nasche Slowo«. Leitet wäh-

rend der Oktoberrevolution den Sturm auf das Winterpalais in Petrograd. Im Bürgerkrieg Führer der politischen Hauptabteilung der Roten Armee, 1923 Gründungsmitglied der Linken Opposition. Bricht 1928 mit der Opposition. 1934 Generalstaatsanwalt, 1936/37 Generalkonsul in Barcelona, wo er die Kampagne gegen die POUM leitet. 1937 verhaftet und 1938 nach einem Geheimprozess erschossen.

- *Araquistáin, Luis* (1886–1959). Spanischer Schriftsteller und Politiker der Sozialistischen Partei.
- *Ascaso, Joaquín* (1906/1907–1977). Mitglied der anarchistischen CNT.
- *Azaña y Díaz, Manuel* (1880–1940). Spanischer Schriftsteller und bürgerlicher Politiker. 1936 wird er Ministerpräsident der Volksfrontregierung, dann Präsident. Während des gesamten Bürgerkriegs bleibt er in diesem Amt.
- *Bakunin, Michail A.* (1814–1876). Russischer Revolutionär, Begründer des Anarchismus. Er fordert einen Bund autonomer Gemeinwesen bei Ablehnung jeder Staatsgewalt. Als Teilnehmer des Dresdner Aufstands wird er 1849 zum Tod verurteilt und an Russland ausgeliefert. Er flieht aus Sibirien nach London. 1864 beteiligt er sich an der Gründung der Ersten Internationale, von der er 1872 ausgeschlossen wird.
- *Balbontin, José Antonio* (1893–1973). Spanischer Rechtsanwalt, Schriftsteller und Politiker. 1931 wird er Abgeordneter in den Cortes. Seine kurze Mitgliedschaft in der Kommunistischen Partei beendet er wegen der stalinistischen Sozialfaschismuspolitik.
- *Barcia, Augusto* (1881–1961). Spanischer Rechtsanwalt und Politiker. Mitglied der »Republikanischen Linken« Azañas. 1936 wird er in schnellem Wechsel Außenminister, Ministerpräsident und Innenminister.
- *Barrio* siehe *Martínez Barrio*
- *Bauer, Otto* (1881–1938). Führer der österreichischen Sozialdemokratie, Theoretiker des Austromarxismus. Gründet mit Friedrich Adler 1920 die Wiener Internationale, schließt sich später aber wieder der Zweiten Internationale an. Nach der Niederschlagung des Wiener Arbeiteraufstands im Februar 1934 emigriert er nach Paris.

- *Berenguer y Fusté, Dámaso* (1873–1953). Spanischer General und Politiker. Nach dem Rücktritt von Primo de Rivera wird er von 1930 bis 1931 Ministerpräsident.
- *Berneri, Camillo* (1897–1937). Italienischer Philosophieprofessor und führender Anarchist. Nach dem Sieg der Faschisten in Italien ist er bis 1926 im Widerstand aktiv, geht dann ins Exil und nimmt am Spanischen Bürgerkrieg teil. Er kritisiert die Volksfront und wird von den Stalinisten ermordet.
- *Besteiro, Julián* (1870–1940). Spanischer Philosophieprofessor und Politiker auf dem rechten Flügel der Sozialisten.
- *Blum, Léon* (1872–1950). 1902 zusammen mit Jean Jaurès Gründer der französischen Sozialistischen Partei SFIO. Nach der Abspaltung von der Kommunistischen Partei 1920 ihr Vorsitzender. Blum ist ein rechter Reformist und wird auf einer Welle von Kämpfen der Arbeiter 1936 (bis 1937) Premierminister der Volksfrontregierung; er verfolgt eine entschiedene Politik zur Verteidigung des Kapitalismus. 1940 verhaftet, verbringt Blum die Jahre 1943–1945 in Buchenwald und Dachau, wird 1947/48 französischer Ministerpräsident.
- *Bosch-Gimpera, Pedro* (1891–1971). Spanischer Archäologe und Historiker. 1937/38 Justizminister in der katalanischen Regierung. Geht nach dem Spanischen Bürgerkrieg nach Mexiko ins Exil.
- *Brailsford, Henry N.* (1873–1958). Britischer Journalist. Mitglied der Independent Labour Party (ILP).
- *Brockway, Archibald Fenner* (1890–1988). Führer der britischen Independent Labour Party (ILP), Sekretär des Londoner Büros und erbitterter Gegner der Vierten Internationale. Später wird er zum »Lord Brockway« geadelt.
- *Bueno, Javier* (1891–1939). Spanischer Journalist und Sozialist. Führer des asturischen Aufstands, wird im September 1939 hingerichtet.
- *Caballero* siehe *Largo Caballero*
- *Calvo Sotelo, José* (1893–1936). Spanischer Staatsanwalt und Politiker der Rechten. Wird bei einem Attentat am 13. Juli 1936 getötet.
- *Casares Quiroga, Santiago* (1884–1950). Spanischer Rechtsanwalt und Politiker. Gehört der galicischen Republikanischen

Föderation an, später der Republikanischen Linken, die Teil der Volksfront wird. 1936 wird er kurzzeitig Ministerpräsident.

- *Chamberlain, Arthur Neville* (1869–1940). Konservativer britischer Politiker, Premierminister von 1937–1940. Er versucht, durch Appeasementpolitik mit Hitler einen Krieg zu verhindern und unterzeichnet im Herbst 1938 das Münchner Abkommen, das die deutsche Besetzung der Tschechoslowakei besiegelt.
- *Comorera, Juan* (1895–1958). Spanischer Sozialist. Nach 1936 Mitglied der PSUC, Minister der Volksfrontregierung.
- *Companys y Jever, Luis* (1883–1940). Spanischer Jurist und Führer der katalanischen Esquerra, einer bürgerlich-nationalistischen Partei. 1934 wird er Präsident Kataloniens. Am 15. Oktober 1940 wird er in Barcelona zum Tode verurteilt und hingerichtet.
- *Del Vayo* siehe *Alvarez del Vayo*
- *Diaz, José* (1894–1942). Generalsekretär der spanischen Kommunistischen Partei. Er ist Bäcker und Gewerkschafter in Sevilla und tritt 1927 der Kommunistischen Partei bei, zu deren Vorsitzendem er 1932 durch die Komintern ernannt wird. Nach der Niederlage im spanischen Bürgerkrieg emigriert er in die UdSSR, wo er 1942 Selbstmord begeht.
- *Dimitroff, Georgi* (1882–1949). Bulgarischer Kommunist, muss 1923 nach einem gescheiterten Aufstand fliehen und wird Funktionär der Komintern. Nach der Machtergreifung der NSDAP (Nationalsozialistische Deutsche Arbeiterpartei) in Deutschland verhaftet, im Reichstagsbrandprozess angeklagt und freigesprochen. 1935 Vorsitzender der Komintern und Vertreter der Volksfrontpolitik. Nach dem Krieg Ministerpräsident in Bulgarien. 1949 stirbt er in der Sowjetunion unter ungeklärten Umständen.
- *Duranty, Walter* (1884–1957). 1922–1936 Chef des Moskauer Büros der »New York Times«. Duranty ist ein steter Verteidiger des Stalinismus und der Moskauer Prozesse.
- *Durruti, Buenaventura* (1896–1936). Führer des linken Flügels der FAI (Iberische Anarchistische Föderation). Organisator der Milizen im spanischen Bürgerkrieg. Leitet die Verteidigung Madrids und stirbt in diesem Kampf.

- *Engels, Friedrich* (1820–1895). Mitstreiter von Karl Marx und Mitbegründer der kommunistischen Bewegung. Engels schreibt gemeinsam mit Marx das Kommunistische Manifest. Einen großen Teil seines Lebens verbringt er in England und nimmt an der Gründung der Ersten und Zweiten Internationale teil. Engels verfasst zahlreiche marxistische Werke, darunter »Dialektik der Natur«, »Die Ursprünge der Familie, des Privateigentums und des Staats«, »Anti-Dühring« und »Ludwig Feuerbach und der Ausgang der klassischen deutschen Philosophie«.
- *Fischer, Louis* (1896–1970). Moskauer Korrespondent der liberalen amerikanischen Zeitschrift »Nation«. Zusammen mit Walter Duranty zeichnet sich Fischer als Apologet der Sowjetbürokratie aus; er verteidigt die Moskauer Prozesse und die stalinistische Politik im Spanischen Bürgerkrieg. Er bricht zum Zeitpunkt des Hitler-Stalin-Pakts mit den Stalinisten und wird später ein leidenschaftlicher Antikommunist.
- *Franco, Francisco* (1892–1975). Spanischer General, der 1936 einen Putsch gegen die spanische Regierung führt. Nach dem Sieg im Spanischen Bürgerkrieg 1939 herrscht er als Diktator bis zu seinem Tod.
- *Galarza, Ángel* (1891–1966). Spanischer Jurist, Politiker der Sozialisten und Innenminister 1936/37.
- *García Oliver, Juan* (1901–1980). Spanischer Anarchist. Führer der anarcho-syndikalistischen Gewerkschaft CNT (Confederación Nacional del Trabajo, Nationale Konföderation der Arbeit) und des rechten Flügels der FAI (Federación Anarquista Iberica, Iberische Anarchistische Föderation). Von 1936 bis zum Ende des Bürgerkriegs ist er Justizminister. Er arbeitet gemeinsam mit den Stalinisten an der Unterdrückung der revolutionären Kräfte.
- *Gil-Robles, José Maria* (1898–1980). Spanischer Rechtsanwalt und Politiker der Rechten. 1935 Kriegsminister.
- *Gimpera, Pedro* siehe *Bosch-Gimpera*
- *Giral Pereira, José* (1879–1962). Spanischer Chemiker und Politiker. Bekleidet verschiedene Ministerämter und ist 1936 Ministerpräsident.

- *Gonzáles Peña, Ramón* (1882–1952). Mitglied der Sozialistischen Partei, Unterstützer des rechten Flügels. In der Regierung Negrín Justizminister.
- *Gorkin, Julian* (1901–1986). Führer der POUM (Partido Obrero de Unificación Marxista; Arbeiterpartei der Marxistischen Einheit). Journalist. Mitglied der Kommunistischen Partei und Mitglied der Linken Opposition, bevor er gemeinsam mit Nin und dem Arbeiter- und Bauernblock Maurins die POUM gründet. Internationaler Sekretär der POUM. 1937 gelingt ihm die Flucht nach Mexiko.
- *Hernández, Jesús* (1901–1971). Spanischer Stalinist. Minister in der Volksfront-Regierung. Herausgeber der Zeitung »El Mundo obrero«. 1940 bricht er während eines Mexiko-Aufenthalts mit Moskau.
- *Hitler, Adolf* (1889–1945). Faschistischer Demagoge, der zum Sprecher und Diktator im Auftrag des niedergehenden deutschen Imperialismus wird. Als eingeschworener Feind des Proletariats und des Kommunismus entwickelt er seine rassistischen und reaktionären Ansichten in dem Buch »Mein Kampf«. Er wird zum Führer der Nationalsozialistischen Deutschen Arbeiterpartei, die, unterstützt von der großen Industrie, 1933 die Macht übernimmt.
- *Ibárruri, Dolores* (1895–1989). »La Pasionaria« stammt aus einer Bergarbeiterfamilie, tritt ab 1929 in der Spanischen Kommunistischen Partei als linientreue Stalinistin in Erscheinung und steigt zur Generalsekretärin auf. Die stalinistische Propaganda macht ein Idol aus ihr.
- *Iglesias, Pablo* (1850–1925). Gründer der spanischen Sozialistischen Partei und der Gewerkschaft UGT.
- *Kautsky, Karl* (1854–1938). Sozialistischer Theoretiker und Politiker. Schließt sich 1879 der Sozialdemokratie an und macht im Londoner Exil die Bekanntschaft mit Marx und Engels. In Zusammenarbeit mit Engels und unter seinem Einfluss entwickelt er sich zu einem der führenden marxistischen Theoretiker und gibt 1883–1917 »Die Neue Zeit« heraus, das theoretische Organ der SPD. Der Russischen Revolution und den Bolschewiki steht er feindlich gegenüber. Nach dem Ers-

ten Weltkrieg lebt er in Wien und emigriert kurz vor seinem Tod nach Amsterdam.

- *Kerenski, Alexander F.* (1881–1970). Von Juli bis Oktober 1917 Ministerpräsident der Provisorischen Regierung Russlands; durch die Oktoberrevolution gestürzt. Rechtsanwalt. Nach 1917 politisch aktiv im Pariser Exil, ab 1940 in den USA.
- *Kopp, Georges* (1902–1951). Belgischer Ingenieur und Freiwilliger im Spanischen Bürgerkrieg. Kommandant in der Lenin-Division der POUM-Truppen. Nach dem Verbot der POUM wird er verhaftet, kann aber überleben und geht nach Frankreich.
- *Kornilow, Lawr G.* (1870–1918). Zaristischer General. Nach der Februarrevolution 1917 wird er zum Oberbefehlshaber der russischen Armee ernannt. Im September 1917 unternimmt er einen Putschversuch gegen die Kerenski-Regierung, scheitert und wird verhaftet. Im Bürgerkrieg fällt er im Kampf gegen die Rote Armee.
- *Kuusinen, Otto V.* (1881–1964). Vor dem Ersten Weltkrieg in der Führung der finnischen Sozialdemokratie, ist er 1918 Mitbegründer der Kommunistischen Partei Finnlands. Nach der Niederlage im finnischen Bürgerkrieg lebt er ab 1921 in der Sowjetunion. Mitglied der Komintern-Führung. Als Parteiapparatschik wird er 1941 Mitglied des sowjetischen Zentralkomitees und in den 50er Jahren Mitglied des Parteipräsidiums.
- *Largo Caballero, Francisco* (1869–1946). Spanischer Sozialist und Gewerkschaftsführer. Seit 1894 ist Largo Caballero Mitglied der Spanischen Sozialistischen Arbeiterpartei, ab 1918 ist er Abgeordneter der Cortes. 1918 bis 1937 leitet er den Gewerkschaftsverband UGT und wird 1936/37 Ministerpräsident der Volksfrontregierung. 1942 bis 1945 ist er im Konzentrationslager Oranienburg interniert.
- *Lenin, Wladimir Iljitsch, eigentl. Uljanow* (1870–1924). Führer der Oktoberrevolution und des ersten Arbeiterstaats. Lenin verteidigt den Marxismus als wissenschaftliche Weltanschauung gegen die Verherrlichung des sogenannten »Gewerkschaftertums« und anderer Formen des spontanen, bürgerlichen Bewusstseins. Die sozialistische Revolution ist seiner Auffassung nach nur möglich, wenn die Arbeiterklasse durch eine

marxistische Partei zu einem umfassenden wissenschaftlichen Verständnis ihrer eigenen Aufgaben in der Gesellschaft gelangt. Lenin analysiert den Imperialismus als letztes Stadium des Kapitalismus, als eine Epoche von Kriegen und Revolutionen. Nach dem historischen Verrat der Zweiten Internationale 1914 geht er daran, eine Dritte (Kommunistische) Internationale aufzubauen. Mit seinen »Aprilthesen« 1917 schafft er die Grundlage, um die Bolschewistische Partei auf die Machteroberung vorzubereiten, und ist zusammen mit Trotzki der Führer des Oktoberaufstands 1917. Er führt anschließend zusammen mit Trotzki die bolschewistische Regierung und die neue Kommunistische Internationale. Kurz vor seinem Tod eröffnet er den Kampf gegen die wachsende Bürokratie in der Sowjetunion.

- *Lerroux y García, Alejandro* (1864–1949). Spanischer Politiker der Radikalen Partei und mehrfach Ministerpräsident in den Jahren 1933 bis 1935.
- *Lister, Enrique* (1907–1994). Spanischer Steinmetz und Mitglied der Kommunistischen Partei Spaniens. 1932 bis 1935 verbringt er in Moskau und nimmt als stalinistischer militärischer Führer am Bürgerkrieg teil.
- *Malaparte, Curzio* (1898–1957). Italienischer Schriftsteller und Journalist. Er schließt sich 1921 den italienischen Faschisten an und nimmt am Marsch auf Rom 1922 teil.
- *Malatesta, Errico* (1853–1932). Italienischer Anarchist. Mitglied der Ersten Internationale. Nach vielen Jahren im Exil kehrt er 1919 nach Italien zurück und steht nach dem Sieg Mussolinis bis zu seinem Lebensende unter Hausarrest.
- *Martínez Barrio, Diego* (1883–1962). Spanischer Politiker der Radikalen Partei. Mehrfach Minister und Ministerpräsident.
- *Marx, Karl* (1818–1883). Begründer des wissenschaftlichen Sozialismus. Zusammen mit Friedrich Engels entwickelt Marx die materialistische Geschichtsauffassung. Gemeinsam schreiben sie das »Kommunistische Manifest«. Marx spielt eine zentrale Rolle beim Aufbau der Ersten Internationale, der Internationalen Arbeiterassoziation. Jahrzehntelang arbeitet er an seinem Hauptwerk »Das Kapital«, der maßgeblichen Analyse der objektiven Gesetze des Kapitalismus. Speziell in seinen Werken »Der Klassenkampf in Frankreich 1848–1850«, »Der

achtzehnte Brumaire des Louis Bonaparte« und »Der Bürgerkrieg in Frankreich« erarbeitet Marx eine kritisch-revolutionäre Analyse der entscheidenden Klassenkämpfe des neunzehnten Jahrhunderts.

- *Maura, Miguel* (1887–1971). Konservativer spanischer Politiker. Mehrfach Minister.
- *Maurín, Joaquin* (1896–1973). Führer der spanischen Rechten Opposition und Gründer der POUM. Maurín wird 1929 wegen Rechtsabweichung aus der spanischen KP ausgeschlossen und organisiert die Katalanische Kommunistische Föderation, später Arbeiter- und Bauernblock. 1935 schließt sich diese Organisation mit ehemaligen Mitgliedern der Linken Opposition zur POUM zusammen. Maurín wird im Februar 1936 ins Parlament gewählt. Bei Ausbruch des Bürgerkriegs wird er von Franco-Truppen festgenommen. Er wird jedoch freigelassen, da er von den Faschisten nicht identifiziert werden kann. Er geht ins Exil und betätigt sich nicht mehr politisch.
- *Miaja Menant, José* (1878–1958). Spanischer General. Im Bürgerkrieg befehligt er die republikanischen Truppen, leitet die Verteidigung Madrids.
- *Mola, Emilio* (1887–1937). Spanischer General. Führer des Militärputsches 1936 und Befehlshaber der nordspanischen Faschisten. Kommt 1937 bei einem Flugzeugabsturz um.
- *Montseny, Federica* (1905–1994). Spanische Anarchistin. 1936/37 wird sie Ministerin für Gesundheit und Soziales in der bürgerlichen Volksfrontregierung.
- *Mühsam, Erich* (1878–1934). Deutscher Schriftsteller und Anarchist. 1919 gehört er zu den Anführern der Münchner Räterepublik. 1934 wird er von den Nationalsozialisten im Konzentrationslager Oranienburg ermordet.
- *Mühsam, Zenzl* (1884–1962). Zusammen mit ihrem Ehemann Erich Mühsam ist sie an der Münchner Räterepublik beteiligt. Sie organisiert die »Russland-Hilfe« und ist in der »Roten Hilfe« aktiv. Nach der Ermordung ihres Mannes geht sie in die Sowjetunion, wo sie 1936 wegen »konterrevolutionärer trotzkistischer Tätigkeit« verhaftet wird. Sie wird erst 1954 aus den stalinschen Lagern entlassen.

- *Mussolini, Benito* (1883–1945). Faschistischer Führer, der von 1922 bis 1945 in Italien herrscht. Mussolini beginnt seine Laufbahn als linker Sozialist und gibt das Zentralorgan der Partei »Avanti« heraus. 1914 wird er wegen seiner fanatischen, sozialpatriotischen Unterstützung für den Ersten Weltkrieg aus der Sozialistischen Partei Italiens ausgeschlossen. Mussolini kommt im Oktober 1922 an die Macht und organisiert das erste faschistische Regime. Nach 1926 werden die bürgerlich-demokratischen Herrschaftsformen abgeschafft und die Arbeiterbewegung in Blut erstickt. Mussolini wird 1945 von Partisanen der Kommunistischen Partei gefangen genommen und hingerichtet.
- *Negrín Lopez, Juan* (1889–1956). Sozialistischer spanischer Ministerpräsident. Als Finanzminister in der Volksfront-Regierung von Largo Caballero überführt er den spanischen Goldschatz in die Sowjetunion. 1937 löst er Caballero mit Unterstützung der Stalinisten an der Spitze der Regierung ab. Er verbietet die POUM, beseitigt die Reste der Arbeitermilizen und macht die Enteignungen auf dem Land rückgängig. So bereitet er der Niederlage den Weg.
- *Nin i Pérez, Andrés* (1892–1937). Führer der spanischen POUM. 1911 Mitglied der Sozialistischen Partei Spaniens. 1918 Führer der Gewerkschaft CNT. Unterstützt die Dritte Internationale, Sekretär der Roten Gewerkschafts-Internationale. Als Mitglied der Linken Opposition 1927 aus der Kommunistischen Partei ausgeschlossen und 1930 aus der UdSSR (Union der Sozialistischen Sowjetrepubliken) ausgewiesen. Aufbau der Internationalen Linken Opposition und Führer ihrer spanischen Sektion. 1935 Bruch mit Trotzki und Vereinigung mit dem Arbeiter- und Bauernblock von Maurín zur POUM. Im Juni 1937 mit anderen POUM-Führern verhaftet und von der GPU ermordet.
- *Noske, Gustav* (1868–1946). SPD-Politiker. Verteidigungsminister der Regierung Ebert/Scheidemann nach der Novemberrevolution von 1918. Er unterdrückt den Spartakus-Aufstand und ist für die Ermordung von Luxemburg und Liebknecht durch Freikorps-Offiziere verantwortlich, danach für die Niederschlagung der Münchner Räterepublik. Nach offensichtlichem Versagen beim Kapp-Putsch tritt Noske 1920 zurück.

- *Orwell, George* (1903–1950). Englischer sozialkritischer Schriftsteller, nimmt in den Reihen der POUM am spanischen Bürgerkrieg teil (»Mein Katalonien«, 1938). Seine bekanntesten Bücher sind »Farm der Tiere« (1945) und »1984« (1949).
- *Pasionaria, La* siehe *Ibárruri, Dolores*
- *Peiró, Juan* (1887–1942). Spanischer Anarcho-Syndikalist. In den 1920er Jahren Vorsitzender der Confederación Nacional del Trabajo (CNT). 1936 wird er Industrieminister in der Regierung Caballero. 1942 wird er in Spanien durch das Franco-Regime hingerichtet.
- *Peña* siehe *Gonzáles Peña*
- *Pestaña, Ángel* (1886–1937). Spanischer Anarcho-Syndikalist und Führer der Confederación Nacional del Trabajo (CNT). Er nimmt am Zweiten Kongress der Kommunistischen Internationale teil. 1932 bricht Pestaña mit der CNT und gründet die Syndikalistische Partei, die sich an der Volksfront beteiligt.
- *Portela, Luis* (1901–1983). Mitbegründer der spanischen Kommunistischen Partei. Später auf dem rechten Flügel der POUM lehnt er Kritik an der UdSSR und den Moskauer Prozessen ab.
- *Portela Valladares, Manuel* (1867–1952). Spanischer Jurist und Politiker. Ministerpräsident und Minister in der Zeit des bienio negro.
- *Pozas, Sebastián* (1876–1946). Spanischer General. 1936 Innenminister unter José Pereira. Er säubert die republikanische Armee von CNT- und POUM-Mitgliedern.
- *Prieto, Indalecio* (1883–1962). Spanischer Sozialist. Mitglied der PSOE ab 1899. Abgeordneter der Cortes und Minister in verschiedenen Ressorts.
- *Primo de Rivera, Miguel* (1870–1930). Spanischer General und Diktator. Errichtet 1923 im Einverständnis mit König Alfonso XIII. eine Militärdiktatur, nach seinem erzwungenen Rücktritt 1930 geht er ins Pariser Exil. Sein Sohn José Antonio gründet 1933 die faschistische Falange.
- *Quiroga* siehe *Casares Quiroga*
- *Renner, Karl* (1870–1950). Österreichischer Jurist und Sozialdemokrat. Nach dem Ersten Weltkrieg und dem Ende der Monarchie wird er Kanzler.
- *Rivera* siehe *Primo de Rivera*

- *Rodríguez Vázquez, Mariano* (1909–1939). Generalsekretär der CGT von 1936 bis 1939. Unterstützt die Zusammenarbeit mit der Volksfrontregierung.
- *Rosenberg, Marcel* (1896–1937). Sowjetischer Diplomat. 1918 mit Adolf Joffe in Berlin. Ab 1936 ist er Botschafter der Sowjetunion in Spanien und setzt dort die stalinistische Politik durch. 1937 abberufen und Opfer des Großen Terrors.
- *Sanjurjo, José* (1872–1936). Spanischer General, der am 17. Juli 1936 neben Franco und Mola am Militärputsch beteiligt ist. Drei Tage später stirbt er bei einem Flugzeugabsturz.
- *Scheidemann, Philipp* (1865–1939). SPD-Politiker. Ab 1895 journalistisch für verschiedene sozialdemokratische Zeitungen tätig, 1903–1918 Reichstagsabgeordneter, ab 1911 im Parteivorstand und ab 1917 Vorsitzender der SPD-Fraktion im Reichstag. Im Ersten Weltkrieg ist er neben Ebert der führende Politiker der »Mehrheitssozialisten«, die die Burgfriedenspolitik der SPD vertreten. In der Novemberrevolution ist er mitverantwortlich für die Niederschlagung der revolutionären Bewegung.
- *Stalin, Josef W., eigentl. Dschugaschwili* (1879–1953). Tritt der revolutionären Bewegung 1901 in Tiflis bei, wird mehrmals verhaftet und nach Sibirien verbannt. Zusammen mit einer Reihe anderer alter Bolschewiki vertritt er vor Lenins Rückkehr im April 1917 eine Politik der kritischen Unterstützung für die bürgerliche Provisorische Regierung. Stalin spielt bei der Oktoberrevolution 1917 eine unbedeutende Rolle. Anschließend benutzt er sein Amt als Generalsekretär der Partei, um seine Position im Zentrum der politischen Macht auszubauen. Unter den Bedingungen der Isolation und Rückständigkeit der UdSSR wird Stalin zum führenden Vertreter der kleinbürgerlichen Schichten und organisiert die Zerstörung der bolschewistischen Partei und die Vernichtung der Führung der russischen Revolution. Er gibt den Auftrag zur Ermordung Trotzkis im August 1940. Stalin ist für die Ermordung von mehr Kommunisten verantwortlich, als Hitler und Mussolini zusammen.
- *Tarradellas, Josep* (1899–1988). Spanischer Politiker und Minister in der katalanischen Regierung während des Bürgerkriegs. 1936 wird er Ministerpräsident.

- *Trotzki, Leo* (1879–1940). 1898 schließt er sich als Student der marxistischen Bewegung an. Arbeitet im Londoner Exil an Lenins Zeitung »Iskra« (Der Funke) mit (1902–1903). 1905 Führer des Petersburger Sowjets. Tritt der bolschewistischen Partei 1917 bei und wird zum führenden Organisator der Oktoberrevolution. Er ist erster Kommissar für Außenpolitik und baut die sowjetische Rote Armee auf, die er im Bürgerkrieg führt. Gründet 1923 die Linke Opposition, um die bürokratische Entartung von Partei und Staat zu bekämpfen. Wird 1927 aus der KPdSU ausgeschlossen und 1929 in die Türkei ausgewiesen. Ab 1933 ruft er zur Gründung einer neuen kommunistischen Internationale auf und gründet 1938 die Vierte Internationale. Am 20. August 1940 wird Trotzki auf Stalins Befehl von dem GPU-Agenten Ramon Mercader in Mexiko ermordet.
- *Uribe, Vicente* (1897–1961). Spanischer Metallarbeiter, Mitglied der Kommunistischen Partei. Als Landwirtschaftsminister der Volksfront von 1936 bis 1939 verantwortet er die Auflösung der Bauernkollektive.
- *Valladares* siehe *Portela Valladares*
- *Vázquez* siehe *Rodríguez Vázquez*
- *Zabalza, Ricardo* (1898–1940). Spanischer Sozialist und Gewerkschafter. Vor allem in der Landarbeitergewerkschaft aktiv.
- *Zamora* siehe *Alcalá Zamora*
- *Zugazagoitia, Julián* (1899–1940). Spanischer Journalist und Politiker der PSOE. Innenminister der Regierung Negrín 1937/38.
- *Zyromski, Jean* (1890–1975). Mitglied der französischen sozialdemokratischen Partei SFIO seit 1912. Zusammen mit Pivert leitet er deren Flügel »La Bataille Socialiste« und ist Redaktionsmitglied der SFIO-Zeitung »Le Populaire«. Während Pivert mit Trotzki sympathisiert, nähert sich Zyromski mehr und mehr dem Stalinismus an. 1945 verlässt er die SFIO und wird Mitglied der KPF.